Digitalisierung und Künstliche Intelligenz in der Produktion

Andreas Mockenhaupt

Digitalisierung und Künst-
liche Intelligenz in der
Produktion

Grundlagen und Anwendung

Mit einem Geleitwort von Jürgen Rüttgers (Ministerpräsident des Landes Nordrhein-Westfalen a.D.,
Bundesminister für Bildung, Wissenschaft, Forschung
und Technologie a.D., ehem. Vorsitzender der
Independent High Level Strategy Group on Industrial
Technologies der EU-Kommission, ehem. Sonderberater der EU-Kommission)

 Springer Vieweg

Andreas Mockenhaupt
Wirtschaftsingenieurwesen
HS Albstadt-Sigmaringen
Sigmaringen, Deutschland

ISBN 978-3-658-32772-9   ISBN 978-3-658-32773-6   (eBook)
https://doi.org/10.1007/978-3-658-32773-6

Die Deutsche Nationalbibliothek verzeichnet diese Publikation in der Deutschen Nationalbibliografie; detaillierte bibliografische Daten sind im Internet über http://dnb.d-nb.de abrufbar.

Planung/Lektorat: Sybille Thelen
Springer Vieweg ist ein Imprint der eingetragenen Gesellschaft Springer Fachmedien Wiesbaden GmbH und ist ein Teil von Springer Nature.
Die Anschrift der Gesellschaft ist: Abraham-Lincoln-Str. 46, 65189 Wiesbaden, Germany

Geleitwort

Europa hat Zukunft – Wenn wir es wollen!

von Jürgen Rüttgers *Prof. Dr. Dr. h. c. mult. Jürgen Rüttgers war Ministerpräsident von Nordrhein-Westfalen und Bundesminister für Bildung, Wissenschaft, Forschung und Technologie. Er arbeitet als Anwalt in der Rechtsanwaltsgesellschaft Beiten Burkhardt und als Professor am Institut für Politische Wissenschaft und Soziologie der Universität Bonn. Die Europäische Kommission berief ihn von 09.2017 bis 09.2018 zum Vorsitzenden der Independent High Level Strategy Group on Industrial Technologies und von 10.2018 bis 11.2019 zum Sonderberater der EU-Kommission.*

Europa braucht mehr Wachstum, und zwar ein Wachstum, das „smart, nachhaltig und inklusiv" ist, weil 80 % des Wirtschaftswachstums der Europäischen Union auf Produktivitätssteigerungen beruhen.[1]

---

[1]Rüttgers, Jürgen (2020): Die Zukunft von ‚Smart City' und ‚Smart Country', Essay, Erschienen auf: regierungsforschung.de, S. 24

Alle reden von Digitalisierung. Viele kündigen an, wie wir im Jahre 2050 leben werden. Viele schwärmen von einer Welt, die wir aus Science-Fiction-Filmen kennen. Bei genauem Hinschauen reden wir wohl eher über den Einsatz von Robotern in der industriellen Fertigung, über schnellere Kommunikation, über eine bessere und transparente öffentliche Verwaltung, Künstliche Intelligenz, mehr Fahrassistenten und ähnliches. All das hat Auswirkungen auf unser Leben, unser Arbeiten, unser Lernen, unser Forschen, unser Reisen. Es geht also um die Orte, in denen wir leben, ob in Metropolen, im Umland, im ländlichen Raum. Es geht auch um Gerechtigkeit.

Für die Industrie heißen die Themen der Digitalisierung: Internet of Things, Industrie 4.0, autonomes Fahren und Energiewende.[2]

Seit ich mich mit den Themen ‚Zukunft‘ und ‚Wissensgesellschaft‘ befasse, höre ich: „Die Anderen sind besser!" Viele Delegationen sind deshalb zum legendären MITI, dem Ministry of International Trade and Industry, das als mächtige Agentur der japanischen Regierung die japanische Industriepolitik, die Forschung und die Direktinvestitionen förderte, gefahren, um von Japan zu lernen. Deutsche Unternehmer fahren heute ins ‚Silicon Valley‘. Angstvoll schaut der Westen nach China, das anscheinend unaufhörlich versucht, das stärkste und modernste Land der Welt zu werden.[3] Dabei entsteht Ähnliches wie ‚Cyber Valley‘ zwischen Stuttgart, Tübingen und Bodensee und in Bonn.

Dennoch sagt der Direktor des Deutschen Forschungszentrums für Künstliche Intelligenz (DFKI) Wolfgang Wahlster: „KI-Horrorszenarien halte ich für Unsinn." Der „Enabling-Digitalization-Index" der Fa. EULER HERMES titelt „Westeuropa, weltweit führend‘". Deutschland hat Platz 2, die Niederlande Platz 3 im Hinblick auf Regulierung, digitalen Bildungsgrad, Vernetzung, Infrastruktur und Marktgröße. 16 westeuropäische Nationen sind unter den besten des EDI-Rankings ‚Digital Pioneers‘ vom 30.03.2018.[4]

Die digitale Welt ist eine globale Welt. Nationale Kriterien reichen nicht mehr. Nur die EU kann für klare Standards und Normen in der digitalen Welt sorgen und damit weltweit die ökonomischen Regeln definieren, wie dies beim Datenschutzgesetz und beim Verbraucherschutz bereits gelungen ist. Und sie muss massiv in die KETs (Key Enabling Technologies, Schüsseltechnologien) investieren, besonders in Artificial Intelligence, digital security and connectivity.

Schlüsseltechnologien (KETs) haben seit 2009 Priorität in der EU-Industriepolitik. KETs wurden 2009 als „wissensintensiv und mit hoher FuE-Intensität, schnellen Innovationszyklen, hohen Investitionsausgaben und hochqualifizierten Arbeitsplätzen

---

[2]Rüttgers, Jürgen (2020): Die Zukunft von ‚Smart City‘ und ‚Smart Country‘, Essay, Erschienen auf: regierungsforschung.de, S. 10

[3]Rüttgers, Jürgen (2020): Die Zukunft von ‚Smart City‘ und ‚Smart Country‘, Essay, Erschienen auf: regierungsforschung.de, S. 6,7

[4]Rüttgers, Jürgen (2020): Die Zukunft von ‚Smart City‘ und ‚Smart Country‘, Essay, Erschienen auf: regierungsforschung.de, S. 9

verbunden" definiert. Sie ermöglichen Prozess-, Waren- und Dienstleistungsinnovationen in der gesamten Wirtschaft und sind von systemischer Relevanz. Sie sind multidisziplinär und erstrecken sich über viele Technologiebereiche mit einem Trend zu Konvergenz und Integration. KETs können Technologieführern in anderen Bereichen helfen, ihre Forschungsanstrengungen zu nutzen. Die von der EU-Kommission identifizierten sechs KETs waren:

- fortgeschrittene Fertigungstechnologien,
- neue Werkstoffe,
- Nanotechnologie,
- Mikro-/Nanoelektronik,
- industrielle Biotechnologie und
- Photonik.

Das Konzept der KETs war im Vorfeld des aktuellen mehrjährigen Finanzrahmens (2014–2020) maßgeblich an der Politik- und Programmgestaltung beteiligt.[5]

Die anhaltende Revolution in der industriellen Produktion – Industrie 4.0 – resultiert aus dem Zusammenfluss sich schnell entwickelnder Technologien. Diese reichen von einer Vielzahl digitaler Technologien (wie 3D-Druck, Internet der Dinge, moderne Robotik) und neuen Werkstoffen (auf Bio- und Nanobasis) bis zu neuen Prozessen (z. B. datengesteuerte Produktion, künstliche Intelligenz und synthetische Biologie). Europa verfügt bei einer Reihe dieser Technologien über beträchtliche Stärken und nimmt in einigen Fällen eine weltweite Führungsrolle ein. Dies gilt insbesondere für künstliche Intelligenz, digitale Sicherheit und Konnektivität. Sie wurden von China in seiner Strategie „Made in China 2015", von Südkorea im Rahmen einer Initiative in Höhe von 1,5 Mrd. USD und von den USA im Rahmen eines Programms der US National Science Foundation als strategische Technologien identifiziert.

In Bezug auf Zukunftstechnologien haben mehrere vorausschauende Studien gezeigt, dass der derzeitige Satz von sechs KETs immer noch zu den Technologien gehört, die die Wirtschaft und Gesellschaft in den nächsten 10 bis 15 Jahren am wahrscheinlichsten beeinflussen werden. Die OECD hat auf der Grundlage mehrerer technologischer vorausschauender Untersuchungen in ihren Mitgliedsländern und in Russland 40 wichtige und neue Technologien ermittelt, die die verschiedenen „großen Herausforderungen" der Welt am besten bewältigen können. Zehn davon stehen in Verbindung mit Digitalisierung und Künstlicher Intelligenz.

Die sechs KETs zeigen maßgeblich auf, dass KETs auch in Zukunft eine sehr wichtige Rolle spielen werden. Darüber hinaus werden Studien der Kommission

---

[5]European Commission (2018): Re-Finding Industry – Defining Innovation, Report of the independent High Level Strategy Group on Industrial Technologies, chaired by Jürgen Rüttgers, COM (2018) 306 final, S. 15

über Zukunftstechnologien zufolge die bestehenden KETs weiterhin wichtig bleiben, um die großen Herausforderungen zu bewältigen, denen sich die Gesellschaft in den kommenden Jahren stellen muss.[6]

Neben diesen großen Zukunftsvisionen gibt es für die Industrie bei aktuellen Anwendungen bereits Herausforderungen im Detail.

Alex Pentland, Informatikprofessor am Massachusetts Institute of Technology (MIT), schreibt dazu: „Eine der aufschlussreichsten Erkenntnisse bei der Betrachtung von KI ist, dass Bürokratien der künstlichen Intelligenz ähneln: Sie operieren nach Vorschriften." Empathie, Intuition, Kreativität und manchmal der gesunde Menschenverstand bleiben auf der Strecke. Bürokratien sind selten innovativ. „Wir müssen die Daten aufzeichnen, die in jede ihrer Entscheidungen eingeflossen sind, und wir müssen die Resultate analysieren lassen", fordert Pentland weiter.[7]

Dies ist bei KI systembedingt (z. B. wegen Black-Box-Phänomen) nicht immer möglich; daher wird für Konformitätsprüfungen an der „Erklärbaren KI" (XAI) gearbeitet.

Darüber hinaus verdienen sie eine neue Forschungsrichtung, die mit dem XAI-Projekt „Explainable Artificial Intelligence" an der Stanford University aufgenommen wurde, durch die Prozesse und Entscheidungsketten im Detail umfassend und verständlich gemacht werden sollen. Darüber hinaus müssen wir ein neues Verständnis dafür entwickeln, ob und inwieweit Korrelationen die kausale Entscheidungsfindung ergänzen oder sogar ersetzen können.[8]

In diesem Zusammenhang muss auch die Haftung für den Einsatz ,künstlicher Intelligenz' gesetzlich geklärt werden.[9]

Aber es gibt auch Gefahren.

Der französische Philosoph Gaspard König weist darauf hin, dass Menschen, denen man die Freiheit nimmt und sie mittels Künstlicher Intelligenz (KI) fremdsteuert, wie man aktuell in der Volksrepublik China besichtigen kann, sich politisch wehren oder praktisch verweigern werden. „Heute entscheiden die Algorithmen, so wie früher Gott."[10]

---

[6]European Commission (2018): Re-Finding Industry – Defining Innovation, Report of the independent High Level Strategy Group on Industrial Technologies, chaired by Jürgen Rüttgers, COM (2018) 306 final, S. 20

[7]Rüttgers, Jürgen (2020): Die Zukunft von ,Smart City' und ,Smart Country', Essay, Erschienen auf: regierungsforschung.de, S. 21

[8]European Commission (2020): Re-Finding Industry – Defining Innovation, Report of the independent High Level Strategy Group on Industrial Technologies, chaired by Jürgen Rüttgers, COM (2018) 306 final, S. 38

[9]Rüttgers, Jürgen (2020): Die Zukunft von ,Smart City' und ,Smart Country', Essay, Erschienen auf: regierungsforschung.de, S. 17

[10]Rüttgers, Jürgen (2020): Die Zukunft von ,Smart City' und ,Smart Country', Essay, Erschienen auf: regierungsforschung.de, S. 17

Europa muss seine Industrie schützen. Daten sind für die digitale Industrie wichtig. Sie gehören aber den Datenproduzenten. Wer Daten nutzt, muss für Sicherheit sorgen.[11]

Die digitale Transformation eröffnet enorme Chancen, indem Bürger und Industrie durch neue partizipative Instrumente und eine effizientere, wettbewerbsfähigere und innovative Industrie gestärkt werden, Behördendienste effizienter und partizipativer werden und die Produktivität im privaten Sektor gesteigert wird. Gleichzeitig wirft es viele neue Fragen auf, wie zum Beispiel: Dürfen wir Algorithmen in unserem Rechtssystem verwenden? Wer ist für die Fake News in sozialen Netzwerken verantwortlich? Wer sollte handeln, um sicherzustellen, dass Hacker demokratische Wahlen nicht manipulieren? Können soziale Netzwerke Algorithmen, die den Nutzern unbekannt sind, verwenden, um die Kommunikation zu steuern und so das politische Denken der Nutzer zu beeinflussen? Könnten Einstellungsentscheidungen automatisch auf der Grundlage von Merkmalen getroffen werden, die von Internetdaten abgeleitet wurden? Inwieweit dürfen Informationen über Alter, Geschlecht und Krankheit für wirtschaftliche Entscheidungen oder für die Genforschung, Materialwissenschaft oder elektronische Miniaturisierung verwendet werden? Werden wir noch im Wertschöpfungsprozess gebraucht? Machen sich Maschinen selbstständig?

Die wichtigste Aufgabe wird jedoch die Durchsetzung der Menschen- und Bürgerrechte auch in der Digital- und Cyberwelt sein. Im Gegensatz zu den Versprechungen des Neoliberalismus, der die Regulierung verweigert und die Märkte die Zukunft bestimmen lässt, wissen wir aus Erfahrung, wie vorteilhaft klare Rahmenbedingungen für die Gesellschaft und ihre Grundwerte sind. Dies impliziert, dass die Grundregeln von demokratisch legitimierten Institutionen festgelegt werden sollten und nicht privaten Unternehmen überlassen werden dürfen.

Um ein neues Gleichgewicht zwischen dem Grundrecht auf Privatsphäre und dem Schutz personenbezogener Daten einerseits und dem Recht auf Sicherheit andererseits zu gewährleisten, ist unter Berücksichtigung der technologischen Entwicklung und der Marktnachfrage danach ein hohes Maß an Schutz des europäischen Datenschutzrechts erforderlich. Die neue Europäische Allgemeine Datenschutzverordnung (European General Data Protection Regulation) ist das ehrgeizigste Regelwerk der Welt und wird dem Einzelnen ein stärkeres Recht auf Information, Zugang und Löschung einräumen („Recht auf Vergessenwerden").

Neben dem Rechtsrahmen werden weitere Investitionen in die Cybersicherheit eine wirksame Vorsichtsmaßnahme sein, um den Missbrauch der Datenschutzrechte der EU-Bürger zu verhindern. Eine weitere Erweiterung unseres Wissens über die digitale Welt

---

[11]Rüttgers, Jürgen (2020): Die Zukunft von ‚Smart City' und ‚Smart Country', Essay, Erschienen auf: regierungsforschung.de, S. 22

und die Entwicklung der digitalen Wirtschaft auf der Grundlage unserer europäischen Werte werden den Märkten die richtigen Signale geben.[12]

Die europäische Industrie muss daher Start-ups und KMU mit einem Potenzial für bahnbrechende Innovationen mehr Aufmerksamkeit schenken, bei denen neue Innovationen mit hohem Risiko das Physische und das Digitale auf neuartige Weise miteinander verbinden.

Der Europäische Rat sollte seine Unterstützung auf die Notwendigkeit konzentrieren, wissenschaftliche Ergebnisse in Technologien umzuwandeln und die Anwendung von Technologien und technologiebasierten Lösungen zu erweitern. Dies würde ein schnelles Wachstum von Start-ups in der kritischen Phase der Unterbeweisstellung ihres Geschäftsmodells fördern und es ihnen ermöglichen, die kritische Masse zu erreichen, die sie zur Aufrechterhaltung ihres Geschäfts benötigen.

---

[12]European Commission (2020): Re-Finding Industry – Defining Innovation, Report of the independent High Level Strategy Group on Industrial Technologies, chaired by Jürgen Rüttgers, COM (2018) 306 final, S.40

Vorwort

Wer vom Anfang an genau weiß, wohin sein Weg führt, wird es nie weit bringen.
Napoleon I. (Kaiser der Franzosen)

Die Berichterstattung Ende Juli 2020 zur Audi Hauptversammlung und seinem neuen Chef Markus Duesmann titelte für mich mit einem Paukenschlag: Der Automobilkonzern sei beim Thema Digitalisierung nur in der zweiten Reihe (Handelsblatt 2020). In der ersten Reihe steht keiner der altbekannten Wettbewerber, sondern ein neuer Name. Nie hätte ich gedacht, dass ein neuer Automobilkonzern entsteht, das Know-How der bekannten Automarken war für mich uneinholbar. Nun habe der Newcomer, Tesla, zwei Jahre Vorsprung. Grund: Rechner, Software, autonomes Fahren – also Digitalisierung und Künstliche Intelligenz – nicht Motorentechnik und Karosseriebau.

Digitalisierung und Künstliche Intelligenz (KI) verändern die Welt zügig. Da sehen die einen große Chancen auf eine bessere und gerechtere Zukunft. Dies ist durchaus berechtigt: Produkte werden sicherer und besser auf die Wünsche des Anwenders zugeschnitten. Die Produktion wird passgenauer, umweltfreundlicher und nachhaltiger. Die Arbeit soll weniger monoton, interessenorientiert und dezentral werden. Unternehmen erhalten eine höhere Planungssicherheit. Der Einzelne kann sich besser informieren und es entsteht in vielen Bereichen eine hohe Transparenz. Letzteres ist ein großer Beitrag zur Demokratie.

Nicht wenige aber haben Angst vor den Veränderungen. Dies ist nicht ganz unbegründet, da technischer Fortschritt immer auch soziale Veränderungen mit sich brachte: Es gab und gibt Gewinner aber auch Verlierer.

Vor allem im industriellen Bereich, vorneweg in der Produktion, zeichnen sich bereits heute große Veränderungen ab. Produkte und Produktionsprozesse verändern sich rapide, werden intelligenter, also smarter. Damit verbunden ändern sich die Qualifikationsanforderungen, diese werden i. A. höher. Geeignete Berufswahl, ggf. frühzeitige Umorientierung, sowie lebenslanges Lernen sind wichtige Faktoren, um auf der Gewinnerseite zu stehen.

Industrieferne Autoren, wie dem Philosophen Richard David Precht (Buchtitel: Künstliche Intelligenz und der Sinn des Lebens) und dem israelischen Historiker Yuval

Noah Harari (Buchtitel: 21 Lektionen für das 21. Jahrhundert) hadern mit der KI indem sie auf ggf. negative Effekte auf die Arbeitswelt fokussieren. Harari unterscheidet die ersten industriellen Revolutionen, die i. W. körperliche Arbeit automatisierte, und die jetzige vierte industrielle Revolution, die auch die geistige Arbeit an Maschinen übergibt. Da bleibe, so der Tenor, nichts mehr übrig. In den ersten Revolutionen hätte sich der Kutscher noch zu einer höherwertigen Aufgabe umschulen lassen können, jetzt müsse man aufpassen, nicht das Schicksal der Pferde zu teilen, d. h. unnötig zu werden.

Der Autor sieht diese Gefahr weniger. In den 1980iger Jahren wurden tatsächlich viele menschlich Aufgaben unnötig. Es sind aber neue hinzugekommen, auch solche, von denen man damals gar nicht wusste, dass es sie gibt. Insbesondere in der IT-Branche sind so mehr Berufe entstanden als anderswo weggefallen sind. Schon Henry Ford behauptete, seine Kunden würden auf die Frage, was sie sich wünschten, „schnellere Pferde" antworten. Wie die Mobilitätskunden von damals wussten wir um 1990 nichts von Systemadministratoren, App-Designern, Daten-Analysten, Influenzern, Digitalisierungsmanager, Sozial-Media-Redakteur u. v. m. Mit der heutigen Digitalisierung und der KI wird es ähnlich sein: Es wird Aufgaben geben, die wir heute noch nicht kennen (können), auch und besonders im industriellen Umfeld.

Die Arbeit an diesem Buch hat gezeigt, dass viele deutsche Großunternehmen, z. B. Daimler und Porsche, als auch Mittelständler, wie z. B. Kößler, den Mensch weiterhin zentral und unverzichtbar im Mittelpunkt sehen. Damit unterscheiden sie sich deutlich von mancher düsteren Prognose in der Populärliteratur.

Eine Herausforderung gibt es aber dabei: Die neuen Arbeiten verlangen ein immer höheres Bildungsniveau. Dem wird mit neuen Bildungskonzepten begegnet. Klar ist aber leider auch, nicht jeder kann dabei aufschließen und bei den hohen Anforderungen an Qualifikation mithalten. Früher gab es stolze Schrankenwächter, Maschinenbediener, ungelernte Hilfsarbeiter u. ä. Heute machen deren Aufgabe Automaten, die noch programmiert werden müssen. In Zukunft macht dies dann eine KI. Alle mitzunehmen wird zusehends eine gesellschaftspolitische Herausforderung. Hierzu sind neue Konzepte notwendig. Staatliche Alimentation wird es nicht richten, weil die Menschen eine sinnvolle und sinnstiftende Aufgabe brauchen. Die Technologiefolgen abzuschätzen und Handlungsoptionen zu entwickeln, ist eine Aufgabe der Politik. Wichtig hier ist der Vorschlag des Wissenschaftsjournalisten Ranga Yogeshwar, der die Chance sieht über die Prioritäten des Lebens neu zu setzen und die Spielregeln entsprechend anzupassen (Yogeshwar 2018).

Die Politik stellt sich diesen Herausforderungen und ist bemüht wirtschaftlichen Chancen und gesellschaftliche Entwicklung positiv zu lenken. Viele Definitionen und Perspektiven in diesem Buch sind politikgetragen, die Bundesregierung und die EU-Kommission haben viele und lange Strategiepapiere und Weißbücher in Auftrag gegeben. Erstellt werden diese durch Expertenkommissionen, der Autor ist Mitglied in solchen beim VDI und beim DIN. Doch das Gebiet ist neu und unerschlossen, so sind sich die Experten auch nicht immer einig, was sich in diesem Buch bei den Definitionen zeigt. Klärung ist aber mittelfristig in Sicht.

Es gibt aber auch Irrationales: Verschwörungstheoretiker befürchten, dass die Roboter autonom Kriege führen oder gar die Weltherrschaft übernehmen. Das sieht die Wissenschaft allerdings als komplette Utopie an. Allerdings, wie es zu einer solch hohen öffentlichen Wahrnehmung kommt und mit welchen Werkzeugen für welchen Zweck dabei gearbeitet wird, das ist schon interessant. Denn solche Nonsens- bzw. Fake-News beeinflussen, bei geeigneter Verbreitung, die öffentliche Meinung, mit entsprechenden Folgen, auch auf die Demokratie. Immerhin glauben 36 % der Befragten einer Studie der British Science Association, dass die Entwicklung von intelligenten Programmen eine Bedrohung für das langfristige Überleben der Menschheit darstellt (Seng 2019). Kann man in diesem Zusammenhang zumindest Falschinformationen und politisch extremistische Darstellungen unterbinden? Dies ist schwierig zu fassen, denn hier tritt ein Dilemma hervor: Meinungsfreiheit gegen Schutz vor Agitation.

Dabei sollte auch nicht aus dem Auge verloren werden, dass manche Staaten die Digitalisierung und Künstliche Intelligenz ausnutzen, um ihre Bevölkerung zu kontrollieren. Hier tritt ein zweites Grundrechte-Dilemma hervor: Sicherheit und in Aussicht gestellter Wohlstand gegen Freiheitsrechte. In George Orwells Roman 1984 (geschrieben 1948) und in QualityLand von Marc-Uwe Klink (2017) wurde bereits die totale Überwachung mittels Digitalisierung zum Wohle der Bevölkerung beschrieben. Es gibt Länder, die dies bereits heute, im Rahmen des technisch Möglichen voll ausnutzend, umsetzen.

Damit sind wir aber bei einem wichtigen Aspekt der Künstliche Intelligenz: KI muss die Existenz von Irrationalitäten anrechnen, unterschiedliche kulturelle Bewertungen anerkennen, dabei Grundrechte nicht aus dem Blick verlieren und, wenn nicht alle relevanten Daten vorhanden sind, Unsicherheiten aushalten. Darüber hinaus können verschiedenen Ansichten existieren, ohne dass sie klar als wahr/falsch oder hilfreich/nichthilfreich klassifiziert werden können.

Das ist eine Herausforderung an die KI und aus mehreren Gründen schwierig:

Einerseits sind KIs mathematisch-logisch agierende Systeme. Irrationalitäten und verschiedene Meinungen kommen dabei eigentlich nicht vor. Auch werden rein mathematisch-faktenorientierte Entscheidungen oft als gefühlskalt, wenig empathisch empfunden, was zu wenig Akzeptanz führt. Das wiederum kann zum Versagen der eigentlich logisch richtigen Lösung führen.

Zum anderen sind abweichende, auch irrationale Ansichten oder Ideen nicht einfach auszufiltern. Während oben bereits der Nutzen für die Demokratie herausgestellt wurde, widerspricht ein Filteralgorithmus dem Recht auf freie Meinungsäußerung – wie oben gezeigt ein Dilemma.

Darauf muss noch eine Antwort gefunden werden, genau wie zu einem weiteren Dilemma, der doppelten Verwendbarkeit – Gut und Böse gleichzeitig:

Digitalisierung KI kann helfen, indem die Ergebnisse zu „guten" Zwecken genutzt werden. Wir bekommen Hinweise zum gesünderen Leben, das Auto ruft bereits vor dem Unfall den Rettungsdienst. In der Wirtschaft weiß ich, wo meine Produkte sind, wie sie genutzt werden und vor allem, wo Probleme liegen sowie wann sie gewartet oder erneuert werden müssen.

Umgekehrt möchte vielleicht nicht jeder, dass sein Druckerhersteller über das Internet of Things weiß, wie viel er druckt und womöglich noch Rückschlüsse anstellen kann, über was er druckt. Dies kann auch die Tür zur unlauteren staatlichen Überwachung öffnen, Beispiele gibt es bereits jetzt.

Sie bekommen keinen Kredit oder kein Einreisevisa? Dies kann daran liegen, dass ein undurchsichtiger Algorithmus eine gewisse Wahrscheinlichkeit ausrechnet, dass Sie straffällig werden (was Sie natürlich nicht vorhaben) oder sie wohnen einfach in der falschen Gegend.

Was sind also Chancen, was Risiken?

Bei den Chancen der KI neigen wir dazu, der angeblich immer richtigen Mathematik, also den Algorithmen zu vertrauen. Dies basiert auf einer Managementtheorie, dass nur das messbare und berechenbare im positiven Sinne gemanagt werden könne: „What you can't measure, you can't manage" (Bill Hewlett, Mitbegründer von Hewlett-Packard) bzw. „You can't manage what you can't measure." (Peter Drucker).

Zunächst gilt hier aber die einfache Weisheit, dass das Leben grundsätzlich nicht berechenbar ist. So sind industrielle Prozesse durchaus mit KI zu optimieren, wir sollten aber im menschlichen Umfeld den Algorithmen nicht zu sehr Macht geben. Daher ist es wichtig, sich mit der KI-Ethik zu beschäftigen, auch wenn es nur um, in diesem Sinn eher unverfängliche, Produktionsthemen in diesem Buch geht. Hierzu gibt es mittlerweile neben der menschlichen Ethik auch eine sog. Maschinenethik.

Beide hängen aber oft zusammen: So können sinnvolle KI-Produktionsprozesse durchaus Mitarbeiter überwachen, was nicht sein sollte. Auch Maschinen müssen demnächst ethische Fragestellungen lösen, hier ein noch eher unkritisches Beispiel: Bei Lieferengpässen, wer soll beliefert werden, wer ist nicht so wichtig.

Schwieriger wird es, wenn Grundrechte gegeneinanderstehen: Wie viel KI-Überwachung ist akzeptabel zur Terrorabwehr oder für den Gesundheitsschutz (Freiheit gegen Sicherheit)? Soll eine KI bei der Rettung von Menschenleben denjenigen retten, der statistisch die höchste Überlebenswahrscheinlichkeit hat, oder den, der messbar für die Gesellschaft wichtiger ist? Wo kann dabei auf Transparenz von automatisierten Entscheidungen verzichtet werden, wo ist die Grenze? Interessant ist, dass diese Fragen kulturell und individuell sehr unterschiedlich beantwortet werden (siehe oben).

Für eine breite gesellschaftliche Akzeptanz wird die Nachvollziehbarkeit und Transparenz solcher Entscheidungen wesentlichen Einfluss haben. Schon hier gibt es aber Schwierigkeiten, insbesondere beim maschinellen Lernen und Deep Learning gibt es Transparenz- und Nachvollziehbarkeitsgrenzen, weswegen man, weniger anspruchsvoll, auf die Erklärbarkeit setzt.

Im Sinne des o. g. Napoleon Zitats wissen wir also nicht, wohin Digitalisierung und KI uns führt. Es lohnt sich aber, diese Technologie weiter zu entwickeln, richtig eingesetzt wird sie einen sehr positiven Beitrag für unser Leben mit sich bringen. Daher ist wichtig, den Prozess kritisch zu begleiten und positiv zu gestalten.

Dieses Buch soll mit Blickrichtung auf die produzierenden industriellen Bereiche einen Beitrag dazu leisten. Dabei ist es aber auch wichtig, den Blick weiter als nur auf die Produktionsebene zu richten, alles hängt mit allem zusammen.

Anmerkungen zur Nutzung dieses Buchs

Viele Quellen dieses Buchs stammen nicht aus wissenschaftlichen Abhandlungen, sondern, für die Ingenieurwissenschaft unüblich, von politischen Institutionen (EU, Bund), aus der allgemeinen Presse oder sogar direkt von Herstellern. Dies ist verschiedenen Umständen geschuldet:

Zum einen wird die Technologie weniger von der universitären Forschung getrieben, sondern vielmehr sind es Wirtschaftskonzerne, wie Apple, Google, Facebook aber auch Einzelpersonen wie Elon Musk, die voranschreiten. Wissenschaftliche Organisationen sind hier zumeist zu langsam, auch will sich nicht jedes Unternehmen in die Karten blicken lassen. Damit müssen die Quellen aber auch kritischer gesehen werden.

Zum anderen kümmert sich die Politik mehr um das Thema, natürlich aus wirtschaftlichspolitischen Erwägungen aber auch wegen der großen gesellschaftlichen Relevanz, in Form von Auswirkungen auf die Arbeitswelt, Persönlichkeitsrechte (Datenschutz) und sogar die Demokratie (Fake-News, Wahlbeeinflussung).

Als Lehrbuch konzipiert wird nicht davon ausgegangen, dass der gesamte Text hintereinander gelesen wird. Vielmehr wird sich der geneigte Leser wohl einzelnen, für ihn interessanten Kapiteln verstärkt widmen. Daher gibt es, wo sinnvoll, kurze Stichwort-Wiederholungen und eine Reihe von Querverweisen.

Die Didaktikforschung hat herausgefunden, dass sich Sachverhalte besser verinnerlichen, wenn sie mit konkreten Beispielen und Geschichten verbunden werden. Aus diesem Grund wird, dort wo sinnvoll, etwas weiter ausgeholt – der eilige Leser mag dies überspringen.

Die Fragen zu den Kapiteln sind z. T. als Transferfragen gedacht. D. h. Grundlagen für die Lösungen finden sich im Kapitel, einige Aspekte erfordern aber ein Darüber-Hinaus-Denken und das kreative Einbinden eigener Erfahrung. Ggf. gibt es dabei kein konkretes Richtig oder Falsch, sondern eine nachvollziehbare Argumentation. Letzteres soll durch die Fragen didaktisch gefördert werden.

Digitalisierung und KI sind ein sehr globales Phänomen, daher gibt es viele englischsprachige Begriffe. Für viele gibt es auch eine deutsche Übersetzung, die aber wenig genutzt werden, z. T. fast unbekannt sind. Es gab Versuche, das Themengebiet einzudeutschen (so Industrie 4.0, bewusst mit „ie" geschrieben), der Erfolg blieb aber gering. Auch gibt es das umgekehrte Phänomen, z. B. Digitalisierung ist in der hierzulande genutzten Bedeutung nicht ins englische zu übersetzen (dort wird „Technology" genutzt, aber mit leicht anderer Geltung). Biswelen haben sich deutsche Worte durchgesetzt, z. B. Maschinelles Lernen (für Machine Learning), manchmal sind die angelsächsischen Begriffe verbreiteter, z. B. Deep Learning (statt Tiefergehendes Lernen) oder Big Data statt Massendaten. Zwar ist der Autor Befürworter einsprachiger Texte, also entweder komplett Deutsch oder komplett Englisch, dies ist hier aber kaum machbar und wenig hilfreich. Es verblieb eine Kompromisslösung.

Prof. Dr.-Ing. Andreas Mockenhaupt hat an der RWTH Aachen Machinenbau studiert und promoviert an der Universität Essen. Industrielle Erfahrungen sammelte er bei der Barmag AG (Akzo-Nobel, heute Barmag Oerlikon) beschäftigt und anschließend langjährig in Führungspositionen beim US-Konzern 3M. Heute ist er Professor an der Hochschule Abstadt-Sigmaringen im Bereich (Wirtschafts-)Ingenieurwesen. Während seiner Laufbahn dort war bzw. ist er Gutachter, u. a. beim DAAD, FIBAA und AQUIN, sowie in Expertengemien für Qualitätsmanagement und Künstliche Intelligenz, u. a. beim DIN und beim VDI.

Sigmaringen   Andreas Mockenhaupt
im Frühjahr 2021

Inhaltsverzeichnis

1 Industrie und Gesellschaft im digitalen Wandel 1
   1.1 Digitale Transformation 1
   1.2 Mythen & Fakten 3
   1.3 Technologische Veränderungen 5
   1.4 Technologiebruch und Disruption 7
   1.5 Innovative Grundstrategien 11
      1.5.1 Innovationgrad 11
      1.5.2 Innovation und das Verhältnis von Technik & Markt 12
      1.5.3 Handlungsoptionen im innovativen Umfeld 14
   1.6 Gesellschaftlicher Wandel durch technische Innovationen 15
   1.7 Wandel durch die Digitale Transformation 17
   1.8 Auswirkungen auf die Arbeitswelt (Arbeit 4.0) 18
   1.9 Personalmanagement im Wandel (HR 4.0) 24
   1.10 Evolutionäre & disruptive Transformation 26
   1.11 Fragen zum Kapitel 27
   Literatur 29

2 Grundlagen der Digitalisierung und Industrie 4.0 31
   2.1 Was ist neu? 31
   2.2 Definitionen Automatisierung, Digitalisierung & Industrie 4.0 32
   2.3 Abgrenzung: Automatisierung, Digitalisierung,
      Industrie 4.0, Künstliche Intelligenz 35
   2.4 Geschichte der Digitalisierung & Industrie 4.0 38
      2.4.1 Geschichte der Digitalisierung 38
      2.4.2 Die Industriellen Revolutionen 1.0 bis 4.0
         sowie Industrie x.0 39
   2.5 Technologiebasis für Digitalisierung und Industrie 4.0 42
   2.6 Agilität, Komplexität 43
   2.7 Fragen zum Kapitel 44
   Literatur 44

3 Grundlagen der Künstliche Intelligenz (KI) 47

3.1   Intelligenz 47

3.2   Definitionen und Aufbau einer KI 49

3.3   Starke & schwache KI 52

3.4   Artificial General Intelligence (AGI) 53

3.5   Hybride KI 55

3.6   Symbolische und subsymbolische KI 57

3.7   Autonomiestufen 58

3.8   Geschichte KI 62

3.9   Interaktion von Mensch & KI 66

3.10   Bots 67

3.11   Turing-Test 68

3.12   Anforderungen an eine KI 70

    3.12.1   Vertrauenswürdige KI (Trusted AI) 70

    3.12.2   Black-Box-Problematik & Black-Box-Test 73

    3.12.3   Transparente KI 75

    3.12.4   Erklärbare KI (Explainable AI – XAI) 76

    3.12.5   Zielgerichtete KI 78

    3.12.6   Diskriminierungsfreiheit 78

3.13   Patentsituation 81

3.14   Künstliche Kreativität 84

3.15   Fragen zum Kapitel 87

Literatur 87

4 Ethische Aspekte 93

4.1   Grundbegriffe der Ethik 93

4.2   Moralisches Dilemma 96

4.3   Haftung bei KI 99

4.4   Prinzip der Doppelwirkung (PDW) 101

4.5   Doppelverwendung (Dual Use) 102

4.6   Technologiefolgeabschätzung (TA) 102

4.7   Maschinenethik, Maschinenmoral & Roboterethik 104

4.8   Ethische Leitplanken bei Digitalisierung & KI 105

4.9   Gesamtbewertung und Messung einer KI-Ethik 107

4.10   Bewertung der Chancen und Risiken 110

4.11   Fragen zum Kapitel 111

Literatur 111

5 Daten der Digitalisierung und der KI 115

5.1   Daten & Co. 115

    5.1.1   Daten – Informationen – Wissen 115

    5.1.2   Datenerhebung, Datenerfassung & chaotische
                  Datensammlung 118

| | | 5.1.3 | Metadaten & Datenmerkmale | 119 |

5.1.3   Metadaten & Datenmerkmale 119
5.1.4   Datenziele, Datenintegrität, Datenqualität &
        Interoperabilität 120
5.1.5   Datenschutz 122
5.2   Big Data (Massendaten)...................................... 124
5.2.1   Datensammlung bei Big Data........................ 126
5.2.2   Kausalitäten vs. Korrelation bei Big Data 127
5.2.3   Smart Data 128
5.3   Fragen zum Kapitel 130
Literatur.. 130

6   Maschinelles Lernen 133
6.1   Maschinelles Lernen (Machine Learning – ML).................. 133
6.1.1   Sieben Start-Schritte des maschinellen
        Lerners mittels Trainingsdaten........................ 136
6.1.2   Initialdaten (synthetische Daten, Trainings-,
        Test- und Validierungsdaten)........................ 137
6.2   Drei Methoden des maschinellen Lernens...................... 138
6.2.1   Überwachtes Lernen (Supervised Learning) 139
6.2.2   Unüberwachtes Lernen (Unsupervised Learning) 140
6.2.3   Bestärkendes Lernen (Reinforced Learning) 141
6.2.4   weitere Lernmethoden (Lazy Learning, Eager
        Learning, Continuous Learning) 142
6.3   Mustererkennung 142
6.4   ML-Algorithmen (Übersicht)................................. 146
6.5   Inferenz... 149
6.6   Stabilitäts-Plastizitäts-Dilemma & Drift
        (Concept/Model Drift) 149
6.7   Meta-Lernen (Meta-Learning) 151
6.8   Automatisiertes Maschinelles Lernen (AutoML)................ 152
6.9   Tiefer gehendes Lernen (Deep Learning – DL)................. 154
6.10   Künstliche Neuronale Netze – KNN
        (Artificial Neuronal Network – ANN) 155
6.11   Anwendungsbeispiel bei 3M 159
6.12   Fragen zum Kapitel 161
Literatur.. 162

7   Maschinelle Entscheidungen 165
7.1   Menschliche Entscheidung.................................. 165
7.2   Herausforderungen bei der „Faktenorientierten Entscheidung" 168
7.3   Kontingenz (Selektion bei mehreren Alternativen) 174
7.4   Unsicherheit: Informationsmangel,
        -Verfügbarkeit, & -Asymmetrie 174

7.5   Empathie, Intuition, Irrationalität,
         Emotionalität bei Entscheidungen   176
7.6   Exkurs: Spieltheorie (Game Theorie).   178
7.7   Entscheidungsheuristiken.   180
7.8   Selbstorganisation & Chaostheorie bei KI   180
7.9   Situationsbezogene flexible Auslegung von Regeln
         in chaotischen Systemen   184
7.10   Autonomie & Kontrolle bei KI-Entscheidungen   186
7.11   KI-Entscheidung bei Unsicherheit   188
7.12   ADM-Systeme (Algorithmische Entscheidungsfindung –
         Algorithm Decision Making).   192
7.13   Fragen zum Kapitel   195
Literatur.   196

8   Weitere Werkzeuge der Künstlichen Intelligenz   199
8.1   Maschine-zu-Maschine-Kommunikation
         (Machine-to-Machine – M2M).   199
8.2   Mensch-Maschine-Interface (MMI),
         Human-Machine-Interface (HMI)   200
         8.2.1   Haptisches Feedback   201
         8.2.2   Gedankensteuerung   203
8.3   Natural Language Processing (NLP)   204
8.4   Text Mining   206
8.5   Bild- & Objekterkennung (Image Recognition).   207
8.6   Intelligente, autonome Agenten   211
8.7   Robotic Process Automation (RPA).   212
8.8   Fragen zum Kapitel   213
Literatur.   214

9   Angriffssicherheit und Manipulationssicherheit bei KI-Systemen   217
9.1   Angriffe auf industrielle IT-System   217
9.2   Cyberresilienz.   220
9.3   Evasion, Bypassing (Ausweichen, Umgehen)   221
9.4   Poisoning Attacks (Vergiftungsattacken)   221
9.5   Adversarial Attacks (feindliche Angriffe)   222
9.6   Backdoor Attacks – Backdooring
         (Angriff durch die Hintertür)   223
9.7   Deep Fakes   223
9.8   KI-basierte Intrusion-Detection- und Prevention-Systemen
         (IDS, IPS)   224
9.9   Fragen zum Kapitel   225
Literatur.   225

10   Digitalisierung und KI in der Produktion 227

    10.1   Chancen der Digitalisierung und KI in der Produktion 227

    10.2   Anforderungen an ein KI-System im Produktionsumfeld 235

         10.2.1   Skalierbarkeit 235

         10.2.2   Resilienz bei autonomen Systemen 236

         10.2.3   Robustheit (Robustness)............................ 238

         10.2.4   Plausibilität...................................... 241

    10.3   Smart Factory, Smart Manufacturing & Production Level 4 241

    10.4   Autonome Produktion 246

    10.5   Internet der Dinge – (Industrial) Internet of Things (IoT & IIoT)..... 248

    10.6   Maschine als Service – Machine as a Service – (MaaS) 250

    10.7   Fertigungsmanagementsysteme
           (Manufacturing Execution Systems – MES) 251

    10.8   Eingebettete Systeme (Embedded Systems) 252

    10.9   Cyber-Physische Systeme (CPS und CPPS) 255

    10.10 System der Systeme – System of Systems (SoS)................. 256

    10.11 Ubiquitous Computing...................................... 257

    10.12 Digitaler Zwilling (Digital Twin)............................. 259

    10.13 Digital Thread... 261

    10.14 Virtual, Augmented & Mixed Reality Systems
           (VR, AR, MR) in der Produktion............................ 262

    10.15 Anwendung in der Entwicklung (Generative Design)............. 264

    10.16 Connected Shopfloor 265

    10.17 Fragen zum Kapitel 265

    Literatur... 266

11   Datengetriebene Prozessanalyse 271

    11.1   Arten der Datenanalyse 271

    11.2   Process Analytics, Data Mining & Process Mining............... 273

    11.3   Predictive Maintenance & Predictive Machines (PdM)............ 277

    11.4   Collaborative Technologies (CM, CCM, SCC) 280

    11.5   Fragen zum Kapitel 283

    Literatur... 283

12   Qualitätsmanagement 4.0. 285

    12.1   Qualität 4.0 & Smart Quality 285

    12.2   Qualitätssicherung & KI.................................... 286

    12.3   Qualitätsmanagement &KI (DIN EN ISO 9000f) 288

    12.4   KI-Normung & Konformitätsbewertung 289

    12.5   KI-Zertifizierung 290

    12.6   Umsetzung bei Qualität 4.0 290

    12.7   Exkurs: Lernen durch Fehler 294

12.8   „In the Loop"-Simulationen............................... 294
12.9   Fragen zum Kapitel 295
Literatur.. 295

13 Robotik.. 297
13.1   Robotik und KI... 297
13.2   Historie und aktuelle Situation der Robotik............... 299
13.3   Moravecs Paradox & ‚Griff in die Kiste' (Bin Picking) 303
13.4   Soft Robotics 304
13.5   Wahrnehmung bei Robotern & autonomen Systemen............. 306
13.6   Simultane Lokalisierung und Kartenerstellung (SLAM)........... 308
13.7   Kollaborative Robotik (Cobots)........................... 309
13.8   Mensch-Roboter-Kollaboration (MRK) & Human
        Robot Interaction (HRI)................................. 310
13.9   Serviceroboter & Cobots 312
13.10   Schwarmrobotik (Swarm Robots) 315
13.11   Myorobotics & Exoskelette 317
13.12   Medizintechnik... 318
13.13   Fragen zum Kapitel 321
Literatur.. 321

14 Erfolgsfaktoren 325
14.1   Gestaltungsfelder 325
14.2   Wie kann man mit Digitalisierung & KI Geld verdienen?........... 327
Literatur.. 331

15 Nachwort 333
Literatur.. 335

Anhang.. 337

Literatur.. 339

Stichwortverzeichnis.. 341

Abkürzungsverzeichnis

AGB	Allgemeine Geschäftsbedingungen
AI	Artificial Intelligence (siehe auch KI)
AutoML	Automatisiertes Maschinelles Lernen (Automated Machine Learning)
BMBF	Bundesministerium für Bildung und Forschung
BMWi	Bundesministerium für Wirtschaft und Energie
CCM	Collaborative Condition Monitoring
CIM	Computer-Integrated Manufacturing
CPS	Cyber-Physische Systeme (Cyber-Physical Systems)
CPPS	Cyber-Physische Produktionssysteme
CSP	Cloud-Service-Provider
DSGVO	Datenschutz–Grundverordnung
DIN	Deutsches Institut für Normung
DPMA	Deutsches Patent- und Markenamt
ERP	Enterprise-Resource-Planning
etc.	etcetera
ggf.	gegebenenfalls
GmbH	Gesellschaft mit beschränkter Haftung
GRPS	General Packed Radio Services
HiL (auch HitL)	Hardware in the Loop
Http	Hypertext Transfer Protocol
i. A.	im Allgemeinen
i. d. R.	in der Regel
i. W.	im Wesentlichen
IaaS	Infrastructure as a Service
IoT	Internet of Things
IIoT	Industrial Internet of Things
IoTS	Internet of Things and Services
IP-Adresse	Adresse im Computernetzwerk basierend auf dem Internetprotokoll (IP)

IPv4	Internet Protocol Version 4
IPv6	Internet Protocol Version 6
IT	Informationstechnik
IuK	Informations- und Kommunikationssysteme
KI	Künstliche Intelligenz (siehe auch AI)
KMU	Kleine und mittlere Unternehmen (siehe auch SME)
KPI	Key Performance Indicator – Schlüssel-Leistungskennzahlen
lat.	lateinisch
LVS	Lagerverwaltungssystem
M2M	Maschine-zu-Maschine Kommunikation
MES	Manufacturing Execution System
MIL	Model in the Loop
o. g.	(bereits) oben genannt
OPC UA	Open Platform Communications Unified Architecture
MMI	Mensch-Maschine-Interaktion
NIST	National Institute of Standards and Technology
NFC	Near Field Communication
PDA	Personal Digital Assistant
PDM	Produkt-Daten-Management
PdM	Predictive Maintenance
PDW	Prinzip der Doppelwirkung
RFID	Radio-Frequency Identification
RTLS	Real-Time Locating System (Echtzeit-Lokalisierungs-Systeme)
SaaS	Software as a Service
SCADA	Supervisory Control and Data Acquisition
SCC	Supply Chain Collaboration
SME	Small and Medium Enterprises (siehe auch KMU)
sog.	sogenannte
SoS	System of Systems
SPS	Speicherprogrammierbare Steuerung
u. a.	unter andrem
u. ä.	und ähnlichem
u. g.	(weiter) unten genannt
usw.	und so weiter
u. U.	unter Umständen
u. v. m.	und vieles mehr
VDI	Verein Deutscher Ingenieure
VUKA	Volatilität, Unsicherheit, Komplexität und Ambiguität
WSN	Wireless Sensor Network
XAI	Explainable AI (Erklärbare KI)
z. T.	zum Teil

Abbildungsverzeichnis

Abb. 1.1   Technologische Veränderungen 6
Abb. 1.2   Historisches Flugzeug mit Porsche-Motor 9
Abb. 1.3   Mooney mit Porsche-Motor PFM 3200 10
Abb. 1.4   Market Push & Technology Pull. 13
Abb. 1.5   Handlungsoptionen im Spannungsfeld Technik und Markt 14
Abb. 1.6   Kondradiev-Zyklen und gesellschaftliche Veränderung 16
Abb. 1.7   Veränderung der Beschäftigung bis zum Beginn
            der digitalen Revolution 2010. 20
Abb. 1.8   Veränderungen der nachgefragten Berufe durch die
            Digitalisierung & KI (World Economic Forum,
            The Jobs Landscape, 2018) 21
Abb. 1.9   Millennials und Generation Z sehen in Industrie
            4.0 meist eher einen Wegbereiter als eine Bedrohung 22
Abb. 1.10   Die Arbeitgeber sind mit den Prioritäten der Millennials
            „nicht im Einklang" 23
Abb. 1.11   Personalmanagement im Wandel (HR 4.0). 25
Abb. 2.1   Auswahl von Kennzeichen und Herausforderungen
            bei Industrie 4.0 34
Abb. 2.2   Abgrenzung Digitalisierung, Industrie 4.0 und
            Künstliche Intelligenz. 36
Abb. 2.3   Möglichkeiten der Digitalisierung, Industrie 4.0 und KI 37
Abb. 2.4   Die vier industriellen Revolutionen 37
Abb. 2.5   Technologiebasis von Industrie 4.0
            (World Economic Forum 2016) 41
Abb. 3.1   Vier Phasen der Künstlichen Intelligenz. 50
Abb. 3.2   Aufbau eines KI-Systems. 51
Abb. 3.3   Facebook KI-Chef Jerome Pesenti twittert an Elon Musk 53
Abb. 3.4   Hybride KI – IT-Arbeitsplatz 56
Abb. 3.5   Hybride KI – Übertragung auf die Maschine 56
Abb. 3.6   Symbolische und Subsymbolische KI 57

Abb. 3.7   KI-beeinflussende Autonomie-Stufen in der industriellen
            Produktion in Anlehnung an Plattform Industrie 4.0   59
Abb. 3.8   Automatisierungsgrade des automatisierten Fahrens
            bis zum autonomen Fahren.   60
Abb. 3.9   Umsetzung des automatisierten Fahrens   61
Abb. 3.10   Entwicklung der Künstlichen Intelligenz (KI)   63
Abb. 3.11   Mensch und Maschine arbeiten zusammen   67
Abb. 3.12   Gutartige und bösartige Bots nach Internetverkehr   68
Abb. 3.13   Der Schachtürke: Kupferstich von Racknitz 1789   69
Abb. 3.14   Kernanforderungen an eine vertrauenswürdige KI.   71
Abb. 3.15   White-Box- & Black-Box-Test.   74
Abb. 3.16   Ansatz zur Bewertung von KI-Transparenz
            (Bertelsmann Stiftung (Hrsg.), Hustedt und Hallensleben 2020).   77
Abb. 3.17   KI-Entscheidungsablauf: Beweisbar, Transparent,
            Erklärbar & Zielgerichtet   79
Abb. 3.18   Entwicklung der Patentanmeldungen im Bereich der
            Künstlichen Intelligenz mit Wirkung für Deutschland.   82
Abb. 3.19   Vergleich Patentanmeldungen im Bereich KI 2013
            zu 2018 nach Ländern.   82
Abb. 3.20   KI-Patentanmeldungen mit Wirkung für Deutschland
            nach Teilgebieten für die Top 5 Länder 2018   83
Abb. 4.1   Stele des Codex Hammurabi um 1750 v.Ch., Louvre,
            Paris (CC-Lizenz, (Louvre 2011))   100
Abb. 4.2   Theorien mit Produktions- & Wertebezug   104
Abb. 4.3   VCIO-Modell (Bertelsmann Stiftung (Hrsg.),
            Hustedt und Hallensleben 2020).   108
Abb. 4.4   Vorschlag zur Gesamt-Systembewertung anhand
            von Mindestanforderungen (Bertelsmann Stiftung et al. 2020)   109
Abb. 5.1   Zusammenhang zwischen Daten, Information und Wissen   116
Abb. 5.2   Viele Daten bleiben ungenutzt
            (World Economic Forum & Kearney 2017)   124
Abb. 5.3   Datenmerkmale Big Data vs. traditionelle Daten.   125
Abb. 5.4   Von Big Data zu Smart Data.   129
Abb. 6.1   „Künstliche Intelligenz" (Artificial Intelligence) mit den
            Teilgebieten „Maschinelles Lernen" (Machine Learning)
            und „Tiefergehendes Lernen" (Deep Learning)   134
Abb. 6.2   Maschinelles Lernen – Der Mensch bleibt noch
            Teil des Systems   135
Abb. 6.3   Entwicklung eines DL-Systems   137
Abb. 6.4   Drei Methoden des Maschinellen Lernens.   139

Abb. 6.5   Überwachtes Lernen bei der Zerspanung   140
Abb. 6.6   Vorgehensweise bei Mustererkennung mittels Lernphase   144
Abb. 6.7   Vorgehen evolutionären Algorithmus (EA) bzw.
            genetische Algorithmen (GA).   145
Abb. 6.8   @elhotzo zu Algorithmen, Instagram 08.07.2020   146
Abb. 6.9   Algorithmus = Verarbeitungsvorschrift   147
Abb. 6.10   Beispiele für KI-Algorithmen.   148
Abb. 6.11   Unterschiedliche Driftarten   151
Abb. 6.12   AutoML: Workflow im Vergleich zum klassischen
            maschinellen Lernen (ML).   153
Abb. 6.13   Vergleich Machine Learning (ML) vs. Deep Learning (DL)   155
Abb. 6.14   Menschliches neuronales Netzwerk. (Nöth 2020)   156
Abb. 6.15   Künstliches Neuronales Netzwerk (KNN)   157
Abb. 6.16   Aktivierungsfunktionen (Beispiele)   158
Abb. 6.17   Instabiler Betriebspunkt mit höherer Effizienz als
            stabilerer Betriebspunkt   159
Abb. 6.18   Einsatz von maschinellem Lernen bei 3M   160
Abb. 6.19   Künstliche Intelligenz & Deep Learning bei 3M   161
Abb. 7.1   Entscheidungstypen   166
Abb. 7.2   Dimensionen menschlicher Problemlösung   167
Abb. 7.3   Ceci n'est pas une pipe (René Magritte, 1929) Lizensiert:
            Creative Commons Attribution 4.0.   172
Abb. 7.4   Taktische Überlegungen eines Produktionsleiters
            beim Kauf einer vergleichsweise teuren Maschine   173
Abb. 7.5   Fehlertoleranz im Management nach 3M.   173
Abb. 7.6   Positive Stimmung führt zu Risikovermeidung   177
Abb. 7.7   Optionen bzw. Auszahlungsmatrix beim Chicken-Game.   178
Abb. 7.8   Beispiele für Entscheidungsalgorithmen   180
Abb. 7.9   Magic Roundabout in Swindon   182
Abb. 7.10   Menschen regeln (noch) den Verkehr besser als eine KI   185
Abb. 7.11   Steuert der Mensch oder der Computer?   187
Abb. 7.12   Cockpit eines Flugzeugs der Allgemeinen Luftfahrt   188
Abb. 7.13   Unterteilung von ADM in DSS und AuDM   193
Abb. 7.14   Beispiele für teilhaberrelevante ADM-Systeme   194
Abb. 8.1   Haptik   201
Abb. 8.2   Kreativität besser auf dem Papier – Skizze eines 18 Zylinder
            Motors von Ferdinand Karl Piëch (VW) für den Bugatti Veyron.   202
Abb. 8.3   MMI-Hand mit haptischem Feedback   202
Abb. 8.4   Anwendung einer haptischem Feedback-Hand bei
            KI-unterstützten Arbeiten   203

Abb. 8.5   Anwendung einer haptischem Feedback-Hand beim
           industriellen Training   204
Abb. 8.6   Jugendliche steuern einen Ball mit ihren Gedanken.   204
Abb. 8.7   Identifikation eines Insekts aus Pixeln   207
Abb. 8.8   Klassifizierung & Bedeutungszuweisung: Wolke
           (Sichtbehinderung aber ungefährlich), Gleitschirm
           (keine Wolke, Kollisionsgefahr)   209
Abb. 8.9   Optische Doppeldeutigkeit – Ein Quadrat, wo keines ist   209
Abb. 9.1   Cyberangriffe auf Unternehmen (GDV G. 2020)   218
Abb. 9.2   Cyberattacken legen Betriebe lahm (GDV G. d. 2018)   219
Abb. 10.1 Mercedes-Benz Factory 56   228
Abb. 10.2 Konditorei ca. 1955.   228
Abb. 10.3 Konditoreianforderung mit Industrie 4.0   229
Abb. 10.4 Roboterarm glasiert mittels Künstlicher Intelligenz
           Aachener Printen   229
Abb. 10.5 Produktionsregelung 2030 ermöglicht eine dynamische
           und situationsabhängige Produktionssteuerung   230
Abb. 10.6 KI muss einen Mehrwert haben, daher bleibt der
           Mensch bewusst Teil des Prozesses   231
Abb. 10.7 Industrie-4.0-Anwendungsbereiche   232
Abb. 10.8 Deloitte Manufacturing 4.0-Cube.   232
Abb. 10.9 Bausteine einer digitalen Infrastruktur in der Produktion
           in Anlehnung an (Siepmann und Roth 2016;
           Ruderschmidt 2019)   233
Abb. 10.10 Risikomanagement & Robustheit.   239
Abb. 10.11 Industrie 4.0 – Fertigung bei Porsche.   243
Abb. 10.12 Smart … Digitalisierung verändert Unternehmen aller
           Branchen tief greifend   243
Abb. 10.13 Beispiele für Smart Factory in der Automobilindustrie   245
Abb. 10.14 Die Automatisierungspyramide   246
Abb. 10.15 Wandel der Automatisierungspyramide hin zu SPS   247
Abb. 10.16 MES-System   252
Abb. 10.17 Produktionsüberwachung per App   253
Abb. 10.18 Aufbau eines Embedded Systems.   254
Abb. 10.19 Aufbau eines Cyber-Physischen Systems (CPS)   256
Abb. 10.20 Vom intelligenten System über die Kooperation von
           Systemen zur Cyber-Physischen System (CPS)   257
Abb. 10.21 Entwicklungsstufen vom Mainframe-Computer zu
           Ubiquitous Computing   257
Abb. 10.22 Virtual, Real & Mixed Reality in Anlehnung an:
           (Microsoft, Was ist Mixed Reality? 2018)   263
Abb. 11.1 Arten der Datenanalyse   273

Abb. 11.2 Prozess-Analytics 274
Abb. 11.3 CRISP-CM Modell 276
Abb. 11.4 OEE – Overall Equipment Effectivness Kennzahl 277
Abb. 11.5 Wartungsstrategien. (Ausfallsicherheit vs. Kosten) 280
Abb. 11.6 Predictive Maintenance 280
Abb. 12.1 Visuelle Qualitätsprüfung bei der Kößler Technologie GmbH 287
Abb. 12.2 Handlungsfelder einer KI-Zertifizierung 292
Abb. 12.3 Das Analyse-Kontinuum 293
Abb. 13.1 Neue Arten von Robotern für die Digitale Revolution
(World Economic Forum 2018) 298
Abb. 13.2 Auswirkungen von KI und Robotik – Szenarien in Anlehnung
an. (AG 5, Plattform Industrie 4.0, & BMWi 2019) 299
Abb. 13.3 Leonardo da Vinci Getriebe, Auto 300
Abb. 13.4 Leonardo da Vinci – Roboter Ritter Rekonstruktion 301
Abb. 13.5 Highlights der Roboterentwicklung 301
Abb. 13.6 Wachstumserwartung für Industrieroboter 302
Abb. 13.7 Industrieroboter-Dichte nach Ländern 302
Abb. 13.8 Robotergreifer bei der Aufnahme einer frei positionierten
Büroklammer 303
Abb. 13.9 Griff in die Kiste mit KUKA-Robotern 304
Abb. 13.10 BionicSoftHand 305
Abb. 13.11 BionicSoftHand 306
Abb. 13.12 Kollaborative Roboter sind eine wachsende Nische 309
Abb. 13.13 Mensch-Roboter-Kollaboration (MRK) – HRC Cobots 310
Abb. 13.14 Zeitliche und räumliche Trennung von Mensch und Roboter 311
Abb. 13.15 MRK bei Skoda mit Roboter von KUKA 312
Abb. 13.16 Service Robotik, interessanter Markt auch für Start-Ups 314
Abb. 13.17 Humanoider Serviceroboter 315
Abb. 13.18 Menschliche Wahrnehmung eines humanoiden Roboters 316
Abb. 13.19 Anfänge der Roboternutzung in der Medizintechnik:
Robotersystem zur Dosierung von Krebsmedikamenten
(1994) (Mockenhaupt 1994) 319
Abb. 13.20 Blutprobenhandling heutzutage 319
Abb. 13.21 Roboter im Operationssaal mit MRK-Fähigkeit 320
Abb. 14.1 Chancen & Herausforderungen von KI bei 3M 327
Abb. 14.2 Manufacturing 4.0 Performancetreiber 328
Abb. 14.3 Priorisierter Nutzen durch I4.0-Anwendungen 328
Abb. 14.4 Stichworte für den Einsatz von KI & Digitalisierung 329
Abb. 15.1 Deutscher KI-Innovationspreis 2020, Bernhard Schölkopf,
Max-Planck-Institut für Intelligente Systeme 335

Tabellenverzeichnis

Tab. 1.1 Beispiele für Gewinner & Verlierer von
Technologiebrüchen & Disruption 10

Tab. 3.1 Meilensteine der Künstlichen Intelligenz (Auswahl) 64

Tab. 3.2 Künstliche Intelligenz im Film (Auswahl) 65

Tab. 3.3 Künstliche Intelligenz in der Literatur (aktuelle Auswahl) 65

Tab. 6.1 Kreativität vs. Kombinatorik beim Menschen bzw. KI 143

Tab. 7.1 S-Klassifikation der AWMF
(Muche-Borowski und Kopp 2015) 191

Tab. 7.2 Empfehlungsgrade nach AWMF (AWMF online kein Datum) 191

Tab. 7.3 Klassifizierte Handlungsempfehlungen in Anlehnung an European
Resuscitation Council (ECR): nach (Ziegenfuß 2005) 191

Tab. 7.4 Kategorisierung von Anforderungen betreffend KI-Module
mit hohen oder geringen Risiken nach DIN SPEC 92001-1:2019 192

Tab. 10.1 Unterschiede zwischen Virtual, Augmented und
Mixed Reality (VR, AR, MR) 264

Tab. 12.1 Vergleich der sieben Grundsätze des QM und des agilen
QM (Sommerhoff und DGQ 2016) 289

Tab. 12.2 Auswahl von Normen und Standards mit KI-Bezug 291

Industrie und Gesellschaft im digitalen Wandel

1.1 Digitale Transformation

Tempora mutantur (Die Zeiten ändern sich)
Digitalisierung und Künstliche Intelligenz gelten als die vielleicht größten Zukunftsthemen. Sicher ist, Innovationen aus KI und Digitalisierung werden die Welt verändern. Dies nicht nur im technisch-ingenieurwissenschaftlichen Sinne, sondern auch mit Konsequenzen für das gesellschaftliche Zusammenleben – mit gewinnbringenden Auswirkungen aber auch mit Ängsten, Risiken und Herausforderungen.

Der **Digitale Wandel** betrifft daher alle Lebensbereiche.

Die **Digitale Transformation,** häufig synonym zum Digitalen Wandel genutzt, beschreibt die Veränderung mit Focus auf Unternehmen. Damit ist aber nicht nur der reine Technologiewandel gemeint, vielmehr verändert sich auch die Organisation, das Zusammenarbeiten von Menschen und Maschine und vor Allem die Art und Weise der Entscheidungsfindung und Verantwortlichkeit.

Wie bei vielen Changemanagement-Prozessen kann die Digitale Transformation Unsicherheit und Bedenken hervorrufen. Beim Mitarbeiter, der seine Qualifikation weiter entwickeln muss (und ggf. damit überfordert ist) oder gar um seinen Arbeitsplatz bangt. Beim Management durch einen veränderten Informationsfluss und die damit verbundenen Verschiebungen in der Einflussnahme („Wissen ist Macht") sowie durch die Problematik, am Ende Verantwortung für einen maschinellen Entscheidungsprozess übernehmen zu müssen, den man nicht durchschaut oder nicht beeinflussen kann.

Dabei ist Digitalisierung selbst kein IT-Thema (Weber A. 2017). Dieses Denken ist zwar weit verbreitet, aber es ist Vorsicht geboten: Insbesondere die Künstliche Intelligenz (KI) ist IT-Technologiegetrieben, also Technology-Push (siehe Abschn. 1.5.2). Nun muss geklärt werden, wie die Anwendungen, z. B. im

A. Mockenhaupt, *Digitalisierung und Künstliche Intelligenz in der Produktion,* https://doi.org/10.1007/978-3-658-32773-6_1

Wertschöpfungsbereich, aussehen können. Damit ist die Digitalisierung ein Quer-schnittsthema, so bezeichnet von der DLR Vorstandsvorsitzende Pascale Ehrenfreund (Ehrenfreund 2020).

Die Informations-Technologie entwickelt Werkzeuge, die KI ist eines, Anwender aus allen Gebieten nutzen diese dann breit und vielfältig. Ähnlich wie beim kalifornischen Goldrausch Mitte des 19. Jahrhundert gibt es Goldgräber und diejenigen, die die Werk-zeuge bereitstellen – mit der Einschränkung, dass seinerzeit eher die Werkzeughersteller reich geworden sind.

Die Digitale Transformation basiert auf zwei technologischen Säulen:

Zum einen hat sich die Rechnerleistung stark gesteigert, ein Effekt, der sich durch Cloud-Computing noch einmal verstärkt. Was früher ein teurer und großer Hoch-leistungsrechner für Spezialisten war, ist heute preiswert und vor allem auch bei sehr kleiner Baugröße für jedermann erschwinglich. Dadurch konnte die Digitalisierung in den Massenmarkt aber auch in die industrielle Produktion einziehen.

Die zweite Säule ist die Sensortechnik, die ebenfalls kleiner, schneller und preis-werter bei höherer Auflösung wurde. Vor allem sind hierbei Kameras und GPS-Systeme zu nennen, aber auch Bewegungssensoren sowie die Sensoren zur Erfassung mensch-licher Gesundheitsdaten.

Beides zusammen ermöglicht riesige Datenmengen zu erfassen, zu speichern und zu verarbeiten.

So wurden in der DDR in den 1980iger Jahren Telefonate noch von der Staats-sicherheit (Stasi) manuell abgehört und manuell verarbeitet, per Schreibmaschine und Karteikarte, so zu sehen im Film: Das Leben der Anderen (Henckel von Donnersmarck 2006). Schon 2014 soll laut Whistleblower Eduard Snowden die amerikanische NSA in der Lage gewesen sein, 100 % der Telefonate eines Ziellandes automatisiert abzu-hören (Süddeutsche Zeitung 2014). Anschließend können die tausenden Anrufe, eben-falls automatisiert, auf Schlüsselworte hin untersucht werden. Wie von Alexa (Amazon), Siri (Apple) oder Übersetzungsapps bekannt, stellt die elektronische Verarbeitung von gesprochener Rede mittlerweile selbst für den Endverbraucher kein Problem mehr da.

Diese Möglichkeit, mit bisher für unmöglich gehaltener Geschwindigkeit und Präzision extrem große Datenmengen in Echtzeit zu analysieren und daraus Informationen für personalisierte Dienste und individuelle Bedürfnisse bereitzustellen, birgt hohe Wachstumschancen. Daraus resultiert eine Art „Goldgräberstimmung" auf allen Seiten, der IT, bei den Anwendern in Industrie, im Handel und der Medizin sowie beim Endbraucher.

Dabei hat die bereits fortgeschrittene Einführung der Digitalisierung tief greifende Auswirkungen auf die Wirtschaft und der hier beschäftigten Personen sowie für die Gesellschaft im Allgemeinen.

Dabei gilt es, die Vorteile der Digitalisierung zu nutzen, aber auch mögliche Gefahren zu erkennen und abzuwenden.

Ein Beispiel:

Eine Internet-Suchmaschine erkennt schneller eine mögliche Schwangerschaft oder den Ausbruch einer Grippewelle, nur über das Suchverhalten seiner Nutzer(in). Das klassische Gesundheitssystem ist eher träge, wartet z. B. auf statistisch abgesicherte Laborergebnisse.

Mit der frühzeitigen Information können im positiven Sinne schneller entsprechende Vorkehrungen getroffen werden. Umgekehrt könnte die zunächst nur von einem Algorithmus vermutete Schwangerschaft bzw. Krankheit negative Konsequenzen für den Einzelnen haben.

Darüber hinaus könnten die Daten zur (staatlichen) Überwachung genutzt, Fake-News verbreitet oder Stimmungen in eine bestimmte Richtung beeinflusst werden.

Vor allem die Bewertung (zukünftigen) menschlichen Verhaltens ist kritisch zu sehen, denn trotz statistischer Relevanz können Daten in die falsche Richtung weisen:

Eher unkritisch sind dabei Marketingprognosen (z. B. „Käufer, die dieses und jenes im Warenkorb haben, haben sich auch folgendes angesehen …").

Kritisch wird es aber, wenn auf zukünftiges Verhalten geschlossen wird. Beispielsweise wird diskutiert, ob in der Verbrechensbekämpfung oder bei der Vergabe von Einreisevisa datenbasierte Prognosen genutzt werden dürfen, ohne dass die entsprechende Person bislang in irgendeiner Form auffällig war (z. B. „Personen mit diesem Datenprofil neigen zu bestimmten Verbrechen"). Letzteres wurde bereits in der Terrorismusbekämpfung der späten 1970iger Jahre unter dem Begriff „Rasterfandung" kontrovers diskutiert.

Letztlich muss auch der Endnutzer in der Digitalisierung „mitgenommen" werden. Nicht alles menschliche Verhalten ist dabei rational: So ziehen an britischen Universitäten drei von vier Studierenden Lehrbücher digitalem Material vor (Blackweel's 2020). Dies obwohl digitale Medien mit mächtigen Such- und Speicherfunktionen gerade in Forschung und Lehre große Vorteile gegenüber Printmedien haben.

1.2 Mythen & Fakten

Um die Digitalisierung und die Künstliche Intelligenz ranken viele Mythen, die hier kurz angesprochen werden sollen, im dann folgenden weiter vertieft werden. **Eine Künstliche Intelligenz kann alles (Was kann eine KI, was nicht?)** Eine KI kann aus (vergangenen bzw. aktuellen) Daten lernen und daraus auf zukünftige Entwicklungen schließen. Dies ist ein starkes Werkzeug, insbesondere weil sehr große Datenmengen (Big Data) verarbeitet werden können und die KI darin Muster erkennen kann, die dem Menschen verborgen bleiben. Aber die KI unterliegt den Gesetzen der Statistik: Beispielsweise dem Gesetz der großen Zahlen folgend kann die Statistik eine Aussage darüber treffen, wie sich beim Roulette die Ergebnisse insgesamt verteilen, nicht aber konkret, ob beim nächsten Spielvorgang rot oder schwarz kommt. Die Kugel hat kein Gedächtnis und weiß nicht, ob vorher bereits x-mal rot gefallen ist, sie hat eine jeweils eigene Wahrscheinlichkeit, die Vergangenheit spielt keine Rolle. Das ist dann die Grenze der KI-Intelligenz: Wenn vergangenheitsbezogene Daten keinen Einfluss auf die Zukunft haben, kann eine KI keine Wahrscheinlichkeit für eine konkrete Entwicklung geben.

Der Digitale Wandel kostet Arbeitsplätze:
Alle technologisch orientierten Veränderungen haben auch Veränderungen in der Arbeitswelt mit sich gebracht. Es sind Aufgaben weggefallen, die fortan von Maschinen erledigt
wurden, neue sind hinzugekommen. Nach einiger Zeit waren aber immer mehr Arbeitsplätze entstanden als weggefallen, volkswirtschaftlich also ein Gewinn. Dennoch gibt es
auch Verlierer. Für Unternehmen bedeutest dies, zukunftsorientiert innovativ zu handeln,
für den Einzelnen bedeutet dies, durch lebenslanges Lernen mit der Entwicklung Schritt
zu halten. (siehe hierzu auch das Vorwort bzw. Abschn. 1.8).

Künstliche Intelligenz (KI) wird bald intelligenter sein als der Mensch
Derzeitige Anwendungen entsprechen der schwachen KI. Dabei handelt es sich letztlich
um Datenauswertung, weniger um Intelligenz. Nur sind die Datenreservoirs aufgrund
der billigeren und kleineren Sensorik sowie der Datenspeicherungs- und -Übertragungs-
technik um ein Vielfaches gewachsen (Big Data). Auch sind die Berechnungsprogramme
aufgrund der gestiegenen Rechnerleistung schneller, effizienter und smarter. Was gesagt
werden kann ist, eine KI hat keine „schlechten Tage": Eine KI urteilt nicht, sondern
entscheidend nach Daten und deren Auswertung durch Algorithmen. Menschen interpretiert und urteilen immer: Ein Beispiel für die Allgegenwart menschlicher Beurteilung
ist die „Albatros-Kultur" (Bundeszentrale für politische Bildung 2008).

Eine der menschlichen Intelligenz ähnlichen starken KI soll es laut Expertenmeinung
frühestens in 30 Jahren geben. Ob diese dann auch emotional, überraschend oder kreativ
mit dem Menschen mithalten kann, ist noch offen. Auch hier wird es Grenzen geben,
siehe nächster Mythos.

Es besteht die Gefahr, dass eine KI über unser Leben bestimmt
Bereits jetzt entscheiden Algorithmen darüber, ob wir z. B. einen Kredit oder ein
Reisevisa bekommen. Wichtigstes Kriterium bei der Zulassung (Zertifizierung) solcher
Systeme ist aber die Transparenz, d. h. es muss nachgewiesen werden, warum eine KI
was tut. Kann dies, z. B. aufgrund eines intransparenten maschinellen Lernprozesses,
nicht belegt werden, kann eine KI zwar entscheidungsunterstützend sein, aber ein
Mensch behält das letzte Wort. Dieses Vorgehen steht aber im gewissen Widerspruch
zum maschinellen Lernen. Die Lösung hier heißt erklärbare KI, d. h. alle zur Entscheidung herangezogenen Umstände müssen erklärbar sein. Wie eine solche Erklärbarkeit überprüft werden soll, daran wird noch gearbeitet.

KI wird das Leben einfacher und sicherer machen
Jeglicher technische Fortschritt hat dazu geführt, dass das Leben einfacher und sicherer
wird. Ein Kennzeichen dafür ist, die Lebenserwartung der Menschen, welche weltweit
gestiegen ist. Dennoch sollte man nicht glauben, KI-Systeme sind fehlerlos. Dies wird
z. B. beim autonomen Fahren gerne fälschlich angenommen. So irrte im September 2020
z. B. das eigentlich zuverlässige automatisierte Entscheidungsverfahren der deutschen
Börse (Mohr 2020). KI-Systeme werden andere Fehler machen, als Menschen, sicherlich
aber weniger. Derzeitige Herausforderungen sind die Robustheit und die Angriffssicher-

heit. Robustheit bedeutet, dass ein System nicht wegen eines kleinen Fehlers den Dienst komplett aufgibt. Angriffssicherheit bedeutet, dass KI-Systeme nicht von Fremden für möglicherweise schädliche Zwecke, vom Datendiebstahl über Finanzkriminalität oder einfach zum Spaß, umprogrammiert werden können.

KI kann besser Zusammenhänge erkennen:
Wenn ausreichend Daten vorhanden sind, ist eine KI wesentlich besser darin Muster und Zusammenhänge zu erkennen als der Mensch. Dies nutzt die KI aus beim maschinellen Lernen und ist ein großer Vorteil der KI. Aber Vorsicht: Eine KI scheitert sehr oft an statistischen Scheinzusammenhängen (scheinbarer, aber nicht vorhandener Zusammenhang, z. B. zwischen der Geburtenrate und der Anzahl an Klapperstörchen). Auch können einzelne falsche Pixel das Erkennen eines Bildes stören, was auch als Angriff auf ein System zu unlauteren Zwecken genutzt wurde. Bedeutungszusammenhänge, also z. B. ist ein Satz ironisch gemeint oder ernst, sind derzeit eine Herausforderung für KI-Systeme.

KI ist nichts für den Mittelstand
Leider ist dies eine weitverbreitete Ansicht. Aber gerade bei mittelständischen Unternehmen sind aktuell die größten Chancen: Zumeist sind sie in einem sehr speziellen Fachgebiet unterwegs (Hidden Champions) und kennen dadurch ihr Produkt und den Markt bzw. ihre Kunden sehr gut. Dadurch haben sie Zugriff auf sehr spezielle Daten, die nicht auf dem freien Markt erhältlich sind. Umgekehrt können sie ihren Kunden Daten als Produkt anbieten, die dann z. B. die effiziente Nutzung oder die Wartung der Produkte im Einsatz optimieren oder deren KIs trainieren. Viele auf dem Markt befindliche KI-System lassen sich auf ein bereits vorhandenes System aufsetzten, was das Implementieren vereinfacht.

KI macht die Produktion effizienter und die Qualität besser
Eine KI kann viel mehr Daten überwachen, und aus deren Entwicklung selber lernen. Dadurch wird der gesamte Wertschöpfungsprozess firmenintern und extern besser aufeinander abgestimmt. Durch das Internet of Things (IoT) melden Maschinen automatisiert ihre „Bedürfnisse", Nutzungsdaten können weitläufig erhoben werden. Hierdurch können Probleme vorausschauend erkannt und Wartungsarbeiten optimiert werden. Beispielsweise durch Virtual Reality (VR), Cyberphysische Systeme (CPS) oder einem Digitalen Zwilling können Szenarien durchgetestet werden und erst, wenn erfolgreich, in die reale Welt übertragen werden.

1.3   Technologische Veränderungen

Seit Anbeginn der Menschheit bis Anfang der 1980iger Jahre standen materielle Produkte im Vordergrund, vom Faustkeil bis zum Fernseher. Diese Produkte waren gegenständlich und damit durch einfaches Wegschließen zu schützen. Zwar waren

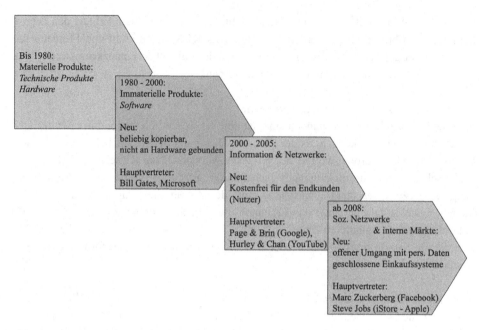

Abb. 1.1 Technologische Veränderungen

Urheberrechte beispielsweise an Texten oder Musik bekannt, diese waren aber an ein Medium (Buch bzw. Schallplatte) gebunden, die für den Endverbraucher das eigentliche „Produkt" darstellten.

In den 1980iger kam dann mit dem Aufkommen der Personal Computers die Unterscheidung zwischen Hard- und Software. Die Bedeutung des materiellen Produkts, der Hardware, sank, während die immateriellen Produkte (Software, Ton- und Videodateien) an Wichtigkeit gewannen. Beispiel hierfür ist das Aufkommen des Betriebssystems MS-DOS durch Microsoft bzw. IBM. Nach einiger Zeit war es für den Endverbraucher irrelevant, welche Hardware er nutzte – IBM oder ein anderer Hersteller – die Kompatibilität zum MS-DOS-Betriebssystem war entscheidend.

Abb. 1.1 zeigt grundlegende technologische Veränderung über die Zeit.

Software war aber durch den Endverbraucher einfach zu kopieren, was für das Geschäftsmodell „Verkauf von Software" schwierig war. In Folge hat sich dieses Problem auf die sogenannten Medien (u. a. Text, Audios und Videos in digitaler Form) übertragen.

Es folgten verschiedene Methoden, die entsprechenden Urheberrechte zu sichern, mit zumeist nur sehr zeitlich begrenztem Erfolg. Die derzeit häufig eingesetzte Form ist die Onlineregistrierung, die individuelle Aktivierung und Überwachung von Lizenzen über das Internet. Dabei fallen individuell zuzuordnende Daten an (z. B. was, wann von wem gekauft wurde, wie lange es genutzt wurde, …), Daten, die im Sinne der Digitalisierung interessant sind, aber auch eine Herausforderung für den Datenschutz darstellen.

Mit dem Aufkommen des Internets kam ab der Jahrtausendwende um 2000 „Information" als Produkt hinzu. Viele, vormalig kostenpflichtige Software wurde kostenfrei zur Verfügung gestellt. Die Geschäftsmodelle orientierten sich an der Informationsgewinnung und -vermarktung. Der Endverbraucher „zahlte" nicht mit Geld, sondern mit den Informationen, die er durch die Nutzung der Software über sich preisgab. Diese Information wurde dann weiter an Anbieter von Produkten und Dienstleistungen gewinnbringend verkauft. Am bekanntesten hierbei wurde das Unternehmen Google (Alphabet).

Datenschutzrechtlich galt dieses Geschäftsmodell zunächst als problemfrei, der Nutzer gibt ja seine Daten freiwillig und hat die Geschäftsbedingungen akzeptiert. Durch die Monopolstellung einiger Anbieter und den quasi Zwang die Geschäftsbedingungen zu akzeptieren, wird dies aber zunehmend als kritisch gesehen.

Mit dem Aufkommen des Smartphones, das erste iPhone wurde 2007 vorgestellt, verstärkte sich der Effekt. Das Smartphone entwickelte sich zu einem wichtigen, stark personalisierten Werkzeug der Endnutzer, welches ständig Daten versendet, die genutzt werden können. Dabei sind Anzahl und Qualität der Daten gestiegen, in Echtzeit, Ortsdaten, Gesundheitsdaten, usw.

Hieraus wurden neue Geschäftsmodelle entwickelt, mit durchaus großen Vorteilen für die Nutzer. Umgekehrt birgt es jedoch auch Gefahren, insbesondere der ungewollten Überwachung.

Eines dieser neuen Geschäftsmodelle ist, dass Information nicht mehr nur in die Richtung vom Anbieter zum Nutzer gehen, sondern dass die Endnutzer selber und zumeist kostenlos Inhalte generieren. Erfolgreiche Anbieter sind hierbei Facebook und YouTube aber auch die vielen Hilfs- bzw. Bewertungsplattformen.

1.4 Technologiebruch und Disruption

„Als Henry Ford günstige und verlässliche Autos gebaut hat, haben die Leute gesagt 'Was ist falsch an Pferden?' Er ist da eine große Wette eingegangen und es hat funktioniert."
Elon Musk (TESLA & SpaceX)

Durch das Aufkommen der Digitalisierung werden zahlreiche neue Betriebs- und Geschäftsmodelle entstehen – und andere verschwinden. Josef Alois Schumpeter, ein österreichischer Ökonom, prägte hierfür Anfang des 20. Jahrhunderts den Begriff der *„Schöpferischen Zerstörung"*.

Diese Schöpferische Zerstörung tritt meist im Zusammenhang mit Technologiebrüchen auf. Beim *Technologiebruch* wird eine veraltete Technologie *innerhalb kurzer Zeit* durch eine neue Technologie ersetzt.

Beispiele hierfür ist der der Übergang vom Propellerflugzeug zum Düsenjet oder die Ablösung von mechanischen Rechenwerken durch elektronische Taschenrechner. Aktuell ist die Umstellung der Automobilindustrie vom Kolbenmotor zum Elektroantrieb solch ein Technologiebruch.

Die Herausforderung hierbei ist weniger der technologische Wandel selbst, sondern vielmehr die kurze Zeitspanne für die Veränderung:

Neben den technischen Veränderungen bezüglich des Produkts und der Produktion müssen auch die Marktausrichtung (Kunden und Kundenwünsche verändern sich), die Organisation (z. B. Entwicklung und Vertrieb) sowie die Qualifikation der Mitarbeiter angepasst werden (z. B. durch Schulung, Entlassungen, Neueinstellungen).

Während bei der Automobilindustrie die technische Umstellung allein schon eine Herausforderung ist, so muss zusätzlich das Personal angepasst werden. Zum einen wird beim Elektroantrieb deutlich weniger Personal benötigt, zum anderen braucht man weniger Mitarbeiter mit Qualifikation im Metallbereich und mehr mit Know-How im Elektrik-/Elektronikbereich.

Konzernen mit gewachsenen Strukturen fällt dies häufig schwer, weil häufig die Anpassung der Organisation bei Konzernen mit vielen Mitarbeiten recht träge vonstatten geht, während der Markt sich schnell ändert. Im ungünstigen Fall verschwinden sie oder es verbleibt nur der Markenname. Aufgrund des Hauptauslösers Digitalisierung sind in zwischen 2000 und 2016 in den USA gut die Hälfte der Furtune-500-Firmen verschwunden, man rechnet mit noch einmal 40 % bis 2025 (Kroker 2016). Währenddessen etablieren sich neue Unternehmensgründungen (z. B. Start-Ups). Tesla als Automarke, gegründet 2003, gewachsen durch Risikokapital-Investoren, zunächst unterschätzt und eigentlich erst in den letzten Jahren richtig sichtbar, ist ein gutes Beispiel hierfür.

Dieses Phänomen des Technologierbruchs wird heutzutage auch als „Disruption" (to disrupt (engl.) = stören, unterbrechen) bezeichnet:

- **Disruption** *(disrumpere (lat.) = zerreißen) ist ein Prozess, bei dem ein gesamter Markt durch eine schnell wachsende Innovation zerstört wird.*
- *Eine „**disruptive Technologie**" ist demnach eine neu aufgekommene Technik, die eine alte völlig ablöst oder weitestgehend verdrängt.*

Erstmalig benutzt wurde der Begriff Disruption in einem anderen Sinne, nämlich 1843 bei der Abspaltung der Free Church of Scotland von der Church of Scotland. Der heutige Begriff kommt aus der Digitalwirtschaft in Verbindung mit der Start-Up-Szene und beschreibt in diesem Sinne das revolutionäre Denken eines Gründers und die immer wiederkehrende Zerstörung und Erneuerung. Disruption war das Wirtschaftswort des Jahres 2015 (Meck und Weiguny 2015).

Disruption bedeutet auch, dass etwas wegfällt. Das ist aber zumeist nicht kostenlos. Der Produktauslauf muss geplant werden. Die Ersatzteilversorgung muss über längeren Zeitraum aufrechterhalten werden, gesetzlich vorgeschrieben aber auch zur Imagepflege. Der Personalbestand muss umgebaut werden. Dies alles muss geplant und gemanagt werden, es müssen auch Aufwand und Kosten für das Berücksichtigt werden, was eigentlich wegfällt.

Übersicht

So mancher wurde ein „altes" Produkt einfach nicht los, z. B. Porsche mit einem Flugzeugmotoren, interessanter Weise, weil dieser besser war als der Wettbewerb (Manager Magazin 2005; SPIEGEL 2005):

Porsche hatte versucht sein Motoren-Know-How auf Flugzeugmotoren auszuweiten, stellte diese neue Geschäftsfeld nach einiger Zeit wieder ein. Ersatzteile u. ä. mussten aber auch danach noch weiter bereitgestellt werden, was eine kleine Tochterfirma übernahm. Diese machte mit Millionenverlusten. 2005 beschloss der damalige Vorstandsvorsitzende Wendelin Wiedekings in einem Sanierungsplan daher, alle Maschinen mit Porsche-Motoren aufkaufen und stilllegen. Den Besitzern wurde eine kostenlose Umrüstung ihrer Flugzeuge mit einem neuen, anderen Motor angeboten. Viele Eigentümer weigern sich aber, weil der Porsche-Motor als überlegen galt. Ein Hurrikan half dann einige am Boden stehende Flugzeuge aus dem Verkehr zu bringen (ohne Personenschaden) (siehe Abb. 1.2 und 1.3).

Letztlich geht es dabei auch um *Technologieführerschaft.* Bis heute geben z. B. in der Automobilindustrie die bekannten großen Namen (VW, BMW, Daimler, …) den Ton an. Mit Tesla ist ein vollkommen neuer Wettbewerber entstanden, der seine Kernkompetenz aber auf einer anderen Technologiebasis hat (Akku, E-Mobilität, Laden). Auch Apple,

Abb. 1.2 Historisches Flugzeug mit Porsche-Motor. (Quelle: Unternehmensarchiv Porsche AG)

Abb. 1.3 Mooney mit Porsche-Motor PFM 3200. (Quelle: Unternehmensarchiv Porsche AG)

Tab. 1.1 Beispiele für Gewinner & Verlierer von Technologiebrüchen & Disruption

	Technologie alt	Unternehmen alt	Technologie neu	Unternehmen neu
Fotografie	Foto-Filme	Kodak, Agfa	Digitale Fotografie	Sony
	Sofortbildkamera	Polaroid	Computer-Drucker	--
	Digitalkamera	Samsung (Fotosparte), Olympus	Integriert in Handys	Huawei, Apple
Handys	Tastentechnologie	Nokia	Smartphones	Huawei, Apple, Samsung
Kfz-Antrieb	Verbrennungsmotoren	BMW, VW, Daimler, …	Elektroantrieb	Tesla
Audio, Video	Schallplatte, Tonband (Cassette), VHS, CD, Blu-ray	Div	Streamingdienste	Spotify, Netflix, Amazon, Apple, …
Abspielgeräte	Zweckgebundene Einzelgeräte: Schallplattenspieler, TV, …	Grundig, Dual, Loewe, Uher, Metz, Phillips, Saba, …	Integriert in Computer & Handys	Huawei, Apple,

Google arbeiten von der Seite ihrer Technologieführerschaft aus an der Automobilität der Zukunft. Dass es aber nicht ganz so einfach ist, zeigt der Staubsaugerhersteller Dyson. Auch Dyson arbeitet am Elektroauto der Zukunft, gab aber das Projekt Ende 2019 auf. Tab. 1.1 zeigt Beispiele für Gewinner und Verlierer von Disruption.

Über Gewinner und Verlierer entscheidet heutzutage, ob und wie es gelingt, den digitalen Wandel technologisch und bezüglich der Belange von Stake-Holdern zu gestalten. Denn es ist nicht alleine die Technik mit *Technologie Push* oder Kunde mit *Market Pull* (siehe Abschn. 1.5.2), sondern viel allgemeiner die Interessengruppen, die (Rahmen-)Bedingungen und Märkte gestalten.

1.5   Innovative Grundstrategien

Variatio delecat (Verschiedenartigkeit erfreut)

Innovationen haben unterschiedliche Wirkungen: Zum einen können sie immensen wirtschaftlichen Erfolg haben, obwohl ihr Beitrag zur Technologieweiterentwicklung eher gering ist. Andere Innovationen betreten technologisches Neuland und verursachen in Folge eine große Vielfalt an Nachfolgeinnovationen. Dabei kann es einige Zeit dauern, bevor sich der wirtschaftliche Erfolg zeigt, großen Einfluss auf das gesellschaftliche Zusammenleben haben sie kaum. Dann gibt es Innovationen, die die Gesellschaft verändern. Beispiele für solche Basisinnovationen sind das Auto, die Antibabypille oder das Smartphone.

Meist wird dieses Potenzial aber am Anfang nicht erkannt. So unkten einige Wettbewerber bei der Vorstellung des ersten Smartphones, dem iPhone 2007 durch Apple-Gründer Steve Jobs, das „Ding" werde schnell wieder verschwinden. Verschwunden sind stattdessen einige der vorher erfolgreichen Mobiltelefonhersteller und das Smartphone ist nicht mehr wegzudenken aus unserer Gesellschaft, mit durchaus beträchtlichen Konsequenzen.

Digitalisierung und Künstliche Intelligenz haben das Potenzial zu Basisinnovationen. Nach Hauschildt gibt es dafür mehrere Dimensionen der Innovation, vgl. (Hauschild und Gemünden 2011):

- inhaltliche Dimension (Was ist neu?)
- Intensitätsdimension (Wie neu?)
- subjektive Dimension (Für wen?)
- prozessuale Dimension (Wo beginnt und wo endet die Neuerung?)
- normativen Dimension (Ist neu gleich erfolgreich?)

1.5.1   Innovationgrad

Für die Einschätzung der technischen Neuartigkeit wird zwischen inkrementeller und radikaler Innovation unterschieden. Dabei bedeutet:

- *Inkrementelle Innovation basiert auf geringen Änderungen von Produkten bzw. Produktionsabläufen. Der Fortschritt ist evolutionär, d. h. es wird vorhandenes*

Wissen weiterentwickelt und optimiert. Dabei ist die technologische Unsicherheit gering, der Markt ist weitgehend bekannt.

- **Radikale Innovation** *ist disruptiv, z. B. durch die Nutzung vollkommen neuer Technologien (vgl. Abschn. 1.4). Sie basiert anfänglich i. d. R. nur auf Grundlagenwissen von Experten. Produkte sind am Markt zunächst unbekannt. Daher besteht eine hohe Unsicherheit bezüglich technischer Umsetzbarkeit und Markterfolg. Allerdings birgt eine radikale Innovation größere Gewinnchancen, z. B. durch Alleinstellungsmerkmale (Patent, USP – unique selling proposition, unique selling point).*

Ein Beispiel für inkrementelle bzw. radikale Innovation stellt das Auto dar. Über Jahrzehnte hat es sich in kleinen Schritten inkrementell weiterentwickelt. Das Grundprinzip (Fahrgestell, Verbrennungsmotor, Eigentum) wurde stetig, aber immer nur gering verändert. Schon im Gründungsjahr der Ford Corp. 1903 rieten namhafte Bankiers davon ab, in das Unternehmen zu investieren mit den Worten: ‚The horse is here to stay but the automobile is only a novelty, a fad‘ (Das Pferd ist hier, um zu bleiben, aber das Auto ist nur eine Neuheit eine Modeerscheinung). Selbst das renommierte Magazin Scientific American schrieb schon 1909 ‚…, dass das Automobil praktisch die Möglichkeiten seiner Entwicklung erreicht habe…‘. (Kramer (IBM) 2017):

Nun kommen radikale Innovationen, ein verändertes Antriebskonzept (Elektromotor), verbunden mit anderer Produktionstechnologie (weniger Zerspanung, mehr Elektrik), sowie andere Marktkonzepte (Shared Economy). Es tauchen neue Anbieter auf (z. B. Tesla), vielleicht verschwindet die Tankstelle.

In Abschn. 2.2 wird weiter hierauf eingegangen und der Standpunkt vertreten, dass Digitalisierung eine inkrementelle Innovation und Künstliche Intelligenz eine radikale Innovation ist.

1.5.2   Innovation und das Verhältnis von Technik & Markt

> „Wenn ich die Menschen gefragt hätte, was sie wollen, hätten sie gesagt:
> Schnellere Pferde.“
> (Henry Ford & Bundespräsident Horst Köhler) (Köhler H. 2010)

Innovationen haben zwei Gesichter: das eine ist der Technologie zugewandt, das andere dem Markt. Dabei gibt es den ewigen Streit zwischen Ingenieuren und Marketing, was wichtiger sei: Ohne geniale technische Erfindungen gäbe es nichts zum Verkaufen, sagen die einen. Die anderen entgegnen: „If you build a better mousetrap, will the world beat a path to your door?“, also frei übersetzt, die innovativste Erfindung taugt nichts, wenn der Kunde sie nicht wahrnimmt.

Dabei können die Anstöße zur Innovation tatsächlich aus zwei Richtungen kommen, von der Marktseite oder von der Technologieseite (siehe Abb. 1.4):

Abb. 1.4 Market Push & Technology Pull

- *Market-Pull:*
  Nutzer (Kunden) wünschen sich neue Funktionen und können dies auch klar artikulieren. Diese Wünsche werden dann als neue Anforderungen an die Produktentwicklung weitergeleitet. Ein Beispiel ist die Memory-Sitzverstellung bei Autos.
- *Technology Push:*
  Aufgrund einer vielversprechenden, ggf. nur Experten bekannten neuen Technologie, werden Produkte ohne konkrete Kundenanforderung entwickelt. Ein Beispiel ist das iPhone aber auch das feuchte Toilettenpapier.

Gerade bei Basisinnovationen haben nur Spezialisten Einblick in und Verständnis für grundlegende technologische Neuerungen. Industrie 4.0 ist bisher sehr stark technologie-getrieben und gilt daher als technology push.

Die Herausforderung dabei ist, dass diese technischen Spezialisten häufig wenig Wissen um Marketing-Zusammenhänge und kaum Erfahrungen mit Nutzern haben. Die Gefahr ist es, weit weg von einem potenziellen Markt Produkte von Technik-Nerds entwickelten zulassen, mit kryptischen Bedienungsanleitungen, deren Genialität vom Normalnutzer nicht erstanden werden.

Market Pull setzt aber wiederum eine gewisse Grundkenntnis des Nutzers bzw. des Marketings über die technischen Entwicklungsmöglichkeiten voraus. Dies ist ebenfalls eine Herausforderung, bedingt die Technik doch ein vertieftes naturwissenschaftlich-mathematisches Verständnis.

Für erfolgreiche Innovationen gilt es, beide Denkschulen zusammenzuführen. Ein Ansatz hierfür ist das sog. Rekursive Innovationsmanagement, vgl.: (Frank und Reitmeier 2003).

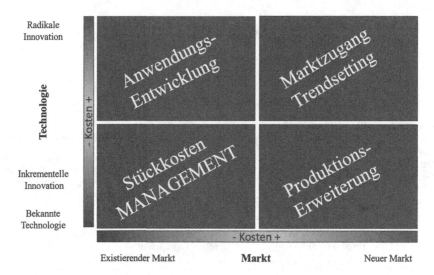

Abb. 1.5 Handlungsoptionen im Spannungsfeld Technik und Markt

1.5.3   Handlungsoptionen im innovativen Umfeld

> Es ist wirklich schwer, ein Produkt für eine Zielgruppe zu entwerfen.
> Meistens wissen die Leute nicht, was sie wollen, bis man ihnen es zeigt.
> (Steve Jobs, Apple-Gründer, 1998)

Im innovativen Bereich der Digitalisierung und KI sind es derzeit vor allem US-amerikanische sowie asiatische Konzerne, die den Takt angeben. Es gibt den Vorwurf, die Europäer hatten die Entwicklung verschlafen: Deutsche Unternehmer verschlafen, so ist zu lesen, den KI-Trend mit Robotern, Big Data und autonom fahrenden Fahrzeugen. Zwar dringe Künstliche Intelligenz (KI) langsam in den Alltag vor, doch gestandene deutsche Unternehmen schreckten vor dem KI-Einsatz noch zurück. (Steinbach 2018).
Was gibt es also für Handlungsoptionen (siehe Abb. 1.5)?

- *Anwendungsentwicklung:*
  Eine radikale Innnovation auf einem existierenden Markt muss den Nutzern zunächst nähergebracht werden, z. B. durch die Entwicklung geeigneter Anwendungen. Hierbei war beispielsweise der Apple-Gründer Steve Jobs Vorreiter (siehe Zitat oben): die radikale Innovation war 2007 das iPhone (Smartphone), der Markt für Mobiltelefone existierte aber schon. Damit die Nutzer wussten, was damit anzufangen sei, stellte er direkt die ebenfalls innovativen und bislang unbekannten Apps vor.
- *Marktzugang/Trendsetting:*
  Ist darüber hinaus der Markt neu, so muss zusätzlich ein geeigneter Marktzugang geschaffen werden. Bei radikal innovativen Produkten ist hier das Setzen eines Trends (aktiv) oder Folgen (passiv) eines Trends hilfreich.

- *Stückkostenmanagement & Produktionserweiterung:*
  Bei geringerem Innovationspotenzial stellt sich die Frage was ist noch auf dem Markt möglich? Bei existierenden, gesättigten Märkten sind die Wachstumschancen eher als gering einzuschätzen. Die Strategie dabei ist dann Produktionsoptimierung (Stück-kostenmanagement), hier kann Digitalisierung und KI mit seinen Analysetechniken helfen. Kann demgegenüber der Markt ausgebaut oder neue Märkte erschlossen werden, ist die Strategie eher, die Produktion auszubauen bzw. zu erweitern.

1.6 Gesellschaftlicher Wandel durch technische Innovationen

Technische Innovationen haben schon immer auch Einfluss auf das gesellschaftliche Zusammenleben gehabt.

So hat die (erste) industrielle Revolution, beginnend im 18. Jahrhundert mit der Erfindung der Dampfmaschine, zu Landflucht und einer Verstädterung der Gesellschaft geführt. In Folge kam es zu einem wirtschaftlichen Aufschwung, im weiteren Verlauf aufgrund von Überproduktion und Preisverfall aber auch zu sozialen Nöten.

Daher ist der technologische Wandel häufig mit sozialen Ängsten der Betroffenen ver-bunden, insbesondere vor Verlust des Arbeitsplatzes und damit der finanziellen Existenz-grundlage, soweit nicht über Sozialsystem abgefedert.

> Das Wort „Sabotage" soll in Zusammenhang mit technologischem Wandel auf das französische Wort „Sabot" (Holzschuh) zurückgehen: Arbeiter hatten aus Angst davor, dass die Mechanisierung ihre Arbeitsplätze wegrationalisiert, ihre Schuhe in zerstörender Absicht in Feldmaschinen geworfen.

Häufig wurde der technologische Wandel von sozialen Auseinandersetzungen begleitet. Die daraufhin erarbeiteten Lösungen waren z. T. hilfreich, z. T. aber auch kontra-produktiv:

> Mit der Sozialgesetzgebung reagierte z. B. der deutschen Reichskanzler Otto von Bismarck im ausgehenden 19. Jahrhundert auf die, durch die Industrialisierung entstandene soziale Not der Arbeiter. Nicht nachzuahmen dagegen ist der Fall des Heizers auf britischen Lokomotiven: Dieser wurde zwar auf E-Loks nicht mehr benötigt, die Gewerkschaften setzten aber in den 1950iger Jahren die Weiter-beschäftigung durch. Diese Regelung wurde erst in den 1980iger Jahren durch die britische Premierministerin Margaret Thatcher nach einem kurzen, erfolglosen Streik der Gewerkschaft gekippt.

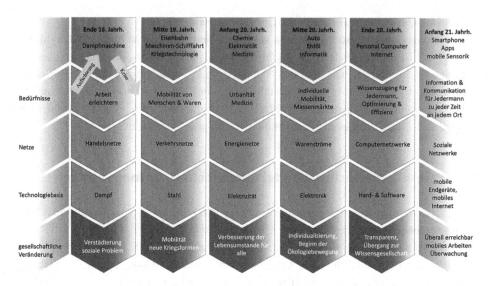

Abb. 1.6 Kondradiev-Zyklen und gesellschaftliche Veränderung. (Eigene Beschreibung)

Heutzutage wird dem vorausschauend mit Qualifikationsmaßnahmen, z. B. dem lebenslangen Lernen oder Umschulungsmaßnahmen, begegnet. Dennoch bestehen Ängste vor Jobverlust, der durchaus berechtigt ist, wenn man in der „falschen" Branche arbeitet, auch sind nicht alle qualifizierungsfähig – eine Gesellschaft benötigt auch einfache Jobs. Umgekehrt wird es boomende Wirtschaftsbereiche geben.

Das Innovationen sporadisch auftreten, eine gesellschaftliche Relevanz haben und sich in ähnliche Zyklen entwickeln, hat Anfang des 20. Jahrhunderts der sowjetische Wissenschaftler Nicolai Dimitrijewitsch Kondratieff erkannt. Kontratjew (Namensschreibweise z. T. unterschiedlich) entwickelte in den 1920iger Jahren die Theorie der zyklischen Wirtschaftsentwicklung (Kondratieff 1926). Der Begriff „Kondratieff-Zyklus" wurde aber erst vom österreichischer Wirtschafts- und Sozialwissenschaftler Joseph Alois Schumpeter (1883–1950) erstmalig 1939 in verwendet (siehe Abb. 1.6).

Darauf aufbauend wurden in den 1960iger und 1970iger-Jahren Theorien zum Zusammenhang von technischen Lösungen und gesellschaftlichen Veränderungen entwickelt 8 z. B. David McClelland und Johann Millendorfer).

- *Der **Kondratieff-Zyklus** im heutigen Verständnis berücksichtigt eine technische Innovation als Auslöser für einen Konjunkturzyklus. In Folge eröffnet diese Basisinnovation dann neue soziale Perspektiven und wirkt so gesellschaftlich strukturverändernd.*

Für die Vergangenheit sind fünf Kondratjew-Zyklen nachgewiesen. In jüngster Zeit beschäftigen sich mehrere Autoren, u. a. Erik Händeler, mit der Frage nach dem „Sechsten Kondratjew-Zyklus (Händeler 2018).

Dreißig Jahre nach dem fünften Kondratjew-Zyklus hat sich die Digitalisierung als neue Basisinnovation mit großen wirtschaftlichen Auswirkungen für die nächsten Dekaden etabliert, mit sich abzeichnenden gesellschaftlichen Veränderungen als „digitale Revolution".

Kontrovers wird diskutiert ob, neben anderen Entwicklungen, Digitalisierung und Künstliche Intelligenz der Ausgangspunkt für den nächsten Kondratjew-Zyklus ist (Böhm 2016; Porschen 2018; Nefiodow 2020).

Wenn diese Zyklen als gesellschaftliche Veränderungen aufgrund von technologischen Innovationen begriffen werden können, so war sicherlich die Einführung des Smartphones ausschlaggebend für den aktuellen Zyklus. Unter dem Begriff Ubiquitous Computing (siehe Abschn. 10.11) verbirgt sich, der „Überall-Computer". Informationen stehen immer und überall für Jedermann zur Verfügung. Kontrolle durch die Gesellschaft aber auch die Kontrolle der Gesellschaft sind dadurch einfacher möglich. Darüber hinaus gibt es mit dem iPhone & Co. neue Formen der Überall-Sofort-Kommunikation, z. B. über soziale Medien, Videokonferenzen u.v.m. Diese Informationsmöglichkeiten, gepaart mit einer Immer-Erreichbarkeit, haben die Gesellschaft in der letzten Dekade sehr verändert.

Der nächste Zyklus entsteht gerade, wir treten in das Zeitalter der digitalen Intelligenz ein. Kern dabei ist die Erhebung, Speicherung und Verarbeitung von Daten sowie autonome Schlussfolgerung und Handlungen von Maschinen. Dies ist bereits in der aktuellen Literatur verarbeitet, z. B. Dan Brown's „Origin", der nicht mehr so einfach in die Kategorie Science-Fiction einordbar ist.

Die Herausforderung für die Industrie ist, wie wird antizipiert (vorweggenommen), d. h. wie kann ich vorausschauend agieren, und wie kann dies in neue Prozesse, Produkte und Geschäftsmodelle umgesetzt werden.

1.7 Wandel durch die Digitale Transformation

Das Versprechen der künstlichen Intelligenz und der Informatik überwiegt im Allgemeinen bei weitem die Auswirkungen, die es auf einige Arbeitsplätze haben könnte, genauso wie die Erfindung des Flugzeugs die Eisenbahnindustrie negativ beeinflusst hat, aber eine viel größere Tür für den menschlichen Fortschritt geöffnet hat.

Paul Allen (Microsoft Mitgründer)

Der digitale Wandel hat neue Auswirkungen, dies ist besonders durch das Aufkommen des Smartphones ab 2008 erkennbar: Es sind neue Geschäftskonzepte entstanden, z. B. über Apps, andere sind verschwunden. Die Kommunikation der Menschen untereinander hat sich verändert und soziale Medien übernehmen die Funktion des Treffpunktes, mit positiven wie negativen Aspekten.

Die Herausforderung heute ist, die im Vergleich zum 20. Jahrhundert nochmals höhere Geschwindigkeit, mit der sich der digitale Wandel vollzieht.

Gesellschaftlich stellen sich neue Fragen, z. B. die nach dem Datenschutz. Neue Möglichkeiten, beispielsweise die, einfach, auch käuflich, eine große Anzahl von Zuhörern (Follower) zu bekommen und damit gewichtig zu erscheinen, schaffen auch neue Herausforderungen: Wie gegen ungewollte Beeinflussung, Mobbing oder Verbreitung von Unwahrheiten vorgehen? Wie dabei die demokratischen Rechte auf freie Meinungsäußerung nicht aushöhlen? ...

Letztlich wird das Konzept der Demokratie beeinflusst, positiv, weil viele Menschen sich einfacher am öffentlichen Diskurs beteiligen können, negativ, weil über die Verbreitung von Fake-News demokratiefeindliche Beeinflussung einfach und im großen Stil möglich wird. Auch stärkere Überwachung durch den Staat ist möglich, wie das Beispiel China zeigt.

Der Zusammenhang zwischen KI und Demokratie wird dabei als ***Automated Public Sphere*** bezeichnet. Diese entstehe, laut Paul Nemitz, Hauptberater in der Generaldirektion Justiz und Verbraucher der Europäischen Kommission, durch die von KI gesteuerten Medien, die zur Grundlage der Demokratie gemacht werden (Schwarzkopf-Stiftung und Vorbeck 2018). Eines der populärsten Beispiele hierfür sei, so Nemitz, die von dem Unternehmen Cambridge Analytics behauptete Erfolgskampagne für US Präsident Donald Trump: Anhand der Auswertung von Daten aus sozialen Netzwerken, u. a. besonders im eigentlich pro-demokratischen „rust belt", soll deine wahlkreisgenaue Beeinflussung stattgefunden haben.

Für den Einzelnen ergibt sich die Frage nach dem Stellenwert seiner Privatsphäre. Persönliche Sicherheit steht dabei häufig im Widerspruch zu dem Wunsch, bestimmte Sachverhalte nicht öffentlich zu machen. So ist eine flächendeckende Überwachung per Gesichtserkennung der öffentlichen Sicherheit bezüglich Verbrechens- und Terrorismusbekämpfung zuträglich. Dies ist aber unvereinbar mit dem Wunsch, sich unerkannt in der Öffentlichkeit bewegen zu können. Auch ist der bargeldlose Zahlungsverkehr sicherlich praktisch und schützt bei Pandemie (Corona-Krise) gegen Ansteckung. Dritte wissen aber über mein Konsumverhalten, können dies überwachen und versuchen mich unbemerkt zu steuern.

Interessant ist auch der Faktor „Berechenbarkeit": Die Digitalisierung hat hier einen ambivalenten Beitrag, positiv, weil plan- und kalkulierbar, negativ, weil nicht jeder Mensch in seiner Reaktion vorausberechenbar sein möchte. Auch ist eine prognostizierbare Welt vielleicht langweilig und in Verhandlungen ist Berechenbarkeit vermeintlich kontraproduktiv. So beruht der Verhandlungsstil des US-amerikanischen Präsidenten Donald Trump auf seiner "Unberechenbarkeit" und so möchte er auch wahrgenommen werden (Ross 2017). „Trump ist unberechenbar, und er ist stolz darauf." (Mounk 2016) Damit haben wiederum digitale Prozesse Schwierigkeiten.

1.8   Auswirkungen auf die Arbeitswelt (Arbeit 4.0)

„Die Automatisierung von Fabriken hat bereits Arbeitsplätze in der traditionellen Fertigung dezimiert, und der Aufstieg der künstlichen Intelligenz wird diese Zerstörung von Arbeitsplätzen wahrscheinlich tief in die Mittelschicht ausdehnen, wobei nur noch Aufgaben in den Bereichen Führsorge, Kreativität sowie Aufsicht übrigbleiben."
Stephen Hawking (Astrophysiker), (aus dem Englischen übersetzt (Hawking 2016))

„Roboter verbessern die Arbeitsbedingungen und Jobchancen für unsere Mitarbeiter, sie ersetzen keine Mitarbeiter. In Wahrheit stellen wir weiter Menschen ein, darunter viele in Positionen, die mit in den neuen Gebäuden entstehen, wo Menschen und Roboter Hand in Hand arbeiten."

Tye Brady, Technologie-Chef bei Amazon Robotics (t3n Digital Pioneers 2017).

Digitalisierung und Künstliche Intelligenz beeinflusst die Arbeitswelt bereits jetzt stark, dieser Trend wird sich noch beschleunigen. Die Auswirkungen werden durchaus unterschiedlich bewertet. Während der Philosophen Richard David Precht (Precht 2020) und der Historiker Yuval Noah Harari (Harari 2018) ein ehre düsteres Bild entwerfen sehen die Vertreter des Silicon Valley große Chancen. Dazwischen liegt der Wissenschaftsjournalist Rana Yogeshwar, der zwar sieht, dass unzählige Berufe aussterben werden, aber auch positives sieht und Aktionen anregt: „Dahinter verbirgt sich eine großartige Chance, denn die Prioritäten des Lebens werden neu gesetzt. Also müssen wir über neue Spielregeln nachdenken." (Yogeshwar 2018). Wie sieht es aktuell aus?

Bereits jetzt sind große Veränderungen im Bereich der Wertschöpfung zu sehen. Sehr konkret ist dies in der Automobilindustrie zu erkennen, wo digitalisierte Produktion auf ein KI-gesteuertes Produkt, dem autonom fahrenden Auto trifft.

Aber auch in der Medizin ändert sich, derzeit wenig beachtet, dramatisch viel: Die Corona-Pandemie hat die die Entwicklung der Telemedizin beflügelt. Wo jetzt noch Ärzte am anderen Ende sitzen, kann dies und vieles mehr demnächst vielleicht Alexa & Co. Vor allem die großen amerikanischen Technologie-Unternehmen wie Apple, Amazon und Google greifen nach Chancen in der Gesundheitsbranche (Baier 2020). „Doktor Big Tech", wie der Focus titelt, wird den Arztberuf verändern, vielleicht weitreichender aber vor allem schneller als beispielsweise im klassischen Wertschöpfungsprozess in der Industrie.

Der digitale Hausarzt könnte mit Zugriff auf Echtzeitdaten von Vitaldaten, z. B. über smarte Uhren, Blutzucker-Echtzeitmessung, kombinieren mit dem tagesaktuellen Stand der Wissenschaft. Auch Stimmanalysen können diagnostische Informationen liefern (Anthes E. 2020a, b), Google erkennt bereits seit 2008 eine Grippewelle früher ohne einen Patienten zu sehen, alleine anhand von Suchanfragen (Helft 2008). Vielleicht hätte ein KI-Arzt die Pandemie in Wuhan früher erkannt und den vermutlich ersten Corona-Fall in Frankreich, bereits Ende 2019, richtig zugeordnet. Darüber hinaus revolutioniert die KI-gesteuerte Robotik die Chirurgie und die KI-Mustererkennung die medizinischen bildgebenden Verfahren. Auch wenn, wie häufig gefordert, die letzte Entscheidungsgewalt behalten soll, welche Möglichkeiten bleibt ihm, gegen eine abgesicherte KI-Prognose zu stimmen – allein haftungsrechtlich.

Katja Kallenbach vom Fraunhofer IOA sieht es in einem Blog unter dem Titel „*KI in der Produktion: Menschliche Startschwierigkeiten mit der Künstlichen Intelligenz*" allerdings so:

Der Mensch habe Kreativ-, Sozial- und Beziehungsintelligenz, eine KI nicht. Zentrale Aufgabe einer KI-Strategie sei es deshalb, diese neue Arbeitsteilung zu moderieren und zu implementieren. Sich wiederholende Prozesse können von einer KI gesteuert werden, demgegenüber sollen Menschen dabei komplexe Ausnahmen kontrollieren (nach Kallenbach 2020).

Das hört sich zunächst an, wie weiland bei der Automatisierung. Richtig ist, die Veränderungen im Wertschöpfungsbereich sind derzeit (noch) evolutionär. Die technologische Entwicklung wird aber revolutionär wirken und wesentlich weiter in das Arbeitsleben und die Zusammenarbeit Mensch-Maschine reichen.

Optimistisch sieht es zunächst der Bürogerätehersteller Brother: „Vernetzte Geräte, die Daten sammeln und Algorithmen anwenden, werden bald anfangen, Lösungen für Produktivitätsprobleme anzubieten, die Menschen in vielen Fällen nie identifiziert hätten. … [Die] Mitarbeiter haben mehr Zeit und Freiraum, um strategische, geschäftskritische und wertschöpfende Aufgaben zu erledigen. „Im Weiteren warnt Brother aber bereits vor „massiven Arbeitsplatzverlusten, vor allem für gering qualifizierte Beschäftigte". (Brother 2019).

Ein Beispiel für die Anwendung im administrativen Bereich ist die Google Gmail-Funktion „Intelligentes Schreiben", die auf maschinellem Lernen beruht und personalisiere Vorschläge direkt beim Email schreiben gibt (Google 2020). Ob eine gefällige Nachricht überhaupt den Empfänger emotional erreicht, wenn er vermuten muss, dass der auf ihn zugeschnittene Inhalt auf einem Algorithmus beruht, sei dahingestellt. Im Marketing, bei persönlich zugeschnittenen Kaufvorschlägen, scheint es jedenfalls gut zu funktionieren.

Tatsache ist aber, dass sich bislang durch den technologischen Wandel die Beschäftigung volkswirtschaftlich gesehen ehr erhöht hat. Allerdings fielen Arbeitsplätze in einigen Wirtschaftsbereichen weg, wie Abb. 1.7 zeigt, dafür entstanden in

Abb. 1.7 Veränderung der Beschäftigung bis zum Beginn der digitalen Revolution 2010. (Quelle: Institut für Arbeitsmarkt-und Berufsforschung)

einem anderen Bereich neue. Schwierig vorherzusagen ist allerdings, was hinzukommen wird. Henry Fords Kunden sollten sich angeblich schneller Pferde gewünscht haben, in Unkenntnis der Möglichkeiten eines Autos. Ale industriellen Revolutionen haben neue Berufsfelder hervorgebracht, die vorher nicht bekannt waren. Insofern sollte eine heutige Berufswahl Flexibilität vorsehen oder eine berufliche Spezialisierung in einem Bereich erfolgen, der voraussichtlich auch noch in zwanzig Jahren erfolgversprechend nachgefragt wird. Abb. 1.8 zeigt die Prognose für die Veränderungen der nachgefragten Berufe.

Die jetzt ins Berufsleben eintretenden Generationen zeigen sich mehrheitlich interessiert von Digitalisierung und Industrie 4.0, so eine Studie von Deloitte über das Vertrauen der Millennials (Geburtsjahrgang 1983 bis 1994) und der nachfolgenden

The Jobs Landscape in 2022

emerging roles, global change by 2022

133 Million

Top 10 Emerging
1. Data Analysts and Scientists
2. AI and Machine Learning Specialists
3. General and Operations Managers
4. Software and Applications Developers and Analysts
5. Sales and Marketing Professionals
6. Big Data Specialists
7. Digital Transformation Specialists
8. New Technology Specialists
9. Organisational Development Specialists
10. Information Technology Services

Top 10 Declining

declining roles, global change by 2022

75 Million

1. Data Entry Clerks
2. Accounting, Bookkeeping and Payroll Clerks
3. Administrative and Executive Secretaries
4. Assembly and Factory Workers
5. Client Information and Customer Service Workers
6. Business Services and Administration Managers
7. Accountants and Auditors
8. Material-Recording and Stock-Keeping Clerks
9. General and Operations Managers
10. Postal Service Clerks

Source: Future of Jobs Report 2018, World Economic Forum

Abb. 1.8 Veränderungen der nachgefragten Berufe durch die Digitalisierung & KI (World Economic Forum, The Jobs Landscape, 2018)

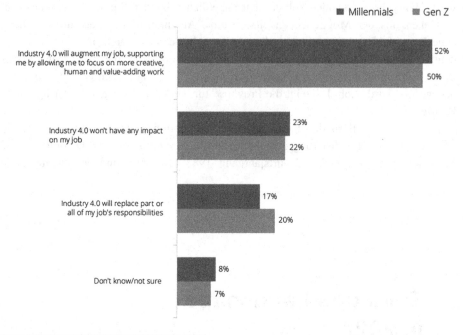

Q32. What impact, if any, do you think Industry 4.0 might have on your job?
Base: All millennials 10,455, all Gen Z in work 682

Abb. 1.9 Millennials und Generation Z sehen in Industrie 4.0 meist eher einen Wegbereiter als eine Bedrohung. (Quelle: Deloitte Millennial Survey 2018)

Generation Z (zwischen 1995 und 1999 geboren) (Deloitte 2018). Die Hauptaussage lautet: „Industrie 4.0 wird meinen Job erweitern und mich dabei unterstützen, mich auf kreativere, menschlichere und wertschöpfendere Arbeiten zu konzentrieren" (siehe Abb. 1.9).

Nicht außer Acht gelassen werden sollte allerdings eine gewisse Diskrepanz zwischen dem, was die junge Generation erwartet, und das, was ihrer Meinung nach die Prioritäten der Arbeitgeber sind. Besonders interessant für Industrie 4.0 ist die Antwort auf die Effizienzsteigerung eines der erklärten Ziele der Digitalen Revolution (siehe Abb. 1.10). Bei der Frage „Drive efficiency, find quicker and better ways of doing things" gibt es eine deutliche Diskrepanz.

Wichtig ist aber auch der Blick auf die bestehende Belegschaft. Bei Technologiebrüchen sind viele Unternehmen sehenden Auges in den Konkurs gefahren, weil sie zu vielen Mitarbeitern, mit falscher Qualifikation hatten.

Abb. 1.10 Die Arbeitgeber sind mit den Prioritäten der Millennials „nicht im Einklang". (Quelle: Deloitte Millennial Survey 2018)

Übersicht

So war beim trat beim Kassen- und Rechnerhersteller NCR Anfang der 1970iger Jahre das Problem auf, dass ein großes Know-How, sowohl in der Entwicklung als auch in der Produktion, bei mechanischen Rechenwerken vorlag.

Plötzlich waren diese aber nicht mehr nachgefragt, elektronische Rechner wurden bezahlbar und waren besser. Natürlich hatte das Management diese Entwicklung vorhergesehen, aber aus einem Dreher für Zahnräder macht man nicht über Nacht einen Elektrotechniker. Dies führte letztlich zur Pleite.

Wichtig ist also sich frühzeitig Gedanken über Weiterqualifikation und lebenslanges Lernen zu machen. Auch sollte man sich klar machen, nicht alle Mitarbeiter sind aus den verschiedensten Gründen qualifikationsfähig. Betrieblich und gesellschaftlich ist wichtig, auch für diese eine geeignete Lösung zu finden. Nach den Erfahrungen des Autors sind es übrigens genau diese Mitarbeiter, die z. B. bei Kaizen die besten Ideen haben. Das „Yes we can"-Vorrücken sollte vom Erfahrungsschatz begleitet werden. Letztlich wird es wegweisend sein, die Expertise aller Mitarbeiter richtig zu kombinieren, was auch das Nutzen neuer digitalisierter bzw. KI-basierter Formen im Personalmanagement mit einschließt.

1.9   Personalmanagement im Wandel (HR 4.0)

Die Veränderungen bei Arbeit 4.0 im Blick wird klar, das Personalmanagement, also u. a. Personalbeschaffung, -qualifizierung und -führung, wird sich ebenfalls verändern (siehe Abb. 1.11). Bereits jetzt haben einige Unternehmen den Personalbeschaffungsprozess weitgehend automatisiert und nutzen Künstliche Intelligenz mithilfe von Algorithmen und Big Data. Automatische Entscheidungssysteme *(Algorithm Decision Making (ADM)*, siehe Abschn. 7.12) haben darüber hinaus den Vorteil, dass sie unbestechlich und frei von *Bias* (kognitive Verzerrungen, Befangenheit, Vorurteilen, etc.) sind. Genau deshalb ist aber eine solche ADM *„teilhaberrelevant"*, d. h. die Entscheidungen haben direkte Auswirkungen auf Personen (nach: Zweig et al. 2018) und müssen besonders beobachtete werden.

- *Recruiting 4.0 (alternative Bezeichnung: Social Recruiting) steht für die digital gestützte Personalsuche und den digitalen Bewerbungsprozess mit erhöhter Geschwindigkeit und Effizienz, optimiert für mobile Anwendungen. Recruiting 4.0 beinhaltet zumeist das Robot-Recruiting (siehe unten).*

Hierunter fallen neben für mobile Endgeräte optimierte Bewerbungsmöglichkeiten auch Imagekampanien (Unternehmenswahrnehmung), Stellenausschreibungen sowie

Abb. 1.11   Personalmanagement im Wandel (HR 4.0)

Karriereseiten. Die Ausschreibungen sollen auch von Suchmaschinen sowie Bots bzw. maschinellen Such-Agenten gefunden werden. Das bedeutet, dass sie anders geschrieben sein müssen, man spricht hierbei vom *Computional Thinking* – denken wie ein Computer.

Darüber hinaus beinhaltet Recruiting 4.0 die Automatisierung des Bewerbungs-prozesses unter Zuhilfenahme von Algorithmen:

- *Robo-Recruiting als Teil von Recruiting 4.0 bezeichnet den Einsatz von intelligenten Technologien und Künstlicher Intelligenz bei der Personalauswahl. Algorithmen treffen die (Vor-)Auswahl.*

Die neuen Werkzeuge des digitalen Personalmanagements sind:

1. *Sozial Media & Talent Mining*
   Hier gibt es zunächst die Möglichkeit die Unternehmenswahrnehmung zu verbessern und aktiv nach Talenten zu suchen und proaktiv mit Interessenten in Kontakt zu bleiben.
   Darüber hinaus sollte aber die Unternehmensbewertung durch externe und interne User beobachtet und soweit wie möglich gesteuert werden, z. B. über *Influencer.*
2. *Online-Jobbörsen*
   zur Talent-Gewinnung aber auch zur Unternehmensdarstellung, Wettbewerbs-beobachtung, Erkennung von Abwanderungstendenzen, …

3. *Mobile Recruiting*

   Dezentrale Technologien, z. B. die Überall-Erreichbarkeit, wird an Wichtigkeit zunehmen. Hierzu gehört auch das sog. Talent-Relation-Management.

4. *Software as a Service (SaaS) und Cloud-Dienstleistungen*

   für standardisierte Prozesse, wobei datenschutzrelevante bzw. schützenswerte Daten weiterhin im Unternehmen verbleiben.

5. *Digitale Personalakte & automatisierte Zeugniserstellung*

6. *Harvesting: Profile Mining & CV-Database Search*

   Harvesting meint verfügbare Quellen systematisch „abzuernten". Dies bedeutet die Nutzung von Big Data bei der Personalbeschaffung (z. B. Lebensläufe vervollständigen), Personalplanung (z. B. Trendscouting – Wissen, was morgen gebraucht wird) und Qualifikationsplanung (wo wird Know-How knapp) aber auch bei der Personal-Einsatzplanung (Wissen, welcher Bedarf morgen abgefragt wird)

7. *Talent Mining & Recruiting 4.0*

   Automatisierte & algorithmenbasierte Personalsuche, -beschaffung und -auswahl.

Im Gegensatz zu anderen Mitarbeitern sehen nach einer Untersuchung von JobStairs die wenigsten Personalentscheider in der Automatisierung von Recruiting-Prozessen eine Bedrohung, nur 13,05 % befürchten negative Auswirkungen (Jäger 2017).

Nicht unerwähnt sein soll aber in diesem Zusammenhang, dass der *Bewerber 4.0* sich auf die automatisierten Prozesses vorbereiten kann: Im Internet gibt es bereits Hinweise darauf, wie ein Algorithmus zu täuschen oder zu manipulieren ist – allerdings sind umgekehrt auch die Algorithmen lernfähig. Auch können Algorithmen Fehler machen, siehe (Mohr 2020).

Die Herausforderung derzeit ist, dass Unternehmen viele „old-school" Mitarbeiter, die entweder qualifiziert werden müssen oder – viel schwieriger – mit dem digitalen Wandel nicht Schritt halten können. Umgekehrt sind die Personalmärkte mit geeigneten „digitalin" Talenten leer gefegt. Die Unternehmen wetteifern daher um entsprechende Fachleute, umgarnen sie teilweise mit besonderen Angeboten, um moderne High-Tech-Mitarbeiter zu bekommen bzw. zu binden. (Stichwort: *„War of Talents"*). Hinzu treten Effekte der Globalisierung, des demografischen Wandels und der Generation Y bzw. Z (Digital Natives). Dies ist ein Dilemma, auch weil die Erfahrung der älteren Mitarbeiter wichtig ist und nicht verloren gehen darf. Es stellt sich immer wieder heraus, dass altgeglaubtes Wissen von Bedeutung ist. Erfolgreich ist, wer zusammenführen kann.

1.10   Evolutionäre & disruptive Transformation

Auch im industriellen Bereich ist der Wandel allgegenwärtig. Zunächst ergeben sich große Chancen, die es zu nutzen gilt: Produkte können, z. B. durch die Auswertung großer Datenmengen, passgenau für den Kunden angeboten werden. Die zugehörige Produktion wird flexibler, effizienter und kann sich autonom schnell an wechselnde

Bedürfnisse anpassen. Durch bessere Planungsgenauigkeit gelingt es, nachhaltiger und ressourcenschonender zur produzieren.

Daneben gibt es neue, häufig innerbetriebliche Herausforderungen: Der technologische Wandel selbst muss beherrscht sein und die damit verbundene personelle Umstellung erfordert Fingerspitzengefühl.

Wird die technologische Veränderung nicht angegangen, verliert das Unternehmen Marktanteile an innovativere Wettbewerber. Gelingt der Umbau auf der Mitarbeiterseite nicht, so werden i. A. die Kosten zu hoch. Beides kann u. U. auch ein großes Unternehmen zerstören.

Im Produktionsbereich herrscht derzeit (noch) eine evolutionäre Transformation vor.

- *Von **evolutionärer (weiterentwickelnden) Transformation** spricht man, wenn bestehende Strukturen und Prozesse um neue Technologien **ergänzt** werden.*

In der produzierenden Industrie sind diese neuen Technologien zunächst Vernetzung (z. B. Internet of Things bzw. Industrial Internet of Things) und die damit verbundene Verarbeitung großer Datenmengen (z. B. Big Data). Auch wenn jetzt nicht nur lokale Produktionsdaten aus der eigenen Fabrik verarbeitet werden, sondern, vollkommen neu auch vom Produkt während der Nutzung, und ach, wenn jetzt Maschinen und Produkte selbstständig untereinander kommunizieren, an den grundsätzlichen Abläufen im Unternehmen hat sich (noch) wenig geändert.

- *Eine **disruptive (zerstörenden) Transformation** verändert die Basis von Strukturen und Prozessen. Sie müssen vollkommen neu ausgerichtet werden, mit umfassenden Konsequenzen.*

Eine weitreichende Konsequenz ist, dass disruptive Transformation neben der eingesetzten Technik auch die Qualifikation der Mitarbeiter betrifft. Dies ist häufig auch ein zeitliches Problem. Disruption in Form eines Technologiesprungs (siehe Abschn. 1.4) vollzieht sich i. A. schnell. Mitarbeitern mit dann nicht mehr passenden Qualifikation müssen umgeschult werden bzw. man wird sich mittelfristig von ihnen trennen müssen. Beides ist nicht einfach und dauert. Personal mit der notwendigen Qualifikation ist aber häufig schwierig anzuwerben, da auf dem Arbeitsmarkt gesucht, selten passgenau zu finden und teuer.

1.11 Fragen zum Kapitel

1. Ab 1980 fand ein Wandel von materiellen zu immateriellen Produkten statt. Nennen sie Beispiele und überlegen Sie, welche Herausforderungen sich durch den Wandel ergeben.

2. Was ist „Disruption"? Beschreiben Sie anhand eines Beispiels, welche Handlungsoptionen sich für einen produzierendes Unternehmen, mit Schwerpunkt in diesem
   disruptiven Bereich, daraus ergeben.

3. Unterscheiden Sie „Technologie Push" und „Market Pull". Wo würden Sie
   Digitalisierung und Künstliche Intelligenz zuordnen? Stellen Sie Überlegungen zur
   jeweiligen Strategie für ein innovatives, forschungsstarkes Unternehmen an.

4. Beschreiben Sie die innovativen Dimensionen der Digitalisierung und der Künstlichen Intelligenz. Unterscheiden Sie dabei evolutionäre und revolutionäre Veränderungen.

5. Stellen Sie strategische Überlegungen an für den Fall:

   a) Sie arbeiten mit einer allgemein bekannten Technologie, können aber zusätzlich
   neue Märkte eröffnen.

   b) Sie haben ein innovatives Produkt, das anders ist, als alles bislang bekannte.
   Ihre existierenden Kunden reagieren verhalten, die Entwicklung neuer Märkte ist
   derzeit kaum möglich.

6. Beschreiben Sie den Zusammenhang von technologischer und sozialer Entwicklung
   anhand eines Kondradieff-Zyklus. Was könnte der Auslöser für einen neuen
   Kondradieff-Zyklus sein?

7. Welches sind bei der Elektromobilität „interessierte Parteien"? Wie ist deren
   Interessenlage, deren Strukturierung und wie werden Entscheidungen innerhalb
   dieser interessierten Parteien sowie übergreifend herbeigeführt? Was können Sie als
   ein Hersteller von mechanischen Getrieben tun?

8. Die Kostenexplosion im Gesundheitswesen wird häufig mit der technologischen
   Entwicklung und innovativen Verbesserungen begründet. Im Gegensatz dazu wurden
   Mobiltelefone im Laufe der Zeit ebenfalls besser, der Funktionsumfang stieg, nur
   der Preis sank drastisch. Warum ist dies so gegensätzlich?
   Analysieren Sie tabellarisch beide Innovationsmärkte in Bezug auf die beteiligten
   Interessengruppen (Politik, Gesellschaft, Anbieter, Kunden etc.) Ziele, Struktur, Ein-
   flussmöglichkeiten sowie Beitrag zur Entscheidungsfindung.

9. Was sind die Veränderungen bei Arbeit 4.0? Unterscheiden Sie dabei positive Entwicklungen sowie Risiken. Wie könnte ein Unternehmen sich darauf vorbereiten?

10. Warum ist bezüglich der Arbeitswelt die Produktion, die Automobilindustrie und die
    Medizin besonders von KI-Veränderungen betroffen? Wo sehen sie Chancen, wie
    begegnen Sie den Risiken?

11. Was ist Recruiting 4.0? Wie kann ein mittelständisches Unternehmen sich gegenüber
    Großkonzernen dabei durchsetzen?

12. Im Zusammenhang mit Industrie 4.0 wird häufig vom lebenslangen Lernen
    gesprochen. Diskutieren Sie die gesellschaftliche Dimension und überlegen sie, ob
    den Vorteilen auch Herausforderungen gegenüber stehen. Wie wollen Sie diesen
    begegnen?

Literatur

Anthes, E. (9. Oktober 2020a). KI erkennt Krankheiten: Alexa, habe ich Covid-19? https://www.spektrum.de/news/kuenstliche-intelligenz-unterscheidet-stimme-von-gesunden-und-kranken/1777593. Zugegriffen: 8. Okt. 2020.

Anthes, E. (30. September 2020b). Alexa, do I have COVID-19? https://www.nature.com/articles/d41586-020-02732-4. Zugegriffen: 30. Sept. 2020.

Baier, C. (19. Oktober 2020). Doktor Big Tech. https://www.focus.de/finanzen/news/gesundheit-doktor-big-tech_id_12522846.html. Zugegriffen: 18. Okt. 2020.

Blackweel's. (23. 03 2020). Umfrage der buchhandlungskette Blackweel's. DIE ZEIT Wissen hoch 3 (Email-Newsletter).

Böhm, J. (23. Mai 2016). Meinung: Ist Digitalisierung der 6. Kondratieff? https://www.computerwoche.de/a/digitale-transformation-trend-oder-industrielle-revolution,3312556. Zugegriffen: 17. Mai 2020.

Brother, I. (6. August 2019). Arbeit 4.0: So sieht das Büro der Zukunft aus. https://www.brother.de/blog/digitalisierung/2019/arbeit-4. Zugegriffen: 28. Mai 2020.

Bundeszentrale für politische Bildung. (15. 01 2008). Die Albatros-Kultur. https://www.bpb.de/lernen/grafstat/projekt-integration/134613/info-06-01-uebung-die-albatros-kultur. Zugegriffen: 15. Dez. 2020.

Deloitte. (2018). Deloitte Millennial Survey 2018 Das Vertrauen junger Talente in die Wirtschaft nimmt ab und die Loyalität gegenüber Unternehmen sinkt. https://www2.deloitte.com/de/de/pages/innovation/contents/Millennial-Survey-2018.html. Zugegriffen: 28. Mai.

Ehrenfreund, P. (01 2020). Fünf Minuten mit Pascale Ehrenfreund. Harvard Business Manager, 106.

Frank, K., & Reitmeier, P. (2003). *Rekursives Innovationsmanagement*. Lohmar: Eul.

Google. (2020). Intelligentes Schreiben. https://support.google.com/mail/answer/9116836?hl=de. Zugegriffen: 28. Mai 2020.

Händeler, E. (2018). *Die Geschichte der Zukunft – Sozialverhalten heute und der Wohlstand von morgen – Kondratieffs Globalsicht*. Moers: Brendow.

Harari, Y. (2018). *21 Lektionen für das 21. Jahrhundert*. München: Beck.

Hauschild, J., & Gemünden, H. (2011). Dimensionen der Innovation. In S. Albers, & O. Grassmann (Hrsg.), *Handbuch Technologie- und Innovationsmanagement* (S. 21 ff.). Wiesbaden: Gabler.

Hawking, S. (1. Dezember 2016). This is the most dangerous time for our planet. https://www.theguardian.com/commentisfree/2016/dec/01/stephen-hawking-dangerous-time-planet-inequality. Zugegriffen: 11. Oct. 2020.

Helft, M. (11. November 2008). Google uses searches to track Flu's spread. https://www.nytimes.com/2008/11/12/technology/internet/12flu.html?_r=1&scp=1&sq=Google%20Influenza&st=cse&oref=slogin. Zugegriffen: 30. Sept. 2020.

Henckel von Donnersmarck, F. (Regisseur). (2006). Das Leben der Anderen [Kinofilm].

Jäger, W. (2017). Recruiting 4.0 – Zukunftsvision oder Realität. https://hr-marketing.com/recruiting-4-0-zukunftsvision-oder-realitaet/. Zugegriffen: 6. Apr. 2020.

Kallenbach, K. (9. Januar 2020). KI in der Produktion: Menschliche Startschwierigkeiten mit Künstlicher Intelligenz. https://blog.iao.fraunhofer.de/ki-in-der-produktion-menschliche-startschwierigkeiten-mit-kuenstlicher-intelligenz/. Zugegriffen: 28. Mai 2020.

Köhler, H. (14. Januar 2010). Anders ans Ziel kommen. https://www.bundespraesident.de/SharedDocs/Reden/DE/Horst-Koehler/Reden/2010/01/20100114_Rede.html. Zugegriffen: 13. Juni 2020.

Kondratieff, N. (1926). Die langen Wellen der Konjunktur.

Kramer (IBM), M. (2017). Die technischen Hilfsmittel, um Kunden zu befragen, sind vorhanden. Woran es mangelt, sind die adäquate Fragestellung und das Ziehen der richtigen Schlüsse. https://e-3.de/schnellere-pferde/. Zugegriffen: 13. Juni 2020.

Kroker, M. (24. August 2016). Digitale Transformation: 40 Prozent der Fortune-500-Firmen verschwinden in nächster Dekade. https://blog.wiwo.de/look-at-it/2016/08/24/digitale-transformation-40-prozent-der-fortune-500-firmen-verschwinden-in-naechster-dekade/. Zugegriffen: 30. März 2020.

Manager Magazin. (2005). Flugzeugmotoren Porsche macht Millionenverluste. https://www.manager-magazin.de/unternehmen/artikel/a-345044.html. Zugegriffen: 30. Aug. 2020.

Meck, G., & Weiguny, B. (27. Dezember 2015). Frankfurter Allgemeine Zeitung. https://www.faz.net/aktuell/wirtschaft/wirtschaftswissen/das-wirtschaftswort-des-jahres-disruption-baby-disruption-13985491.html. Zugegriffen: 17. Mai 2020.

Mohr, D. (6. September 2020). Die Deutsche Börse hat sich geirrt. https://www.faz.net/aktuell/finanzen/deutsche-boerse-hat-sich-geirrt-wichtiger-aktienindex-16940485.html. Zugegriffen: 8. Sept. 2020.

Mounk, Y. (29. Februar 2016). Trump vertritt auch deutsche Interessen Seite 2: Trump ist unberechenbar – und ist stolz darauf. https://www.zeit.de/politik/ausland/2016-02/donald-trump-us-wahl-kandidat-republikaner/seite-2. Zugegriffen: 20. Mai 2020.

Nefiodow, L. (2020). Häufig gestellte Fragen zum 6. Kondratieff. https://www.kondratieff.net/digitalisierung. Zugegriffen: 10. Juni 2020.

Porschen, H. (2018). Was Unternehmertum und Digitalisierung mit der Theorie der langen Wellen zu tun hat. „Digitaler Suizid": https://www.hubertusporschen.com/2018/06/19/was-unternehmertum-und-digitalisierung-mit-der-theorie-der-langen-wellen-zu-tun-hat. Zugegriffen: 10. Juni 2020.

Precht, R. (2020). *Künstliche Intelligenz und der Sinn des Lebens*. München: Goldmann.

Ross, A. (13. Februar 2017). Amerikas Außenpolitik: Unberechenbar aus Prinzip. https://www.faz.net/aktuell/politik/trumps-praesidentschaft/aussenpolitk-von-donald-trump-ist-gewollt-unberechenbar-14874604.html. Zugegriffen: 20. Mai 2020.

Schwarzkopf-Stiftung, & Vorbeck, K. (23. Januar 2018). Konferenzraum der Schwarzkopf-Stiftung. https://schwarzkopf-stiftung.de/events/recht-und-demokratie-im-zeitalter-der-kuenstlichen-intelligenz-der-beitrag-der-europaeischen-union-mit-paul-nemitz/. Zugegriffen: 18. Mai 2020.

SPIEGEL. (2005). Verluste bei Porsche. *Der Spiegel, 10*, S. 73.

Steinbach, A. (18. September 2018). Unternehmen verschlafen den KI-Trend. https://www.springerprofessional.de/transformation/kuenstliche-intelligenz/unternehmen-verschlafen-den-ki-trend/16038826. Zugegriffen: 13. Juni 2020.

Süddeutsche Zeitung. (18. März 2014). NSA kann alle Telefonate eines Landes abhören (unter Berufung auf einen Bericht der Washington Post). https://www.sueddeutsche.de/digital/internet-ueberwachung-nsa-kann-alle-telefonate-anderer-staaten-abhoeren-1.1916436. Zugegriffen: 17. Mai 2020.

t3n Digital Pioneers. (12. Januar 2017). Amazon zeigt, wie Roboter und Menschen zukünftig zusammenarbeiten werden. https://t3n.de/news/amazon-robotics-logistikzentrum-762335/2/. Zugegriffen: 11. Okt. 2020.

Weber, A. (2017). *Digitalisierung – Machen! Machen! Machen!* Wiesbaden: Gabler.

World Economic Forum. (2018). The jobs landscape. https://www.weforum.org/agenda/2018/09/future-of-jobs-2018-things-to-know/abgerufen.

Yogeshwar, R. (25. Januar 2018). STERN(05/2018).

Zweig, A., Fischer, S., & Lischka, K. (2. 2018). Wo Maschinen irren können – Verantwortlichkeiten und Fehlerquellen in Prozessen algorithmischer Entscheidungsfindung. https://www.bertelsmann-stiftung.de/fileadmin/files/BSt/Publikationen/GrauePublikationen/WoMaschinenIrrenKoennen.pdf. Zugegriffen: 10. Juni 2020.

Grundlagen der Digitalisierung und Industrie 4.0

2

2.1 Was ist neu?

Die Idee von Automatisierung und Digitalisierung reicht geschichtlich sehr weit zurück: Ca. 60 v. Chr. konstruierte Heron von Alexandria einen Wagen, der eine vorgegebene Strecke abfahren konnte. Das Fuhrwerk wurde von einem Seil mit einem Gewicht angetrieben. Die Richtung des Wagens konnte mithilfe von Stiften geändert werden, sozusagen einem primitiven Vorläufer des heutigen Binärcodes (EU Automation 2016).

In der heutigen Euphorie um Innovationsführerschaft wird vieles vermischt, manches ist eigentlich schon als Vorstellung längst bekannt, anderes wirklich neu.

Dies kann besonders gut am Begriff „Computer Integrated Manufacturing (CIM)" gezeigt werden: Ende der 1980iger-Jahre kam die Idee des CIM auf, einer vernetzten, automatisierten Fertigung. Geforscht wurde an CIM bereits seit Anfang der 1970iger Jahre, die Umsetzung erlebte aber erst in Ende der 1980iger Jahre und vor allem in den 1990iger Jahren einen Höhepunkt. Eine Literaturstudie der TU Darmstadt beschäftigt sich mit der Frage, ob Industrie 4.0 wirklich neu ist (Meudt et al. 2017):

„Häufig wird Industrie 4.0 mit Bezeichnungen wie „CIM reloaded", „CIM 2.0" oder „Alter Wein in neuen Schläuchen" in Verbindung gebracht. Hiermit wird die Frage aufgeworfen, ob Industrie 4.0 eine grundsätzlich neue Idee darstellt oder vielmehr dem bereits existierenden CIM-Ansatz entspricht." Die Autoren der Studie kommen dann zu dem Fazit: „Grundsätzlich ist es empfehlenswert, bei der Entwicklung Industrie 4.0-spezifischer Konzepte auf bestehende CIM-Ansätze zurückzugreifen. Eine Eins-zu-eins-Übertragung auf heutige Unternehmensstrukturen erscheint jedoch kaum erfolgsversprechend." CIM solle, so die Studie, gemäß den Anforderungen von Industrie 4.0 gezielt modifiziert und weiterentwickelt werden.

A. Mockenhaupt, *Digitalisierung und Künstliche Intelligenz in der Produktion*, https://doi.org/10.1007/978-3-658-32773-6_2

Derzeit sieht es tatsächlich so aus, dass die aktuellen Anwendungen in der Produktion, aus der Digitalisierung kommend, eher inkrementelle Innovationen sind. Gerne werden diese dann mit dem Hypewort „Industrie 4.0" firmiert, doch für viele Anwendungen gilt:

„Das Thema KI wird, wie jeder Hype, später abflachen und realistisch eingeordnet werden. Wir sprechen hier technisch von Konzepten, die 20 Jahre alt sind. Jetzt sind sie vielfach anwendbar und werden ihren Platz im Bereich Datenintelligenz finden bzw. haben ihn teilweise schon gefunden." (Interview: Was sind die Erfolgsfaktoren für die künstliche Intelligenz? Interview mit Herrn Dr. Sönke Iwersen von der HRS Group, 2019).

Ähnlich sieht es die Fraunhofer Gesellschaft, die meint, dass sich aktuell auf dem Shopfloor vorrangig KI-Anwendungsfälle befinden, die auf Maschinendaten basieren (Fraunhofer IAO 2020). Bei der Verleihung des zweiten Deutschen KI-Preises im Oktober 2020 brachte es ein Teilnehmer der Podiumsdiskussion so auf den Punkt: Derzeit sei KI angewandte Statistik in Kombination mit einem guten Marketing.

Die radikale Innovation wird gespeist aus der Künstlichen Intelligenz (KI) und dem Deep Learning. Diese ist in manchen Bereichen, insbesondere in reinen IT-Produkten, bereits angekommen, aber in der industriellen Produktion (noch) eher im Experimentierstadium als Pilotprojekte.

„Die KI hat heute Einzug gehalten in die Industrien der Logistik & Transport, Banken, Automobilbranche & Travel. Dort werden KI-Themen genutzt, um Prozess-Effizienzen zu heben. Darüber hinaus kommen wertstiftende Ergebnisse aus intelligenten Datenprozessen, indem Datenprodukte genutzt werden, die KI beinhalten. Vieles davon ist aber noch im Laboratorium und sucht noch nach Marktreife für sich." (Interview: Was sind die Erfolgsfaktoren für die künstliche Intelligenz? Interview mit Herrn Dr. Sönke Iwersen von der HRS Group, 2019).

Das ändert sich aber aktuell rapide. Als Annäherung kann die Entwicklung wie folgt beschrieben werden: • Reaktive Automaten (gibt es bereits) können nicht auf „Erfahrungen" zurückkreifen • Statistik- und algorithmenbasierte Maschinen als schwache Künstliche Intelligenzen (aktuelle Entwicklungen) nutzen vergangenheitsbezogene bzw. aktuelle Daten, lernen selbstständig daraus und prognostizieren die Ergebnisse in die Zukunft • Starke Künstliche Intelligenzen ähneln der menschlichen Intelligenz, benötigen aber in der letzten Ausbaustufe auch Empathie, Kreativität sowie darüber hinaus Selbsterkenntnis (Bewusstsein). Die Umsetzung liegt weit in der Zukunft, ggf. ist sie technologisch nicht realisierbar.

2.2   Definitionen Automatisierung, Digitalisierung & Industrie 4.0

Betrachtet man die Geschichte der industriellen Produktion, so verläuft diese von der manuellen Fertigung über die Automatisierung und Digitalisierung zu dem, was heute als Industrie 4.0 bezeichnet wird. Diese Begriffe sollen hier zunächst definiert werden und im nächsten Kapitel voneinander und zusätzlich zur Künstlichen Intelligenz abgegrenzt werden.

- *Automatisierung (aus dem Griechischen für „selbsttätig handeln") Das Ausrüsten einer Einrichtung, so dass sie ganz oder teilweise ohne Mitwirkung des Menschen bestimmungsgemäß arbeitet (nach DIN 19233).*

Automatisierung kann rein mechanisch realisiert werden, aber auch programmgesteuert ablaufen. Es handelt sich aber immer um rein repetitive, sich wiederholende Handlungen, die automatisiert werden. Nicht automatisieren lassen sich demnach Tätigkeiten, die Kreativität oder Intelligenz benötigen.

In seiner ursprünglichen Bedeutung meint Digitalisierung das Umwandeln von analogen Werten in digitale Formate, notwendig zur weiteren Verarbeitung durch Computer. Neben dieser Begriffsbestimmung hat sich im ökonomisch-industriellen Umfeld eine erweiterte Deutung etabliert:

- *Digitalisierung bezeichnet als Oberbegriff den Einsatz vernetzter, digitaler Technologien in allen Bereichen von Wirtschaft und Gesellschaft.*

Für Anwendungen in der Produktion kann nach neuerer Begriffsbestimmung griffiger formuliert werden:

- *Digitalisierung automatisiert die Datenverarbeitung und erlaubt damit die Verarbeitung sehr großer Datenmengen.*

Digitalisierung ist ein Werkzeug, dass es ermöglicht, selbstständig (maschinell) Daten zu ordnen, sie besser zu verstehen und daraus (Optimierungs-)Potenzial zu schöpfen.

Im Bereich der industriellen Fertigung wird bei Digitalisierung zusätzlich der Begriff Industrie 4.0 verwendet:

- *Industrie 4.0 spezialisiert auf den industriellen Einsatz und bezeichnet die Integration der Digitalisierung in Produktionsprozesse. Dabei kommen zusätzlich Elemente der (schwachen) Künstlichen Intelligenz (KI) zum Tragen.*

Als Zukunftsprojekt bezeichnet gehört Industrie 4.0 laut Bundesregierung zu den Schlüsseltechnologien mit besonderer volkswirtschaftlicher Hebelwirkung (BMBF, Die neue Hightech-Strategie Innovationen für Deutschland, 2014). Das Bundeswirtschaftsministerium (BMWI) spricht von der „intelligenten Fabrik" (siehe auch Kapitel „Smart Factory" 10.3) und formuliert (BMWi B. f., 2020): „In der Fabrik der Industrie 4.0 koordinieren intelligente Maschinen selbstständig Fertigungsprozesse; Service-Roboter unterstützen Menschen in der Montage bei schweren Arbeiten, fahrerlose Transportfahrzeuge kümmern sich eigenständig um Logistik und Materialfluss." „Industrie 4.0 bestimmt dabei die gesamte Lebensphase eines Produktes: Von der Idee über die Entwicklung, Fertigung, Nutzung und Wartung bis hin zum Recycling."

Kennzeichen	• Vernetzung:	Maschinen, Geräten, Sensoren können miteinander kommunizieren (Internet der Dinge – IoT, IIoT)
	• Technische Assistenz:	Unterstützung des Menschen durch verständliche Aufarbeitung von Information (Big Data – Smart Data)
	• Cyberphysische Systeme & Eingebettete Systeme	Verbindung reale & virtuelle Welt verbesserte Sensorik und Daten-Kommunikation
	• VR & Digitaler Zwilling:	Virtuelles Abbild der realen Welt
	• Teilautonome Entscheidungen:	menschliches Eingreifen nur noch in Ausnahmen (z.B.: Störungen, Zielkonflikte)
Herausforderungen	• Komplexitätsmanagement:	Verarbeitung großer Datenmengen (Big Data) in Echtzeit Datenintegrität (Durchgängigkeit der Datenstruktur, Datenrückführung)
	• Fehlertolerante Systeme:	Fehlerresistenz, kein Komplettausfall, Weiterproduktion bei Fehlern
	• Autonome Regel- und Entscheidungsprozesse:	Angemessenheit, Rechts- & Wertekonformität Kontext & Bedeutungserkennung (Interpretationsspielraum)
	• Angriffssicherheit:	kein unbemerktes bzw. unerlaubtes Ändern, Löschen, Nutzen von Daten Sicherheit gegen Computerviren Verfahren zur Aufrechterhaltung des Betriebs bei Virenbefall & Angriffen
	• Transparenz:	Systementscheidungen klar nachvollziehbar klare Systemgrenzen und Eingriffsregeln Verhinderung eines „Selbstständigmachens" des Systems

Abb. 2.1 Auswahl von Kennzeichen und Herausforderungen bei Industrie 4.0

Abb. 2.1 zeigt eine Auswahl von Kennzeichen sowie von Herausforderungen bei Industrie 4.0.

Das übergeordnete Ziel von Digitalisierung und Industrie 4.0 ist die Effizienz- und Produktivitätssteigerung. Im industriellen Bereich ist damit zum einen die Kostensenkung verbunden, zum anderen eine starke Flexibilisierung. Hierbei sind zwei Richtungen zu unterscheiden, die Vernetzung und die Selbststeuerung innerhalb der Wertschöpfungskette:

Vernetzung ist die systemtechnische Verbindung aller beteiligten Produktionsmittel, mit dem Ziel, automatisiert Daten untereinander auszutauschen und intelligent miteinander zu interagieren. Dabei muss die *virtuelle Welt* (der Daten) mit der realen, *physischen Welt* (der Menschen) zusammengeführt werden.

Selbststeuerung bezeichnet die Fähigkeit von Maschinen aktiv und in Echtzeit die Umwelt zu erfassen, die Situation selbstständig zu analysieren und interpretieren sowie angemessen darauf zu reagieren. Dieser Prozess ist für die Digitalisierung und Industrie 4.0 essenziell und setzt eine autonome Entscheidungsfähigkeit (vgl. Künstliche Intelligenz) voraus.

Industrie 4.0 führt letztlich zur intelligenten Produktion (*Smart Factory,* siehe Abschn. 10.3), bei der die gesamte Wertschöpfungskette intelligent auf veränderliche Rahmenbedingungen reagiert.

2.3 Abgrenzung: Automatisierung, Digitalisierung, Industrie 4.0, Künstliche Intelligenz

Im Zuge der Entwicklung von der Automatisierung zur Digitalisierung bzw. Industrie 4.0 treffen zwei Welten aufeinander, bei der Automatisierung die *Operational Technology (OT)* und bei der Digitalisierung die *Informationstechnologie (IT)*. Beide Technologien haben unterschiedliche Prioritäten:

Die OT fokussiert auf den operativen Produktionsprozess, weitgehend mechanisch ausgelegt mit begrenzten digitalen Steuerungskomponenten als Insellösungen und ohne Datenvernetzung. Die digitalen Komponenten haben bei OT vor allem die Aufgabe, eine permanente Verfügbarkeit von Maschinen und Anlagen zu sichern.

Beim Übergang zur Digitalisierung und Industrie 4.0 findet die Vernetzung von Maschinen und Anlagen, aber auch des Qualitäts- und Umweltmanagements, eine zentrale Rolle. Einheitliche Datenprotokolle und (drahtlose) Kommunikation für eine Maschine-zu Maschine-Kommunikation (M2M) werden wichtig.

Dies führt zu einem Paradigmenwechsel, der von den Mitarbeitern zunächst verstanden werden muss. Dazu ist es auch wichtig, die Unterschiede zwischen den Begrifflichkeiten zu verstehen. Diese werden häufig vermischt bzw. synonym benutzt, was aber zu einer beständig gestellten Frage führt, was ist neu und was ist wirklich neu?

- *Digitalisierung in der Produktion ist die Fortführung dessen, was als Automatisierung begonnen hat. Hier steht der Computer im Vordergrund, die digitale Auswertung von Daten. Fortschritte entstehen durch den Zugriff auf riesige, bisher nicht gekannte Datenreservoirs (Big Data) sowie die Möglichkeit durch höhere Rechnerleistungen, diese auch auszuwerten. Soweit der Stand der Technik.*
- *Bei* **Industrie 4.0** *ist es die Vernetzung von Maschinen und Produkten, welche innovativ wirkt. Hinzu treten die Miniaturisierung und Einbettung der Sensorik in Maschinen und Produkten, die mehr und vor allem bessere Daten liefern. Die aktuelle Umsetzung in der Produktion wird noch von der Datenauswertung bestimmt, „Intelligenz" in Form der schwachen KI tritt aktuell hinzu.*
- ***Künstliche Intelligenz*** *definiert* sich über das maschinelle Lernen sowie über autonomes Entscheiden und Handeln. Anwendungen in der Produktion befinden sich, je nach Definition (siehe Abschn. 3.2), *in der Experimentier- oder Pilotphase.*

Abb. 2.2 zeigt eine Einordnung der Begrifflichkeiten:

Digitalisierung nutzt Verfahren, die bereits seit einiger Zeit angewendet werden. Letztlich geht es darum Daten zu erfassen, sortierend zu analysieren und als Information darzustellen bzw. automatisiert zu nutzen. Das ist nicht wirklich neu. Dennoch gibt es in der letzten Dekade einen großen, evolutionären Entwicklungssprung.

Dieser speist sich aus der exponentiell gestiegenen Rechnerleistung, Speichervolumina (auch in der Cloud) und den Möglichkeiten der digitalen High-Speed-Vernetzung. Zusätzlich entwickelte sich der Effekt der Daten-Dezentralisierung und

Abb. 2.2 Abgrenzung Digitalisierung, Industrie 4.0 und Künstliche Intelligenz

Überall-Vernetzung, getragen u. a. durch die Einführung des Smartphones (2007, iPhone). Dadurch entstanden riesige Datenmengen, die, zunächst ungenutzt brach liegend, jetzt in Echtzeit, aber eher sortierend, verarbeitet werden können.

Industrie 4.0 ist quasi das Bindeglied zwischen Digitalisierung und Künstlicher Intelligenz (siehe Abb. 2.3). Der Fortschritt hier kommt durch die vollständige Vernetzung innerhalb der Wertschöpfungskette, aber auch durch die Vernetzung mit dem Produkt, das durch die o. g. Überall-Vernetzung Nutzungsdaten in Echtzeit an den Hersteller sendet. Beides wird begünstigt durch große Fortschritte in der Sensortechnik, insbesondere deren Miniaturisierung, sowie eine weitreichende Integrationsmöglichkeit durch Einbettung (embedded Systems, siehe Kap. 10.8) in (Produktions-)Maschinen, aber eben auch in Endprodukten.

Bei der derzeitigen Umsetzung von Industrie 4.0 handelt es sich noch um eine evolutionäre, inkrementelle Transformation: Nach und nach werden digitale Technologien zu bestehenden Prozessen und Strukturen hinzugefügt, derzeit noch eher auswertend.

Die neuen Werkzeuge sind die der datengetriebenen Prozessanalyse und heißen Process Analytics, Data Mining & Process Mining, Predictive Analysis u. ä., Grundlage ist Big Data. Darüber hinaus gibt es neue Werkzeuge über die Vernetzung, das (Industrial) Internet of Things (IoT – IIoT), das Cyber-Physische System (CPS) oder auch den Digitalen Zwilling. Letztliche sind aber Digitalisierung und der derzeitige Stand der Industrie 4.0 nur mit Einschränkungen „intelligent".

Die Durchforstung gigantischer Kundendaten durch Digitalisierung (Big Data) mit dem Resultat einer Kaufempfehlung à la „Andere Kunden mit ähnlichem Warenkorb

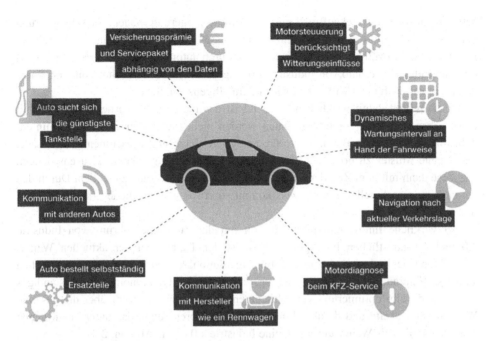

Abb. 2.3 Möglichkeiten der Digitalisierung, Industrie 4.0 und KI. (Quelle: Carl Zeiss MES Solutions GmbH – Guardus)

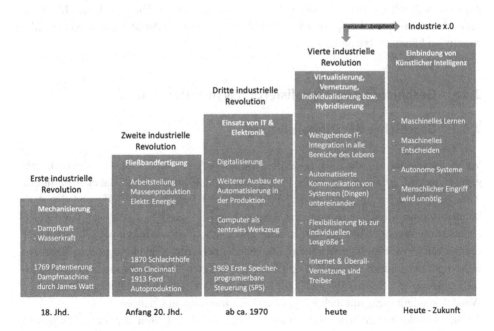

Abb. 2.4 Die vier industriellen Revolutionen

hatten noch folgendes gekauft …" mag der Umsatzsteigerung dienen. Die Optimierung von Wertschöpfungs- und Produktionsprozessen durch Maschine-zu-Maschine-Kommunikation (M2M), mehr Sensorik sowie durch automatisierte Rückmeldungen aus der Anwendung innerhalb von Industrie 4.0 mag ganz neue Effizienzhorizonte eröffnen. Aber dies hat noch nicht wirklich etwas mit „Intelligenz" zu tun.

Innovativ und damit wirklich neu bei KI ist das maschinelle Lernen und die damit einhergehende Selbstoptimierung. Daten werden nicht mehr sortiert und determiniert, d. h. mit vorgegebenen Baumstrukturen, analysiert. Jetzt sind Maschinen in der Lage, unbekannte Muster zu erkennen, daraus autonom Bewertungsschemata zu entwickeln, um diese dann mit dem Ziel der Selbstoptimierung wieder infrage zu stellen. Durch den autonomen, maschinellen Lernprozess kommt so etwas wie wirkliche „Intelligenz" ins Spiel.

Der wirkliche Innovationssprung kommt mit der Zusammenführung von Industrie 4.0 und der künstlichen Intelligenz. Diese ist der Treiber bei der aktuellen Weiterentwicklung der Industrie 4.0 in Richtung revolutionäre Transformation. Kennzeichen sind die Einbindung der Digitalisierung, zusammen mit Autonomie, selbstständiges Lernen und Selbstoptimierung von Maschinen in ein Gesamtkonzept über die gesamte Wertschöpfungskette und darüber hinaus. Einige Autoren sehen das unter einen neuen Namen, nämlich als Weiterführung in eine Industrie x.0 (siehe Abschn. 2.4).

Auch wird der Lernprozess selbst immer menschenähnlicher. Wie lernt ein Kind? Zum einen durch Anleitung und Nachahmung. Dies wir z. T. im überwachten bzw. unüberwachten maschinellen Lernen nachgebildet. Aber es lernt auch erfinderisch selbst, angespornt durch intrinsische oder extrinsische Belohnungen. Dies wird maschinell im verstärkten Lernen nachempfunden, hierbei kann es sogar zu Ansätzen von maschineller Kreativität kommen. (siehe Kap. 6).

2.4   Geschichte der Digitalisierung & Industrie 4.0

2.4.1   Geschichte der Digitalisierung

Vorab interessant ist, dass der Begriff „Digitalisierung" nicht von der Technik eingeführt wurde, sondern aus der Politik stammt. Gemeint sind dabei strukturelle Anpassungsprozesse in Gesellschaft, Wirtschaft und Industrie, die aufgrund des Aufkommens einer digitalen Automatisierung notwendig wurden. Auch war der Begriff zunächst im angelsächsischen Sprachraum unbekannt, dort wird eher von „Technology" gesprochen, was aber wiederum im Deutschen nicht mit „Technologie" zu übersetzt werden kann, sondern eher mit „Digitalen Technologien". Im Gegensatz zur Deutschen „Digitalisierung" beschäftigt sich „Technology" aber weniger den gesellschaftlichen Wandel, sondern mehr mit technologischen bzw. innovativen Chancen.

Die digitale Automatisierung begann in der 1970iger Jahren mit dem Erscheinen der speicherprogrammierbaren Steuerung (SPS) in der Produktion. Neben höherer

Produktivität durch Prozessautomation und -optimierung hatte dies auch weitreichenden Auswirkungen auf die Arbeitswelt: Es wurde eine andere, vor allem höhere Qualifikation benötigt – vom Maschinenbediener zum Anlagenprogrammierer – und führte wegen der schnellen Weiterentwicklung u. a. zur Anforderung an lebenslanges Lernen.

- *Die speicherprogrammierbaren Steuerung (SPS) ist ein digital arbeitendes elektronisches System für den Einsatz in industriellen Umgebungen mit einem programmierbaren Speicher zur internen Speicherung der anwenderorientierten Steuerungsanweisungen zur Implementierung spezifischer Funktionen. (nach DIN EN 61131 Teil 1). Als Entwickler der SPS gilt Richard E. Morley, der im Jahr 1969 ein auf einem Halbleiter basierendes Logiksystem vorstellte (genannt: Modicon 084)*

Waren diese Automaten zunächst Insellösungen, d. h. die Maschinen standen für sich alleine, wurden sie durch die aufkommende Vernetzungstechnologie immer weitern zu einem Gesamtsystem integriert.

Mit Computer Integrated Manufacturing (CIM, siehe Abschn. 2.1) wurden Produktionsanlagen vernetzt, wenngleich noch an feststehende Leitungen zwischen den Maschinen gebunden. Profitierte diese Entwicklung zusätzlich vom Aufkommen hochflexibler Handhabungsgeräte, wie Industrierobotern, fehlte es aber an digitaler Verarbeitungsgeschwindigkeit, Vernetzungsstandards, standardisierte Datenbanksysteme u. ä. Die Vernetzung endete häufig innerhalb der Fabrik, die Rolle des Internets war damals noch nicht abschätzbar (siehe auch Abschn. 10.3).

Das änderte sich um 2010 durch stark verbesserte Rechnerleistung, Fortschritte im Bereich der Sensorik und eine leitungsunabhängige Vernetzung über das Internet. Insbesondere veränderte sich die Produktion grundlegend, 2011 war der Begriff der „vierten industriellen Revolution" geboren.

Im industriellen Sektor stellt die Digitalisierung eine Erfolgsgeschichte dar, allerdings gab es auch Phasen der Besinnung bzw. Abkühlung. Diese entstanden i. W. durch die Erkenntnis, dass die Datensicherheit nur schwierig in den Griff zu bekommen ist. Besonders sichtbar wurde dies ab Anfang der 2010er Jahre durch Whistleblower wie Edward Snowden und Julian Assange. Industriell ging es aber eher um den nicht autorisierten Know-How-Abfluss, eine Problematik, die immer noch schwelt.

2.4.2 Die Industriellen Revolutionen 1.0 bis 4.0 sowie Industrie x.0

Der Begriff „*Industrie 4.0*" wurde im Zuge der Hannover Messe 2011 vorgestellt. Im internationalen Wettbewerb sollte bewusst ein auf den deutschen Sprachraum angepasstes Wort genutzt werden (Endschreibweise mit „ie"), um die deutsche Ambition auf Mitgestaltung des Themas zu signalisieren (Lindekamp 2015). Dementsprechend gibt es keine direkte englische Übersetzung. Im angelsächsischen Sprachraum gibt es aber Synonyme wie „Smart/Advanced Manufacturing", u.v.m.

Nach einem anfänglichen Hype wurde ab Mitte 2017 „Industrie 4.0" als Begriff zurückhaltender verwendet, wenngleich er nicht verschwand. Auslöser damals waren u. a. mehrere Cyberangriffe auf Unternehmen, die die Euphorie vorübergehend bremsten und zu einer gewissen Ernüchterung führten, so Sandro Gaycken, Cybersecurity-Experte und Direktor vom Digital Society Institute, zu Industrie 4.0 im ZDF heute-journal (Gaycken, heute-journal, 2017).

Insbesondere der Mittelstand ist seither eher abwartend (vgl. (Ruderschmidt 2019).

Die mit Industrie 4.0 zusammenhängende Strategie wurde aber weiterverfolgt, auch weil sie von der Bundesregierung, Verbänden und Interessengruppen breit gefördert wird. Die Endung „4.0" wird weiterhin in verschiedenen Zusammenhängen als Zeichen der Aktualität genutzt, z. B. „Arbeit 4.0", „Qualität 4.0" usw.

Industrie 4.0 steht für die vierte industrielle Revolution:

- *Die **erste industrielle Revolution**, beginnend mit der Erfindung der Dampfmaschine durch James Watt u. a., zeichnete sich durch die Mechanisierung der Arbeit aus. Mechanische Arbeit, vormals durch Tiere oder den Menschen geleistet, wurde durch Maschinen unterstützt bzw. ersetzt.*
- *Die **zweite industrielle Revolution** war die Einführung der Fließbandarbeit. Erstmalig industriell Mitte des 19. Jahrhunderts in den Schlachthöfen von Chicago eingeführt [*)], verhalf Henry Ford 1913 dieser Produktionstechnik zum Durchbruch. Kennzeichen sind Arbeitsteilung (nach Frederick Taylor als Taylorismus bezeichnet) und die Möglichkeit zur Massenproduktion.*
  [*)] Upton Sinclairs Roman „The Jungle" von 1906 berichtet über die unmenschlichen Zustände auf den Schlachthöfen von Chicago
- *Die **dritte industrielle Revolution** zeichnet sich durch den Einsatz von Elektronik in Informationstechnologie aus. Erschwingliche Computer ermöglichten einfache Datenverarbeitung und Steuerung von Maschinen. Die Digitalisierung war aber noch nicht „intelligent" und arbeitete nach einfachen Entscheidungsbäumen (If–Then-Schleifen). Die Systeme waren nicht vernetzt (Stand-Alone).*
- *In der jetzt anstehenden **vierten Industriellen Revolution** ist die Informationstechnologie weitgehend in das tägliche Leben integriert. Große Datenmengen können in Echtzeit verarbeitet werden. Die Maschinen lernen selber und kommunizieren untereinander selbstständig. Menschliche Sprache und Gestik wird erkannt, worauf Maschinen autonom reagieren können.*

Wie bereits oben gezeigt, beinhaltet die derzeitige Umsetzung von Industrie 4.0 u. a. noch kaum Aspekte des Maschinellen Lernens oder der Künstlichen Intelligenz. Einige Autoren sehen dies als nächstes Ziel der aktuellen Entwicklung von Industrie 4.0 an, andere, z. B. (Schaeffer 2017), führen statt der weitergehenden 5.0 bzw. 6.0 den Begriff Industrie x.0 ein.

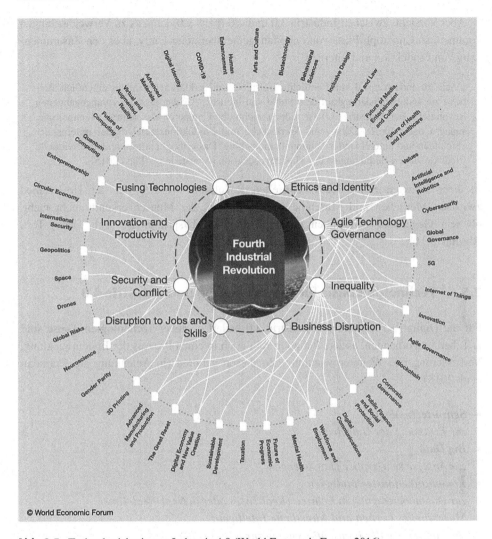

Abb. 2.5 Technologiebasis von Industrie 4.0 (World Economic Forum 2016)

- *Industrie x.0 ist die konsequente Weiterentwicklung der Digitalen Transformation mit den Schwerpunkten Cyber Physical Systems (CPS), Internet of Things (IoT), Cloud Services & Big Data, Maschinelles Lernen & Deep Learning sowie Blended Reality (wird von den meisten Autoren allerdings innerhalb Industrie 4.0 gesehen, Quelle hier:* (FGW 2018; Schaeffer 2017))

Abb. 2.5 zeigt die strategische Technologiebasis von Industrie 4.0, so definiert vom World Economic Forum.

Aber Vorsicht, zwischen Industrie 3.0 und 4.0 (bzw. x.0) kann es zu Verwechselungen kommen, so Christoph Plass von der Managementberatung Unity, über den Zusammenhang von Produktion und Internet:

„Viele zu Industrie 4.0 veröffentlichte Beispiele und Erklärungen stellen eigentlich Beiträge zur Industrialisierung auf dem Stand von Industrie 3.x dar, also der vorangegangenen Revolution. Bei Industrie 4.0 ist jedoch nicht der Computer die zentrale Technologie, sondern das Internet. Dabei sind Werkstücke und Produktionsmittel digital miteinander verbunden und untereinander kommunikationsfähig. Das ermöglicht es, kundenindividuelle Produkte zu den Bedingungen der Massenproduktion herzustellen." (Plass 2015)

In einer weiteren Stufe der Industriellen Revolution würde wohl der Unterschied zwischen Menschen und Maschine verschwimmen, der Mensch erkennt nicht mehr, ob sein Gegenüber natürlichen oder maschinellen Ursprungs ist (vgl. Turing-Test, Abschn. 3.11).

2.5   Technologiebasis für Digitalisierung und Industrie 4.0

Für die Digitalisierung und für Industrie 4.0 bedarf es neuer Technologien. Diese sind z. T. bereits vorhanden, andere befinden sich noch in einen Prozess der Erstentwicklung, Verbesserung und Weiterentwicklung. Zu diesen gehören (in Anlehnung an: Cernavin et al. 2018):

- *Sensortechnologie*
  zur Erfassung der Umgebung
- *Big Data*
  zur Analyse sehr großer Datenmengen
- *Kommunikationstechnologien*
  zur Datenübertragung in Echtzeit (Real Time) oder in Near-Real-Time
- *Maschinelles Lernen und Künstliche Intelligenz*
  zur Einordnung der Informationen und zur Entscheidungsfindung
- *Internet of Things (IoT)* – bei Digitalisierung allgemein
  Industrial Internet of Things (IIoT) – bei Industrie 4.0
  zur Selbststeuerung von Maschinen untereinander
- *Robotik*
  zur vollständigen Automatisierung der Produktion
  (ggf. auch Dienstleistungsbereich, z. B. Pflege)
- *Cyber-physische Systeme (CPS) und digitale Zwillinge*
  zur Verknüpfung der realen und der virtuellen Welt

2.6 Agilität, Komplexität

In der Digitalisierung werden häufig die Begriffe Komplexität und Agilität verwendet.

- *Agilität* beschreibt in diesem Zusammenhang die Fähigkeit eines Systems, sich veränderten äußeren Bedingungen bezüglich Volatilität, Unsicherheit, Komplexität und Ambiguität (VUKA) anzupassen (Mockenhaupt 2019; Aulinger 2019):
  - *Volatility/Volatilität:*
    zunehmende Häufigkeit, Geschwindigkeit und Reichweite von Veränderungen
  - *Uncertainty/Unsicherheit:*
    abnehmende Möglichkeit, Ereignisse und Entwicklungen vorauszusagen
  - *Complexity/Komplexität:*
    zunehmende Anzahl relevanter Variablen, deren Wirkungsweise aufeinander nicht berechenbar ist (siehe auch weiter unten)
  - *Ambiguity/Ambiguität:*
    zunehmende Viel- oder Mehrdeutigkeit von Informationen
- *Komplexität beschreibt die Eigenschaft eines Systems, dessen Gesamtverhalten sich nicht aus der Summe des Verhaltens seiner einzelnen Teilsysteme beschreiben lässt.*

Einfacher ausgedrückt: Auch wenn wir das Verhalten aller an einem Vorgang beteiligten Systeme kennen und verstehen, in Kombination kann die Reaktionsweise dennoch überraschen.

Komplexe Systeme sind oft in ihrer Reaktionsweise schwierig einzuschätzen. Damit sind sie sozusagen die Vorstufe von chaotischen Systemen (die wenig mit dem landläufigen Begriff „Chaos" zu tun haben – siehe Abschn. 7.8). Chaotische Systeme reagieren selbst auf kleinste Veränderungen der Eingangsgrößen mit sehr großen, zumeist unberechenbaren Veränderungen im Resultat.

Es geht aber nicht immer darum, die Komplexität zu beherrschen, ggf. kann sie auch reduziert werden. Das menschliche Gehirn ist sehr gut in der Lage, bei einem „zuviel" an Informationen bzw. Zusammenhängen die Komplexität zu reduzieren mit dem Ziel, eine Handlungsfähigkeit aufrecht zu erhalten. So sollte auch eine KI nicht mit Daten überfrachtet werden, wichtiger ist die Fähigkeit zur Lösungsfindung zu optimieren.

- *Komplexitätsreduzierung ist eine menschliche Fähigkeit, um eine Handlungsfähigkeit in unübersichtlichen Situationen aufrecht zu erhalten. sie funktioniert über den Abgleich mit gespeicherten Modellen, die bereits klassifiziert sind.*

Ein Beispiel ist ein unbekanntes Tier-Geräusch. Die Ursachensuche und vor allem die Einschätzung des Risikopotenzials wäre viel zu komplex, um in der zur Verfügung stehenden Zeit zu einem Ergebnis zu kommen. Also wird ein Modell genutzt: Modell 1 (Zoobesuch): Tiergeräusche werden als ungefährlich klassifiziert. Modell 2 (wildes Camping in Afrikas Savanne): Klassifikation als Gefährlich.

Beim autonomen Fahren gibt es als weiteres Beispiel die Erkennungsproblematik Ball vs. Blätter: Die KI muss nicht genau wissen, wie die Gegenstände aussehen oder welche Farbe sie haben, aber während die Blätter eher unwichtig sind, folgt dem einem Ball vielleicht ein Kind. Der Mensch ordnet einfach in ein bekanntes Modell ein – Herbst vs. Fußball.

Die Übertragung dieses Prinzip der Komplexitätsreduzierung auf autonome KI-Systeme bzw. Robotern ist allerdings noch begrenzt (vgl. Abschn. 8.5 bzw. 13.5). Allerdings macht der Mensch hierbei auch recht häufig Fehler, was zu Entscheidungs-anomalien (z. B. „gute Qualität kostet") oder zum sog. Herdentrieb (im Notfall rennen alle auf den einen, bereits überfüllten Notausgang zu) führt.

2.7   Fragen zum Kapitel

1. Unterscheiden Sie Automatisierung, Digitalisierung und Künstliche Intelligenz. Wie würden Sie Industrie 4.0 dabei einordnen?
2. Was bei Digitalisierung und Künstlicher Intelligenz ist disruptiv? Woraus speisen sich diese disruptive Innovationen technologisch?
3. Beschreiben Sie die vier Industriellen Revolutionen. Was ist jeweils neu gewesen und wie hat es das gesellschaftliche Zusammenleben beeinflusst?
4. Was denken Sie ist revolutionär (wirklich neu) und was ist evolutionär bei der Digitalisierung?
5. Was ist Technologiebasis bzw. welches sind die Schlüsseltechnologien für Industrie 4.0? Wie könnte es weiter gehen (Industrie x.0)?
6. Definieren Sie die vier Dimensionen der Agilität und finden Sie Beispiele hierfür aus dem Bereich der industriellen Fertigung.
7. Überlegen Sie sich Beispiele für komplexe und chaotische Systeme.
8. Wozu ist eine Komplexitätsreduzierung gut, wie läuft sie ab?

Literatur

Aulinger, A. (2019). Die drei Säulen agiler Organisationen. https://steinbeis-iom.de/app/uploads/2016-10-Whitepaper_Die_drei_Sa%CC%88ulen_agiler_Organisationen.pdf. Zugegriffen: 10. Juni 2020.

BMBF. (2014). Die neue Hightech-Strategie Innovationen für Deutschland. https://www.bmbf.de/upload_filestore/pub_hts/HTS_Broschure_Web.pdf. Zugegriffen: 10. Juni 2020.

BMWi (GAIA-X). (4. Juni 2020). Broschüre: GAIA-X – das europäische Projekt startet in die nächste Phase. https://www.bmwi.de/Redaktion/DE/Publikationen/Digitale-Welt/gaia-x-das-europaeische-projekt-startet-in-die-naechste-phase.html. Zugegriffen: 5. Juni 2020.

BMWi, B. f. (2020). Digitale Transformation in der Industrie. https://www.bmwi.de/Redaktion/DE/Dossier/industrie-40.html. Zugegriffen: 10. Juni 2020.

Cernavin, O., Lemme, G., & Stowasser, S. (2018). 2. Technologische Dimensionen der 4.0-Prozesse. In Prävention 4.0. Wiesbaden: Springer. https://www.springerprofessional.de/technologische-dimensionen-der-4-0-prozesse/15188074abgerufen.

EU Automation. (26. September 2016). Eine kurze Geschichte der Robotik. https://www.euautomation.com/de/automated/article/eine-kurze-geschichte-der-robotik. Zugegriffen: 11. Oct. 2020.

FGW, F.g. (2018). Digitale Transformation. https://www.fgw.de/digitalisierung/themenfelder.html. Zugegriffen: 16. Juni 2020.

Fraunhofer IAO. (2020). Innovationsnetzwerk – Menschzentrierte KI in der Produktion. https://www.engineering-produktion.iao.fraunhofer.de/de/innovationsnetzwerke/innovationsnetzwerk-kuenstliche-intelligenz-in-der-produktion.html. Zugegriffen: 28. August.

Gaycken, S. (28. Juni 2017). heute-journal. ZDF.

Interview: Was sind die Erfolgsfaktoren für die künstliche Intelligenz? Interview mit Herrn Dr. Sönke Iwersen von der HRS Group. (2019). https://www.dataleaderdays.com/interview-was-sind-die-erfolgsfaktoren-fuer-die-kuenstliche-intelligenz/. Zugegriffen: 30. Apr. 2020.

Lindekamp, C. (14. April 2015). Plattform Industrie 4.0 Deutschland wehrt sich gegen das „Y". (Handelsblatt). https://www.handelsblatt.com/technik/hannovermesse/plattform-industrie-4-0-deutschland-wehrt-sich-gegen-das-y/11636154.html?ticket=ST-5219658-9y2Tev669gljmfscgQ15-ap4. Zugegriffen: 18. Mai 2020.

Meudt, T., Pohl, M., & Metternich, J. (24. Juli 2017). Modelle und Strategien zur Einführung des Computer Integrated Manufacturing (CIM). https://tuprints.ulb.tu-darmstadt.de/6653/1/20170609%20-%20V%C3%96-%20Literaturueberblick%20CIM.pdf. Zugegriffen: 13. Juni 2020.

Mockenhaupt, A. (2019). *Qualitätssicherung – Qualitätsmanagement*. Hamburg: Handwerk und Technik.

Plass, C. (15. Oktober 2015). Internet und Produktion: Vor Industrie 4.0 kommt noch Industrie 3.0. https://www.com-magazin.de/praxis/business-it/industrie-4.0-kommt-industrie-3.0-1013483.html. Zugegriffen: 16. Juni 2020.

Ruderschmidt, R. (2019). Digitalisierungsmöglichkeiten der Produktion durch Industrie 4.0. Bachelor-Thesis an der Hochschule Albstadt-Sigmaringen, Studiengang Wirtschaftsingenieurwesen.

Schaeffer, E. (2017). *Industry X.0 Digitale Chancen in der Industrie nutzen*. München: Redline.

World Economic Forum. (2016). Stratecic Intelligence. https://intelligence.weforum.org/topics/a1Gb0000001RIhBEAW?tab=publications. Zugegriffen: 10. Juli 2020.

Grundlagen der Künstliche Intelligenz (KI)

3

> *„Künstliche Intelligenz (KI) ist der nächste, konsequente Schritt im Rahmen der digitalen Transformation",*
> *Dieter Westerkamp, Bereichsleiter des VDI Technik und Gesellschaft* (van den Heuvel 2019).

3.1 Intelligenz

„If you expect a machine to be infallible, it cannot also be intelligent." „Wenn man erwartet, dass eine Maschine unfehlbar ist, kann sie nicht auch intelligent sein." Alan Turing Großes Ziel der Künstlichen Intelligenz ist die Nachbildung menschlicher Intelligenz. Hierzu muss zunächst definiert werden, was Intelligenz überhaupt ist, leider gibt es für eine solch einfache Frage keine universell verbindliche Antwort:

- *Intelligenz (lat. intellegere: erkennen, verstehen) bezeichnet in der Psychologie ein hypothetisches Konstrukt, das die Fähigkeit, Kognition (erkennen) und individuelles Wissen **kreativ** zu kombinieren, beschreibt.*

Durch die Fertigkeit Beziehungen zu erfassen entsteht Kreativität. Es können neue Erkenntnisse bzw. Lösungen entstehen oder Bekanntes weiterentwickelt werden. Auch erhält der Mensch hierdurch die Fähigkeit, mit unbekannten Situationen und informeller Unsicherheit umzugehen.

Von der menschlichen Intelligenz ist die Künstliche Intelligenz allerdings noch weit entfernt. Erfolgreich sind jedoch auf ein konkretes Anwendungsgebiet spezialisierte KIs, Spiele-KIs beispielsweise, wie beim Schach oder Go. Auch digitale Sprachassistenten (Anwendungsgebiet: Verständnis natürlich gesprochener Sprache) funktionieren bereits

A. Mockenhaupt, *Digitalisierung und Künstliche Intelligenz in der Produktion*, https://doi.org/10.1007/978-3-658-32773-6_3

gut, wenngleich Bedeutungsinterpretation der Worte in Richtung „was gemeint war",
noch zu wünschen übriglässt.

Ein Textverständnis (Abfolge der Worte) hat eine KI bereits, auch eine Anweisung
daraus extrahieren und umsetzen ist für Siri, Alexa & Co. kein Problem. Menschliches
Sinnverständnis für die Feinheiten der Sprache (den wirklichen Inhalt erfassen), diese
Fähigkeit ist bei KIs derzeit nur sehr begrenzt vorhanden.

Es liegt an zweierlei Gründen:

Zum einen ist die Funktion des menschlichen Gehirns hochkomplex und auch
wissenschaftlich noch nicht vollkommen verstanden. Was *Bewusstsein* ist und wofür
es evolutionär gut sein könnte, wissen wir kaum. Neuronale Netzwerke, die technische
Nachbildungen des menschlichen Gehirns, stoßen hier an ihre Grenzen.

Zum anderen bezieht der Mensch seine Informationen aus einer Vielzahl von
Sensoren (Sinnen), die in dieser Perfektion und gegenseitiger Abstimmung technisch
(noch) nicht realisierbar sind oder derzeit für den vorgesehenen Einsatzzweck
schlichtweg zu teuer. Zum Sinnverständnis in der Kommunikation gehört sicherlich auch die Erfassung und Einordnung der Gestik und Mimik, ggf. der Geruchs- und
Berührungssignale etc. Hier könnte aber der technologische Fortschritt schneller voranschreiten, erste Erfolge gibt es bereits (siehe Roboterin „Sophia" Abschn. 3.4).

Was eine KI aber deutlich besser kann als der Mensch ist der Abgleich mit einem
riesigem Wissensreservoir in Form von Daten: Die KI gründet ihre „Intelligenz" aus
der Verarbeitung riesiger Datenmengen sowie dem Schlüsse ziehen über mathematische
Algorithmen. Stichworte sind: Big Data, Maschinelles Lernen – dies ist aber als
schwache KI derzeit noch die evolutionäre Fortführung der Digitalisierung und bereits
gut in Anwendungen, z. B. in der Produktion umgesetzt.

„Es gibt diese diffuse Idee, dass eine KI klug sei. Sehr oft wird dabei der Grundmechanis-
mus nicht verstanden – nämlich, dass die Methoden, die heute so viel diskutiert sind, einfach
statistische Verfahren sind, die nach Mustern in Daten suchen. Und es ist vielen Menschen
nicht bewusst, wie viele Steuerungsmöglichkeiten es dabei gibt." (Zweig K. 2020).

Weitergehend und noch im Experimentierstadium geht es um die technologische
Umsetzung von biologischer Intelligenz (Stichworte hier: starke KI, Neuronale Netze,
Deep Learning). „Derartige Fähigkeiten, die nicht auf einem Verständnis von biologischer
Intelligenz beruhen, können wir als *Silicon Intelligence* bezeichnen, da sie eng mit Fähig-
keiten siliziumbasierter Informationstechnologie verknüpft sind." (Brock 2018).

Daher stellt sich die Frage, was genau ist Intelligenz? Reimund Neugebauer,
Präsident der Fraunhofer-Gesellschaft stellte anlässlich der Wissenschaftskonferenz
„Futuras in Res" die Frage „Was ist IQ bei KI?" und definierte in seiner Antwort darauf
fünf Schlüsseldimensionen für Intelligenz (Fraunhofer 2019):

1. Reasoning (Vernunft, Überlegung, Begründung)
2. Communication (Sprache, Ausdruck, Verstehen)
3. Perception (Wahrnehmung mit Sinnen)
4. Consciousness (Bewusstsein, Problemlösungskompetenz)
5. Empathy (Einfühlungsvermögen)

In der Psychologie gibt es in diesem Zusammenhang den Ansatz der Theory of Mind (ToM), der aber über o. g. Schlüsseldimensionen noch hinaus geht:

- *Die **Theory of Mind (ToM)** beschreibt die Fähigkeit, sich in die Gedanken anderer hineinversetzen zu können, d. h., die Gedanken und Überzeugungen anderer logisch erschließen zu können* (Stangl 2020).

Damit KIs schlüssig auf Menschen reagieren können, müssen sie einschätzen können, zu welchen Überzeugungen und Schlüssen der Gegenüber kommt. Dies selbst dann, wenn die KI z. B. aufgrund eines Informationsvorsprungs weiß, dass die Annahmen des Gegenübers nicht der Realität entsprechen.

Dieses Konzept der „individuell gedachten Realität", in der Erkenntnistheorie als Konstruktivismus bezeichnet, bereitet einer Künstlichen Intelligenz Schwierigkeiten.

3.2 Definitionen und Aufbau einer KI

Das Verständnis für Künstliche Intelligenz (KI), im englischen Artificial Intelligent (AI) genannt, ist sehr unterschiedlich und komplex. Eine allumfassende Definition gibt es derzeit nicht, auch weil sich das Verständnis für KI stetig und dynamisch weiterentwickelt. Der Fortschritt soll hier auch anhand der Definitionsentwicklung in drei Stufen dargestellt werden:

Stufe 1: ein gewisses Maß an Intelligenz

- *„KI ist die Fähigkeit digitaler Computer oder computergesteuerter Roboter, Aufgaben zu lösen, die normalerweise mit den höheren intellektuellen Verarbeitungsfähigkeiten von Menschen in Verbindung gebracht werden ... "* (Encyclopaedia Britannica 1991)

Damit fielen in den Anfängen der computergesteuerten Produktion z. B. die Speicherprogrammierbare Steuerungen (SPS) in die Definition, heutzutage würde sie nicht als KI bezeichnet.

Stufe 2: Lernen und Autonomie
Im neuern Verständnis beinhaltet KI darüber hinaus die Fähigkeit, situationsabhängig **autonom** zu entscheiden oder durch Lernen neue Wege zu gehen (statt vom Ersteller vorgesehene Entscheidungsbäume bzw. If-Then-Schleifen):

- *Künstlicher Intelligenz (KI) [bedeutet die] Fähigkeit einer Funktionseinheit, solche Fähigkeiten auszuführen, die im allgemeinen menschlicher Intelligenz zugeordnet werden, z. B. Schlussfolgern und Lernen. (ISO/IEC 2382 (1998) bzw. DIN SPEC 13266:2020-04)*

- **Künstliche Intelligenz (KI)** *bezeichnet Systeme mit einem „intelligenten" Verhalten, die ihre Umgebung analysieren und mit einem gewissen Grad an Autonomie handeln, um bestimmte Ziele zu erreichen. KI-basierte Systeme können rein softwaregestützt in einer virtuellen Umgebung arbeiten (z. B. Sprachassistenten, Bildanalysesoftware, Suchmaschinen, Sprach- und Gesichtserkennungssysteme), aber auch in Hardware-Systeme eingebettet sein (z. B. moderne Roboter, autonome Pkw, Drohnen oder Anwendungen des ‚Internet der Dinge'). (Europäische Kommission 2018)*

Stufe 3: Unsicherheit und veränderliche Bedingungen

- *[Bei Künstlicher Intelligenz] geht es darum, technische Systeme so zu konzipieren, dass sie Probleme eigenständig bearbeiten und sich dabei selbst auf veränderte Bedingungen einstellen können.*
  Diese Systeme haben also die Eigenschaft zu lernen und mit Unsicherheiten (Wahrscheinlichkeiten) umzugehen, statt klassisch programmiert zu werden (BMBF 2019) (vgl. auch Abschn. 7.10 Entscheiden bei Unsicherheit).

Heutzutage werden vier Entwicklungsstufen der Künstlichen Intelligenz unterschieden (siehe Abb. 3.1):

Grundsätzlich besteht ein KI-System aus (siehe Abb. 3.2):

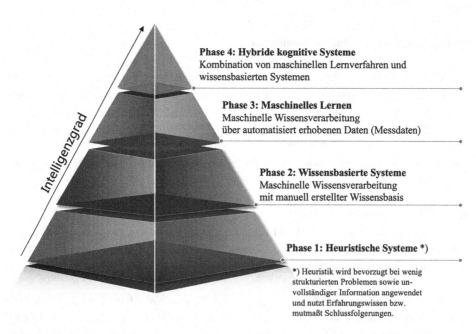

Abb. 3.1 Vier Phasen der Künstlichen Intelligenz. (In Anlehnung an: IEC TS-1-1 und DIN Roadmap KI 2020)

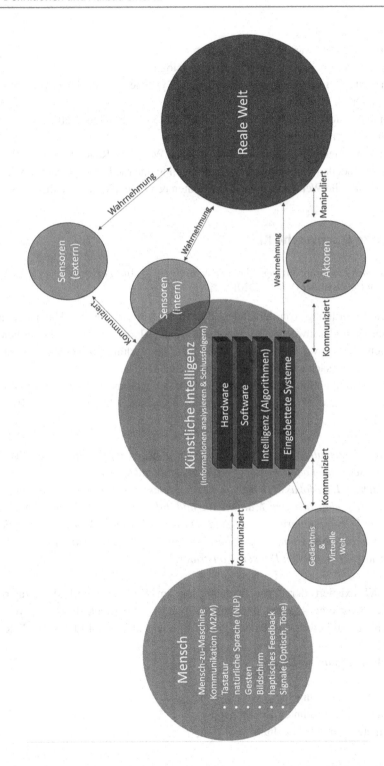

Abb. 3.2 Aufbau eines KI-Systems

- Computersystem (Hardware)
- Programm-Code (Software)
- Algorithmen (Verarbeitungs- und Entscheidungslogik)
- Sensoren (extern, intern oder als eingebettete Systeme – embedded Systems) zur Wahrnehmung der Umwelt
- Kommunikationstechnik (Netzwerke, Mensch-Maschine-Schnittstellen) zur Verständigung mit der Umwelt
- Aktoren (zum Agieren, Manipulation in der realen Welt z. B. Räder, Greifer, Roboter)
- Gedächtnis (Modelle, Simulationen, Digitale Zwilling, interne Datenspeicher & Wissen)
- Zugriff auf virtuelle Welt (Internet, externe Daten & Wissen, Virtual Reality, …)

3.3   Starke & schwache KI

> *„Die KI ist noch Lichtjahre davon entfernt, einen Biologen im All zu ersetzen. "*
> *Astronaut Ulrich Walter* (Walter 2020)

Zur besseren Einordnung von lernenden Systemen wird häufig die Unterscheidung zwischen starker und schwacher KI (englisch: weak AI oder narrow AI) verwendet. Während sich die schwache KI mit konkreten Anwendungsproblemen beschäftigt simuliert starke KI tatsächliche (menschliche) Intelligenz.

Begriffsbestimmung Bundesregierung innerhalb der nationalen KI-Strategie (BMBF und BMWi, Nationale Strategie KI: Strategie Künstliche Intelligenz der Bundesregierung 2018):

- *Die **starke KI** formuliert, dass KI-Systeme die gleichen intellektuellen Fertigkeiten wie der Mensch haben oder ihn darin sogar übertreffen können.*
- *Die **schwache KI** ist fokussiert auf die Lösung konkreter Anwendungsprobleme auf Basis der Methoden aus der Mathematik und Informatik, wobei die entwickelten Systeme zur Selbstoptimierung fähig sind. Dazu werden auch Aspekte menschlicher Intelligenz nachgebildet und formal beschrieben bzw. Systeme zur Simulation und Unterstützung menschlichen Denkens konstruiert.*

Die **starke KI** existiert derzeit weitgehend nur im Forschungsumfeld. Industrielle Anwendungen existieren – wenn überhaupt – nur im Experimentalstadium. Wissenschaftler rechnen damit, dass die starke KI erst frühestens in 20 bis 40 Jahren realisierbar ist (Moeser 2018).

Kennzeichen der **starken KI** sind:

- Umgebungswahrnehmung
- Verständnis für die erkannten Komponenten
- Zielgerichtete, sinnvolle Handlung

Hierzu bedarf es weiter Aspekte:

- Kommunikation in natürlicher Sprache (NLP – Natural Language Processing)
- Logisches Denken
- Lernfähigkeit
- Entscheiden bei Unsicherheit
- Planungsfähigkeit zur Erreichung eines übergeordneten Ziels

Die schwache KI kann als Weiterentwicklung der klassischen Informationstechnologie verstanden werden. Die Innovationen speisen sich i. W. aus den erheblich vergrößerten Rechnerleistungen, Speicherkapazitäten und Cloudtechnologie sowie den Zugriff auf gigantische Datenreservoirs durch schnellere und bessere Netzwerke und das in der letzten Dekade wesentlich ausgebaute, flächendeckende Internet. Die schwache KI assistiert dem Menschen, benötigt aber auch noch menschliche Assistenz.

Starke KI geht einen großen Innovationssprung weiter und simuliert menschliche Fähigkeiten und Fertigkeiten. Damit soll die starke KI autonom, ohne menschliche Kontrolle, agieren, womöglich so, dass ein Außenstehender nicht unterscheiden kann, ob es sich um einen Menschen oder eine Maschine handelt. In der allerletzten Ausbaustufe könnte eine starke KI ein Bewusstsein für seine eigene Existenz entwickeln. Ob dies möglich, sinnvoll oder überhaupt wünschenswert ist, ist noch offen. Immerhin ist das menschliche Bewusstsein wissenschaftlich, wenn überhaupt, nur in Ansätzen wissenschaftlich erklärbar.

3.4 Artificial General Intelligence (AGI)

Eine Variation der starken KI ist die *Artificial General Intelligence (AGI)*. Für die Digitale Agenda des Deutsche Bundestags wird AGI gedeutet als (Westerheide 2017): „Eine künstliche Intelligenz, die auf menschenähnlicher Intelligenz basiert und mit Menschen interagieren kann (Anmerkung: Turing-Test, siehe Abschn. 3.11). Bisher gibt es keine AGIs."

So sieht es auch der Facebook KI-Chef Jerome Pesenti in einem Tweet gegen den Visionär sowie Chef von Tesla und SpaceX Elon Musk. Pesenti twittert (siehe Abb. 3.3):

Abb. 3.3 Facebook KI-Chef Jerome Pesenti twittert an Elon Musk

 I believe a lot of people in the AI community would be ok saying it publicly. @elonmusk has no idea what he is talking about when he talks about AI. There is no such thing as AGI and we are nowhere near matching human intelligence. #noAGI

— Jerome Pesenti (@an_open_mind) May 13, 2020

„…. Elon Musk hat keine Ahnung, wovon er redet, wenn er über KI spricht. Es gibt keine AGI und wir treffen nicht annähernd menschliche Intelligenz" (Pesenti, Facebooks KI-Chef: „Elon Musk hat keine Ahnung, wovon er redet" 2020).

Die Herausforderung liegt an folgendem: Während die textliche Spracherkennung kein Problem mehr darstellt (schwache KI – siehe Sprachassistenten wie Alexa, Siri, …), besteht die Problematik bei der *Einordnung von Situationen in einen Kontext*.

So kann eine verbale Äußerung, z. B. „mach schneller", eine klare Anweisung sein – verbindlich oder optional -, aber auch ironisch gemeint (also gegenteilig) sein.

Natural Language Processing (NLP) versucht, natürliche Sprache zu erfassen und mithilfe von Algorithmen computerbasiert den „Sinn" zu verstehen. Ziel ist die Kommunikation zwischen Menschen und Maschine auf Basis der natürlich gesprochenen Sprache.

Ebenfalls die *Entscheidung bei Unsicherheit* ist schwierig, nicht nur die Entscheidung selbst sondern auch die Verantwortlichkeit für die Konsequenzen – Mensch oder Maschine. Unsicherheit kann beispielsweise durch das Fehlen von Daten entstehen oder durch die Interpretierbarkeit von Informationen, insbesondere beim NLP.

In diesem Zusammenhang spricht man von *Risikoentscheidung*. Die DIN EN ISO 9000:2015 definiert unter dem Stichwort Risiko auch den „Zustand des auch teilweise Fehlens von Informationen".

Führung und Management im Unternehmen besteht häufig auch darin, auf Basis unzureichender Informationen Entscheidungen zu treffen und die Konsequenzen dieser „Entscheidung bei Unsicherheit" zu tragen. Verlaufen im Wald, muss man sich an einer Weggabelung entscheiden ohne wirklich zu wissen wohin es geht.

Unabhängig von dem Begriff der starken KI werden noch „Fähigkeiten" wie *Bewusstsein, Selbsterkenntnis* und *Empfindungsvermögen* (Einfühlungsvermögen, Empathie)diskutiert.

Um einen Eindruck vom Stand der Technik bei der starken KI zu erhalten, sei auf die Roboterin „Sophia" verwiesen. Sophia ist ein in Hongkong entwickelter weiblicher humanoider Roboter mit menschlichem Aussehen und Verhalten. Sie kann menschliche Gestik und Mimik interpretieren und selbst imitieren. Am 25. Oktober 2017 verlieh Saudi-Arabien Sophia als weltweit erstem Roboter die Staatsangehörigkeit. Sophia wurde während der Verleihungszeremonie von dem CNBC-Moderator Andrew Sorkins interviewt (CNBC via YouTube 2017).

Demgegenüber ist *schwache KI* für den Markt interessant. Wenngleich sehr selbstständig in abstrakten Aktivitäten agierend, die Kontrolle der schwachen KI liegt vollständig beim Menschen. Von der restlichen Informatik grenzt sich die schwache KI durch die Fähigkeit zur *Selbstoptimierung* ab.

Elemente der schwachen KI sind:

- Zeichen und Texterkennung
- Textliche Spracherkennung
- Autovervollständigung

- Automatisiertes Übersetzen
- Navigation
- Selbstoptimierung

Bei dem allermeisten, was sich derzeit unter „KI" firmiert auf dem Markt befindet, handelt es sich um schwache KI. Dies sieht die Allianz Industrie 4.0 Baden-Württemberg ähnlich: *„Demnach dient die Anwendung von KI in einem ersten Schritt daher dazu, Maschinen, Roboter und Softwaresysteme zu befähigen, abstrakt beschriebene Aufgaben und Probleme ohne konkrete Handlungsanweisungen durch den Menschen auszuführen."* (Allianz Industrie 4.0 2019).

Derzeitige KI-Strategien, z. B. die der Bundesregierung, orientieren sich an der Lösung von Anwendungsproblematiken, also der schwachen KI (Bundesregierung 2018). Dabei wird unterschieden:

1. Deduktionssysteme, maschinelles Beweisen
   (Beweis der Korrektheit von Hard- und Software)
2. Wissensbasierte Systeme
   (Methoden zur Modellierung und Erhebung von Wissen)
3. Musteranalyse und Mustererkennung
4. Robotik (autonome Systeme)
5. Intelligente multimodale Mensch-Maschine-Interaktion
   (Analyse und „Verstehen" von Sprache, Gestik, …) Dennoch werden einige Ansätze der starken KI einwickelt bzw. daran geforscht: So gilt das Spracherkennungsmodell GPT-3 von Open AI (einer Non-Profit-Organisation, zu den Investoren gehört u. a. Elon Musk und Microsoft) als eines der ersten Allgemeinen Künstlichen Intelligenzen (Artificial General Intelligence - AGI) (siehe Kapitel 3.4). GPT-3 steht dabei für Generative Pret-rained Transformer 3 und basiert auf einer Entwicklung von Google. Das System soll Kreativität künstlich erzeugen können, also Artificial Creativity. (Katzlberger 2020)

3.5 Hybride KI

Derzeit stößt die KI noch in vielen Bereichen an ihre Grenzen. Daher wird versucht, menschliches Wissen, Interpretations- und Entscheidungsfähigkeit mit den Fähigkeiten der KI, nämlich große Datenmengen zu verarbeiten, Mustererkennung, einordnen und Klassifizierung von Daten, etc., zu verbinden. Es entsteht ein hybrides System, das im Gegensatz zu einem monolithischen Ansatz steht.

Hybride KI-Systeme lernen nicht nur anhand von Daten, sondern der Mensch bringt sein Wissen mit ein. Damit lernen Hybride KI-Systeme schneller, weil sie bestimmte „tote Äste" ausschließen können und auch bestimmte, für den Menschen situativ erkennbare Fehler nicht machen.

Abb. 3.4 Hybride KI –
IT-Arbeitsplatz. (Quelle:
RUMPEL Präzisionstechnik)

Abb. 3.5 Hybride
KI – Übertragung auf die
Maschine. (Quelle: RUMPEL
Präzisionstechnik)

Damit handelt es sich um ein sog. soziotechnisches System. Bessere Ergebnisse werden erreicht, weil keiner der beteiligten Akteure alleine die Aufgabe bezüglich Inhalts und Zeit in gleicher Weise erledigen könnte. Abb. 3.4 und 3.5 zeigen einen hybriden-KI-Arbeitsplatz.

Ein weiterer Vorteil des hybriden KI-Ansatzes liegt in der höheren Transparenz und Erklärbarkeit der Ergebnisse. Hier haben reine KI-System Schwierigkeiten, bezüglich Produktionsanforderungen, wie Nachvollziehbarkeit, Planbarkeit und letztlich auch Zertifizierbarkeit sind die Kombination von KI und Expertenwissen im Vorteil.

Neben der Produktion sind hier klassische Einsatzgebiete der hybriden KI Diagnose-verfahren in der Medizin.

Vorsicht ist allerdings wegen der ***Diffusion von Verantwortung*** geboten, siehe hierzu Abschn. 3.9.

Abb. 3.6 Symbolische und Subsymbolische KI

3.6   Symbolische und subsymbolische KI

Heutige KI-Ansätze unterscheiden sich weiter in symbolische und subsymbolische KI (siehe Abb. 3.6).

Bei der *symbolischen KI* werden aus Fakten, Ereignissen und Zusammenhängen abstrakte Modelle gebildet. Dabei sind die Modelle klar nachvollziehbar in Entscheidungsbäume bzw. -wege strukturiert. Diese erlauben dann logische und für den Menschen nachvollziehbare Folgerungen, z. B. die Planung komplexer Vorgänge. Symbolische KI ist Top-Down-Orientiert, erst die Daten, dann das Modell und schließlich die Schlussfolgerung.

Nachteil dieses eher klassischen KI-Verfahrens ist zum einen, dass die Datenbasis möglichst vollständig sein muss. Eine symbolische KI kann daher mit Daten-Unsicherheiten nur begrenzt umgehen. Zum anderen wirkt sich nachteilig aus, dass aufgrund der Modellbildung über vorab definierte Regeln wenig wirklich Neues entwickelt wird.

Merkmal einer *subsymbolischen KI* ist das Lernen aus Erfahrungen und Beispielen. Dabei werden neuronale Netzwerke genutzt, die u. a. Regelmäßigkeiten in großen Datenmengen erkennen können. Diese werden bewertet und können, beispielsweise bei Bildern oder Texten, vervollständigt werden.

Die Problematik hierbei ist, dass die Entscheidungsfindung für den Menschen nicht immer transparent dargestellt werden kann. Wir wissen teilweise nicht, was die KI warum macht. Eine Lösungsmöglichkeit dabei ist, äußere Grenzen, Leitplanken, zu bestimmen, innerhalb derer sich die KI frei bewegen kann.

3.7   Autonomiestufen

„Ein völlig KI-gesteuertes Auto wird es nie geben"
Michael Bolle, Bosch-Digitalvorstand (FOCUS 2020).

Bei der Anwendung von KI ist wichtig zu wissen, welche Art bzw. Stufe der Eigenständigkeit erreicht werden soll.

Gut umgesetzt und eingeführt sind mittlerweile Assistenzsysteme (Stufe 1). Die Maschine übernimmt schwierige Aufgaben, der Mensch trifft aber die Entscheidungen und ist auch verantwortlich. Auch sind begrenzt autonome System im Einsatz (Stufen 2 und 3), wichtig dabei ist die menschliche Eingriffsmöglichkeit und Verantwortung, sei es nur noch als (kurzfristige) Rückfallebene.

Schwierig und bislang nur im Experimentierstadium umgesetzt sind Anwendungen, in denen der Mensch außen vor bleibt. In der leichteren Variante (Stufe 4) ersetzt eine vorausschauende Programmierung den menschlichen Eingriff. Auch hier kann der Mensch als Notfall-Backup dienen, allerdings mit deutlichem Zeitverzug. Vollautonomie der Stufe 5 ist noch wenig umgesetzt und eher Vision.

Die Plattform Industrie 4.0 unterscheidet fünf KI-beeinflussende Autonomie-Stufen in der industriellen Produktion. Nicht eingerechnet ist dabei die Stufe 0 – keinerlei Autonomie. Abb. 3.7 zeigt diese sind in Anlehnung an (Plattform Industrie 4.0 und BMWi (Hrsg.) 2019):

Für das autonome Fahren sind ähnliche Autonomiestufen (hier Automatisierungsgrade genannt) vom VDA vorgeschlagen worden, diese seien hier zur Veranschaulichung mit aufgeführt Quelle: (Verband der Automobilindustrie (VDA) 2015):

Prototypen für das autonome Fahren der Level 4 und sogar 5 gibt es bereits. Es stellt sich aber die Frage, ob die geforderte Sicherheit auch im harten Alltagsbetrieb ausreichend realisiert werden kann.

So existiert z. B. die Aussage, dass 90 % der Unfälle im Verkehr durch autonomes Fahren vermieden werden (McKinsey 2015). Diese seien auf menschliches Versagen zurückzuführen, also Fehler, die autonome Autos nicht machen (vgl. auch Dahlmann 2017). Dass dem so ist, dafür gibt es keinerlei belastbare statistische Untersuchung, es ist eine Vermutung. Möglicherweise machen Maschinen aber auch einfach andere Fehler. Wichtig wäre der Nachweis, dass insgesamt das Unfallgeschehen reduziert würde.

Übersicht
Üblich in der Automobilindustrie ist ein Prozessfähigkeitsindex von $c_{pk} = 1$ (bzw. 1,33), was immerhin noch 2699 (bzw. 66) Fehler pro eine Million zulässt. Derzeit sind in Deutschland rund 58,2 Millionen Fahrzeuge zugelassen (Stand

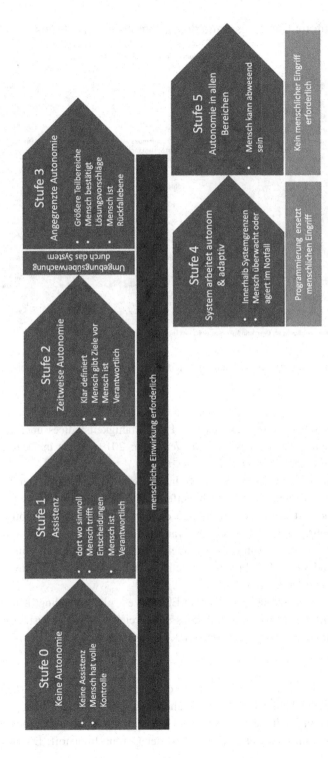

Abb. 3.7 KI-beeinflussende Autonomie-Stufen in der industriellen Produktion in Anlehnung an Plattform Industrie 4.0

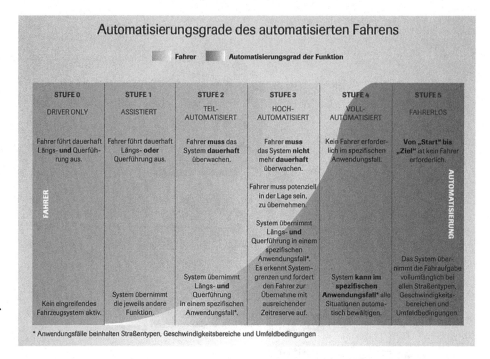

Abb. 3.8 Automatisierungsgrade des automatisierten Fahrens bis zum autonomen Fahren. (Quelle: VDA)

01.01.2020), was bei Zugrundelegung der Prozessfähigkeitsindices über 170.000 (bzw. 3842) Fehler bedeuten würde. Im Vergleich: 2019 gab es in Deutschland 3046 Verkehrstote und 380.000 Unfallverletzte.

Von beherrschten Prozessen ist gemäß dieser Definition der Stand der Technik beim autonomen Fahren derzeit noch entfernt. Das Ingenieurproblem ist, dass 99,9 %ige Sicherheit sich meist noch recht einfach erreichen lässt, benötigt wird aber zumeist mehr, und hier steigt der Aufwand exponentiell.

Allerdings fordern die Autohersteller mehr gesetzlichen Freiraum zum Testen von Level 4 und Level 5 Fahrzeugen (Delhaes 2020), Level 4 auf öffentlichen Straßen soll zeitnah möglich werden.

Anmerkung zu Prozessfähigkeitsindex: Ein Prozess gilt als bedingt beherrscht, wenn das Verhältnis von Toleranz zu Prozessstreubreite mindestens 1 ist, er gilt als beherrscht, wenn dieser Wert 1,33 übersteigt. (Mockenhaupt 2019)

Das Problem hierbei ist die Skalierbarkeit, d. h. das Anpassen von Erkenntnissen auf andere Grö-ßenverhältnisse. Dieses Skalierungsproblem taucht häufig auf, insbesondere dann, wenn Produkte aus dem Labormaßstab in eine Massenproduktion übergehen sollen (Upscaling). Aktuelles Beispiel ist der Corona-Impfstoff: Die Herstellung

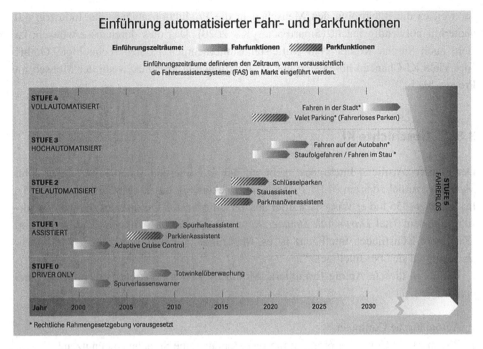

Abb. 3.9 Umsetzung des automatisierten Fahrens. (Quelle: VDA)

im Labor funktionierte gut, beim Impfstart der Bevölkerung, Anfang 2021, traten dann aber Engpässe aufgrund von Produktionsschwierigkeiten auf. So musste die EU-Kommissionspräsidentin eingestehen, unterschätzt zu haben, welche Komplikationen bei der Produktion von Corona-Vakzinen auftreten können (Finke & Süddeutsche Zeitung 2021). Gerade in der menschlichen Bewertung solcher Zusammenhänge ist die vorherrschende Ansicht der Unfehlbarkeit technischer Gerätschaften zentral. Autonome Entscheidungen sollen fehlerfrei-er, also grundsätzlich besser sein als menschliche. Diesen Zusammenhang wird aber von Wissen-schaftlern u. a. aus den Geisteswissenschaften bzw. der Naturphilosophie angezweifelt, z. B. im Buch „Unberechenbar" von Thomas Schwartz und Harald Lesch (Lesch & Schwartz, Unberechenbar - Das Leben ist mehr als eine Gleichung 2020). Es gibt aber bezüglich autonomer System auch neue, ganz andere Erkenntnisse von der Marketing- bzw. Kundenseite: Colin Angel von iRobot, einem Hersteller von Saugrobotern, sagte in einem STERN-Interview (Kramper 2020): Seine Kunden wollen gar nicht, dass der iRobot autonomer und selbstständiger würde. Ähnlich einer menschlichen Haushaltshilfe wollen sie mit ihm sprechen, um ihm etwa zusagen, wann sie sich gestört fühlen. „Ich habe jahrelang gesagt, der perfekte Staubsauger ist ein Gerät, dass Sie nicht sehen und berühren und dass sie nie anfassen müssen. Nun musste ich einsehen, dass ich nicht richtig lag. Der perfekte Staubsauger ist ein Gerät, das zuhören kann. Der das tut, was sie wollen."

Für die Produktion gilt ähnliches: In Anlehnung an die o. g. Autonomiestufen definiert das Netzwerk SmartFactory[KL] den sogenannte ***Production Level 4*** bewusst so, weil es die Integration den Menschen in die Produktionsabläufe der Industrie 4.0 weiterhin notwendig macht (SmartFactoryKL 2020). Das dies durchaus erwünscht ist sieht auch Sascha Kößler vom Mittelstandsunternehmen Kößler Technologie GmbH so: „Viele KI-Chancen hören sich gut an, funktionieren aber nur, wenn der Mensch im Prozess bleibt."

3.8   Geschichte KI

Der Begriff „Artificial Intelligenz" geht auf den US-amerikanischen Informatiker John McCarthy zurück, der am 31.08.1955 einen Projektantrag nutzte (McCarthy et al. 1955). Im Sommer 1956 lud er Wissenschaftler aus verschiedensten Disziplinen zu einem Workshop mit dem Titel *Dartmouth Summer Research Project on Artificial Intelligence* ein. „Ziel einer Künstlichen Intelligenz ist es, Maschinen zu entwickeln, die sich verhalten, als verfügten sie über Intelligenz".

Bereits in diesem Antrag formulierte McCarthy sieben konkrete Forschungsschwerpunkte:

1. Automatische Computer
2. Wie muss ein Computer programmiert werden, um eine Sprache zu benutzen?
3. Neuronale Netzwerke
4. Theoretische Überlegungen zum Umfang einer Rechenoperation
5. Selbst-Verbesserung
6. Abstraktionen
7. Zufälligkeit und Kreativität

In Deutschland startete die KI-Forschung 1975. Damals fand am Lehrstuhl für Informatik der Universität Bonn ein erstes informelles Treffen mit dem Titel „Künstliche Intelligenz" statt. Künstliche Intelligenz entstand in der Folge als Teilgebiet der Informatik. Ansatzpunkte kommen aus der Kybernetik (wissenschaftliche Forschungsrichtung, die u. a. biologische, technische, soziologische Systeme auf selbsttätige Regelungs- und Steuerungsmechanismen hin untersucht) sowie der Kognitions- und Neurowissenschaften. Ziel ist es, intelligentes Verhalten auf Maschine zu übertragen und damit zu automatisieren.

Im weiteren Verlauf der Zeit entwickelte sich die KI über mehrere Stufen, wie Abb. 3.10 zeigt. Tab. 3.1 zeigt eine Auswahl der bisherigen Meilensteine bei der Entwicklung der Künstlichen Intelligenz.

Treiber der KI waren Fortschritte bei Geschwindigkeit, Speicherkapazitäten und der Vernetzung (dabei insbesondere das Internet) aber auch die Miniaturisierung der Sensorik. Entscheidender Wendepunkt war der Übergang von Expertensystemen zu Endgeräten und Anwendungen für Jedermann, der auf die Einführung des Smartphones. Auf die Vorstellung des Apple iPhones (2007) kann das Ubiquitäre Computing (*Ubiquitous*

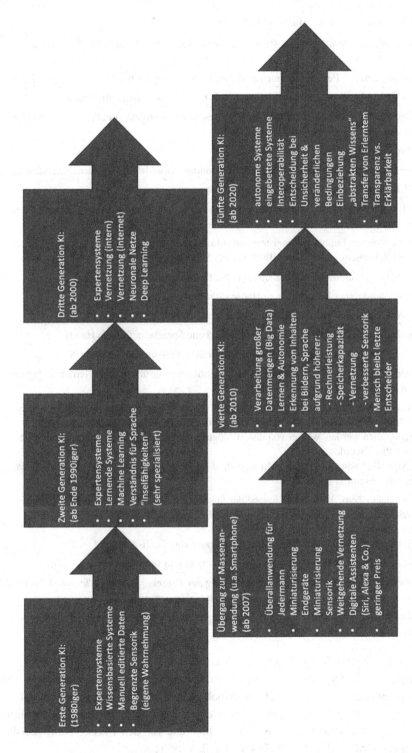

Abb. 3.10 Entwicklung der Künstlichen Intelligenz (KI)

Tab. 3.1 Meilensteine der Künstlichen Intelligenz (Auswahl)

1943	Vereinfachtes Modell für künstliche neuronale Netzwerke (Warren McColloch und Walter Pitts)
1950	Turing-Test zur Feststellung menschlichen Denkvermögens bei Maschine (Allan Turing)
1956	„Artificial Intelligence" taucht erstmalig als Begriff auf (Dartmouth Conference, USA)
1957	General Problem Solver (GPS), gescheitertes Softwareprojekt zur allgemeinen Problemlösung
1958	Programmiersprache LISP (MIT, USA)
1960	Perzeptrom (von perception, engl. Wahrnehmung), Grundstein für neuronale Netzwerke
1966	ELIZA, erster Chatbot (simuliert Gesprächspartner)
1986	NETtalk: System zur Generierung gesprochener Sprache, trainiert durch ein künstliches neuronales Netz
1997	Erste Roboter-Fußballweltmeisterschaft mit 38 Teilnehmer IBM Schachcomputer „Deep Blue" besiegt Schachweltmeister Garri Kasparow
1998	„Furby" Plüschtier für Kinder, das „gepflegt" werden muss
2002	Erster autonomer Roboter für zu Hause (Staubsauger Roomba von iRobot)
2010	IBM Computer „Watson" gewinnt des Jeopardy! Quiz (TV-Quizshow)
2011	Siri (Apple) erkennt und verarbeitet gesprochene Sprache auf einem Handy
2012	Googles autonome fahrendes Auto erhält Straßenzulassung in Nevada, USA
2014	General Adversarial Networks (GANs): Algorithmen für überwachtes lernen, Fähigkeit zur Kreativität
2016	Amazon Echo („Alexa"): sprachgesteuerter Assistent für zu Hause Selbstlernender Microsoft Chatbot „Tay" musste nach wenigen Stunden vom Netz genommen werden, weil er von rassistischen Eingaben einiger Nutzer lernte und selbst rassistisch wurde „AlphaGo" von Google DeepMind gewinnt im Strategiespiel Go (komplexer als Schach) gegen Champion Lee Sedol
2017	„AlphaGo Zero" lernt nach Eingabe der Spielregeln ausschließlich durch Spiele gegen sich selbst, nach 72 h gewann es 100:0 Spiele gegen AlphaGo KI „Liberatus" gewinnt im Poker Roboterin Sophia erhält die Staatsangehörigkeit von Saudi-Arabien
2018	KI „Duplex" von Google ruft u. a. beim Frisör an und vereinbart einen Termin
2029	*Nach dem Moor'schen Gesetz (Verdoppelung der Prozessorleistung alle zwei Jahre) wird ein Computer die Leistung des menschlichen Gehirns erreichen*
2045	*Vorhersage der Technischen Singularität, d. h.: KI ist dem Menschen überlegen und entwickelt sich selbstständig weiter*

Computing), der „allgegenwärtige und überall Computer" datiert werden, das aber neben Endkundenanwendungen auch industriell eingesetzt wird (siehe Abschn. 10.11). Möglich war dieser industrielle Einsatz zum einen durch o. g. technische Fortschritte aber auch wegweisend dadurch, dass die Technologie für den Massenmarkt preislich erschwinglich wurde und sich beide Bereiche z. T. vermischten.

Tab. 3.2 Künstliche Intelligenz im Film (Auswahl)	1927	Metropolis Regisseur: Fritz Lang (D)
	1968	Odyssee im Weltraum – 2001 Regisseur: Stanley Kubrick
	1982	Blade Runner Regisseur: Ridley Scott
	1984	Terminator Regisseur: James Cammeron
	1999	The Matrix Regisseur: Die Wachowskis
	2015	Ex Machina Regisseur: Alex Garland

Tab. 3.3 Künstliche Intelligenz in der Literatur (aktuelle Auswahl)	2014	ZERO – Sie wissen was du tust Autor: Marc Elsberg
	2017	Origin Autor: Dan Brown
	2017	4 Qualityland (dunkle Edition/helle Edition) Marc-Uwe Kling
	2018	Die Tyrannei des Schmetterlings Autor: Frank Schätzing
	2019	2024-Singularity Autor: Matt Javis

Aktuelle Anwendungen beschränken sich im Wesentlichen auf die Verarbeitung großer Datenmengen aus den verschiedensten Quellen, bei Entscheidungen bleibt der Mensch letztes Glied in der Kette. Die aktuelle Weiterentwicklung, in vielen Fällen bereits mit Einzelanwendungen in der Testphase, geht in Richtung tatsächlicher Autonomie der Maschinen. Dies setzt u. a. eine Normierung der maschinellen Kommunikation (Interoperabilität) und zusätzlicher Sensorik in Form von eingebetteten Systemen (embedded Systems) voraus, aber auch abstrahierte Informationsverarbeitungs- und Entscheidungsstrategien bei Unsicherheit und im veränderlichen Umfeld.

Letztlich haben die Möglichkeiten der Künstlichen Intelligenz auch Autoren und Filmemacher inspiriert. Tab. 3.2 und 3.3 zeigen eine aktuelle Auswahl.

3.9   Interaktion von Mensch & KI

Die Künstliche Intelligenz soll dem Menschen nutzen, daher müssen Menschen und KI interagieren. Umgekehrt ist es wichtig, dass der Mensch erkennt, er kommuniziert bzw. interagiert mit einer Maschine. Bislang ist dies schwierig, wird auch nicht immer so gewünscht: So stellte Google 2018 anlässlich der Google I/O Keynote den Telefon-Assistenten Google Duplex vor, der in einer Demo eine Reservierung in einem Restaurant vornahm (GoogleWatchBlog 2018). „Die künstliche Intelligenz streut „mmhs" und „ahs" in das Gespräch ein, macht Denkpausen in Momenten, in denen auch ein Mensch kurz innehalten würde, und reagiert mit einer bisher nicht gekannten Natürlichkeit dem menschlichen Gesprächsteilnehmer gegenüber. Dem ist dabei nicht bewusst, dass er gerade mit einer KI telefoniert, wie bei den Demo-Telefonaten, die Google auf der I/O zeigte, deutlich wird." (Pförtner 2018) Die Frage, ob ein Mensch erkennt, dass er mit einer Maschine interagierte, wurde bereits im Turing-Test als Nachweis der KI-Fähigkeit angewendet (siehe auch Abschn. 3.11 Turing Test).

In der industriellen Wertschöpfung wird das KI-getriebene Zusammenwirken von Mensch und Maschine im Rahmen unterschiedlicher Abstufungen beschrieben (Winter 2018). Dabei wird unterschieden zwischen:

- ferngesteuerten Systemen
- Assistenzsystemen
- automatisierten Systemen, die Teilaufgaben selbstständig erledigen
- voll-autonomen Systemen

Auch in der Produktion sollen Menschen und KI-gesteuerte Roboter (sog. Cobots) zusammenarbeiten, dies wird Mensch-Maschine-Kollaboration genannt (siehe Abschn. 13.8). Abb. 3.11 zeigt einen BionicSoftHand der Firma Festo.

Eine besondere Problematik ist die *Diffusion der Verantwortung*. Abgesehen von einer rechtlichen Bewertung, wer haftet (siehe Abschn. 4.3), vermengt sich die Verantwortung schon bei jeder Entscheidung, die der Mensch mit Unterstützung einer KI trifft. Die Maschine macht einen Vorschlag, der Mensch übernimmt sie, übernimmt sie nicht oder übernimmt sie verändert. Derzeit basieren alle sicherheitsrelevanten Zertifizierungen darauf, dass der Mensch die letzte Entscheidungsgewalt hat. Da dieser aber kaum alle Daten kennt und auch den Algorithmus nur in Ansätzen versteht, verlässt er sich auf die Expertise der Maschine.

Dies kann zu einer *Komplizenschaft* zwischen Menschen und Maschine führen. Verstärkt wird ein solcher Effekt durch die menschliche Erkenntnis der eigenen Fehlerhaftigkeit in Verbindung mit einem medial getriebenen, quasi grenzenlosen Vertrauen in die Fehlerlosigkeit einer Maschine (siehe „autonomes Fahren", Abschn. 3.7). Es aber gibt Beispiele, wo sich auch Maschinen irren (Mohr 2020).

Abb. 3.11 Mensch und Maschine arbeiten zusammen. (Quelle: ©Festo SE & Co. KG, alle Rechte vorbehalten)

3.10   Bots

Ein *Bot* ist eigentlich ein Computerprogramm, dass bestimmte Aufgaben automatisiert selbstständig ausführt. Dabei werden KI-Technologien genutzt. Bots können auch untereinander kommunizieren, hierbei spricht man von *Botnet*.

Eingesetzt werden Bots beispielsweise, um das Internet nach Informationen für Suchmaschinen zu durchforsten (sog. *Webcrawler*) oder um in Diskussionsforen bedenkliche Inhalte zu finden und zu bereinigen. Hierbei muss immer das Grundrecht auf freie Meinungsäußerung abgewogen werden, was den Betreibern der Sozialen Netzwerke derzeit Mühe macht.

Sozial Bots wiederum agieren in sozialen Netzwerken und können u. a. automatisiert liken und kommentieren. Dies täuscht was menschliche Aktivität vor. Allerdings sind Social Bots bei den meisten Anbietern entsprechender Plattformen per AGB (allgemeine Geschäftsbedingungen) nicht erlaubt. Die Herausforderung für die Betreiber liegt jedoch beim Erkennen der sozial Bots. Wenn erkannt, werden sie zumeist gelöscht oder isoliert, dann können sie nur noch „untereinander" kommunizieren.

Interessant wird es, wenn KIs natürliche sprachliche Fähigkeiten besitzen und in der Lage sind, mit Menschen synchron zu kommunizieren. Diese werden im Fachjargon *textbasierte Dialogsysteme* genannten, oder einfacher *Chatbot*. Sozial Bots können dabei auch als Chatbot fungieren, der Unterschied ist fließend. Diese Technologie ist mittlerweile soweit fortgeschritten, dass es schwierig ist, zwischen einem realen Chat-Partner und eine Maschine zu unterscheiden (siehe Turing-Test, Abschn. 3.11).

Abb. 3.12 Gutartige
und bösartige Bots nach
Internetverkehr. (Nach:
Radware Ltd. 2019)

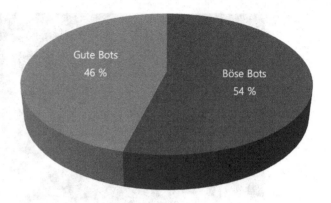

Dies kann unkritisch sein, z. B. bei Pflegerobotern, die mit ihren Patienten natürlich
kommunizieren sollen, aber auch gefährlich im Sinne einer Beeinflussung. Denn klar ist,
bei Chatbots geht es um die intelligente Täuschung des Gegenübers. Noch (!) ist es einfach: „Computer erkennt man daran, dass sie nicht plaudern können" (SWR2 Wissen und
Rooch 2020).

Eine Herausforderung für industrielle Anwendungen ist: Nach einer Untersuchung
von Radware (Radware Ltd. 2019) mit einer Umfrage von über 260 industriellen
C-Level Führungskräften sind mehr als die Hälfte des Internet-Bot-Verkehrs bösartige
Bots (siehe Abb. 3.12). Anmerkung: C-Titel werden wegen ihrer Internationalität gerne
im Bereich IT/Digitalisierung genutzt. Positionen im C-Level-Management erkennt man
an den Bezeichnungen „Chief … Officer" (CxO). Diese Titel sind lediglich englischsprachige Bezeichnungen das oberste Management im Unternehmen.

3.11   Turing-Test

Bereits 1950 stellte der britische Mathematiker und visionäre Informatiker Alan
Mathison Turing (1912–1954) Überlegungen zu „Computing Machinery Intelligence"
(Computer-Intelligenz) an. Er schlug ein Experiment vor, das herausfinden sollte, ob eine
Maschine das Denken des Menschen nachahmen kann. 2021 ehrte die Bank of England
Alan Turing auf der 50 Pfund Banknote, u. a. wegen seines Beitrags zur Entschlüsselung
des Enima-Codes im 2. Weltkrieg aber auch als späte Wiedergutmachung für das Leid,
dass er als homosexueller Wissenschaftler ertragen musste.

Beim sogenannten Turing-Test treten Mensch gegen Maschine in einer schriftlichen
Unterhaltung gegeneinander an. Dadurch wird ausschließlich die Funktionalität der
Software untersucht, nicht aber der Einfluss von Mimik, Gestik, Tonalität etc. Auch das
Vorhandensein eines Bewusstseins wird nicht geprüft. Der Test gilt als bestanden, wenn
sich 30 Teilnehmer, jeweils in einem fünf minütigen schriftlichen Chat, nicht einordnen
können, ob sie sich mit einem Menschen oder mit einer Maschine unterhalten haben.

Abb. 3.13 Der Schachtürke:
Kupferstich von Racknitz
1789. (Quelle: (Wikimedia,
The Turk – Wikimedia))

2008 verfehlte eine Software diesen Test an der University of Reading knapp, 2014 wurde er erstmalig bestanden. (ZEITonline, Künstliche Intelligenz: Computerprogramm gaukelt erfolgreich Menschsein vor 2014).

Der Schachgroßmeister Kasparov beschuldige jedenfalls nach einem verlorenen Spiel 1997 die Konstrukteure seines Gegners, den IBM-Supercomputer Deep Blue, dass einige der Züge so intelligent und kreativ gewesen seien, dass nur Menschen dahinterstecken können. Er war der Überzeugung, dass eine moderne Version des Schachtürken hilfreich war (siehe Abb. 3.13: Mechanischer Schachroboter von Wolfgang von Kempelen (1769) genannt „Der Schachtürke" woher auch der umgangssprachliche Begriff „getürkt" kommt). Originalzitat: „Wissenschaftlich ausgedrückt war das Match ein Betrug. IBM hat keine Beweise vorgelegt, dass dem nicht so ist, obwohl sie die Beweislast getroffen hat. Wenn ich sage, dass durch menschliche Einwirkungen manipuliert wurde, so hätten sie mit den Rechenprotokollen widerlegen oder darstellen müssen, dass ich Unrecht habe." (Schach Nachrichten 2005)

Das Problem beim Turing-Test ist: Grundsätzlich erfordert das Zusammenarbeiten von Menschen und KI Vertrauen und Akzeptanz. Diese wird aber gar nicht abgefragt. So können Drohnen sicher fliegen, vielleicht sogar sicherer als der Mensch, und sie können selbstständig landen. Kaum jemand würde sich aber in ein Passagierflugzeug ohne Piloten an Bord setzen. Obwohl der Mensch Fehler macht ist das Vertrauen in ihn größer.

Um den Turing-Test zu bestehen, muss der Computer sich daher dümmer anstellen als er ist: Auf die Frage, wie viel Einwohner Köln hat, würde die Antwort „am 31.12.2018 waren es 1.089.984 Personen" eine KI sofort entlarven, beim Turing-Test wäre sie durchgefallen. Auch kommen in der Industrie, insbesondere im Vertrieb aber auch in der Produktionsplanung, taktische Erwägungen hinzu: Sich „dumm zu stellen" oder auch einmal über Nichtigkeiten zu plaudern, um vom Thema abzulenken, ist eine gängige Praxis in der menschlichen Kommunikation. Aber auch wäre ein Schachspiel uninteressant, wenn die KI ständig gewinnt, umgekehrt auch, wenn die KI einen gewinnen lässt. So ließe sich eine KI auch durchschauen.

Um den Turing-Test zu bestehen, müsste eine KI sich also an den Gegenüber anpassen und, wenn nötig, hinter den eigenen Möglichkeiten zurückstehen, sich taktisch verhalten, auch einmal freundlich – höflich die Wahrheit dehnen (siehe „Notlüge" 7.2). Dies mindert aber das Vertrauen in die Künstliche Intelligenz.

3.12 Anforderungen an eine KI

3.12.1 Vertrauenswürdige KI (Trusted AI)

Wichtig für eine Akzeptanz aber auch darüber hinaus für eine rechtskonforme, sichere Anwendung ist eine Vertrauenswürdigkeit einer KI. Hierbei gibt es international verschiedene Ansätze. Die deutschen KIs versuchen hier mit einem Label *AI Made in Germany* zu Punkten. Der Slogan soll für eine verlässliche, durchsichtige KI stehen und ein Gütesigel werden. „Es geht um individuelle Freiheitsrechte, Autonomie, Persönlichkeitsrechte, die Entscheidungsfreiheit des Einzelnen. Um Hoffnungen, Ängste, Potenziale und Erwartungen. Es geht aber auch um neue Märkte für deutsche Unternehmen, den weltweiten Wettbewerb, vor allem mit den USA und China, und um die Zukunft Deutschlands als Industriestandort." (KI-Strategie Deutschland 2020).

Einige Unternehmen sehen eine Vertrauenswürdige KI dann auch als Wettbewerbsvorteil. Beispielsweise meint Michael Bolle, Bosch Technikchef: „Wenn KI für den Menschen keine Blackbox ist, entsteht Vertrauen, das in einer vernetzten Welt zum wesentlichen Qualitätsmerkmal wird." (dpa, Bosch verspricht Einschränkungen für künstliche Intelligenz 2020).

Die EU-Kommission hat für KI-Anwendungen 2019 sieben Kernanforderungen aufgestellt, damit sie vertrauenswürdig gelten (hier verkürzt wiedergegeben), diese wurden 2020 im Weißbuch zur Künstlichen Intelligenz übernommen (siehe Abb. 3.14) Quellen: (Europäische Kommission 2020) (Europäische Kommission 2019):

- **Vorrang menschlichen Handelns und menschlicher Aufsicht** hierbei wird weiter unterschieden:
  - Human-in-the-Loop: interaktive Einbindung des Menschen
  - Human-on-the-Loop: Überprüfung und Kontrolle durch den Menschen
  - Human-in-Command: Gesamtsteuerung durch den Menschen

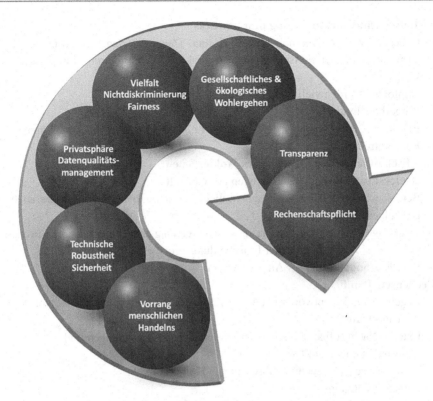

Abb. 3.14 Kernanforderungen an eine vertrauenswürdige KI. (Nach: EU-Kommission)

- **Technische Robustheit und Sicherheit** dies umfasst:
  - Fehlertoleranz (Angemessener Umgang mit Fehlern)
  - Sicher gegen subtile Manipulationsversuche
  - Rückfallstrategie im Fall von Problemen (kein Totalabsturz)
  - Klären und Bewerten von Risiken
- **Privatsphäre und Datenqualitätsmanagement**
  - Anforderungen an den Schutz von Daten, insbes. personenbezogener Daten
  - Integrität der Daten
  - Behebung von Verzerrungen und Ungenauigkeiten in den Daten
  - Dokumentation
  - Regelung zum Zugang zu den Daten
- **Transparenz**
  - Rückverfolgbarkeit der Entscheidungen d. h. Entscheidung und -prozess, Datenerfassung sowie Algorithmus protokolieren & dokumentieren
  - verständliche Erklärung des Entscheidungsalgorithmus
  - weitergehende Erläuterungen u. a. zu der Transparenz des Geschäftsmodells
  - KI-System soll sich nach außen als solches zu erkennen geben und Verantwortlichkeit benennen

- **Vielfalt, Nichtdiskriminierung und Fairness**
  - insbesondere die Übernahme historischer Daten können Verzerrungen (Bias) aufweisen, die bei Fortschreibung (in)direkte Diskriminierung zur Folge haben könnten
  - empfohlen werden vielfältig zusammengesetzte Entwurfsteams
  - Bürgerbeteiligung
  - Einbindung derer, die über den gesamten Lebenszyklus betroffen sein können
  - Barrierefreiheit
- **Gesellschaftliches und ökologisches Wohlergehen**
  - Berücksichtigung der Auswirkungen auf Umwelt
  - Berücksichtigung der Auswirkungen nicht nur aus individueller, sondern auch aus gesamtgesellschaftlicher Sicht
  - sorgfältige Prüfung bei Einsatz in Zusammenhang mit demokratischen Prozessen (Meinungsbildung, politischer Entscheidungsprozess, Wahlen)
  - Berücksichtigung sozialer Auswirkungen
- **Rechenschaftspflicht**
  - Regelung für Verantwortlichkeit des KI-Systems und der Ergebnisse vor & nach der Umsetzung
  - Externe Nachprüfbarkeit bei sicherheitskritischen Anwendungen und
  - bei Auswirkungen auf Grundrechte
  - Methodisches Vorgehen bei notwendigen Kompromissen
  - Folgeabschätzung
  - leicht zugängliche und angemessene Rechtschutzmechanismen

Die Leitlinien sind aber unverbindlich und sollen unter Berücksichtigung der Folgen **verhältnismäßig umgesetzt** werden:

„Der KI-Vorschlag eines unpassenden Buches, so die Leitlinie, sei weniger gefährlich als eine falsche Krebsdiagnose und könne daher einer weniger strengen Aufsicht unterliegen."

Einige dieser Forderungen, besonders bei der Transparenzanforderung und Rechenschaftspflicht, werden durchaus kritisch wegen einer fraglichen Machbarkeit diskutiert. Speziell wehren sich Unternehmen gegen die Offenlegung von Algorithmen und Geschäftsmodellen. Auch ist bei Machine Learning und Deep Learning der Entscheidungsprozess letztlich nicht bekannt. Hierzu wurde statt Transparenz der Begriff der „Erklärbaren KI" geprägt (für konkrete Entscheidungen werden die wesentlichen Einflussfaktoren aufgezeigt, siehe Abschn. 3.12.3 „Erklärbare KI").

Für Technik und Qualitätsmanagement konkreter gibt sich das Referenzmodell der VDE-AR-E 2842 für eine *vertrauenswürdige KI*. Die zugrunde liegende Problematik bei der Komplexität von KIs ist: „Funktionen können nicht einfach (durch den Menschen) geprüft werden. Das System muss die Sicherheit selbst gewährleisten und beispielsweise Anforderungen der funktionalen Sicherheit inhärent erfüllen. ... Hierzu gehören der Entwurf auf Systemebene (u. a. Vertrauenswürdigkeitsattribute), Komponentenebene (u. a. Hardware, Software und KI-Blaupausen zur Anwendung einer KI-Methodik), Integration, Verifikation und Validierung sowie Abnahme und Freigabe." (VDE 2020).

Dabei werden elementar bedeutende Herausforderungen definiert, für die es gilt Antworten zu finden:

- Vertrauenswürdigkeitsanforderungen (trustworthiness)
- physische Sicherheit (safety)
- Informationssicherheit (security)
- Gebrauchstauglichkeit (usability)
- ethische und regulatorische Fragestellungen

Darüber hinaus gibt es eine Initiative der Kompetenzplattform KI.NRW, die Vorschläge erarbeitet, wie eine vertrauenswürdige KI sichergestellt bzw. durch eine sachkundige und unabhängige Prüfung zertifiziert werden kann (Fraunhofer IAIS 2019) (siehe dazu auch Abschn. 12.5).

3.12.2 Black-Box-Problematik & Black-Box-Test

... denn sie wissen nicht, was sie tun ...
Deutscher Titel eines Spielfilms mit James Dean (1955)

Viele menschliche Entscheidungen werden intuitiv getroffen, ohne dass hinterher explizit gesagt werden könnte, wie genau, unter Abwägung welcher Fakten mit welcher Gewichtung und unter welchen Bedingungen das Ergebnis zustande gekommen ist. Häufig notwendig sind auch Entscheidungen unter unsicherer bzw. nicht-vollständiger Informationslage sowie die Inkaufnahme von Risiken. Beim Mitmenschen wird dieses Verhalten durchaus akzeptiert und manchmal als „man solle auf sein Bauchgefühl vertrauen" sogar angeraten (siehe auch Abschn. 7.1).

Bei KI ist es dies anders, der Mensch möchte genau wissen, was die KI macht, bevor er sich ihr anvertraut. Dabei gibt es aber ein sehr grundsätzliches Problem: Insbesondere bei starken KIs bzw. beim Deep Learning sind die Entscheidungsalgorithmen nicht mehr transparent darstellbar, z. T. vollkommen unbekannt. Dies wird Black-Box-Problematik genannt:

- Die **Black-Box-Problematik** *bezeichnet ein Phänomen, dass selbst der Softwareentwickler, der das Programm geschrieben hat, nicht darlegen kann, wie ein Algorithmus zu einer bestimmten Entscheidung gekommen ist (oder kommen wird).*

Die Black Box Problematik „liegt vor allem an der Lernfähigkeit von KI-Systemen – einem Grundprinzip und zugleich einer Stärke: Die Systeme können im Laufe der Zeit immer besser werden und damit auch bessere Ergebnisse als „klassische Methoden" erzielen. Allerdings wird die Stärke mit dem Nachteil erkauft, dass ein einzelnes Ergebnis nicht mehr oder nur mit unverhältnismäßig hohem Aufwand nachvollziehbar ist." (Bitkom, Entscheidungsunterstützung mit Künstlicher Intelligenz – Wirtschaftliche Bedeutung, gesellschaftliche Herausforderungen, menschliche VerantwortKünstliche

Intelligenz Wirtschaftliche Bedeutung, gesellschaftliche Herausforderungen, menschliche Verantwortung 2017).

Die Hochrangige Expertengruppe der EU für Künstliche Intelligenz (High Level Expert Group – HLEG) hat es so formuliert:

„Einige Verfahren des maschinellen Lernens sind zwar im Hinblick auf die Genauigkeit sehr erfolgreich, aber gleichzeitig auch sehr undurchsichtig, was die Art und Weise ihrer Entscheidungsfindung betrifft. Solche Szenarien sind mit dem Begriff ‚Black-Box-KI' gemeint – wenn also der Grund für bestimmte Entscheidungen nicht nachvollziehbar ist." (Hochrangige Expertengruppe der EU für KI 2018).

Es gibt jedoch Testmethoden, die versuchen diese Problematiken zu umgehen, indem nicht der Entscheidungsvorgang selbst untersucht wird, sondern nur das Ergebnis (siehe: Abb. 3.15).

Der **Black-Box-Test (BB-Test)** zählt zu den dynamischen Testverfahren und arbeitet ohne Kenntnis der Programmlogik, d. h. dem Tester ist weder die Software bekannt noch der Entscheidungsalgorithmus. Es soll nicht die Korrektheit der Entscheidungsstruktur (Software + Algorithmus) getestet werden, sondern die Fehlerfreiheit des Ergebnisses.

Beim BB-Test wird Verhalten des Testsystems von außen betrachtet, d. h. der **Point of Observation (PoO)** liegt außerhalb des Testobjekts. Bekannt sind aber die Anforderungen an das Ergebnis. Der Test wird über definierte Eingaben gesteuert, **Point of Control (PoC)** ist dort angelegt. Ziel ist es zu überprüfen, ob das Ergebnis die vorher definierten Erwartungen erfüllt, der Weg ist dabei irrelevant. Dieses Verfahren ist auch als **Stress-Test** bekannt.

Demgegenüber ist beim **White-Box-Test (WB-Test)** die Programmlogik bekannt, also sowohl die Software (Quellcode) als auch der zugrunde liegende Entscheidungsalgorith-

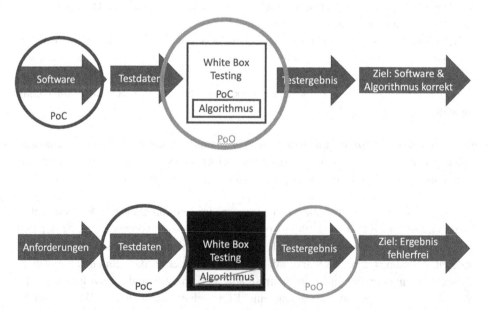

Abb. 3.15 White-Box- & Black-Box-Test

mus. Das Testsystem ist sozusagen gläsern, der PoO ist das Testobjekt selbst. Ist das Ergebnis fehlerhaft, kann in der Software oder im Algorithmus nachgesteuert werden, dort liegt auch der PoC. Somit kann das Zustandekommen des Ergebnisses, der Weg, transparent gemacht werden.

Eine Kombination aus beiden Testverfahren ist der **Grey-Box-Test (GT)**. Hier sind z. B. die Eingangsbedingungen inklusive Software-Quellcode bekannt, nicht bekannt ist der Entscheidungsalgorithmus. Dieser kann z. B. durch autonomes Lernen sich selbst anpassen.

Wichtig im Zusammenhang mit der rechtlichen Bewertung einer KI-Entscheidung ist allerdings zu wissen, dass der Black-Box-Test zwar eine Fehlerfreiheit für bekannte Trainingsdaten nachweisen kann, bei einem Fehler in der späteren Anwendung bleibt die systemische Ursache allerdings unbekannt. Daher ist bei den Trainingsdaten darauf zu achten, dass diese die spätere Anwendungswirklichkeit auch vollständig abbilden.

Eine Alternative ist **LIME (local interpretable model-agnostic explanations)**. LIME ist ein System, das diejenigen Eigenschaften isoliert, die eine Entscheidung vorantragen und damit ein annäherungsweises Verständnis von komplexen KI-Modellen ermöglicht.

3.12.3 Transparente KI

Der Begriff „Transparenz" ist sehr vieldeutig, durchläuft aber eine gewisse Evolution, wie die folgenden Zitate aus knapp zehn Jahren zeigen:

- *„We know where you are. We know where you've been. We can more or less now what you're thinking about. "*
  Eric Schmidt, Google CEO auf einem Forum der Monatszeitschrift „Atlantic Monthly" (Schmidt E. 2010)
- *„If you look at how much regulation there is around advertising on TV and print, it's just not clear why there should be less on the internet. We should have the same level of transparency required. "*
  Mark Zuckerberg, Facebook CEO 2018 in CNN (Zuckerberg 2018)
- *„Es muss verhindert werden, dass KI anonym Entscheidungen über uns trifft, die aus einer „Black Box" kommen und nicht überprüfbar sind. … Ergebnisse von KI-Analysen müssen so aufbereitet werden, dass Menschen sie nachvollziehen und bewerten können. "*
  Microsoft KI Grundprinzip Nr. 5 (Brinkel 2019)

Eine der Hauptforderungen an KI-Systeme ist die Rechenschaftspflicht, diese wird nach allgemeinem Verständnis durch Transparenz erreicht.

- **Transparenz** *bedeutet die vollständige Offenlegung der Verarbeitungskriterien (z. B. der Algorithmen).*

Transparenz sollte nicht mit Beweisbar verwechselt werden:

- **Beweisbar:** *Mathematisch belegbare Gewissheit, wie eine Entscheidung abläuft*

Die Problematik mit der Transparenz von Algorithmen ist zweierlei:

Zum einen betreffen die Art und Weise, wie Algorithmen arbeiten, die Geschäftsmodelle von Unternehmen und Konzernen. Es ist m. E. verständlich und rechtmäßig, dass diese ihre Firmengeheimnisse waren. Aber kaum eines der großen mit Algorithmen arbeitenden Unternehmen ist gewillt, seine Algorithmen oder einen White-Box-Test zuzulassen und damit sein Geschäftskonzept offenzulegen. Selbst die deutsche Schufa, ein Unternehmen, dass bei Krediten die Kreditwürdigkeit des Gläubigers per Score-Wert berechnet, warnt vor allzuviel Transparenz und Offenlegung (Schufa 2018). So auch bei der von Präsident Trump initiierten Deal, der Übernahme der Video-App TikTok für den US-Markt durch Walmart und Oracle. Der chinesische Mutterkonzern ByteDance will die Algorithmen, also das Geheimnis des Geschäfts, für sich behalten (ZEITonline 2020).

Allerdings muss in anderen Fällen, z. B. bei Patenten, Know-How vollständig offengelegt werden – im Tausch gegen einen rechtlichen Schutz.

Zum anderen sind algorithmenbasierte KIs häufig eine Black-Box, bei der selbst die Entwickler nicht genau wissen, was darin passiert (siehe Abschn. 3.12.2). Vor der Enquete-Kommission des Deutschen Bundestags zur Künstliche Intelligenz forderte daher Clara Hustedt von der Enquete-Kommission: „Nicht jede Black Box muss geöffnet werden. … unterstreicht [aber] zudem, dass mit Kennzeichnung, Nachvollziehbarkeit sowie Überprüfbarkeit unterschiedliche Arten von Transparenz nötig seien." (Hustedt 2019b).

Da gesetzliche Regulierung aber noch nicht gefestigt ist, verbleiben die Definitionen häufig im politischen Formulierungsbereich und damit vage: „Da selten deutlich wird, was mit Transparenz genau gemeint ist, können alle der Forderung zustimmen, ohne Gefahr zu laufen, später darauf festgenagelt zu werden." (Hustedt 2019a, b). In einer Studie der Bertelsmann-Stiftung (Bertelsmann Stiftung (Hrsg.), Hustedt und Hallensleben 2020) wird ein Vorschlag zur Bewertung von Transparenz gemacht (siehe Abb. 3.16 und vgl. Abschn. 4.9). Da Transparenz dennoch nicht immer gewährleistet werden kann, ist ein anderer Ansatz zur Lösung dieser Herausforderung die *Erklärbare KI.*

3.12.4 Erklärbare KI (Explainable AI – XAI)

Bei selbstlernenden, insbesondere starken KI-Systemen, sind, angesichts großer Datenmengen und komplexer Zusammenhänge, Anforderungen an eine vertrauenswürdige KI kaum realistisch umsetzbar. An die Stelle der Vertrauenswürdigkeit tritt Erklärbarkeit als Kernanforderung für einen Einsatz von KI im industriellen Bereich.

„Die Erklärbarkeit wiederum ist eine Eigenschaft jener KI-Systeme, die eine Art von Begründung für ihr Verhalten liefern können." (Hochrangige Expertengruppe der EU für KI 2018)

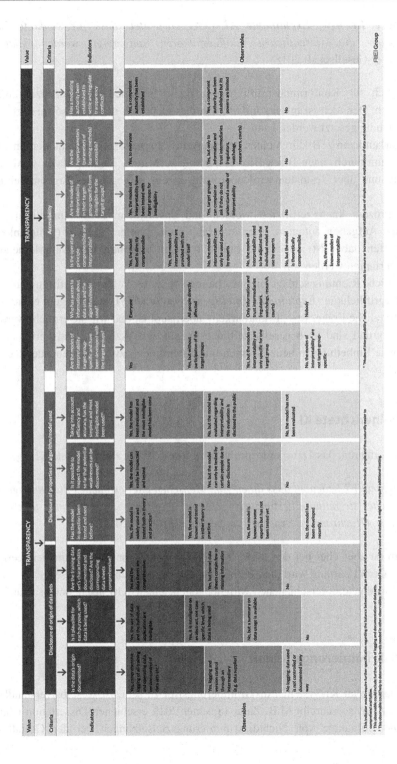

Abb. 3.16 Ansatz zur Bewertung von KI-Transparenz (Bertelsmann Stiftung (Hrsg.), Hustedt und Hallensleben 2020)

- *Erklärbare KI bzw. Explainable AI (XAI) bedeutet, dass für konkrete Entscheidungen die wesentlichen Einflussfaktoren aufgezeigt werden können.* (Fraunhofer-Gesellschaft 2018)

Dies ist auch für Konformitätsprüfungen, z. B. im Rahmen von Zertifizierungen, unumgänglich. Dennoch ist bislang unklar, wie dies technisch machbar, sowie normativ bzw. rechtlich umgesetzt werden kann.

Erklärbarkeit kann z. B. durch einen *transparenten Lernprozess* erreicht werden. Der Nachweis kann durch einen Black-Box-Test erfolgen. Mittels Trainingsdaten wird eine KI geschult und über Testdaten wird überprüft, ob ein vorgegebenes Ergebnis erzielt wird.

Dieser Prozess kann zertifiziert werden und das System kann nun mit neuen, unbekannten Aufgaben autonom, aber innerhalb spezifizierter Grenzen (Leitplanken), arbeiten. Offen dabei ist jedoch die Frage, wie mit kontinuierlich weiterlernenden Systemen verfahren werden soll.

Eine ähnliche Richtung schlägt ein Forschungsprojekt der Volkswagenstiftung ein und nutzt die Begrifflichkeit: *Explainable Intelligent System (EIS).* Hierbei geht es um die sehr grundsätzliche Frage, was „Erklärbarkeit" überhaupt ist und wie sie erreicht werden kann. Hintergrund sind auch gesellschaftliche Fragen zur Akzeptanz und Vertrauen in eine KI sowie Einbettung in neue Normen und Richtlinien bzw. in bestehende Rechtsstrukturen.

3.12.5 Zielgerichtete KI

Ein anders Verfahren, das Transparenzproblem zu lösen, ist die zielgerichtete KI.

- *Zielgerichtete KI bedeutet, dass ihnen vom Menschen ein bestimmtes Ziel vorgegeben wird, welches sie mithilfe bestimmter Verfahren umsetzen. Sie bestimmten ihre Ziele nicht selbst. (Hochrangige Expertengruppe der EU für KI 2018)*

Diese Form ist aber eher bei der schwachen KI einsetzbar, beim maschinellen Lernen sowie beim Deep Learning wird die Zielfindung z. T. der KI selbst überlassen.

Abb. 3.17 zeigt die verschiedenen Möglichkeiten, einen KI-Entscheidungsablauf zu erläutern.

3.12.6 Diskriminierungsfreiheit

Die Anforderung an KI-Systeme, diskriminierungsfrei zu sein, ist so selbstverständlich wie richtig. Aber, so schreibt M.B. Zafar in seiner 2019 erschienen Dissertation (Zafar 2019): „Die Aufnahme von Nichtdiskriminierungszielsetzungen bei der Gestaltung

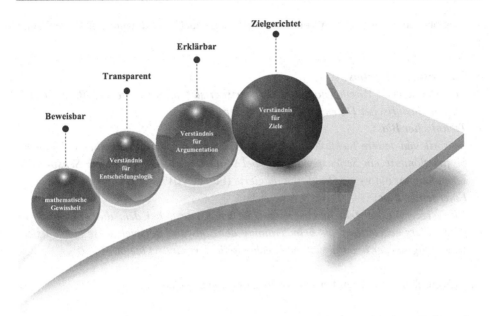

Abb. 3.17 KI-Entscheidungsablauf: Beweisbar, Transparent, Erklärbar & Zielgerichtet

algorithmischer Entscheidungs- bzw. Klassifizierungssysteme hat sich jedoch als große Herausforderung herausgestellt."

2015 beispielsweise beschriftete die Bilder-App Google-Fotos Menschen mit schwarzer Hautfarbe als „Gorilla" (SPIEGEL-Online 2015).

Als eine mögliche Quelle von Diskriminierung ist das Vorhandensein von Verzerrungen, ein sog. Bias.

- *Bias ist ein Verzerrungseffekt, der durch selektive Wahrnehmung der Umwelt verursacht werden kann. Dies kann unbewusst beeinflussen (impliziter Bias) oder bewusst zugelassen werden (expliziter Bias).*

Ein *statistisches Bias* entsteht durch falsche Datenerhebung (Fehler in der Stichprobe) aber auch durch eine bewusste bzw. unbewusste Beeinflussung der Befragten. Auch kann es bei der Verwendung historischer Datensätze zu Verzerrungen kommen. So gab es in der Vergangenheit eine andere (Moral-)Vorstellung über das Rollenverhalten Mann/Frau und andere gesetzliche Bestimmungen zu LGBT (Lesbian, Gay, Bisexual and Transgender), damals z. T. eine Straftat. Weitere Beispiele, die zu statistischen Verzerrungen (Bias) bei der Nutzung historischer Daten führen können sind: Allgemein waren Mensch früher kleiner. Die Stellung der Frau war früher anders, daher war ihr Zugang zu Bildung häufig eingeschränkt und sie übten andere Tätigkeiten aus. Kinderarbeit war lange erlaubt, daher traten mehr und andere Krankheiten auf.

Es gibt mehrere Kategorien von Verzerrung (vgl. auch: Friedmann und Nissenbaum 1996):

- **Prä-existierender Bias:**
  Eine existierende Voreingenommenheit überträgt sich in das System, z. B. durch die Nutzung historischer Datensätze (Diskriminierung, s. o.).
- **Technischer Bias:**
  Sensorik und andere Technologien können Menschen u. U. unterschiedlich behandeln. So funktionierte ein Seifenspender nur bei Weißen, weil der verwendete Sensor versehentlich nur auf weiße Hautfarbe reagierte (Fussell 2017).
- **Emergenter Bias:**
  Die Verzerrung entsteht in einem spezifischen Kontext, bei dem die Anwendungsfälle anders geartet sind als beim Training der Software. Beispielsweise können sich Bewertungsmuster ändern, während Technologie unverändert bleibt.

Beim Menschen gibt es darüber hinaus Bestätigungsverzerrungen:

- **Confirmation Bias:**
  Es werden nur Fakten berücksichtigt, die die eigene Position stützen.
- **Myside Bias:**
  Es wird nach Fakten gesucht, die die Gegenpositionen entweder gefällt oder sie abwertet.

> Projekte scheitern z. T. daran, dass Beteiligte zu sehr Gründe suchen, warum ihr Plan erfolgreich sein könnte, und zu wenig die Gründe für ein mögliches Scheitern in Betracht ziehen. Gründe sind vielfältig, einer könnte das „Positive Thinking" sein, eine vom US-Amerikaner Dale Carnegie begründetet Lebens- und Selbstmotivationstheorie, die in manchen Unternehmen zum Führungsgrundsatz ernannt wurden. Als Lebensweisheit gab es diese allerdings bereits früher, z. B. in Köln mit dem Kölsche Grundgesetz § 3: Et hät noch immer jot jejangen (Es ist noch immer gut gegangen). Kritiker wenden jedoch ein, dass zwanghaftes Positivdenken nicht nur nutzlos, sondern kontraproduktiv ist.

Darüber hinaus kann es sein, dass ein korrekter Datensatz ein statistisch abgesichertes Ergebnis berechnet, dass wir dennoch aus Gründen der Moral als diskriminierend einordnen. So könnte eine auf Prozessoptimierung ausgelegte KI sich gegen Inklusion bei der Auswahl von Mitarbeitern entscheiden, was die Gesellschaft aus berechtigten Gründen nicht akzeptiert.

3.13 Patentsituation

*„Das Internet ist ja nicht per se schlecht. Es ist nicht geschaffen worden, um alle Menschen auf diesem Planeten zu kontrollieren. **Die Erfinder haben es absichtlich nicht patentiert.** Dann aber kamen die, die nur ein Ziel haben: so viel Geld wie möglich zu machen und die Kontrolle über unser Handeln, unser Kaufverhalten, zu erhalten. Wir dürfen ihnen nicht das Feld überlassen; es wäre schade um die großartigen Chancen."*
Wissenschaftsjournalist und Buchautor Ranga Yogeshwar im STERN 25.01.2018 (Yogeshwar 2018).

Im seinem Jahresbericht 2019 sieht das Deutsche Patent- und Markenamt (DPMA) Digitalisierung als Techniktrend, wobei die Behörde hier i. W. vier Kernbereiche der digitalen Technologien definiert: Kommunikationstechnik, Audiovisuelle Technik, Datenverarbeitungsverfahren für betriebswirtschaftliche Zwecke und Halbleiter (DPMA, DPMA-Jahresbericht 2019: Techniktrends zu Digitalisierung und Automobilbranche 2020). Für den Bereich der Technik sieht das DPMA die Künstliche Intelligenz auf dem Vormarsch:

Nach Angaben des DPMA dominieren amerikanische Patentanmelder in Sachen KI die deutsche Innovationslandschaft. Demnach kamen 36,2 % der Patenanmeldungen aus den USA, Platz zwei immerhin Deutschland mit 18,1 %, gefolgt von Japan (13,3 %), China (5,5 %), weiter Korea, Frankreich und die Niederlande.

Kritisch wird dabei gesehen, dass Deutschland gegenüber den USA an Boden verliert. Insgesamt habe die Zahl der Patentanmeldungen für Deutschland in den letzten zehn Jahren um 80 % zugelegt. Interessant dabei ist, dass als Haupttreiber das automatisierte Fahren, die Medizintechnik und die Robotik gesehen wird. (DPMA, Künstliche Intelligenz: US-Unternehmen bei Patentanmeldungen für Deutschland weit vorne 2019).

Die Abb. 3.18, 3.19 und Abb. 3.20 zeigen statistische Daten des Deutschen Patent- und Markenamtszur Entwicklung im Bereich Künstlicher Intelligenz, Stand März 2019 (DPMA – Statisitk 2019).

Letztlich stellt sich die Frage, was überhaupt patentiert werden soll (siehe Zitat Eingangs dieses Unterkapitels) bzw. kann. Zum einen gibt es wirtschaftliche Erwägungen, ohne den ökonomischen Anreiz wird kein Unternehmen Investitionen tätigen, was zum Erliegen des Innovationsprozesses führen würde. Schutzrechte fördern also Innovation dadurch, dass der Erfinder bzw. das Unternehmen als Patentinhaber für eine bestimmte Zeit (maximal 20 Jahre) die Erfindung alleine nutzen darf.

Auf der anderen Seite gibt es gute Gründe, Erfindungen allen Menschen zugänglich zu machen, nicht nur denen, die es sich finanziell leisten können. Damit sind wir bei Fragen der Ethik angelangt, die auch die Technologie der Digitalisierung und der Künstlichen Intelligenz betrifft.

Eine Patentierung verlangt aber auch eine vollständige Offenlegung der Erfindung. Das möchte ein Unternehmen vielleicht nicht, weil Fragen der Rechtsdurchsetzung schwierig sind: Beispielsweise könnte ein anderes Unternehmen einfach gemäß

Abb. 3.18 Entwicklung der Patentanmeldungen im Bereich der Künstlichen Intelligenz mit Wirkung für Deutschland. (Quelle: Deutsches Patent- und Markenamt)

Abb. 3.19 Vergleich Patentanmeldungen im Bereich KI 2013 zu 2018 nach Ländern. (Quelle: Deutsches Patent- und Markenamt)

Anleitung in der Offenlegungsschrift nachbauen. Dieses Unternehmen ist aber vielleicht rechtlich nicht greifbar (Fernost) oder zu stark (David gegen Goliath). Auch werden mit der Urheberrechtssicherung ggf. Geschäftskonzepte öffentlich, was nicht jedes Unternehmen so möchte.

In manchen Fällen ist die geforderte Offenlegung gar nicht möglich, gerade im Falle Deep Learning fehlt z. T. die genau Kenntnis über die Arbeitsweise der Algorithmen. Dabei ist aber zu beachten, dass mathematische Methoden sowieso grundsätzlich von der Patentierung ausgeschlossen sind (DPMA, Schutzvoraussetzungen 2020), wobei es Ausnahmen gibt (JuraForum 2015) sowie Alternativen z. B. für Software (DPMA, Computerimplementierte Erfindungen 2019). In den USA sind erlauben die entsprechenden Vorschriften mehr.

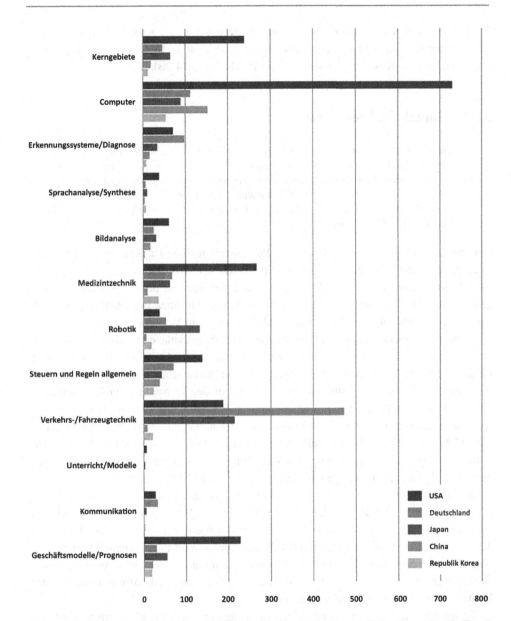

Abb. 3.20 KI-Patentanmeldungen mit Wirkung für Deutschland nach Teilgebieten für die Top 5 Länder 2018. (Quelle: Deutsches Patent- und Markenamt)

Interessant wäre auch die Frage, ob eine Künstliche Intelligenz selbst Erfinder sein kann. Eine Erfindung beruht auf einer kreativen Leistung. Das Patentrecht unterscheidet zwischen Patentinhaber, das kann ein Unternehmen sein, und dem Erfinder. Bislang ist der Erfinder immer eine natürliche Person. Denkbar wäre eine KI-Erfindung allerdings schon. Patentiert werden kann jedenfalls nur, was „neu" ist, wohinter eine kreative Tätigkeit steht. Ob eine KI kreativ sein kann, wird in Abschn. 3.14 diskutiert.

3.14   Künstliche Kreativität

Die Alpha- oder Betatypen, vorzugsweise rekrutiert aus Ausbildungsstätten wie der Harvard oder der A. Huxley University, können naturgemäß nicht besonders kreativ sein und reagieren in der Regel sehr schematisch auf die dauernden Veränderungen des Marktes.
Vorwort des „Kleinen Machiavelli" (Bachmann und Noll 1987).
Nicolo Machiavelli's Buch „Der Fürst" (Il Principe bzw. De principatibus), um 1513 von, behandelt das Thema „Macht"

Eine wichtige Frage für die Produkt- bzw. Prozessentwicklung ist: Kann eine Künstliche Intelligenz kreativ sein? Tatsache ist, bei Spiele-KIs wie z. B. Alpha Zero, entwickelten die KIs durch Deep Learning vollkommen neue Spielzüge, auf die bislang kein Mensch gekommen war. Aber ist dies „kreativ" oder nur Resultat eines Berechnungsprozesses, der es erlaubt, sehr viele mögliche Züge und Gegenzüge im Voraus zu berechnen?

Manche Kreativen gehen auch davon aus, dass Kreativität erst durch menschliche Unzulänglichkeiten, wie Irrationalität und Inkonsequenz, durch Zufall sowie durch Fehler entstehen kann. Auf Logik basierende mathematische Algorithmen haben da ihre Grenzen. So segelte Kolumbus nur los, weil er den Erdumfang dank fehlerhafter Informationen von Ptolemäus und einem eigenen Rechenfehler für viel kleiner ansetze. Konsequent gewesen wäre, die 1500 Jahre alte Information zu verifizieren, ein Algorithmus hätte auch keine Rechenfehler gemacht. Mit drei Nussschalen sich über den Atlantik zu wagen hatte auch zur damaligen Zeit etwas irrationales und Kolumbus war Zeit seines Lebens überzeugt, er hätte Inseln vor China und Indien entdeckt.

Im Journalismus, einer mit Sicherheit kreativen Tätigkeit, wird aber bereits intensiv mit KI und Textschreib-Robotern gearbeitet. Laut der englischen BBC sollen in wenigen Jahren bereits 90 % aller Texte von Algorithmen verfasst werden, was aber bezüglich des Sinns kontrovers diskutiert wird (BR 2019). Auch schafft die KI „neue" Kunstwerke von längst verstorbenen Künstlern, z. B. einen „Rembrandt", der nicht von Rembrandt ist (Deutschlandfunk Kultur 2019). Aber kann dies auf industrielle Anwendungen in der Produkt- bzw. Prozessentwicklung übertragen werden?

Kreativität gibt es wohl seit Menschengedenken, als Forschungsthema ist sie allerdings noch nicht so alt: Häufig genannt wird dabei der Forscher John P. Guilford, der 1950 erstmalig den Begriff „Creativity" in der Wissenschaft nutzte. Dabei unterschied er zwischen konvergentem Denken, der Intelligenz, und divergentem Denken, der Kreativität.

Allerdings hatte Graham Wallas bereits 1926 innerhalb der systemischen Theorie den **kreativen Prozess** in vier Phasen beschrieben, vereinfacht dargestellt, wie folgt:

1. **Präparation (Vorbereitung):** Ein Problem wird als solches erkannt, bewusste oder unbewusste Beschäftigung aufgrund von Interesse bzw. Neugier.
2. **Inkubationsphase (Reifephase):** Unterhalb der bewussten Wahrnehmung starke Beschäftigung mit dem Problem mit ggf. ungewöhnliche Verknüpfungen.
3. **Illuminationsphase (Einsichtsphase):** Plötzliche bewusste Strukturerkennung, das Puzzle ergibt ein Bild. Problem hier: Der Geistesblitz (das Aha-Erlebnis, das „Heureka"-Erlebnis) selbst bzw. der Weg dorthin ist für andere kaum erklärbar.
4. **Verifikation (Bewertungsphase):** Überlegung zu Machbarkeit und Umsetzung, Phase des Zweifels bzw. der Unsicherheit. Viele auch gute Ideen werden hier verworfen.
   häufig wird noch eine fünfte Phase hinzugefügt:
5. **Elaboration (Ausarbeitungsphase):** Suche nach Möglichkeit der realen Umsetzung einer vielleicht idealistischen Idee (Edison: Kreativität besteht zu 1 % aus Inspiration und 99 % aus Transpiration).

Die heutige Wissenschaft definiert Kreativität u. a. so:

- *Kreativität (allg.): verbreitet die Attribute „neu" und „nützlich". Alternativ: Fähigkeit, möglichst viele verschiedenartige und ungewöhnliche (originelle) Lösungen einer Aufgabe produzieren zu können* (Strube 1996)

Dabei werden drei Dimensionen unterschieden:

- *Explorative Kreativität: Anwendung bekannter Regeln für neue Lösungen innerhalb des von den Regeln begrenzten Bereichs, z. B. kreativer Spielzug beim Fußball.*
- *Kombinatorische Kreativität: Kombination von mehreren unterschiedlichen Lösungen aus ggf. anderen Bereichen, z. B. Smartphone als Kombination von tragbarem Computer, Internetanschluss, Telefon und Kamera.*
- *Transformative Kreativität: Bricht mit bestehenden Regeln, z. B. der Rock'n'Roll.*

Die kombinatorischer Kreativität kann auch ein erfolgreiches Geschäftsmodell sein wie BMW zeigt: „Wir sind selten die Speerspitze des Fortschritts, ..., Aber wir fügen die besten Innovationen meist zu etwas ganz Besonderem zusammen. Das ist das Erfolgsrezept von BMW von Beginn an." (Pander 2007). Während KI bereits gute Ansätze bezüglich der explorativen und kombinatorischen Kreativität vorweist, tut sie sich mit der wirklich innovativen transformativen Kreativität schwer. Dies hat seine Ursache darin, dass KIs Regeln, möglichst mathematisch formulierbar, benötigen, um arbeiten zu können (siehe auch Abschn. 7.9). Der Verstoß gegen eine Regel muss definiert werden, was dann aber nicht zu Kreativität führt. Das Sprichwort von Pablo Picasso „Learn the Rules like a pro, so you can break them like an artist" funktioniert nicht im Bereich der Künstlichen Intelligenz.

Eine andere Auslegung für Kreativität unterscheidet zwei Komponenten:

1. Das **„verrückte Denken"** ist chaotisch, assoziativ, fehlerfreundlich sowie Regeln missachtend. Dies ist aus o. g. Gründen schwierig für KIs.
2. Das **„exakte Denken"** entspringt der Vorgabe der Faktenorientierung aus dem Controlling bzw. der Managementtheorie. Selbst ist sie wenig kreativ (siehe Zitat zum Abschnittsbeginn), überprüft aber die Ergebnisse des verrückten Denkens, was oft zu Zurückweisung führt. Eine KI-Kreativitätsevaluation würde vermutlich zu ähnlichen Ergebnissen kommen.

Kreativität entsteht aber häufig auch aus Zufall. Eine KI muss also auch offen sein für zufällige Erkenntnisse, um diese dann zu anderer Zeit und für andere Problemstellungen nutzen zu können. Beispiel ist hierfür die Erfindung der 3M Post-It Notes. Der Kleber für die gelben Klebezettel wurde in einem komplett anderen Zusammenhang entwickelt, zu diesem Zeitpunkt eine Fehlentwicklung: „Damals ging es darum, wirkungsvollere, stärkere und kräftigere Klebstoffe zu entwickeln. Diese Entdeckung entsprach den Vorgaben überhaupt nicht". Erst Jahre später erinnerte sich Arthur Fry in einem Gottesdienst an den Klebstoff, der nicht klebte, und entwickelte mit weiteren kreativen Ideen ein Produkt, dass sich in 150 Ländern verkaufte (3M 2017).

Für die industrielle Produktentwicklung gibt es bereits Anwendungen basierend auf KI. Dabei geht es darum, Effekte von Änderungen am Produkt zu prognostizieren. Für komplexere Abläufe und Prozesse gibt es Werkzeuge wie den digitalen Zwilling. Auch wenn diese Konzepte noch nicht kreativ sind, ist zu erwarten, dass künstliche Kreativität hier Einsatzbereiche findet.

Das Problem wird aber sein: Algorithmen können schöpferisch sein, sie reflektieren aber nicht, zumindest nicht so, wie es der Mensch mittels kritischen Denkens kann.

- *Das **kritische Denken** beinhaltet z. B. die bewusste, selbstregulative Urteilsbildung, welche Interpretation, Analyse, Bewertung und Schlussfolgerung beinhaltet (nach: Facione 1990)*

Hierbei ist es wichtig, die Urteilsbildung verzerrungsfrei anzustellen, also weder zu versuchen, die eigene Ansicht zu bestätigen, statt nach möglichen Widerlegungen aktiv zu suchen *(confirmation bias)*, als auch Gegenpositionen abzuwerten bzw. nicht zu berücksichtigen *(myside bias)* (Wessel 2011).

Kreative KI getragene Entscheidungsprozesse haben hier einen Vorteil, indem sie sehr faktenorientiert bewerten. Während der Mensch gerne die Sachverhalte so darstellt, dass er persönlich gut dasteht, ist solche Art der Emotionalität einer KI fremd. Allerdings zeigt eine KI Schwächen bei der aktiven kritischen Hinterfragung, insbesondere, wenn die Informationen hierfür diffus oder umstritten vorliegen. Dies ist bei politischen, ethischen bzw. philosophischen Fragestellungen häufig der Fall. Manchmal hilft ein Perspektivenwechsel, dies ist allerdings schwierig für KIs. Zumindest im Bildungsbereich ist dies erkannt, so titelte die Neue Züricher Zeitung: „In der Bildung herrscht eine übertriebene Digitalisierungseuphorie. Dabei droht vergessen zu gehen, worauf kritisches Denken fußt." (Riedweg 2019).

3.15 Fragen zum Kapitel

1. Unterscheiden Sie eine schwache und eine starke KI. Was davon ist derzeit bereits in der Umsetzung, begründen Sie dies technisch?
2. Warum liegen die derzeitigen industriellen Hauptanwendungen der KI derzeit (noch) in der Auswertung von Maschinendaten?
3. Was unterscheidet eine symbolische von einer subsymbolischen KI? Diskutieren sie hierbei zusätzlich die Begriffe Faktenorientierung und Transparenz.
4. Beschreiben Sie die sechs Autonomiestufen. Welche Autonomiestufe wird in der industriellen Produktion bereits jetzt erreicht? Worin liegt die technologische und die gesellschaftliche Herausforderung bei der höchsten Automatisierungsstufe?
5. Was verstehen Sie unter „Komplizenschaft Mensch Maschine" bzw. „Diffusion der Verantwortung"?
6. Was ist ein Bot und wie kann er für die Produktion verwendet werden?
7. Wie wird festgestellt, dass eine KI wirklich „intelligent" ist?
8. Was verstehen Sie unter einer „vertrauenswürdigen KI"? Beschreiben Sie dabei die Herausforderungen bei Transparenz und Rechenschaftspflicht einer KI.
9. Erklären Sie die Black-Box-Problematik und warum die „erklärbare KI" eine Lösung sein kann.
10. Wieso können Maschinen diskriminierende Entscheidungen treffen?
11. Diskutieren Sie die Vor- und Nachteile einer Patentierung. Wann würden bzw. können Sie eine KI-Erfindung patentieren lassen, wann nicht? Kann eine KI Erfinder sein?
12. Was ist Kreativität? Was unterscheidet „amerikanische" Kreativität (z. B. Elon Musk von Tesla und SpaceX) von europäischen/deutschen Kreativen und diese wiederum von einer künstlichen Kreativität?
13. Was ist exploratorische, kombinatorische bzw. transformative Kreativität. Welche dieser Arten eignet sich besonders in der industriellen Produktion (Begründung)?
14. Können KIs „Kritisches Denken"? Wo liegen die Herausforderungen?

Literatur

3M. (2017). Die Geschichte der Marke Post-it. https://www.3mdeutschland.de/3M/de_DE/post-it-notes/contact-us/about-us/. Zugegriffen: 23. July 2020.
Allianz Industrie 4.0. (2020. 03 2019). EINSATZFELDER VON KÜNSTLICHER INTELLIGENZ IM PRODUKTIONSUMFELDKurzstudie im Rahmen von „100 Orte für

Industrie 4.0 in Baden-Württemberg". https://www.i40-bw.de/wp-content/uploads/Studie-Ein-satzfelder-KI-im-Produktionsumfeld.pdf. Zugegriffen: 10. July.

Bachmann, H. R., & Noll, P. (2018). *Der kleine Machiavelli Handbuch der Macht für den alltäglichen Gebrauch* (2. Aufl.). München: Piper. ISBN: 349231306X 2018.

Bertelsmann Stiftung (Hrsg.), Hustedt, C., & Hallensleben, S. (2020). From principles to practice: How can we make AI ethics measurable? https://www.bertelsmann-stiftung.de/de/publikationen/publikation/did/from-principles-to-practice-wie-wir-ki-ethik-messbar-machen-koennen. Zugegriffen: 18. Mai 2020.

Bitkom. (2017). Entscheidungsunterstützung mit Künstlicher Intelligenz – Wirtschaftliche Bedeutung, gesellschaftliche Herausforderungen, menschliche VerantwortKünstliche Intelligenz Wirtschaftliche Bedeutung, gesellschaftliche Herausforderungen, menschliche Verantwortung. https://www.bitkom.org/Bitkom/Publikationen/Entscheidungsunterstuetzung-mit-Kuenstlicher-Intelligenz-Wirtschaftliche-Bedeutung-gesellschaftliche-Herausforderungen-menschliche-Verantwortung.html. Zugegriffen: 11. Aug. 2020.

BMBF. (13. August 2019). Sachstandt Künstliche Intelligenz. https://www.bmbf.de/files/Sachstand_KI.pdf. Zugegriffen: 15. Mai 2020.

BMBF, & BMWi. (2018). Nationale Strategie KI: Strategie Künstliche Intelligenz der Bundesregierung. https://www.bmbf.de/files/Nationale_KI-Strategie.pdf. Zugegriffen: 10. Juni 2020.

BR, B. (04. Oktober 2019). Der Roboter als rasender Reporter. https://www.br.de/nachrichten/netzwelt/der-roboter-als-rasender-reporter,Ra4sGWd. Zugegriffen: 21. April 2020.

Brinkel, G. (22. März 2019). Unsere KI-Grundprinzipien – Nr. 5: Transparenz. https://www.microsoft.com/de-de/berlin/artikel/unsere-ki-grundprinzipien-nr-5-transparenz.aspx. Zugegriffen: 4. Juni 2020.

Brock, O. (2020. 11 2018). Künstliche Intelligenz und Robotik Begriffsdifferenzierung und Forschungsperspektiven. https://www.kas.de/documents/252038/3346186/K%C3%BCnstliche+Intelligenz+und+Robotik.pdf/7d7cab64-4a52-8868-885b-c154aeb79147?version=1.1&t=1544430005315. Zugegriffen: 10. July.

Bundesregierung. (2020. 11 2018). Strategie Künstliche Intelligenz der Bundesregierung. https://www.bmbf.de/files/Nationale_KI-Strategie.pdf. Zugegriffen: 30. Juni.

CNBC via YouTube. (25. Oktober 2017). Interview with the lifelike hot Robot named Sophia (Full) CNBC. https://www.youtube.com/watch?v=S5t6K9iwcdw. Zugegriffen: 21. Juni 2020.

Dahlmann, D. (21. Juni 2017). Autonomes Fahren: An den meisten Unfällen sind Menschen schuld. https://www.welt.de/sonderthemen/noahberlin/article165739463/An-den-meisten-Unfaellen-sind-Menschen-schuld.html. Zugegriffen: 2. July 2020.

Delhaes, D. (17. July 2020). Autobauer fordern mehr gesetzlichen Freiraum beim autonomen Fahren. https://www.handelsblatt.com/technik/thespark/mobilitaet-autobauer-fordern-mehr-gesetzlichen-freiraum-beim-autonomen-fahren/26011838.html. Zugegriffen: 1. Aug. 2020.

Deutschlandfunk Kultur. (05. Juni 2019). Künstliche Intelligenz und Kunst: Die malenden Maschinen. https://www.deutschlandfunkkultur.de/kuenstliche-intelligenz-und-kunst-die-malenden-maschinen.1008.de.html?dram:article_id=450582. Zugegriffen: 21. April 2020.

DIN Roadmap & KI. (2020). Deutsche Normungsroadmap Künstliche Intelligenz (Autor war Mitglied im Expertenausschuss), DIN, Berlin und DKE, Frankfurt, https://www.din.de/resource/blob/772438/ecb20518d982843c3f8b0cd106f13881/normungsroadmap-ki-data.pdf. Zugegriffen: 5. Apr. 2021.

dpa. (19. Februar 2020). Bosch verspricht Einschränkungen für künstliche Intelligenz. https://www.sueddeutsche.de/wirtschaft/computer-bosch-verspricht-einschraenkungen-fuer-kuenstliche-intelligenz-dpa.urn-newsml-dpa-com-20090101-200219-99-978528. Zugegriffen: 11. Okt. 2020.

DPMA – Statisitk, D.-u. (März 2019). Entwicklung Patentanmeldungen KI mit Wirkung für Deutschland. https://www.dpma.de/docs/presse/190411_infografik_ki.pdf. Zugegriffen: 5. April 2020.

DPMA. (10. August 2019). Computerimplementierte Erfindungen. https://www.dpma.de/patente/patentschutz/schutzvoraussetzungen/schutz_computerprogramme/index.html. Zugegriffen: 3. April 2020.

DPMA. (11. April 2019). Künstliche Intelligenz: US-Unternehmen bei Patentanmeldungen für Deutschland weit vorne. https://www.dpma.de/service/presse/pressemitteilungen/20190411.html. Zugegriffen: 11. Okt. 2020.

DPMA. (22. Mai 2020). DPMA-Jahresbericht 2019: Techniktrends zu Digitalisierung und Automobilbranche. https://www.dpma.de/service/presse/pressemitteilungen/20200522.html. Zugegriffen: 21. Juni 2020.

DPMA. (2020). Schutzvoraussetzungen. https://www.dpma.de/patente/patentschutz/schutzvoraussetzungen/index.html. Zugegriffen: 30. Sept.

Europäische Kommission. (25. April 2018). Künstliche Intelligenz für Europa – COM(2018) 237 final. https://ec.europa.eu/transparency/regdoc/rep/1/2018/DE/COM-2018-237-F1-DE-MAIN-PART-1.PDF. Zugegriffen: 8. Okt. 2020.

Europäische Kommission. (08. April 2019). Schaffung von Vertrauen in eine auf den Menschen ausgerichtete KI – COM(2019) 168 final. https://ec.europa.eu/transparency/regdoc/rep/1/2019/DE/COM-2019-168-F1-DE-MAIN-PART-1.PDF. Zugegriffen: 8. Okt. 2020.

Europäische Kommission. (19. Februar 2020). Eine europäische Datenstrategie – COM (2020) 66 final. https://ec.europa.eu/info/sites/info/files/communication-european-strategy-data-19feb2020_de.pdf. Zugegriffen: 20. Mai 2020.

Facione, P. (1990). Critical thinking: A statement of expert consensus for purposes of educational assessment and instruction. Upper Montclair: The California Academic Press.

Finke, B., & Süddeutsche Zeitung. (04. 02. 2021). Ursula von der Leyen im Gespräch: „Das hätten wir früher machen können". https://www.sueddeutsche.de/politik/von-der-leyen-interview-impfstoff-1.5196520?reduced=true. Zugegriffen: 05. Febr. 2021.

FOCUS. (12. September 2020). INDUSTRIE: „Ein völlig KI-gesteuertes Auto wird es nie geben". FOCUS 37/2020 S. 56. https://www.focus.de/finanzen/news/industrie-ein-voellig-ki-gesteuertes-auto-wird-es-nie-geben_id_12394739.html. Zugegriffen: 11. Okt. 2020.

Fraunhofer. (22. November 2019). Fraunhofer-Wissenschaftskonferenz „FUTURAS IN RES" – Künstliche Intelligenz – wo stehen wir, wo geht es hin? https://www.fraunhofer.de/de/presse/presseinformationen/2019/november/fraunhofer-wissenschaftskonferenz-futuras-in-res.html. Zugegriffen: 10. July 2020.

Fraunhofer IAIS, F.-I.-U. (2019). Whitepaper: Vertrauenswürdiger Einsatz von Künstlicher Intelligenz. https://www.iais.fraunhofer.de/content/dam/iais/KINRW/Whitepaper_KI-Zertifizierung.pdf. Zugegriffen: 11. Okt. 2020.

Fraunhofer-Gesellschaft. (2018). Maschinelles Lernen. https://www.bigdata.fraunhofer.de/content/dam/bigdata/de/documents/Publikationen/Fraunhofer_Studie_ML_201809.pdf. Zugegriffen: 15. April 2020.

Friedmann, B., & Nissenbaum, H. (July 1996). Bias in Computer Systems. https://vsdesign.org/publications/pdf/64_friedman.pdf. Zugegriffen: 28. Mai 2020.

Fussell, S. (17. August 2017). Why can't this soap dispenser identify dark skin? https://gizmodo.com/why-cant-this-soap-dispenser-identify-dark-skin-1797931773. Zugegriffen: 15. Juni 2020.

GoogleWatchBlog. (24. November 2018). Google Duplex: Der telefonierende Assistent wird freigeschaltet – So verläuft ein Gespräch. https://www.googlewatchblog.de/2018/11/google-duplex-der-assistent-2/. Zugegriffen: 18. Mai 2020.

Hochrangige Expertengruppe der EU für KI. (2018). EINE DEFINITION DER KI: WICHTIGSTE FÄHIGKEITEN UND WISSENSCHAFTSGEBIETE. https://elektro.at/wp-content/uploads/2019/10/EU_Definition-KI.pdf. Zugegriffen: 11. Okt. 2020.

Hustedt, C. (06. Mai 2019a). Algorithmen-Transparenz. Was steckt hinter dem Buzzword? https://algorithmenethik.de/2019/05/06/algorithmen-transparenz-was-steckt-hinter-dem-buzzword/. Zugegriffen: 4. Juni 2020.

Hustedt, C. (06. Mai 2019b). Enquete-Kommission „Künstliche Intelligenz": Transparenz-Anforderungen und rechtliche Fragen KI-basierter Systeme. https://www.bundestag.de/dokumente/textarchiv/2019/kw19-pa-enquete-ki-635516?_lrsc=5e005313-dbdd-4207-9d39-1f6cadd5dcef. Zugegriffen: 4. Juni 2020.

JuraForum. (29. July 2015). BGH erlaubt Patente auf mathematische Methoden. https://www.juraforum.de/wirtschaftsrecht-steuerrecht/bgh-erlaubt-patente-auf-mathematische-methoden-525388. Zugegriffen: 2. April 2020.

Katzlberger, M. (04. 11. 2020). GPT-3 – die erste allgemeine Künstliche Inteligenz? https://katzlberger.ai/2020/11/04/die-erste-allgemeine-kuenstliche-intelligenz/. Zugegriffen: 15. Dez. 2020.

KI-Strategie Deutschland. (2020). KI made in Germany. https://www.ki-strategie-deutschland.de/home.html. Zugegriffen: 30. Sept. 2020.

Kramper, G. (26. August 2020). Die Staubsauger von iRobot bekommen ein komplett neues Gehirn mit KI-Fähigkeiten. https://www.stern.de/digital/technik/die-staubsauger-von-irobot-bekommen-ein-komplett-neues-gehirn-mit-ki-faehigkeiten-9391212.html. Zugegriffen: 30. Aug. 2020.

Lesch, H., & Schwartz, T. (2020). *Unberechenbar - Das Leben ist mehr als eine Gleichung*. Freiburg: Herder.

McCarthy, J., et al. (31. August 1955). A proposal for the darthmouth summer research project of artificial intelligence. https://jmc.stanford.edu/articles/dartmouth/dartmouth.pdf. Zugegriffen: 3. July 2020.

McKinsey. (Juni 2015). The self-drivingvehicle revolution. https://www.mckinsey.com/~/media/McKinsey/Industries/Automotive%20and%20Assembly/Our%20Insights/Ten%20ways%20autonomous%20driving%20could%20redefine%20the%20automotive%20world/Ten%20ways%20autonomous%20driving%20could%20redefine%20the%20automotive%20world. Zugegriffen: 21. Juni 2020.

Mockenhaupt, A. (2019). *Qualitätssicherung – Qualitätsmanagement*. Hamburg: Handwerk und Technik.

Moeser, J. (27. September 2018). Starke KI, schwache KI – Was kann künstliche Intelligenz? https://jaai.de/starke-ki-schwache-ki-was-kann-kuenstliche-intelligenz-261/. Zugegriffen: 18. Mai 2020.

Mohr, D. (06. September 2020). Die Deutsche Börse hat sich geirrt. https://www.faz.net/aktuell/finanzen/deutsche-boerse-hat-sich-geirrt-wichtiger-aktienindex-16940485.html. Zugegriffen: 8. Sept. 2020.

Pander, J. (02. Mai 2007). https://www.spiegel.de/auto/aktuell/90-jahre-bmw-mittendrin-statt-vorneweg-a-480207.html. Zugegriffen: 23. July 2020

Pesenti, J. (13. Mai 2020). Facebooks KI-Chef: „Elon Musk hat keine Ahnung, wovon er redet". https://www.derstandard.de/story/2000117509483/facebooks-ki-chef-elon-musk-hat-keine-ahnung-wovon-er. Zugegriffen: 20. Mai 2020.

Pförtner, J. (15. Mai 2018). Mensch oder Maschine – So enttarnst du eine KI am Telefon. https://www.futurezone.de/digital-life/article214300471/So-erkennst-du-ob-dich-Google-Assistant-anruft.html. Zugegriffen: 18. Mai 2020.

Plattform Industrie 4.0, & BMWi (Hrsg.), B. (März 2019). Technologieszenario „Künstliche Intelligenz in der Industrie 4.0". https://www.plattform-i40.de/PI40/Redaktion/DE/Downloads/Publikation/KI-industrie-40.pdf?__blob=publicationFile&v=10. Zugegriffen: 28. Mai 2020.

Radware Ltd. (2019). Studie: Cybersicherheit und digitale Transformation – Was C-Level-Manager wirklich über Sicherheit und Datenschutz in Multicloud-Umgebungen denken. https://business-services.heise.de/it-management/digitalisierung/beitrag/studie-cybersicherheit-und-digitale-transformation-3729?utm_source=whitepaper_newsletter&utm_medium=email&utm_campaign=wpnl&source=wpnl. Zugegriffen: 30. Aug.

Riedweg, C. (19. März 2019). n der Bildung herrscht eine übertriebene Digitalisierungseuphorie. Schon Platon wusste: Wer viel aufschreibt, wird vergesslich. Und ohne Rede scheitert das Denken. Damit hat er selbst im digitDabei droht vergessen zu gehen, worauf kritisches Denken fusst. https://www.nzz.ch/feuilleton/bildung-und-digitalisierung-schon-platon-kritisierte-die-schrift-ld.1468010. Zugegriffen: 12. July 2020.

Schach Nachrichten. (06. Juni 2005). Interview mit Garry Kasparov: Vollständige deutsche Version. https://de.chessbase.com/post/interview-mit-garry-kasparov-vollstndige-deutsche-version. Zugegriffen: 30. März 2020.

Schmidt, E. (01. Oktober 2010). Google's CEO: 'The Laws Are Written by Lobbyists' Eric Schmidt on the power of lobbyists, a google „implant", and how China resembles a big business. https://www.theatlantic.com/technology/archive/2010/10/googles-ceo-the-laws-are-written-by-lobbyists/63908/. Zugegriffen: 4. Juni 2020.

Schufa. (15. Februar 2018). „OpenSchufa"-Kampagne irreführend und gegen Sicherheit und Datenschutz in Deutschland. https://www.schufa.de/themenportal/detailseite/themenportal-detailseite.9856.jsp?. Zugegriffen: 10. July 2020.

SmartFactoryKL. (2020). Was ist Production Level 4? https://smartfactory.de/production-level-4/. Zugegriffen: 11. Okt. 2020.

SPIEGEL-Online. (02. July 2015). Google entschuldigt sich für fehlerhafte Gesichtserkennung. https://www.spiegel.de/netzwelt/web/google-fotos-bezeichnet-schwarze-als-gorillas-a-1041693.html. Zugegriffen: 15. Juni 2020.

Stangl, W. (10. July 2020). Online Lexikon der Psychologie. https://lexikon.stangl.eu/511/theory-of-mind/. Zugegriffen: 10. July 2020.

Strube, G. (1996). *Wörterbuch der Kognitionswissenschaft*. Stuttgart: Klett-Cotta.

SWR2 Wissen, & Rooch, A. (18. August 2020). SWR2 Wissen: Chatbots – Reden mit Maschinen. https://www.swr.de/swr2/wissen/chatbots-reden-mit-maschinen-swr2-wissen-2020-08-18-102.html. Zugegriffen: 11. Okt. 2020.

van den Heuvel, M. (07. Mai 2019). Gute Daten, gute Ideen – dann kommt KI ins Spiel. https://www.vdi.de/themen/kuenstliche-intelligenz-ki/gute-daten-gute-ideen-dann-kommt-ki-ins-spiel. Zugegriffen: 20. Mai 2020.

VDE. (July 2020). Kurzdarstellung:E VDE-AR-E 2842-61-1. https://www.dke.de/de/normen-standards/dokument?id=7141809&type=dke%7Cdokument. Zugegriffen: 30. Aug. 2020.

Verband der Automobilindustrie (VDA). (September 2015). Automatisierung Von Fahrerassistenzsystemen zum automatisierten Fahren. https://www.google.com/url?sa=t&rct=j&q=&esrc=s&source=web&cd=&ved=2ahUKEwjEn9TG4IbqAhUCwsQBHUVcA4UQFjABegQIAxAB&url=https%3A%2F%2Fwww.vda.de%2Fdam%2Fvda%2Fpublications%2F2015%2Fautomatisierung.pdf&usg=AOvVaw3AJxUmk_wUXGOuUs4mfxRg. Zugegriffen: 28. Mai 2020.

Walter, U. (Juni 2020). *Focus, 27*, 69.

Wessel, D. (18. Oktober 2011). Was ist eigentlich kritisches Denken? https://wissensdialoge.de/was_ist_kritisches_denken/. Zugegriffen: 11. July 2020.

Westerheide, F. (22. März 2017). Antwort auf den Fragenkatalog für das Fachgespräch zum Thema „Künstliche Intelligenz" des Ausschusses Digitale Agenda. https://www.bundestag.de/resource/blob/498712/7a03d0356e35cf64b26bbedc12e8a56d/a-drs-18-24-130-data.pdf. Zugegriffen: 18. Mai 2020.

Winter, J. (2018). *Service Business Development – Künstliche Intelligenz und datenbasierte Geschäftsmodellinnovationen – Warum Unternehmen jetzt handeln sollten.* Wiesbaden: Springer.

Yogeshwar, R. (25. Januar 2018). STERN(05/2018).

Zafar, M. (2019). Discrimination in Algorithmic Decision Making: From Principles to Measures and Mechanisms. https://publikationen.sulb.uni-saarland.de/handle/20.500.11880/27359. Zugegriffen: 10. July 2020.

ZEITonline. (09. Juni 2014). Künstliche Intelligenz: Computerprogramm gaukelt erfolgreich Menschsein vor. https://www.zeit.de/wissen/2014-06/kuenstliche-intelligenz-turing-test. Zugegriffen: 16. Juni 2020.

ZEITonline. (21. September 2020). TikTok: ByteDance will Algorithmen für sich behalten. https://www.zeit.de/digital/2020-09/tiktok-videoplattfom-usa-markt-bytedance-technologie-transfer-walmart-oracle. Zugegriffen: 10. Sept. 2020.

Zuckerberg, M. (21. März 2018). Mark Zuckerberg in his own words: The CNN interview. https://money.cnn.com/2018/03/21/technology/mark-zuckerberg-cnn-interview-transcript/index.html. Zugegriffen: 4. Juni 2020.

Zweig, K. (09. July 2020). EU-Ratspräsidentschaft KI in der Arbeitswelt – der Einsatz Künstlicher Intelligenz braucht viel menschliche Kompetenz. https://www.denkfabrik-bmas.de/schwerpunkte/kuenstliche-intelligenz/ki-in-der-arbeitswelt-der-einsatz-ku%cc%88nstlicher-intelligenz-braucht-viel-menschliche-kompetenz?etcc_cmp=Newsletter_202007-EU-Rat&etcc_med=E-Mail. Zugegriffen: 10. July 2020.

Ethische Aspekte

4

4.1 Grundbegriffe der Ethik

„Um zu erkennen, ob ein Unternehmen zu einer wahren, ganzheitlichen Entwicklung bei-
trägt, müssen in der gesamten Diskussion die folgenden Fragestellungen bedacht werden:
Wozu?
Weshalb?
Wo?
Wann?
In welcher Weise?
Für wen?
Welches sind die Risiken?
Zu welchem Preis?
Wer kommt für die Kosten auf und wie wird er das tun?"
Papst Franziskus zur Frage Produktion und Unternehmen in Enzyklika Laudato si' (2015)

Die Anwendung der Digitalisierung und Künstlichen Intelligenz wirft neue ethische Fragen auf. Was für den einen menschlichen Akteur als moralisch gilt kann für den anderen moralischen Agierenden unangemessen bzw. unausgewogen erscheinen. Beides lässt sich nicht unbedingt auf eine Maschine übertragen, wobei sich bei einer KI zusätzlich die Frage stellt, ob diese selbst Handelnde oder ein reines Objekt ist. Derweil ist in der industriellen Produktion, wovon dieses Buch vorrangig handelt, diese Problematik weniger dominant, als in anderen Bereichen, als beispielsweise in der Medizin oder beim autonomen Fahren, wo es ggf. um Leben und Tod geht. Diese Gebiete tangieren aber den Wertschöpfungsprozess mit der Frage nach einer Maschinenethik, daher soll in diesem Kapitel zunächst Ethik mit technischem Fokus umfassender dargestellt werden.

Schon bei der klassischen Anwendung von Technik gibt es ethische Fragen wie „Darf alles umgesetzt werden, was technisch möglich ist?". Es gibt ethische und moralische Gründe, manches nicht zu tun, obwohl es technisch möglich und ökonomisch gewinnbringend ist.

© Der/die Autor(en), exklusiv lizenziert durch Springer Fachmedien Wiesbaden GmbH, 93
ein Teil von Springer Nature 2021
A. Mockenhaupt, *Digitalisierung und Künstliche Intelligenz in der Produktion,*
https://doi.org/10.1007/978-3-658-32773-6_4

Allerdings werden solche Fragen häufig kontrovers diskutiert, weil insbesondere Moral ein weltanschaulicher Wert ist, der individuell differenzieren kann.

- **Ethik** *ist als* **Wissenschaft** *die Lehre von der Unterscheidung zwischen Gut und Nicht-Gut, hergeleitet aus rational nachvollziehbaren Erwägungen.*

Rational nachvollziehbare Erwägungen sind z. B. die Verantwortung gegenüber anderen (vgl. Immanuel Kant: Kategorischer Imperativ: *„Handle nur nach derjenigen Maxime, durch die du zugleich wollen kannst, dass sie ein allgemeines Gesetz werde."*)

Es wird weiter unterschieden zwischen der ***allgemeinen Ethik*** (normativer Ethik, Metaethik), die Aussagen zum Glück des Einzelnen und dem gerechten kollektiven Zusammenleben macht, sowie zwischen der ***angewandten Ethik,*** die grundlegende Aussagen zu bestimmten gesellschaftlich relevanten Handlungsbereichen macht (Medizinethik, Wirtschaftsethik, …). In Zusammenhang mit Digitalisierung und Künstlicher Intelligenz entstehen ethische Fragen häufig mit der Anwendung, weswegen im Weiteren die angewandte Ethik im Vordergrund steht.

- **Moral** *ist ein* **Normensystem,** *das für sich das Anrecht auf Allgemeingültigkeit erhebt. Dieses Normensystem kann weltanschaulich differieren, und befürwortet bzw. abgelehnt werden (z. B. Moralvorstellung der Maffia).*

Moral kann unethisch sein, zur Unterscheidung
Die Sklavenhaltung in den US-amerikanischen Südstaaten im 19. Jahrhundert erfüllte die damalige Moral der Weißen im Süden (nicht der im Norden), da es dem dort dominierenden Normensystem entsprach. Eine Haltung, die scheinbar leider bis heute nicht ganz überwunden ist, wie die aktuellen Unruhen in den USA zeigen (Misteli und Moon 2020).

Ethisch gerechtfertigt war und ist dies nicht, da es keine rationalen, nachvollziehbaren Gründe gab und gibt, warum eine bestimmte Hautfarbe eines Menschen ihn von den Menschenrechten ausschließt oder eine Diskriminierung begründet.

Ethische und moralische Grundlage heutzutage ist die Allgemeinen Erklärung der Menschenrechte der Vereinten Nationen, insbesondere Artikel 1 (Alle Menschen sind gleich), Artikel 4 (Verbot der Sklaverei) sowie Artikel 7 (Diskriminierungsverbot) (UN 1948).

Moral basiert auf Werten, die wiederum bewusste oder unbewusste Orientierungsstandards Einzelner oder Gruppen widerspiegeln.

- **Werte** *sind tief-verwurzelte und persönlich bedeutsame Überzeugungen, die u. a. auf Tradition, Herkunft, Religion, Kultur oder persönlicher Lebenseinstellung basieren. Sie werden zumeist nicht hinterfragt.*

In der vom Psychologen Eric Berne begründeten **Transaktionsanalyse (TA)** kann ein Mensch in der Kommunikation drei Rollen einnehmen (Kinder-Ich, Erwachsenen-Ich und Eltern-Ich). Während das Erwachsenen-Ich stark faktengetragen ist, ist das Eltern-Ich normativ, werteorientiert. Berne meint, diese Werte wären eine „Tonbandaufnahme" aus den ersten sechs Lebensjahren und danach vollkommen fest verankert und, so Berne, nicht mehr löschbar. Daher ist die Problematik: Ein im Eltern-Ich diskutierender Mensch ist kaum mit Argumenten zu überzeugen, da er die „Wahrheit" meint zu kennen. Sein normatives Wertesystem, also seine Vorstellung von Moral, wird nicht weiter hinterfragt.

Das Wertesystem ist häufig kulturell geprägt, was die Bewertung für KIs erschwert:
So begründet China sein KI- und Big Data-basiertes Sozialkreditsystem als Erziehung zum guten Menschen, ganz im Sinne des Konfuzianismus. „Erstaunlich viele Chinesen befürworten die Überwachung", so das Handelsblatt (Handelsblatt 2018)

Diese wird vom westlichen Demokratieverständnis und von der Allgemeinen Erklärung der Menschenrechte der Vereinten Nationen nicht so gesehen: Insbesondere Artikel 12 sagt aus, jeder habe ein Recht auf Privatleben (UN 1948). Auch der Deutsche Bundestag hat hierzu entsprechend Stellung genommen (Deutscher Bundestag 2019).

Dass Moralvorstellungen auch heutzutage sehr unterschiedlich sein können und daher allgemeingültige Vorgaben für ein KI-System schwierig sind, beweist ein Experiment von Edmond Awad vom Massachusetts Institute of Technology in Cambridge, USA (Awad, et al. 2018):

In seinem „The Moral Machine Experiment" lässt er Probanden ein moralisches Dilemma lösen („Älteren oder Kind überfahren" vgl. Abschn. 4.2). Dabei zeigte sich, dass die Probanden zwar Menschen über Tiere stellten, jedoch bei einer Auswahl Menschen gegen Menschen gab es kulturelle Unterschiede: So war die Tendenz jüngere Menschen zu schonen in asiatischen Ländern weniger ausgeprägt, womöglich weil der Respekt vor dem Alter in diesen Ländern höher eingeordnet wird. In Lateinamerika wurden überdurchschnittlich viele Frauen und Sportler gerettet und in Ländern mit großem Einkommensgefälle wurde scheinbar ein höherer soziale Status vorteilhaft berücksichtigt.

4.2   Moralisches Dilemma

Beim moralischen Dilemma geht es um die philosophische Fragestellung zum Treffen einer Entscheidung, die sowohl logisch als auch moralisch ist, wobei sich beides zusammen ausschließt.

Das MIT Media Lab hat unter dem Namen Moral Machine (https://www. moralmachine.mit.edu) eine Plattform erstellt, mit der als laufendes Experiment erfasst werden soll, „wie Menschen zu moralischen Entscheidungen stehen, die von intelligenten Maschinen, z. B. selbstfahrenden Autos, getroffen werden."

Hierbei geht es um ein *moralisches Dilemma,* bei dem es mehrere Möglichkeiten gibt, die aber eigentlich alle ethisch bzw. moralisch abzulehnen sind. Das Beispiel der o. g. Plattform ist, dass ein autonom fahrendes (führerloses) Auto entscheiden muss, ob bei einem unvermeidbaren Unfall zwei Mitfahrer oder fünf Fußgänger getötet werden.

- *Ein **moralisches Dilemma** (Plural: Dilemmata) ist eine Situation, bei der eine Handlungsentscheidung erforderlich ist, obwohl jede möglich Handlungsoption, einschließlich der des Nicht-Handels, unweigerlich gegen ein Moralpostulat verstößt.*

Übersicht
Ursprung dieses Gedankenexperiments ist das *„Trolley-Car-Problem",* dass ein moralisches Dilemma beschreibt. Karl Englisch formulierte 1930 die Frage etwa so:

„Eine führerlose Straßenbahn rollt auf eine Menschenmenge zu, der unvermeidbare Zusammenstoß wird voraussichtlich viele Menschleben kosten. Ein Weichensteller hat die Möglichkeit, die Bahn auf ein anderes Gleis zu lenken, wo ebenfalls Menschen zu Schaden kämen, aber weniger, als wenn man den Dingen ihren Lauf ließe."

Hierbei geht es zum einen um die Frage, dass der Weichensteller entscheidet, welche Menschen weiterleben dürfen und welche nicht. Das moralische Dilemma ist, dass bei jeder Handlungsoption Menschen unweigerlich getötet werden. Er entscheidet, welche und wie viele Menschenleben es trifft. Im Sinne der Logik ist eine Schadensminimierung (möglichst wenig Menschleben) angezeigt, die Moral verbietet aber jedes aktive Töten, eine Verstellung der Weiche wäre aktiv.

Darüber hinaus stellt sich die Frage, ob Passivität vor Verantwortlichkeit schützt. Die rechtliche Frage der Konsequenz von *Unterlassung* ist auch für maschinelle Entscheidungen wichtig.

Ebenfalls diffizil, aber für KI-Entscheidungen wichtig, ist die Frage, ob *Quantifizierbarkeit* bei der Entscheidung eine Rolle spielen darf. Im Fall des o. g. Dilemmas also: Die richtige Entscheidung ist die, die am wenigsten Menschenleben kostet. Für

Computer ist es einfach, Zahlenwerte gegenseitig in Relations zu setzen und die Entscheidung über einer zahlenmäßigen Optimierung des Vorteils bzw. Minimierung des Schadens zu fällen.

Hierbei ist allerdings schon die Definition des Begriffs „Schadens" schwierig: Geht es um die Anzahl der Menschenleben, dann zählen zwei ältere Mitbürger mehr als ein Kind. Geht es um die verlorenen Lebensjahre, so hat das Kind vielleicht noch 70 Jahre vor sich, die zwei älteren Menschen jeweils zehn Jahre (zusammen also 20 Jahre). Ein moralisches Dilemma wird durch ein anderes ersetzt.

Das Bundesverfassungsgericht hat die Möglichkeit des „Verrechnens" von Menschenleben bereits 2006 untersagt. Damals ging es um das moralische Dilemma, ob ein entführtes, als Waffe eingesetztes Flugzeug vom Militär abgeschossen werden dürfe oder nicht (Bundesverfassungsgericht 2006).

Ein Mensch würde vor Gericht dennoch freigesprochen, weil seine (ggf. falsche) Handlung nicht schuldhaft sei, so die juristische Formulierung. Auf eine KI lässt sich diese Anschauung allerdings nicht übertragen. Die Aussage „Menschenleben können nicht gegen Menschenleben aufgerechnet werden", so richtig sie letztlich ist, ist aber bei Programmierung von KI-Systemen wenig hilfreich.

Angesichts neuerer technologischer Entwicklung, hier dem autonomen Fahren, beauftragte der Bundesverkehrsminister, Alexander Dobrindt, 2017 die Ethik-Kommission, sich des Themas anzunehmen. Die Ethik-Kommission lehnt es zwar ebenfalls ab, Menschenleben, auch in Notsituationen, gegeneinander zu „verrechnen", öffnet sich aber in ihrem Bericht zum automatisierten und vernetzten Fahren, z. B. in den Leitlinien 8 und 9 (von 20) (Ethik-Kommission 2017):

„Echte dilemmatische Entscheidungen, wie die Entscheidung Leben gegen Leben sind von der konkreten tatsächlichen Situation unter Einschluss „unberechenbarer" Verhaltensweisen Betroffener abhängig. Sie sind deshalb nicht eindeutig normierbar und auch nicht ethisch zweifelsfrei programmierbar. ….

Bei unausweichlichen Unfallsituationen ist jede Qualifizierung nach persönlichen Merkmalen (Alter, Geschlecht, körperliche oder geistige Konstitution) strikt untersagt. Eine Aufrechnung von Opfern ist untersagt. Eine allgemeine Programmierung auf eine Minderung der Zahl von Personenschäden kann vertretbar sein. Die an der Erzeugung von Mobilitätsrisiken Beteiligten dürfen Unbeteiligte nicht opfern."

Genauer wird dies im Textteil des Berichts der Ethik-Kommission: Automatisiertes und Vernetztes Fahren, auf S. 18, erläutert: „… Eine Programmierung auf die Minimierung der Opfer (Sachschäden vor Personenschäden, Verletzung von Personen vor Tötung, geringstmögliche Zahl von Verletzten oder Getöteten) könnte insoweit jedenfalls ohne Verstoß gegen Artikel 1 Absatz 1 Grundgesetz gerechtfertigt werden, wenn die Programmierung das Risiko eines jeden einzelnen Verkehrsteilnehmers in gleichem Maße reduziert. Solange nämlich die vorherige Programmierung für alle die Risiken in gleicher Weise minimiert, war sie auch im Interesse der Geopferten, bevor sie situativ als solche identifizierbar waren …"

Als weiterführenden Hinweis: Das sog. Scoring (Punkteberwertung) von Menschen ist Thema des fiktiven Romans „Qualityland" von Marc-Uwe Kling (Kling 2017).

Letztlich geht es aber um die Verwendung von KI-Systemen durch Menschen. Aus Marketing-Sichtweise ist anzunehmen, dass ein autonomes System, welches seine Nutzer im Zweifelsfall opfert, eher unverkäuflich ist. Dies ist aber eher eine Herausforderung der Wirtschaftsethik und nicht der KI-Ethik.

Die Entscheidung fällt sicherlich für Beteiligte (ich werde ggf. selbst getötet oder muss mit der Schuld leben, Menschen getötet zu haben) schwerer als für einen außenstehenden, neutralen Beobachter. Die KI nimmt dabei aber immer die Position des Außenstehenden ein, da die KI (noch?) kein Bewusstsein hat wobei es der KI mit Bewusstsein vermutlich gleich wäre, ob sie sich selber „abstellt". (Als weitergehenden Hinweis: Diese Diskussion wird gegen Ende des fiktiven Thrillers von Dan Brown „Origin" geführt (Brown 2017)).

Insbesondere bei industriellen Anwendungen, wie z. B. in der Produktion, geht es bei Dilemmata weniger um Leben und Gesundheit, sondern vielmehr um einzuhaltende Lieferverpflichtungen, die Einhaltung vereinbarter Qualitätsstandards, Kundenvertrauen u. ä. Das moralische Dilemma hier ist, dass mehreren Kunden konkurrierenden Versprechungen gemacht worden sind, von denen einige nun gebrochen werden müssen. Es gilt aber: Pacta sunt servanda (Verträge sind einzuhalten).

Die Vorgehensweise bei der Abarbeitung dieser **industriellen Dilemmata** durch eine KI fußt auf 3 + 1 Eskalationsstufen:

- Dilemma-Vermeidung
- Dilemma-Kompensation
- Dilemma-Folgenminimierung

Für alle Eskalationsstufen gilt darüber hinaus (3 + 1):

- Maximierung der Handlungsoptionen

Zunächst gilt **Dilemma-Vermeidung**. Dies bedeutet, dass die KI möglichst frühzeitig erkennen soll, dass einen Dilemmasituation auftreten könnte und proaktiv Vermeidungsmaßnahmen einleitet. Durch Mustererkennung und die Fähigkeit, viele mögliche Szenarien vorausberechnen zu können, kann dies eine KI besser, als es dem Menschen gelänge.

Ist Dilemma-Vermeidung nicht möglich, ist die nächste Eskalationsstufe die **Dilemma-Kompensation**. Bei zwei unvermeidbaren „schlechten" Lösungen ist vielleicht bei der einen eine geeignete Kompensation möglich. Im Falle von Dilemmata in KI-unterstützten Produktionen, z. B. von zwei gleichzeitig zu erfüllenden Aufträgen kann nur einer gefertigt werden, erwägt die KI mögliche Ersatzlieferungen, stimmt dies mit dem Kunden (der Kunden-KI) ab und reserviert hierfür Fertigungskapazitäten.

Ist weder Vermeidung noch Kompensation möglich, so ist die dritte Stufe die ***Dilemma-Folgenminimierung***. Auch hier ist die KI durch die Fähigkeit, unter Berücksichtigung von großen Datenmengen viele verschiedene Szenarien zu berechnen und diese mit in die Entscheidung mit einfließen zu lassen, dem Menschen überlegen. Dabei sollten auch emotionale Folgen, mit ggf. launenhaften Reaktionsweisen, Berücksichtigung finden.

Gerade weil in allen drei Eskalationsstufen mit chaotischen Unwägbarkeiten zu rechnen ist, so gilt beim industriellen Umgang mit Dilemmata der Grundsatz, sich möglichst eine hohe Zahl von alternativer Handlungsmöglichkeiten offen zu halten und sich nicht in eine KI-getriebene Sackgasse zu begeben.

4.3 Haftung bei KI

Haftungsregeln sind Schlechtwetterregeln,
  wie der Regenschirm braucht man sie nur, wenn die Sonne nicht scheint (von Unbekannt).

In der Amazon Prime Serie „Upload" kommt es direkt am Anfang zu einer interessanten Szene (Amazon Prime Video 2020): Der Hauptdarsteller fährt nachts in einem autonomen Auto. Er sieht sein Fahrzeug auf einen parkenden LKW zurasen, er weist die Auto-KI darauf hin. Die hat allerdings keine Information zu diesem Hindernis, es existiert für die KI nicht. Im Weiteren verweigert die KI die Abbremsung und auch weitere Befehle des Insassen. Eine manuelle Steuerung ist nicht vorgesehen. Resultat: Der Mensch stirbt, was angesichts des Glaubens an perfekte KIs zwar zu Verwunderung führt aber scheinbar nicht zu irgendeiner Haftung, insbesondere nicht des Autoherstellers. (Der weitere Verlauf des Geschehens ist hier nicht mehr interessant, daher nur der Hinweis: Damit beginnt die eigentliche Serie, der Geist des Menschen wird per upload ins Netz befördert und lebt dort virtuell weiter. Von dort kommuniziert er mit einem menschlichen Operator, der aber nicht angeben darf, ob er Mensch oder KI ist.)

Im Zusammenhang mit der Anwendung von autonomen Systemen wird die Haftungsfrage kontrovers diskutiert. Ausdrücklich stellt sich die Frage nach der Verantwortlichkeit: Die KI selbst, der Hersteller bzw. Entwickler, der Nutzer, Höhere Gewalt (niemand)? Die Frage ist schwierig zu beantworten, insbesondere bei der Auflösung eines moralischen Dilemmas (siehe Abschn. 4.2) durch eine selbstlernende KI.

Dass Menschen für ihre Erzeugnisse haften, ist in der Menschheitsgeschichte ein schon sehr altes Prinzip. Schon in Mesopotamien, 1750 v.Chr., wurde im Codex von Hammurabi (siehe Abb. 4.1) festgelegt, wie ein Baumeister für die Standsicherheit der von ihm erstellten Gebäude haften sollte Über das römische Recht wurden entsprechende Vorschriften im Jahr 1900 mit dem §823 in das BGB aufgenommen. Der Begriff Produkthaftung wird in Deutschland erst seit ca. 1970 verwendet.

Abb. 4.1 Stele des Codex
Hammurabi um 1750 v.Ch.,
Louvre, Paris (CC-Lizenz,
(Louvre 2011))

Nun sind Gesetze im Mensch-zu-Mensch-Zusammenhang geschrieben. Die Kontroverse, wer haftet, ist aber nicht nur bei moralischen Dilemmata wichtig, sondern für alle Fragen bezüglich der Entwicklung, Produktion und Nutzung autonomer Systeme und z. B. auch in der Risikobewertung nach ISO 9000 von Bedeutung.

Das Europäische Parlament stellte 2017 fest, „dass mit dem Risikomanagementansatz nicht die Person, 'die fahrlässig gehandelt hat', als persönlich haftend in den Mittelpunkt gestellt wird, sondern die Person, die imstande ist, unter bestimmten Umständen die Risiken zu minimieren und die negativen Auswirkungen zu bewältigen" (Forderung 55 und 56 (EU-Parlament 2017)).

Beim autonomen Lernen ist das EU-Parlament der Auffassung, je größer die Lernfähigkeit oder die Autonomie eines Roboters sei und je länger das Training eines Roboters dauert, desto größer sollte die Verantwortung seines „Trainers" sein. Dabei sollten die Fertigkeiten, die sich aus der „Schulung" des Roboters ergeben, nicht mit den Fertigkeiten verwechselt werden, die voll und ganz von dessen Selbstlernfähigkeiten abhängen. Das EU-Parlament verweist weiter darauf hin, dass zumindest im derzeitigen Stadium die Verantwortung bei einem Menschen und nicht bei einem Roboter liegen müsse.

Auch wirft das EU-Parlament die Frage nach der Rechtsnatur eines Roboters auf, in anderem Zusammenhang werden sie als e-Person (Elektronische Person – Electronic Person) bezeichnet (Wendehorst 2020). Dies könnte notwendig werden: Bertachtet man den Turing-Test zur Unterscheidung zwischen Menschen und Maschine bei der Kommunikation (siehe Abschn. 3.11), so zeichnet sich ab, dass dieser, wenn nicht bereits jetzt, so aber in nicht allzu weiter Zukunft, bestanden werden wird. Glaubt man den

Berichten um die Roboterin „Sophia" (vgl. Abschn. 3.4) scheint es humanoide Roboter, die aussehen wie ein Mensch, bereits zu geben. Betrachtet man die Fortschritte der Medizintechnik, wird es wohl auch Cyborgs (Mischwesen aus lebendigem Organismus und Maschine) geben.

Bezüglich der Frage, ob eine KI eine Rechtspersönlichkeit sein könne, beschwichtigt Udo di Fabio (Leiter der Ethik-Kommission zum autonomen Fahren und früherer Verfassungsrichter): „Wir überschätzen die Technik", und fügt zur Haftungsfrage hinzu: „Jemand, der ein Produkt mit künstlicher Intelligenz erzeugt, muss dafür die Haftung übernehmen. Der Gesetzgeber könnte sie ihm abnehmen und das Risiko vergesellschaften. Aber die Haftung würde nie auf die Maschine übergehen. Das wäre einer humanen Gesellschaft fremd, und es wäre auch nur eine Fiktion." (di Fabio et al. 2018).

Die Anforderung an jede KI ist *Rechtkonformität*. Wie gezeigt gibt es hier noch diskussions- und Klärungsbedarf. Diese Herausforderungen werden aber wohl in den nächsten Jahren gelöst werden. Darüber hinaus wichtig ist aber auch einen geeigneten Rahmen zur *Rechtsdurchsetzung* zu schaffen.

4.4 Prinzip der Doppelwirkung (PDW)

Die Ingenieurwissenschaften bewegen sich im Bereich der angewandten Ethik. In Bezug auf Technologie und deren Nutzung sind ethische Fragen häufig nicht einfach zu beantworten, nicht in Kategorien „Schwarz-Weiß" einzuordnen. Auch gibt es immer mehrere Wirkungen: Die KI kann das Leben der Menschen verbessern, z. B. durch weniger Unfälle, mehr Nachhaltigkeit oder eine effektivere Verbrechensbekämpfung. Umgekehrt kann KI auch demokratiefeindlich eingesetzt werden, aus der Verbrechensbekämpfung wird der Überwachungsstaat. Dabei gibt es bekannte Nebenwirkungen und unbekannte Nebenwirkungen.

Das *Prinzip der Doppelwirkung (PDW)* besagt, dass eine moralisch positive Entscheidung auch dann gerechtfertigt ist, wenn sie eine **unbeabsichtigte** oder **vorher nicht bekannte** moralisch negative **Nebenwirkung** mit sich bringt.

Die Sichtweise geht auf Thomas von Aquin, ein christlicher Theologe des 13. Jahrhunderts, zurück (Pfordten 2016), wobei es um das Handeln in Notwehr ging. Spätere Diskussionen verallgemeinerten das Thema, schränkten ein, dass man keinen „Gefallen" an den negativen Folgen haben dürfte. Wichtig ist, dass eine Umkehrung nicht möglich ist. Etwas Negatives tun, um etwas Gutes möglich zu machen ist demnach nicht gerechtfertigt (Eine Sünde zu begehen, um Menschenleben zu retten ist verboten).

In diesem Sinne wäre ein Hersteller für Nebenwirkungen seines Produktes nicht verantwortlich, die ihm zum Zeitpunkt der Entwicklung bzw. Verkauf trotz Sorgfaltspflicht unbekannt waren. Dieses philosophische Prinzip widerspricht aber m. E. der heutigen Rechtsprechung. Die Produkthaftung beispielsweise regelt die Verantwortlichkeit für den Hersteller. Dabei ist es unerheblich, ob eine Nebenwirkung unbeabsichtigt ist oder nicht.

Bei nicht-erkennbaren Nebenwirkungen gilt Sorgfaltspflicht und Beweislastumkehr, d. h. nicht der Kunde muss einen Fehler nachweisen, sondern der Hersteller muss beweisen, dass er dem Stand der Technik entsprechend alles getan hat, um das Problem vorab zu erkennen.

Auch kann es notwendig sein, einer KI Regelverstöße zu erlauben, quasi die Umkehrung des PWD, um Menschen vor Schaden zu bewahren. Also der Regelverstoß als negatives Entscheiden um positives zu bewirken (vgl. hierzu Abschn. 7.9).

Daher muss in einer *Risikoabschätzung* die Doppelwirkung berücksichtigt werden. Die Herausforderung sind die unbekannten Nebenwirkungen. Ggf. kann zur Findung unbekannter Nebenwirkungen eine darauf spezialisierte KI eingesetzt werden.

4.5   Doppelverwendung (Dual Use)

In der Technik ist die Entwicklung von Produkten zumeist ethisch unproblematisch. Probleme entstehen häufig erst mit der Anwendung der Produkte. So kann eine KI die Produktion überwachen, aber die gleiche KI kann auch die Mitarbeiter illegal überwachen.

Diese *Doppelverwendungsfähigkeit* ist besser bekannt unter dem englischen Begriff *„Dual Use"* und kommt ursprünglich aus der Exportkontrolle bei der Möglichkeit einer zivilen als auch einer militärischen Nutzung von Produkten. Dies gilt nicht nur für Produkte, sondern auch für die Produktion im Allgemeinen. Im Gegensatz zu der Doppelwirkung (PDW) ist die Möglichkeit des Dual Use aber von vorneherein bekannt.

Die ethische Fragestellung, die sich aus dieser Doppelverwendung stellt, ist die Verantwortlichkeit. Ist der Entwickler eines Produktes für die ihm bereits bekannte schädliche Nutzung verantwortlich? Oder ist erst der Anwender „Schuld"? Und was ist, wenn der Entwickler die schädliche Verwendung aus eigenem Verschulden nicht erkennt?

Diese bekommt bei der Digitalisierung und der Anwendung der Künstlichen Intelligenz besonderes Gewicht, insbesondere bei der Technologiefolgeabschätzung (TA).

4.6   Technologiefolgeabschätzung (TA)

Auch wenn die rechtliche Verantwortung für die Entwicklung und Anwendung von Produkten geklärt ist, es verbleibt auch eine ethische Verantwortung für das, was insbesondere aus Innovationen entsteht. Dabei ist dies kein reiner technologischer Prozess, sondern es gibt auch gesellschaftliche Folgen.

Technologiefolgeabschätzung (TA) soll schädliche Folgen vorab erkennen und bewerten, die neben der technologischen oder wirtschaftlichen Hauptzielrichtung entstehen. Insgesamt gibt es drei Arten von Nebenfolgen:

- negativen Nebenfolgen werden von Anfang an bewusst in Kauf genommen
- Schädliche Nebenwirkungen waren unbekannt, hätten aber (bei entsprechendem Aufwand) vorhergesehen werden können
- später auftretenden Folgen waren und sind unvorhersehbar

Bereits 1973 machte der damalige Bundesinnenminister Hans-Dietrich Genscher deutlich: Der Konflikt zwischen Technik und Umwelt ... entstehe durch eine Anwendung der Technik, die nicht alle Folgen berücksichtigt (Bullinger 2012).

Schon damals versuchten einige Gruppierungen, z. B. der Club of Rome 1972 mit einer düsteren Prognose zur Grenze des Wachstums, darauf hinzuweisen, dass die Spätfolgen einer technologischen und wirtschaftlichen Entwicklung berücksichtigt werden müssen. Allerdings hat sich diese Prognose nicht bewahrheitet (was gerne als Argument, leider unter Aberkennung wissenschaftlicher gesicherter Erkenntnisse, gegen den Klimawandel genutzt wird).

In der Folge gab es viele Unfälle, Chemieanlagenunfälle (Bhopal 1984, Sandoz 1986, Hoechst 1993), Tankerunfälle (Exxon Valdez 1988), Katastrophen bei der Nutzung Kernenergie (Tschernobyl 1986, Fukushima 2011) sowie eine weltweite Klimaentwicklung, die als kritisch gesehen wird.

Die Technologiefolgeabschätzung wird mittlerweile weiter gefasst, es geht auch um *Nachhaltigkeit* sowie um *Werte*:

Die Vereinten Nationen haben 17 Ziele für eine nachhaltige Entwicklung aufgestellt (Sustainable Development Goals, SDGs) (UNRIC 2019). Nach Ansicht des Forums Wirtschaftsethik kann Künstliche Intelligenz zur Erreichung dieser Ziele beitragen (Forum Wirtschaftsethik 2020). Ein positiver Beitrag sei insbesondere auf der ökologischen Ebene zu erwarten, es bestehe aber auch die Gefahr der Behinderung, vor allem auf sozialer Ebene. Nach einer anderen Studie zur Rolle der KI bei der Erreichung der UN-Nachhaltigkeitsziele hat die KI auf 79 % der UN-Ziele positive Auswirkungen, bei 35 % eher negative (Vinuesa et al. 2020).

Nachhaltigkeit hat auch mit Wertesystemen zu tun. Diese können, wie bereits gezeigt, kulturell sehr unterschiedlich sein. In den Ingenieurwissenschaften ist es etwas einfacher, weil faktenbasiert, allerdings gibt es auch hier eine Vielzahl von Hypothesen, die auf das Wertesystem einwirken. Eine Übersicht der einflussreichsten Theorien zeigt Abb. 4.2.

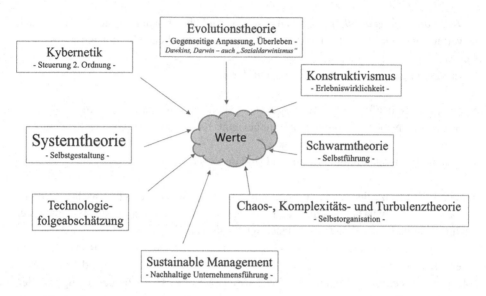

Abb. 4.2 Theorien mit Produktions- & Wertebezug

4.7   Maschinenethik, Maschinenmoral & Roboterethik

Die *Maschinenethik* (englischen Bezeichnung *Artificial Morality – AM*) ist das Pendant zur menschlichen Ethik. Es soll Maschinen in die Lage versetzen, autonom moralische Entscheidungen zu treffen. Als Forschungsgebiet liegt Maschinenethik an der Schnittstelle zwischen Ingenieurwissenschaft (insbesondere Robotik), Informatik und Philosophie.

Der Begriff Maschine ist hierbei weit gefasst, es kann sich um Maschinen im klassischen Sinne handeln (z. B. Roboter, Drohnen), aber auch Software, wie z. B. intelligente Agenten, die das Netz nach Informationen durchforsten.

Neben den bereits oben erwähnten Einsatzgebieten, bei denen ein moralisches Dilemma auftreten kann, z. B. dem autonomen Fahren, sind bei der *Maschinenmoral* vor allem Anwendungen im Fokus, bei denen Mensch und Maschine zusammenarbeiten. Dies ist z. B. in der Pflege oder Krankenbetreuung von Menschen der Fall. Neben ethischen Grundsätzen bedarf es hier auch einer gewissen Empathie, die Handlungsspielräume eröffnet. Soll für Medikamentengabe der schlafende Patient geweckt werden, oder ist es sinnvoll noch zu warten. Wie sollen kritische Informationen an den Patienten weitergegeben werden, sachlich und vollständig, einfühlsam aber dosiert, …

Kritisch gesehen wird die Ausweitung der Maschinenmoral auch auf militärische Anwendungen, z. B. autonomen Waffensystemen. Diese sollen beispielsweise selbstständig, nach moralischen Grundsätzen entscheiden, wann militärische Aktionen notwendig sind, welche Reaktionsweise angemessen ist oder wie sich Kombattanten

(Kampfteilnehmer wie Soldaten oder Guerillakämpfer) von Nicht-Kombattanten (Sanitäter, verletzte Soldaten, Kriegsberichterstatter, …) und Zivilisten unterscheiden.

Roboterethik ist eine Spezialdisziplin zur Programmierung humanoider Roboter, die zu menschenähnlicher Gestik, Mimik und der Verständigung in natürlich gesprochener Sprache fähig sind. Bereits Mitte des 20. Jahrhunderts stellte der Science-Fiction Autor Isaak Asimov seine nach ihm benannten *drei Robotergesetze (Asimov'schen Gesetze)* auf, die auch von der Wissenschaft übernommen wurden (Drösser et al. 2004):

1. Ein Roboter darf kein menschliches Wesen verletzen oder durch Untätigkeit zulassen, dass einem menschlichen Wesen Schaden zugefügt wird.
2. Ein Roboter muss, den ihm von einem Menschen gegebenen Befehlen gehorchen – es sei denn, ein solcher Befehl würde mit Regel eins kollidieren.
3. Ein Roboter muss seine Existenz beschützen, solange dieser Schutz nicht mit Regel eins oder zwei kollidiert.

Letztlich stellt sich die Frage, ob Maschinen überhaupt moralisch handeln können. Für volle Moralität schreibt Catrin Misselhorn in ihrem Buch „Grundfragen der Maschinenethik", sei auch noch ein (maschinelles) *Selbstbewusstsein* notwendig (Misselhorn 2018). Dies haben KIs aber auf absehbare Zeit nicht, viele Wissenschaftler bezweifeln, dass dies überhaupt möglich ist. Vielleicht liegt es aber auch daran, dass das menschliche Selbstbewusstsein selbst wissenschaftlich kaum geklärt ist.

Weitergehend Interessierte seien hier auf das Handbuch Maschinenethik (Bendel 2019) bzw. Maschinenethik – Normative Grenzen autonomer Systeme – (Rath et al. 2019) verwiesen.

4.8   Ethische Leitplanken bei Digitalisierung & KI

„Bosch setzt der Künstlichen Intelligenz ethische Grenzen und hat sich für den Umgang mit KI in seinen Produkten klare Leitlinien gegeben"
Michael Bolle, Bosch-Digitalvorstand (FOCUS 2020).

Die ethische Dimension wirkt bei Digitalisierung und KI verstärkt, auch dadurch, dass Maschinen menschenähnlicher werden und sich die Frage stellt, wo endet das Menschsein? Bundeskanzlerin Angela Merkel nimmt hierzu anlässlich ihres Japanbesuchs 2019 Stellung: Sie regt an, sich mit diesem Thema zu beschäftigen, rät aber zur „Entmystifizierung" und fordert ethische Leitplanken für die Nutzung von KI (F.A.Z., Merkel fordert „ethische Leitplanken" für KI 2019).

Digitalisierung und KI könnten positiv wirken, als auch schwierige Folgen haben. Besonders der Einsatz von, z. T. wenig transparenten Algorithmen zur Überwachung von Maschinen aber auch Menschen und zur autonomen Entscheidungsfindung wirft ethische Fragen auf:

> **Übersicht**
>
> *„In der Medizin werden Algorithmen diskutiert, die durch Auswertung von Inter-*
> *netaktivitäten erkennen sollen, ob sich eine … depressive oder manische Phase*
> *anbahnt. Dann könnte sein Arzt benachrichtigt werden … Ist das gut?"*
> *„Die Verheißung der Künstlichen Intelligenz sind … bei 10.000 Suizidopfern*
> *allein in Deutschland verführerisch. Man könnte den Menschen tatsächlich helfen,*
> *doch viele algorithmische vorhersagen liefern am Ende lediglich statistische*
> *Risikowahrscheinlichkeiten."*
> *Ranga Yogeshwar im STERN* (Yogeshwar 2018)
> *Anmerkung des Autors: Für Fabienne, verstorben mit 15 Jahren am 17.09.2015*

Es ist allgemein akzeptiert, dass wir als Mensch auf bestimmte Fragen keine Antwort wissen und, falls erforderlich, eine Risikoentscheidung treffen. Gründe hierfür sind vielfältig, zu wenig Daten, unsichere bzw. widersprüchliche Informationslage, keine wissenschaftlich fundierte Aussage, Zeitproblematik, u. v. m.

Aber, für die Entscheidung gibt es einen oder mehrere Verantwortliche, die auch in Haftung genommen werden können. Für die Akzeptanz der Entscheidung spielt Empathie und Vertrauen eine entscheidende Rolle (siehe auch Abschn. 7.5).

Bei autonomen Entscheidungen einer KI ist das anders, weil die Verantwortlichkeit nicht bei der KI liegen kann und die KI selbst auch als Maschine nicht haften kann. Darüber hinaus ist „Vertrauen" eine Mensch-zu-Mensch Eigenschaft und Maschinen sind (derzeit noch) empathielos. Daher ist es für die Akzeptanz einer KI-Entscheidung wichtig zu wissen, wie diese zustande gekommen ist, besonders dann, wenn sie im unsicheren Umfeld erfolgte.

Gerade hier liegt aber die Herausforderung, die Anforderung an Transparenz ist bei KI-Systemen mit Machine Learning oder Deep Learning schwierig umzusetzen, z. T. nicht möglich. Stattdessen setzt man auf die Erklärbarkeit (für konkrete Entscheidungen werden die wesentlichen Einflussfaktoren aufgezeigt, siehe Kapitel „Erklärbare KI").

Dies reicht aber in ethischen Fragestellungen nicht aus, was vor allem an der individuellen Beurteilung moralischer Aspekte liegt:

So gab es in der Corona-Krise intensiv geführte Debatten um den sog. Lockdown, welchem Grundrecht den Vorrang gegeben werden sollte, der persönlichen Freiheit (Öffnung des Lockdowns) oder dem Grundrecht auf Leben und Gesundheitsschutz (verschärfter Lockdown). „Grundrechte beschränken sich gegenseitig.", so Bundestagspräsident Wolfgang Schäuble im Tagesspiegel (Birnbaum und Ismar 2020). Dies ist eine eher normative, also moralische Fragestellung.

Noch schwieriger und sehr kontrovers diskutiert war darüber hinaus die Frage, wie bei nicht-ausreichender medizintechnischer Versorgung die Auswahl derer Menschen getroffen wird, die eine Überlebenschance bekommen und derer, die unbehandelt sterben. Diese Fragestellung ist ethisch begründet, da es rationale Entscheidungskriterien gibt.

Eine empathielose, über Fakten wie Überlebenswahrscheinlichkeit und Restlebens-zeit getroffene KI-Entscheidung hätte aber wohl keine Akzeptanz gefunden, obwohl sie sicherlich auch deshalb einfacher gewesen wäre, weil sie den Arzt von dieser schwierigen Entscheidungsverantwortung entbindet.

Interessant in diesem Zusammenhang ist, ob einer KI zur Entscheidung Wertevor-gaben gemacht werden sollen und können. Denkbar ist bei einer rational und auf soliden Daten begründeten Entscheidung, die aber diskriminierend ist, ein Regulativ einzubauen.

So wird angenommen (der tatsächliche Algorithmus ist nicht veröffentlicht), dass die Kreditwürdigkeit einer Person auch über den Wohnort bewertet wird. Wenn dem so wäre (was man nicht weiß), lautete die Entscheidung: Wohnt man in der falschen Gegend, bekommt man keinen Kredit. Obwohl die höhere Kreditausfallwahrscheinlichkeit ver-mutlich statistisch abgesichert ist, könnte die daraus resultierende logische Entscheidung diskriminierend sein. Einer KI muss der moralische Wert „Antidiskriminierung" vor-gegeben werden, der dann Entscheidungsprozess über der mathematisch-statistischen Logik stehen muss.

Es ist illusorisch anzunehmen, eine starke KI würde die eine, bezüglich der Ent-scheidungskriterien vollkommen transparente, absolut richtige und von allen akzeptierten Entscheidung treffen können.

Für die im industriellen Bereich bereits angewendeten (schwachen) KIs sind die ethischen Herausforderungen aktuell noch nicht so evident, weil der Mensch (noch) dominant in der Entscheidungskette verbleibt.

Betrachtet man dabei konkret die Anwendung von Digitalisierung und KI, werden zwei Handlungsfelder sichtbar:

- Eine ethisch korrekte Wertschöpfungskette unter Nutzung von KI
- Die ethisch angemessene Verwendung der KI-Produkte

Ziel ist es aber, dass die KI selbstständig wird, daher wird man der KI-Anwendung „ver-trauen" müssen, eher im Sinne von „sich anvertrauen" gemeint, weniger im zwischen-menschlichen Sinne. Hierfür hat die EU-Kommission Leitlinien für vertrauenswürdige KI-Anwendungen erstellt (siehe Abschn. 3.12.1).

4.9 Gesamtbewertung und Messung einer KI-Ethik

„Überall, wo Maschinen über menschliche Schicksale entscheiden, urteilen oder richten, würden wir nicht nur den Datenschutz aufgeben, sondern auch unsere ethischen Werte als Europäer."
Richard David Precht im SPIEGEL Interview (Precht & Thelen, SPIEGEL Streitgespäch R.D. Precht vs. Frank Thelen 2020).

Nicht jeder stimmt der o. g. Behauptung des Philosophen Richard David Precht (Buch: Künstliche Intelligenz und der Sinn des Lebens – Ein Essay) zu. Richtig ist aber, dass die

Europäer um einen eigenen Weg in der Beurteilung von ethischen Fragen im Zusammenhang mit KI ringen. Dies beschäftigt dann z. T. auch den Europäischen Gerichtshof (EuGH).

Die Bertelsmann-Stiftung hat ein Projekt initiiert, dass sich weiter mit der Problematik der Messbarmachung von KI-Ethik beschäftigt (Bertelsmann Stiftung (Hrsg.), Hustedt und Hallensleben 2020). Hierbei wurde das sog. VCIO-Modell entwickelt. VCOI steht für Values, Criteria, Indicators und Observables (Werte, Kriterien, Indikatoren und Beobachtbarkeit, siehe Abb. 4.3):

Aus dem VCIO-Modell abgeleitet gibt es Vorschläge zur Klassifikation und Quantifizierung von KI, wie in Abb. 4.4 wiedergegeben. Zentral bei der Gesamtbewertung werden hierbei Transparenz, Berechenbarkeit, Schutz der Privatsphäre, Rechtskonformität, Verlässlichkeit sowie Nachhaltigkeit angesehen. Diese wird als Vorschlag im Ampelstiel (grün-gelb-rot) ähnlich dargestellt, wie z. B. ein Energie-Effizienz-Label. Da es sich hier z. T. um K.O.-Kriterien (z. B. Rechtskonformität ist nicht verhandelbar) handelt, muss allerdings besonderen Wert auf die Definition der jeweiligen Einordnung gelegt werden.

Abb. 4.3 VCIO-Modell (Bertelsmann Stiftung (Hrsg.), Hustedt und Hallensleben 2020)

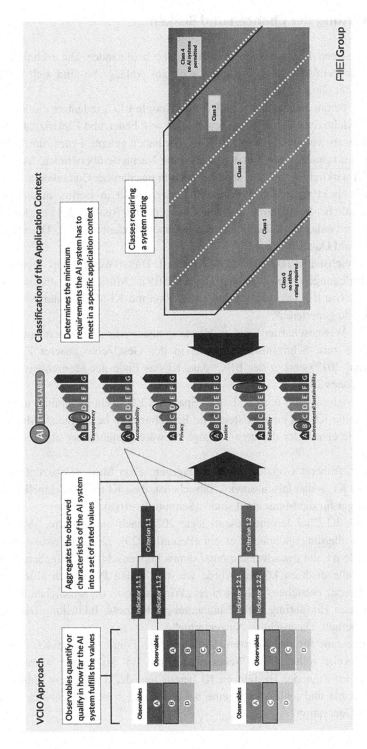

Abb. 4.4 Vorschlag zur Gesamt-Systembewertung anhand von Mindestanforderungen (Bertelsmann Stiftung et al. 2020)

4.10   Bewertung der Chancen und Risiken

Chancen und Risiken liegen bei der Nutzung nahe beieinander. Die technische Entwicklung und der ethische Diskurs stehen noch am Anfang. So sind sich selbst die
Protagonisten nicht einig:

Die Chancen betont Sundar Pichai, CEO von Google LLC, indem er die Künstliche
Intelligenz für wichtiger hält, als Errungenschaften wie Feuer und Elektrizität (Clifford
2018). Den Mahnern vor Gefahren hält er vor: „Wir haben gelernt, Feuer zum Wohle der
Menschheit zu nutzen, aber wir mussten auch seine Nachteile überwinden. Mein Punkt
ist also, dass KI wirklich wichtig ist, aber wir müssen uns darüber Gedanken machen."

Optimistisch blickt auch Volker Wittpahl, Leiter des iit in Berlin, in die Zukunft
(VDI und Künstliche Intelligenz zwischen Chancen und Risiken 2019): „Künstliche
Intelligenz … wird nahezu alle Bereiche unseres Lebens beeinflussen. … Das Prinzip KI
funktioniert, sobald Daten vorliegen."

Der VDI Bereichsleiter Technik und Gesellschaft, Dieter Westerkamp, legt mit ökonomischen Überlegungen nach (van den Heuvel 2019): „Mittlerweile sind wir soweit,
dass wir Daten, etwa Big Data, haben und auch schon mit KI-Methoden auswerten, um
einen Mehrwert zu generieren".

Das sieht der Wissenschaftler Stephen Hawking anders: Er wird zitiert mit der Aussage, KI könnte zum Schlimmsten Ereignis in der Geschichte unserer Zivilisation
werden (Kharpal 2017) und in der BBC, dass KI das Ende der Menschheit bedeuten
könnte (Callan-Jones 2014).

Elon Musk, Visionär und u. a. Tesla und SpaceX CEO, sieht es ähnlich und warnt:
„Regulieren Sie die KI, um eine 'existenzielle Bedrohung' zu bekämpfen" (Musk 2017)
Dabei polarisierte er mit der düsteren Aussage AI wäre „gefährlicher als Nord Korea"
(David 2017).

Eric Schmidt, früherer Google-Chef, hält dagegen: Elon Musk sei bezüglich seiner
Einschätzung zu KI 'genau falsch' sowie „Tatsache ist, dass KI und maschinelles Lernen
so grundlegend gut für die Menschheit sind." (Schmidt E. 2018).

Der Facebook KI-Chef Jerome Pesenti legte 2020 nach und erklärte, „Musk hätte
keine Ahnung", allerdings schränkte er ein (Pesenti 2020): „Musks Fokussierung auf
eine Art generelle KI, die irgendwann einmal sämtliche menschliche Aufgaben erledigen
und uns damit alle ersetzen könnte, würde von den realen Problemen ablenken, die
durch den KI-Einsatz entstehen.". Und weiter: „Wir ignorieren die wirklichen Probleme,
die mit der breiten Einführung der KI einhergehen: Fairness, Inklusion, Transparenz,
Robustheit, Sicherheit, Datenschutz, Nutzerrechte".

Ethisch interessant für die Grenzen der KI ist die Frage, ob eine KI sich selbst
(weiter-) entwickeln sollte. Eine Weiterentwicklung im Sinne der selbstständigen
Optimierung ist im Zuge der lernfähigen KI bereits angedacht bzw. verwirklicht. Aber
sollte eine KI selbst und unüberwacht eine neue Generation von KI entwickeln, quasi
eine Kinder-KI-Generation?

4.11 Fragen zum Kapitel

1. Unterscheiden Sie Ethik, Moral und Werte.
2. Was ist ein moralisches Dilemma? Nennen Sie ein industrielles Beispiel.
3. Warum ist eine Verrechnung von Grundrechten gegeneinander schwierig (z. B. Recht auf körperliche Unversehrtheit gegen Recht auf freie Entfaltung bei der Maskenpflicht-Diskussion in der Corona-Krise)?
4. Warum ist die Aufrechnung von Menschenleben (z. B. Abschuss eins Flugzeugs über freiem Gelände bevor es in einer Großstadt abstürzt) ethisch wie gesetzlich schwierig zu beantworten?
5. Wo liegt die Herausforderung bei der Haftung beim Einsatz von KI? Diskutieren sie dabei die Begriffe Haftung des (Software-) Entwicklers, Herstellerhaftung, Nutzerhaftung sowie Höhere Gewalt.
6. Diskutieren Sie die Handlungsmöglichkeiten Dilemma-Vermeidung, -Kompensation und – Folgenminimierung mit ihren jeweiligen Vor- und Nachteilen.
7. Was ist das Prinzip der Doppelwirkung sowie der Doppelverwendung, nennen Sie ein technisches Beispiel.
8. Diskutieren Sie das VCIO-Modell. Wo liegen die Vorzüge einer Gesamtbewertung im Ampel-Stil (grün-gelb-rot), was spräche dagegen?
9. Stellen Sie mit drei bis vier Punkten Grundsätze für eine Roboterethik bzw. Maschinemoral auf.
10. Diskutieren Sie: Wird es das Recht darauf geben, dass eine KI-Meinung eine eigene, andere Meinung hat als der Mensch?

Literatur

Amazon Prime Video (Regisseur). (2020). Upload (Staffel 1) – 1. Der erste Tag vom Rest der Ewigkeit [Kinofilm]. Amazon Prime Video.

Awad, E., Dsouza, S., Schulz, J., Henrich, J., Shariff, A., Bonnefon, J.-F., & Rahwan, I. (2018). The Moral Machine experiment. *Nature, 563,* 59–64.

Bendel, O. (2019). *Handbuch Maschinenethik.* Wiedbaden: Springer VS.

Bertelsmann Stiftung (Hrsg.), Hustedt, C., & Hallensleben, S. (2020). From principles to practice: How can we make AI ethics measurable? https://www.bertelsmann-stiftung.de/de/publikationen/publikation/did/from-principles-to-practice-wie-wir-ki-ethik-messbar-machen-koennen. Zugegriffen: 18. Mai 2020.

Birnbaum, R., & Ismar, G. (26. Apr. 2020). Bundestagspräsident zur Corona-Krise: Schäuble will dem Schutz des Lebens nicht alles unterordnen. https://www.tagesspiegel.de/politik/bundestagspraesident-zur-corona-krise-schaeuble-will-dem-schutz-des-lebens-nicht-alles-unterordnen/25770466.html. Zugegriffen: 11. Okt. 2020.

Brown, D. (2017). *Origin (Deutsche Ausgabe).* Bastei Lübbe: Hamburg.

Bullinger, H.-J. (2012). *Technologiefolgeabschützung (TA).* Stuttgart: Teubner.

Bundesverfassungsgericht. (15. Februar 2006). Leitsätze zum Urteil des Ersten Senats vom 15. Februar 2006 (Abschnitt 52). https://www.bundesverfassungsgericht.de/SharedDocs/Ent-scheidungen/DE/2006/02/rs20060215_1bvr035705.html. Zugegriffen: 28. Mai 2020.

Callan-Jones, R. (2. Dezember 2014). Stephen Hawking warns artificial intelligence could end mankind. BBC News. https://www.bbc.com/news/technology-30290540. Zugegriffen: 25. Mai 2020.

Clifford, C. (1. Februar 2018). Google CEO: A.I. is more important than fire or electricity. https://www.cnbc.com/2018/02/01/google-ceo-sundar-pichai-ai-is-more-important-than-fire-electricity.html. Zugegriffen: 20. Mai 2020.

David, J. (12. Mai 2017). Elon Musk issues a stark warning about A.I., calls it a bigger threat than North Korea. https://www.cnbc.com/2017/08/11/elon-musk-issues-a-stark-warning-about-a-i-calls-it-a-bigger-threat-than-north-korea.html. Zugegriffen: 20. Mai 2020.

Deutscher Bundestag. (2. Oktober 2019). Drucksache 19/13723 – Das Sozial-Kredit-System der Volksrepublik China und seine menschenrechtlichen und wirtschaftlichen Implikationen. https://dip21.bundestag.de/dip21/btd/19/137/1913723.pdf. Zugegriffen: 21. Juni 2020.

di Fabio, U., Kreimeier, N., & Wirminghaus, N. (21. März 2018). Autonomes Fahren: „Wir über-schätzen die Technik".https://www.capital.de/wirtschaft-politik/wir-ueberschaetzen-die-technik. Zugegriffen: 20. Juni 2020.

Drösser, C. (29. Juli 2004). Roboter: Moral in Dosen. https://www.zeit.de/2004/32/I-Robot. Zugegriffen: 15. Juni 2020.

Ethik-Kommission. (2017). Automatisiertes und vernetztes Fahren. https://www.bmvi.de/SharedDocs/DE/Publikationen/DG/bericht-der-ethik-kommission.pdf?__blob=publicationFile. Zugegriffen: 11. Oktober 2020.

EU-Parlament. (16. Februar 2017). Entschließung des Europäischen Parlaments vom 16. Februar 2017 mit Empfehlungen an die Kommission zu zivilrechtlichen Regelungen im Bereich Robotik. https://www.europarl.europa.eu/doceo/document/TA-8-2017-0051_DE.html. Zugegriffen: 11. Okt. 2020.

F.A.Z. (5. Februar 2019). Merkel fordert „ethische Leitplanken" für KI. https://www.faz.net/aktuell/wirtschaft/kuenstliche-intelligenz/angela-merkel-fordert-ethische-leitplanken-fuer-ki-16024991.html. Zugegriffen: 25. Juni 2020.

FOCUS. (12. September 2020). INDUSTRIE: „Ein völlig KI-gesteuertes Auto wird es nie geben". FOCUS 37/2020, S. 56. https://www.focus.de/finanzen/news/industrie-ein-voellig-ki-gesteuertes-auto-wird-es-nie-geben_id_12394739.html. Zugegriffen: 11. Okt. 2020.

Forum Wirtschaftsethik. (16. Januar 2020). Kann künstliche Intelligenz zur Umsetzung der UN-Nachhaltigkeitsziele beitragen? https://www.forum-wirtschaftsethik.de/kann-kuenstliche-intelligenz-zur-umsetzung-der-un-nachhaltigkeitsziele-beitragen/. Zugegriffen: 10. Juli 2020.

Handelsblatt. (23. Juli 2018). Totale Überwachung – Darum befürworten viele Chinesen das Sozialpunktesystem. https://www.handelsblatt.com/politik/international/totale-ueberwachung-darum-befuerworten-viele-chinesen-das-sozialpunktesystem/22834722.html?ticket=ST-8486880-yfhvdWbfbGqnrZEEM2UT-ap1. Zugegriffen: 4. Sept. 2020.

Kharpal, A. (6. November 2017). Stephen Hawking says A.I. could be ‚worst event in the history of our civilization'. https://www.cnbc.com/2017/11/06/stephen-hawking-ai-could-be-worst-event-in-civilization.html. Zugegriffen: 20. Mai 2020.

Kling, M.-U. (2017). *Qualityland*. Berlin: Ullstein.

Louvre. (2011). P1050763 Louvre code Hammurabi face rwk.JPG. https://commons.wikimedia.org/wiki/File:S1050763_Louvre_code_Hammurabi_face_rwk.JPG?uselang=de. Zugegriffen: 11. Okt. 2020.

Misselhorn, C. (2018). *Grundfragen der Maschinenethik*. Ditzingen: Reclam.

Misteli, S., & Moon, J. (3. Juni 2020). Chronologie der Rassenunruhen in den USA seit den 1960er Jahren. https://www.nzz.ch/international/proteste-usa-chronologie-von-rassenunruhen-seit-den-1960ern-ld.1559364. Zugegriffen: 4. Juni 2020.

Musk, E. (17. Juli 2017). Elon Musk: regulate AI to combat 'existential threat' before it's too late. https://www.theguardian.com/technology/2017/jul/17/elon-musk-regulation-ai-combat-existential-threat-tesla-spacex-ceo. Zugegriffen: 20. Mai 2020.

Pesenti, J. (18. Mai 2020). Facebooks KI-Chef: Elon Musk hat keine Ahnung, wovon er spricht. https://t3n.de/news/facebooks-chef-elon-hat-musk-ki-1280920/. Zugegriffen: 20. Mai 2020.

Pfordten, D. (2016). *Moralisches Handeln und das Prinzip der Doppelwirkung.* Stuttgart: Metzler.

Precht, R., & Thelen, F. (29. August 2020). SPIEGEL Streitgespäch R.D. Precht vs. Frank Thelen. *Spiegel,* (36), S. 60 ff.

Rath, M., Krotz, F., & Karmasin, M. (2019). *Maschinenethik: Normative Grenzen autonomer Systeme.* Wiesbaden: Springer VS.

Schmidt, E. (25. Mai 2018). Eric Schmidt says Elon musk is 'exactly wrong' about AI. https://techcrunch.com/2018/05/25/eric-schmidt-musk-exactly-wrong/. Zugegriffen: 20. Mai 2020.

UN. (1948). Die Allgemeine Erklärung der Menschenrechte – Resolution 217 A (III) vom 10.12.1948. https://www.ohchr.org/EN/UDHR/Pages/Language.aspx?LangID=ger. Zugegriffen: 30. Sept. 2020.

UNRIC. (2019). UN-Ziele für Nachhaltige Entwicklung (Argenda 2030). https://unric.org/de/17ziele/. Zugegriffen: 3. Juni 2020.

van den Heuvel, M. (7. Mai 2019). Gute Daten, gute Ideen – Dann kommt KI ins Spiel. https://www.vdi.de/themen/kuenstliche-intelligenz-ki/gute-daten-gute-ideen-dann-kommt-ki-ins-spiel. Zugegriffen: 20. Mai 2020.

VDI. (7. Mai 2019). Künstliche Intelligenz zwischen Chancen und Risiken. https://www.vdi.de/themen/kuenstliche-intelligenz-ki/kuenstliche-intelligenz-zwischen-chancen-und-risiken.

Vinuesa, R., Azizpour, H., Leite, I., & et al. (13. Januar 2020). The role of artificial intelligence in achieving the Sustainable Development Goals. Abgerufen am 21. 06 2020 von https://www.nature.com/articles/s41467-019-14108-y. Zugegriffen: 20. Mai 2020.

Wendehorst, C. (13. Januar 2020). Ist ein Roboter haftbar? (Der Streit um die e-Person). https://www.forschung-und-lehre.de/recht/ist-ein-roboter-haftbar-2415/. Zugegriffen: 2. Apr. 2020.

Yogeshwar, R. (25. Januar 2018). STERN(05/2018).

Daten der Digitalisierung und der KI

5

5.1 Daten & Co.

„In God we trust; all others must bring Data"
Willam Edwards Deming – Statistik- & Qualitätsmanagement-Pionier

Daten sind Schlüsselressourcen im digitalen Zeitalter. Sie stellen aber nur die Basis dar und in Weiterentwicklung der Erkenntnis „Wissen ist Macht" gilt heutzutage auch „Daten sind Macht". Daher sind nicht nur die Daten selbst wichtig, sondern auch, wie man sie bekommt, speichert, verarbeitet, angewendet und weiterverbreitet. Hier sind derzeit US-amerikanische Unternehmen führend, China holt stark auf. Mit dem Ziel einer digitalen Souveränität entwickelt die EU eine europäische Dateninfrastruktur unter dem Namen GAIA-X. Dabei sind Offenheit, Transparenz und europäische Anschlussfähigkeit zentral für GAIA-X (BMWi, GAIA-X Eine vernetzte Datenstruktur für ein europäisches digitales Ökosystem 2020), (BMWi (GAIA-X) 2020).

5.1.1 Daten – Informationen – Wissen

In der IT stehen die Daten für sich, die zu Informationen weiterverarbeitet werden, um zu Wissen zu gelangen. Abb. 5.1 zeigt den Zusammenhang zwischen Daten, Information und Wissen.

A. Mockenhaupt, *Digitalisierung und Künstliche Intelligenz in der Produktion*,
https://doi.org/10.1007/978-3-658-32773-6_5

Abb. 5.1 Zusammenhang zwischen Daten, Information und Wissen

- **Daten** *(Singular: Datum) sind objektive, durch Sammeln, Beobachten oder Messen erlangte Fakten. Sie werden in einer formalisierten Art dargestellt, um sie weiterverarbeiten zu können.*
  Zu den eigentlichen Daten gehören oft noch sog. Metadaten. **Metadaten** *oder Metainformationen sind „Daten über Daten" (siehe Abschn. 5.1.3). Sie enthalten Merkmale wie Erstellungsdaten, zeitliche Gültigkeit, Verarbeitungsanweisungen u. ä.*
  Beispiel für Daten: Ort, Fahrzeug (Nummernschild), Geschwindigkeit, Zeitpunkt

Daten für sich alleine genommen erlauben noch keine Einordnung. Hierzu müssen sie in einen Zusammenhang (Kontext) gesetzt werden.

- **Information**
  stellt Daten in einem relevanten Kontext dar: Durch Kombination verschiedener Daten kann eine Beziehung in Form von Zusammenhängen hergestellt werden.
  Nach ISO/IEC 2382-1 werden zur Information Kenntnisse benötigt über:
  1. *Fakten*
  2. *Ereignisse*
  3. *Dinge*
  4. *Prozesse*
  5. *Ideen*
  Beispiel für Information über die o. g. Daten:
  Der Kontext ergibt sich aus weiteren Daten: Geschwindigkeitsbegrenzung, Strafkatalog sowie Fahrer des Autos.
  Die Information ist: Die Geschwindigkeit ist höher als die an der Messstelle erlaubte Höchstgeschwindigkeit, daher wird eine Strafe für den Fahrer fällig.

Der Unterschied zwischen Information und Wissen ist fließend. Platon (altgriechisch: Πλάτων bzw. *Plátōn*, antiker Philosoph aus Athen, ca. 427 v. bis 347 v. Chr.) definierte Wissen als „wahre, gerechtfertigte Meinung". Während Information objektiv ist, ist Wissen subjektiv.

- **Wissen**
  ordnet Information durch (menschliche) Erfahrung ein. Diese Interpretation kann subjektiv sein.
  Beispiel: Der Fahrer wird seine Fahrerlaubnis für einige Zeit verlieren (Information). Da er darauf angewiesen ist, könnte er Schwierigkeiten mit seinem Job haben (Einordnung). Deshalb wird er versuchen, die Tat zu leugnen (subjektiv).

Eine Problematik heutzutage ist, dass Daten, Information und Wissen häufig als „Fakten" gleichgestellt werden. Dies ist aber kompliziert:

- **Fakten** *spiegeln eine nachweisbare* **Tatsache** *(lat.: factum, res facti) wider.*

Fakten sind damit, soweit korrekt erhoben, nicht angreifbar. Die Probleme bestehen dann, wenn spezifische Fakten, die zu einem Denkmodell passen, herausgefiltert werden, während nicht-passende Fakten ignoriert werden. So kam es bei der Amtseinführung von Donald Trump zum Diskurs, ob dies bezüglich der anwesenden Menschenmassen, die größte Vereidigung aller Zeiten gewesen sei. Während die eine Seite dies als wiederlegbare, falsche Behauptung einstufte und Foto als Fakten vorlegen, sprachen die anderen von **alternativen Fakten** (Giga 2017), die angeblich das Gegenteil bewiesen. Abgesehen davon gibt es Herausforderungen bei der Bewertung von Fakten, diese sind im 7.2 (Herausforderungen bei der faktenorientierten Entscheidung) behandelt.

Während Daten und Informationen tatsächlich objektiv sind, ist das daraus gewonnene Wissen u. a. von der Erfahrung bzw. dem Kulturkreis des Bewertenden abhängig und damit subjektiv. Dies stellt eine Herausforderung bei Künstlicher Intelligenz dar.

Letztlich ist aber auch durch eine „geeignete" Auswahl bzw. Filterung von Daten eine Beeinflussung der Wissensgewinnung möglich. Durch die Menge und Komplexität von Daten ist dies nicht einfach zu erkennen bzw. nachzuweisen, was u. a. zu Problemen bei Entscheidungsprozessen führen kann. Besonders im demokratischen Meinungsbildungsprozess kann dies schwierig sein (Stichworte: Fake-News, Verschwörungstheorien, Beeinflussung von Wahlen).

Menschen können beeinflusst werden. Damit bedeuten Daten als Ausgangspunkt für Informationen und Wissen auch Macht, mit der es verantwortlich umzugehen gilt.

5.1.2 Datenerhebung, Datenerfassung & chaotische Datensammlung

Ausgangspunkt aller weiteren Betrachtungen sind Daten. Diese müssen zunächst generiert bzw. gesammelt werden. Es wird dabei unterschieden:

- *Datenerfassung* gewinnt objektive Daten aus der Erfassung mathematisch direkt zugänglicher Fakten (Messen, Zählen). Die Erfassung der Daten ist zeitgleich oder zeitfolgerichtig. Die erfassten Daten sind i. A. direkt vergleichbar.
  Beispiel ist die Erfassung von Messwerten in der Produktion:
  Messwerte an einer Maschine geben objektiv den tatsächlichen Zustand wieder. Als Zahlenwerte sind sie eindeutig und mathematisch direkt anwendbar. Messwerte können simultan (zeitgleich) oder definiert nacheinander erfasst werden.
- *Datenerhebung* gewinnt empirisch Daten, die mathematisch nicht direkt zugänglich sind. Eine Datenerhebung erfolgt nicht simultan. Die erhobenen Daten müssen subjektiv interpretiert werden. Ein Vergleich ist nur teilweise möglich.
  Beispiel ist eine Erhebung über die Qualitätswahrnehmung durch den Kunden:
  „Wahrnehmung" ist nicht direkt mathematisch als Zahlenwert erfassbar. Hier sind empirische Methoden, z. B. eine Befragung, erforderlich. Man unterscheidet eine *Vollerhebung* (alle) oder die *Teilerhebung* (Stichprobe). Die Befragten beantworten die Fragen nicht zeitgleich. Auch unterscheidet sich die persönliche Interpretation des Bewertungsmaßstabs.
  So neigen Amerikaner bei einer Likert-Skala (mehrstufige Antwortskala) zu sehr guten Antworten, wenn sie zufrieden sind, während sich Deutsche eher am Mittel orientieren. Daten aus beiden Befragtengruppen können nicht ohne weiteres zusammengeführt werden. Auch spielt der Zeitpunkt der Befragung eine Rolle: Gibt es gerade ein noch offenes Qualitätsproblem, ist die Bewertung anders, als wenn dieses Problem bereits gelöst wurde.
  Datenerhebung und Datenerfassung erfordern ein Ziel. Besonders beim maschinellen Lernen in Verbindung mit Big Data (siehe entsprechende Kapitel) kommt es aber zu einer weiteren Form der Datensammlung, nämlich einer Datensammlung, bei der das Ziel noch nicht definiert wurde:
- *Chaotische Datensammlung* sammelt verfügbare Daten, die aus anderen Gründen erhoben bzw. erfasst wurden. Muster und Ordnung sollen von der KI erkannt werden, Daten werden erst nachgelagert klassifiziert.
  Chaotische Datensammlung ohne Ordnungsprinzip bietet sich an, um komplexe Systeme zu verstehen. Auch autonome Systeme müssen mit chaotischen Daten umgehen können, um unbekannte Situationen zu meistern.
  Eine chaotische Datensammlung speist sich häufig aus der *Zweitverwendung* von Daten. Dies ist aber aus Gründen des Datenschutzes kritisch zu sehen bzw. könnte nach DSGVO verboten sein (siehe Abschn. 5.1.5).

5.1.3   Metadaten & Datenmerkmale

Zusammen mit den eigentlichen Daten sind Merkmale zu den Daten selbst wichtig. Diese sog. *Metadaten (Daten über Daten, Datenmerkmale)* sagen aus, was, wie mit den Daten zu tun ist. So enthalten sie Spezifikationen (Gültigkeitsbeschränkungen, Erstellungsinformationen etc.) oder Anweisungen für die Verarbeitung. Bei Audio- oder Videodateien werden die Metadaten häufig auch als *Container-Dateien* bezeichnet.
    Metadaten sind:

- *Volumen (Volume):*
  Masse von Daten aus einer Vielzahl von Quellen (Produktionsdaten, Bildverarbeitung, intelligente Geräte (IoT), Social Media, bargeldloser Zahlungsverkehr, …)
- *Geschwindigkeit (Velocity):*
  Geschwindigkeit des Dateneingangs, z. B. Daten gehen in hoher Taktzahl in *Echtzeit* ein
- **Vielfalt** *(Variety):*
  Daten fallen unterschiedlich an (strukturiert, semi-strukturiert oder unstrukturiert sowie als numerische Daten, Textdaten, Sprachdaten, Bilddaten, feststehend oder mit Interpretationsspielraum, …)
- *Variabilität (Variability):*
  Der Datenfluss ist in seiner Geschwindigkeit und Vielfalt ggf. schwankend und wenig vorhersehbar.
- *Zeitliche Gültigkeit (Volatility):*
  Sind die Daten aktuell (noch) gültig und wie lange noch?
- *Richtigkeit (Veracity):*
  Da viele Daten aus unterschiedlichen Quellen zur Analyse verknüpft werden sollen, muss das Niveau der Vertrauenswürdigkeit bzw. Richtigkeit berücksichtigt werden.
- *Transparenz (Transparency)*
  Ist die Datenerfassung/-erhebung nachvollziehbar?
- *Reproduzierbarkeit (Reproducibility)*
  Sind die Daten reproduzierbar oder eine Momentaufnahme?

Anmerkung: Richtigkeit und Transparenz liegen eng zusammen. Bei sehr vielen Daten, z. B. Big Data, kann die Richtigkeit aber aufgrund der Statistik steigen, während die Transparenz aufgrund der Datenvielfalt und mangelnder Reproduzierbarkeit sinkt (siehe Abschn. 5.2).

5.1.4   Datenziele, Datenintegrität, Datenqualität & Interoperabilität

Die geeignete Datenerhebung und Auswertung kann ökonomisch und gesellschaftlich gewinnbringend eingesetzt werden, erfordert aber aufgrund der oben implizierten Verantwortlichkeit bzw. Transparenz eine Regelung. Daher werden verschiedene Anforderungen an Daten erörtert:

- **Datenziele**
  Zunächst müssen die Ziele der Datenerhebung und Datenverarbeitung abgesteckt sein, diese sind:
  - *Operational*
  - veranlasst eine Aktion, z. B.: Ein konkreter Vorgang soll gesteuert werden
  - *Taktisch*
  - Daten werden für eine konkrete Planung eingesetzt
  - *Strategisch*
  - Daten werden für ein weniger konkretes, übergeordnetes Ziel verwendet
- **Datenintegrität**
  Integrität bedeutet Unversehrtheit, hier: das frei sein von Fehlern. Datenintegrität ist ein Begriff für die Qualität und Zuverlässigkeit von Daten eines Datenbanksystems. Im weiteren Sinne zählt zur Integrität auch der Schutz der Datenbank vor unberechtigtem Zugriff (Vertraulichkeit) und Veränderungen.
- **Datenqualität**
  Bei der *Identifikation geeigneter Datensätze* ist zu berücksichtigen, dass die *Datenerhebung* ausreichend repräsentativ sein muss. Ist dies nicht möglich (z. B. bei Zufallsdaten), muss dies beim Ergebnis kommuniziert und einschränkend berücksichtigt werden.
  Die *objektive Datenqualität* wird definiert durch (in Anlehnung an (DIN SPEC 13266, Leitfaden für die Entwicklung von Deep-Learning-Bilderkennungssystemen 2020)
  - *Repräsentativität*
    (Daten müssen die Wirklichkeit widerspiegeln, frei von statistischen Verzerrungen, sog. BIASES)
  - *Konsistenz*
    (Daten dürfen sich nicht gegenseitig widersprechen oder mehrdeutig sein)
  - *Genauigkeit*
    (Datensätze sollten keine Fehler enthalten, statistische Unsicherheiten bekannt sein)
    Darüber hinaus gibt es, insbesondere bei nicht-maschinellen Daten (Befragungen, Literaturrecherchen, …), eine *subjektive Datenqualität:*
    Glaubwürdigkeit, Vertrauen (der Quellen)
    Zeitliche Nähe
    Interpretierbarkeit

- **Technische Verfügbarkeit und Interoperabilität**
  Für die automatisierte Verarbeitung müssen die Daten maschinenlesbar sein, dies nennt man *technische Verfügbarkeit*. Damit sie von verschiedenen Geräten, auch von unterschiedlichen Herstellern, verwendet werden können, müssen sie darüber hinaus „interoperabel" sein. Die *Interoperabilität teilt* sich auf in:
  strukturelle Interoperabilität
  Daten sollen von einem System auf das andere gebracht werden z. B. durch Anschlüsse und Bus-Systeme (CAN, USB, …), Protokolle (http, TCP/IP, …)
  syntaktische Interoperabilität
  Informationen innerhalb der Daten erkennen z. B. durch Standards und Formate (wo im Datensatz steht welcher Wert, z. B. OPC UA (siehe Kapitel M2M 8.1))
  semantische Interoperabilität
  gemeinsames Verständnis für die Information durch z. B. Klassifikationen, Ordnungs-systeme, Nomenklaturen (200 km/h ist für ein Auto gefährlich schnell, für ein Flug-zeug im Landeanflug ggf. gefährlich langsam)
- **Datenverarbeitung**
  Bei der anschließenden Datenverarbeitung muss
  Nachvollziehbarkeit (Transparenz & Erklärbarkeit)
  Reproduzierbarkeit
  Robustheit
  vorliegen, d. h. es muss dargelegt werden, wie der entsprechende Algorithmus zu einem Ergebnis kommt.
  Wie bereits im Kapitel „Erklärbare KI" erläutert, stellt die *Nachvollziehbarkeit* von KI-Abläufen eine Herausforderung dar, weil *Transparenz*, die vollständige Nach-vollziehbarkeit des Systemverhaltens, in komplexen KI-Verarbeitungsmechanismen praktisch unmöglich ist. Man setzt daher auf Erklärbarkeit, in dem die wesentlichen Einflussfaktoren aufgezeigt werden.
  Darüber hinaus muss das Ergebnis reproduzierbar und robust sein:
  Reproduzierbarkeit bedeutet, dass bei gleichen Eingangswerten auch gleiche Ergeb-nisse produziert werden.
  Gerade KI-Systeme, die auf großen Datenmengen beruhen (Big Data), können Verhaltensweisen der Chaostheorie folgend aufweisen (kleine Änderung der Eingangsgröße, sehr große Veränderung des Resultats). Dies ist auch im realen Leben so: Die öffentliche Meinung kann aufgrund eines einzigen, eher unwichtigen Tat-bestands komplett umschlagen. Die Reproduzierbarkeit ist zwar theoretisch gegeben, weil sich aber die Ausgangssituation nicht komplett rekonstruieren lässt, kaum realistisch.
  Daher muss bei KI-Systemen bestimmt werden, wie Reproduzierbarkeit nach-gewiesen wird. Dies kann beispielsweise durch Trainingsdaten (mit bekannter Lösung) geschehen. Alternativ kann ein Bereich (Leitplanken) definiert werden, in der Reproduzierbarkeit nur begrenzt vorhanden ist.

Robustheit (siehe Abschn. 10.2) bezeichnet die Fähigkeit eines Systems, auch unter ungünstigen Bedingungen zuverlässig zu funktionieren. Dies beinhaltet eine gewisse *Fehlertoleranz* in Verbindung mit der Anforderung, trotz Fehler weiter, ggf. eingeschränkt, zu funktionieren.

Während z. B. ein autonom fahrendes Auto beim Auftreten eines Fehlers zur Sicherheit einfach anhalten könnte, ist dies beim Flugzeug oder bei einem KI-gesteuerten Kunstherz nicht möglich.

5.1.5 Datenschutz

Daten dürfen nur entsprechend der gesetzlichen bzw. sonstigen Vorschriften verarbeitet und weitergegeben werden. Hierzulande ist dies u. a. durch die Datenschutz Grundverordnung (DSGVO) geregelt.

Einschränkungen können u. a. vorliegen über:

- Geheimhaltungsvorschriften
- Personenbezug
- Unternehmensbezug
- Nutzungsrechte Anderer
- Informationspflicht der Betroffenen

Bezüglich personenbezogener Daten innerhalb einer KI, insbesondere bei Big Data, ergeben sich einige Herausforderungen:

Artikel 5 der DSGVO regelt beispielsweise eine *„Zweckbindung"* der erhobenen Daten und eine *„Datenminimierung"*, d. h. es dürfen nur soviel Daten erhoben und verarbeitet werden, wie für den vorgesehen Zweck notwendig.

Dies schließt eigentlich eine Daten-Zweitverwendung aus. *Daten-Zweitverwendung* bedeutet, dass Daten, die aus einem speziellen Grund erfasst bzw. erhoben wurden, nun für einen vollkommen anderen Zweck verwendet werden – „…, weil man sie ja vorliegen hat".

Ein Beispiel hierfür ist die sog. *Vorratsdatenspeicherung:* Zur Erfassung der LKW-Mautpflicht auf deutschen Autobahnen werden die Nummernschilder der LKWs automatisch gescannt. Aber nicht nur diese werden aufgezeichnet, sondern die aller Verkehrsteilnehmer, PKWs werden anschließend aussortiert und gelöscht. Hintergrund ist das Grundrecht, sich unerkannt in der Öffentlichkeit bewegen zu können. Einige Jahre später kam dann die Idee auf, man habe doch nun mal die PKW-Daten erfasst, diese sollen nicht gelöscht, sondern auf Vorrat gespeichert werden, um sie zur Verbrechens- bzw. Terrorismusbekämpfung oder für die PKW-Maut zweitzuverwenden. Dies war aber aus rechtlichen Erwägungen unzulässig.

Die enge Zweckbindung engt aber die Datenverarbeitung unter KI ein. Big Data funktioniert beispielsweise vorrangig entweder durch die Zweitverwendung von Daten oder durch unstrukturiertes (wildes) Datensammeln in großen Umfang mit erst anschließender Zieldefinition und Verarbeitung (siehe Chaotische Datensammlung, Abschn. 5.1.2).

Bei eine erwünschten Zweitverwertung von Daten für Zwecke der Digitalisierung und KI müssen daher vorab die Rechtsbedingungen geprüft werden, insbesondere bei auf Personen rückführbare Daten. Dies ist nicht immer einfach zu erkennen, da aus nicht-personenbezogenen Daten plötzlich personenbezogene Daten werden können:

In industriellen Fertigungssystemen und in der Nutzung smarter (intelligenter) Produkte werden viele Daten über Sensoren erfasst. Diese *Maschinendaten* lassen zunächst keine Rückschlüsse auf konkretes menschliches Verhalten zu und sind damit „nicht personenbezogen".

Durch Kombination dieser *systemisch erstellten Daten* kann aber ggf. eine einzelne Person identifiziert und die Daten nachträglich zugeordnet werden. Dies ist durch die fortschreitende Vernetzung nicht immer kontrollierbar und bei Big Data prinzipiell gewollt.

So werden Daten beispielsweise aus dem Smart Home, dem (teil-)autonomen Fahren sowie von Assistenzsystemen als *personenbezogene Maschinendaten* bezeichnet, ob sie schützenswert sind muss geprüft werden. Dies gilt u. U. auch für Maschinendaten in der Produktion, die zur Überwachung der Funktion oder zur Optimierung erhoben werden, z. B. innerhalb des Predictive Maintenance oder Predictive Analysis (siehe Abschn. 11.1 und 11.3).

Neben der üblichen Art der Datengenerierung, z. B. über Sensoren oder der strukturierten Eingabe von Beobachtungen, eröffnet die Digitalisierung eine neue Art, die Datengewinnung über sog. *Intelligente Agenten.* Diese durchforsten beispielsweise soziale Medien nach Informationen oder nutzen die Personenerkennung bei Überwachungskameras.

Besonders hier fallen neben den gesuchten Daten auch Unmengen an weiteren Daten und Informationen an. Auch wenn es sich hier weniger um eine Daten-Zweitverwendung handelt, sondern vielmehr um unbeabsichtigt anfallende Daten, so gilt doch auch hier die DSGVO mit ihrer Zweckbindung. Darüber hinaus stellt sich die Frage nach einer Rechtsdurchsetzung in anderen Ländern (Server außerhalb der EU).

Eine weitere Frage, die sich stellt, ist, ob Unternehmen unter bestimmten Umständen ihre Daten öffentlich machen müssen. Hier wurde in der EU Verordnung 2017/1926 erstmalig für eine *Datenbereitstellungspflicht* für den multimodalen Reisedienst vorgeschrieben.

Es geht darum, mobilitätsrelevante Geo- und Verkehrsdaten verschiedenster Teilnehmer für jedermann zugänglich zu machen. Damit können Dienste darauf zugreifen und Dienstleistungen anbieten. Bis 2023 soll das gesamte EU-Verkehrsnetz abgedeckt werden. Von der Verpflichtung zur Datenfreigabe sind alle Verkehrsmittel betroffen, d. h. sowohl staatliche wie auch private Verkehrsteilnehmer. Offen ist allerdings noch, inwieweit die einzelnen Länder lediglich statische Daten oder aber dynamische Daten beispielsweise zu Verspätungen, Straßenzustand, Staus etc. ebenfalls bereitstellen.

Für KI ist dies wichtig, um für autonome Systeme entsprechende Orientierungsdaten zu erhalten.

5.2   Big Data (Massendaten)

> *„Daten sind der Rohstoff des 21. Jahrhunderts und Big Data wird Gesellschaft und Wirtschaft grundlegend verändern."*
> *Prof. Dr.-Ing. Dr. h. c. Stefan Jähnichen*

Seit Beginn der Zeit bis 2003 hatte die Menschheit insgesamt fünf Milliarden Gigabyte an Daten erzeugt. 2010 wurde diese Datenmenge in zwei Tagen generiert, 2013 in nur 10 min (Bitkom 2015; Heuer S. 2013). Im Jahr 2025 soll das Datenaufkommen auf 175 Zettabyte steigen (Tenzer 2020). Demnach ist heutzutage nicht mehr die Herausforderung, Daten zu beschaffen, sondern diese Unmengen von Daten aus den verschiedensten Quellen zu verarbeiten, ein Beispiel aus der Produktion zeigt Abb. 5.2.

Bei Big Data geht es darum, in wieweit ein Unternehmen in der Lage ist, „Mehrwert" aus den großen Datenmengen zu ziehen. Der Deutsche Begriff für Big Data als *„Massendaten"* ist wenig geläufig und wird daher im Folgen nicht weiter benutzt.

Der Begriff Big Data wird in vielen Anwendungsbereichen unterschiedlich benutzt, als gemeinsamer Anhaltspunkt eignet sich:

- *Big Data* steht für die Analyse und Aufbereitung großer, unstrukturierter oder semi-strukturierter Datenmengen, die zu komplex sind, um sie mit herkömmlichen Methoden der Datenverarbeitung zu analysieren.

Abb. 5.2 Viele Daten bleiben ungenutzt (World Economic Forum & Kearney 2017)

Präziser erklärt die ISO/IEC 20546 (Originaltext auf Englisch, hier: Übersetzung):

- **„Big Data:** Umfangreiche Datensätze … erfordern eine skalierbare Technologie für eine effiziente Speicherung, Bearbeitung, Verwaltung und Analyse." (Skalierbarkeit: Fähigkeit eines Systems, eines Netzwerks oder eines Prozesses zur bedarfsgerechten Größenanpassung)
  sowie
- **Ziel von Big Data** ist das Entdecken von reproduzierbaren Mustern.

Neben wissenschaftlicher und gesellschaftspolitischer Forschung (z. B. im Klimawandel oder Phänomene wie Shitstorms) stehen wirtschaftliche Anwendungen im Fokus. Die Prognose des Kundenverhaltens führt zu effektiver Positionierung und Flexibilisierung der Produktion, ein Ziel von Industrie 4.0.

Die Daten bei Big Data sind zunächst die gleichen, wie bei traditionellen Daten, nur dass sie in gigantischer Anzahl anfallen. Dies hat dann aber Auswirkungen auf die Einschätzung von Transparenz und Richtigkeit.

- **Richtigkeit vs. Transparenz bei Big Data:** *Während die Richtigkeit bei Big Data aufgrund der viel größeren statistischen Stichprobe steigen, sinkt die Transparenz aufgrund der Datenvielfalt und mangelnder Reproduzierbarkeit der herangezogenen Datenbasis.* (DIN Roadmap KI 2020)

Abb. 5.3 zeigt Metadaten bzw. Datenmerkmale bei traditionellen Daten im Vergleich zu Big Data (in Anlehnung an: (SAS & LNS Research 2017)).

Abb. 5.3 Datenmerkmale Big Data vs. traditionelle Daten. (In Anlehnung an SAS)

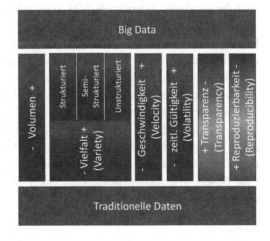

5.2.1 Datensammlung bei Big Data

Das besondere an Big Data ist, dass die Daten in vielen Fällen nicht zielgerichtet für einen bestimmten Zweck erhoben werden, sondern zunächst nur gesammelt werden. Oft handelt es sich auch um die Zweitverwendung der für andere Zwecke erhobenen Daten. Erst nachgelagert wird z. B. über Mustererkennung nach verdeckten Strukturen gesucht, der Zweck ergibt sich ggf. erst später.

Dieses Vorgehen kann aber der *Zweckbindung der Datenerhebung* (vgl. DSGVO) widersprechen, insbesondere wenn es um *personenbezogene Daten* geht. In der EU dürfen personenbezogene Daten nur zweckgebunden erhoben werden und anschließend nicht zweckfremdet zu Big Data Zwecken „zweitverwendet" werden (siehe: Daten-Zweitverwendung, vgl. Abschn. 5.1.5). Lösung hier ist die Nutzung von *Anonymisierung* oder m. E. *Pseudonymisierung* von Daten.

- *Anonymisierung (nach § 3 Abs. 6 BDSG):* „…*Verändern personenbezogener Daten derart, dass die Einzelangaben über persönliche oder sachliche Verhältnisse nicht mehr oder nur mit einem unverhältnismäßig großen Aufwand an Zeit, Kosten und Arbeitskraft einer bestimmten oder bestimmbaren natürlichen Person zugeordnet werden können."*
- *Pseudonymisierung (nach § 3 Abs. 6a BDSG):* „… *Ersetzen des Namens und anderer Identifikationsmerkmale durch ein Kennzeichen zu dem Zweck, die Bestimmung des Betroffenen auszuschließen oder wesentlich zu erschweren."*

Einzelne Unternehmen weichen aber von dieser Vorgabe ab, denn Regelungen unterscheiden sich international stark. So gibt es z. B. in den USA keine so umfassende Datenschutzregelung, wie in der EU, mit einem niedrigerem Schutzniveau. Andererseits sind die staatliche Zugriffsmöglichkeiten auf Daten in den USA umfassender. Wenngleich es mit dem EU-US Privacy Shield (Nachfolger des Safe-Harbor-Abkommen) Regelungen zum transatlantischen Datenverkehr auf EU Datenschutzniveau gibt, eine abschließende rechtliche Bewertung dieser sehr komplexen Problematik ist noch offen.

Eine besondere Problematik beim Sammeln von Daten aus unterschiedlichen Quellen ist, die Vertrauenswürdigkeit zu beurteilen und die Daten in der anschließenden Datenverarbeitung entsprechend ihrer Richtigkeit zu verwenden.

Sensor- und Maschinendaten sind m. E. gänzlich richtig, statistische Daten haben einen **Vertrauens***bereich,* Daten aus Sozial Media unterliegen einer höheren **Zufälligkeit** oder können zum Zweck der Beeinflussung **fremdgesteuert** sein (absichtlich falsch, Fake News), Transaktionsdaten, z. B. in der Finanzwirtschaft, haben besondere, eigene Gesetzmäßigkeiten, etc.

> **Übersicht**
> Ein interessantes Beispiel zur Beurteilung der Richtigkeit von eingehenden Daten ist der selbstlernende Microsoft Chatbot „Tay" aus dem Jahr 2016. Tay war ein weiblicher Avatar, also eine virtuelle Figur, die im Internet eine wirkliche Person repräsentiert oder, wie hier, eine künstliche Intelligenz
> Tay konnte in entsprechenden Foren mit Menschen kommunizieren und sollte so selbst lernen, um Nutzerprofile zu kreieren. Tay wurde aber gezielt von zweifelhaften Benutzern (sog. Trollen) beeinflusst (Poisoning Attack, siehe Abschn. 9.4), lernte das Falsche und agierte schließlich mit Extremismus und Rassismus. Trotz Eingreifens seitens Microsofts musste Tay nach nur 16 Stunden vom Netz genommen werden. (Klose 2016) (SWR2 Wissen & Rooch 2020)

5.2.2 Kausalitäten vs. Korrelation bei Big Data

„Cum hoc ergo propter hoc"
(lat. wörtl.: mit diesem, folglich deswegen – Korrelation bedeutet keine Kausalität)

Unter **Kausalität** versteht man das Prinzip **Ursache und Wirkung**. Dies ist ein Grundprinzip der Naturwissenschaft, gegen das nicht verstoßen werden kann.

Korrelation ist, wenn sich **zwei Datensätze** ähnlich verhalten. Beispielsweise korreliert die Schadstoffbelastung in der Luft mit dem Verkehrsaufkommen. Vorsicht ist aber geboten, denn nicht jede statistisch belegte Ähnlichkeit ist eine Korrelation.

Eine Korrelation ist aber nicht immer auch eine Kausalität, zwei Ereignisse müssen nicht zwingend eine Ursache-Wirkungs-Beziehung haben, nur weil sie häufig zusammen auftreten. Es ist immer zu überprüfen, ob es zusätzlich zur Korrelation auch einen kausalen Zusammenhang gibt, oder ob es sich um eine sog. Scheinkorrelation handelt bzw. ob eine (unbekannte) dritte Variable berücksichtigt werden muss (Störfaktor).

Bei eine **Scheinkorrelation** gibt es keinen Zusammenhang, die Korrelation entsteht ohne Kausalität. Umgangssprachlich bezeichnet dies einen Fehlschluss. Beliebtes Beispiel ist hier der Zusammenhang zwischen der Geburtenrate in Deutschland und der Storchenpopulation. Auch wenn beide Datensätze ein ähnlich abnehmendes Bild liefern, entgegnen einem alten Sprichwort bringen die Klapperstörche keine Babys vorbei. Die Ähnlichkeit der Verläufe ist hier zufällig, diese nennt man zufällige **Koinzidenz**.

Ähnlich verhält es sich mit der Aussage, dass reiche Männer weniger Haare haben sollen. Auch hier handelt es sich zunächst um eine Scheinkorrelation, es gibt aber einen **Störfaktor**, das Alter. Da das Einkommen i.A. mit dem Alter steigt, gleichzeitig aber auch der männliche Haarwuchs mit dem Alter nachlässt, korreliert Geldbesitz und Haarpracht jeweils mit dem Alter, aber nicht unbedingt direkt miteinander.

In diesem Zusammenhang wird häufig auf die Website des Harvard Student Tyler Vigen verwiesen, der es zu einem Bekanntheitsgrad gebracht hat, indem er über

Algorithmen viele kuriose Scheinkorrelationen ermittelt hat, z. B. dass die Promotions-
rate bei Ingenieuren mit dem Verbrauch an Mozzarella Käse korreliert (Vigen 2018).

Big Data nutzt Algorithmen, die versteckte Muster erkennen, d. h. auf Korrelationen
hin überprüft. Besonders im Zusammenhang mit (unüberwachten) Maschinellem Lernen
kann dies einer Scheinkorrelation zum Opfer fallen. Zusätzlich muss also noch überprüft werden, ob eine sinnvolle Kausalität vorliegt. Dies ist wesentlich komplexer und
erfordert, nach derzeitigem Stand der Technik, noch i. A. die Entscheidung durch den
Menschen. Im Sinne einer starken KI ist das aber unbefriedigend, daher wird versucht,
andere Wege zu finden:

Chris Anderson, Chefredakteur des Wired-Magazins, behaupte provokant (Anderson
2008): „Petabytes allow us to say: Correlation is enough" was soviel heißen soll wie
„Bei riesig großer Datenmenge reicht schon eine Korrelation als Grundlage für Entscheidungen." Big Data alleine würde also ausreichen, eine These, die alleine rechtlich
schwierig zu bewerten ist.

Anders versucht es Patrik Hoyer, ein finnischer Informatiker, der über entstehende
Nebenereignisse, den sog. „adhesive noise" (bedeutet etwa „angeheftetes Rauschen")
einen kausalen Zusammenhang nachweisen will (Hoyer et al. kein Datum). Wenn eine
Maschine nicht richtig läuft, gibt es dadurch ausgelöst weitere Effekte, z. B. erhöhte
Bewegungen um die Maschine, Türen werden geöffnet und geschlossen, etc. Diese
Information kann zusätzlich genutzt werden, um eine Kausalität zu belegen, indem man
die Gegenprobe zulässt: Die defekte Maschine löst die Hektik aus, nicht umgekehrt.

5.2.3   Smart Data

Big Data sind, da sie aus einer sehr großen Menge an unstrukturierten oder semi-
strukturierten Daten bestehen, unüberschaubar und daher vom Menschen nicht zu verwenden. Sie müssen noch verdichtet werden.

Smart Data beschreibt im Prinzip das Endergebnis von Big Data: Smart Data sind
durch Algorithmen sortierte und ausgewertete Big Data. Smart Data sind bereits
strukturiert, „ready for use", quasi „eingedampft".

- *Smart Data sind Datensammlungen, die mittels Hypothesen nach bestimmten
  Strukturen aus größeren Datenmengen, z. B. Big Data, extrahiert wurden, um sinnvolle und handhabbare Informationen zu erhalten.*

Das Attribut „smart" bedeutet hier, die Anwendungsmöglichkeit des im Big Data ver-
steckten Wissens. Ziel ist, dass mit der eigentlich unübersichtlichen Datenflut etwas
Sinnvolles gemacht werden kann, die Nutzung datengestützter Entscheidungsfindung
(siehe Abb. 5.4).

Smart Data kombiniert hypothesenbasiert Erfahrungswissen und theoretische Modelle
mit statistischen Analysemethoden sowie darüber hinaus dem maschinellen Lernen. Das

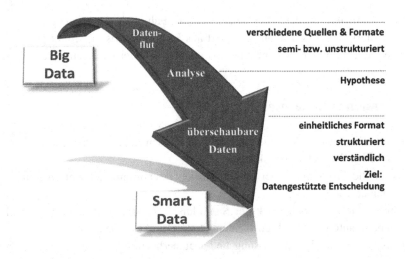

Abb. 5.4 Von Big Data zu Smart Data

Erkennen von Mustern und Zusammenhängen, das der Verdichtung zugrunde liegt, hängt aber entscheidend von der Datenqualität ab. Hier liegen aber, so das mittelständischen Unternehmen Kößler Technologie GmbH, eine der wesentlichen Herausforderungen. Die Datenqualität muss, wenn Sonderfälle plötzlich auftreten, immer wieder überprüft werden, wozu Mitarbeiterwissen unabdingbar sei. Auch müssen den Analysen vorab klare KI-Zielvorgaben gemacht werden.

Darüber hinaus besteht die Gefahr, dass das System mit weiterem automatisierten Verdichtungsprozess intransparent wird. Denn da wo sich etwas verdichtet, muss es eine Verdichtungsfunktion geben. Dieser Hypothesen-Algorithmus muss transparent bzw. erklärbar sein und auch bleiben (vgl. Abschn. 3.12).

Smart Data spielt im Umfeld der Industrie 4.0 eine große Rolle um das Potenzial der anfallenden Datenmengen, zumal in unterschiedlichen, untereinander sehr inhomogenen Formaten, voll auszuschöpfen. Die Projektgruppe Smart Data des Nationalen IT-Gipfel hat die Herausforderungen so formuliert (Nationaler IT-Gipfel 2014):

„Der Einsatz von Smart Data in Industrie-4.0-Unternehmen trifft auf eine sehr heterogen geprägte Landschaft von Software-Systemen und Maschinen. Diese ist geprägt von unterschiedlichen Technologieparadigmen und einer Vielzahl unterschiedlicher Kommunikationsprotokolle, auf deren Basis Produktionsanlagen heute Daten bereitstellen oder austauschen. Smart Data muss mit dieser Heterogenität sowie mit immensen Datenmengen und Kommunikationsgeschwindigkeiten umgehen können, ohne die Industrieunternehmen mit der IT-Komplexität zu überfordern. Speziell in kleinen und mittelständischen Unternehmen ist die Verfügbarkeit von IT-Spezialisten und von notwendigen IT-Systemen nur bedingt gegeben."

Die Problematik bei Smart Data ist allerdings die erforderliche Hypothese, mit der die Daten brauchbar gemacht werden. Diese Hypothese soll nach Möglichkeit auch maschinell erarbeitet werden, dies setzt aber die Fähigkeit der Generalisierung (Verallgemeinerung) voraus, vor allem generiert aus Erfahrungswissen. Smart Data benötigt daher eine interdisziplinäre Kompetenz, dies ist noch schwierig maschinell abzubilden.

5.3   Fragen zum Kapitel

1. Unterscheiden Sie Daten, Information und Wissen anhand eines Beispiels aus der industriellen Wertschöpfungskette.
2. Was ist die Problematik bei Fakten sowie faktenorientierter Entscheidung (siehe hierzu auch 7.2)?
3. Erläutern Sie die Problematik der Sammlung von personenbezogenen Maschinendaten beim autonomen Fahren vor dem Hintergrund Big Data.
4. Unterscheiden sie Datenerfassung und Datenerhebung. diskutieren sie hierbei die Problematik der Daten-Zweitverwendung.
5. Was sind Metadaten, nennen sie Beispiele aus der Logistik?
6. Nennen Sie Datenziele bei der automatisierten Rückmeldung während der Nutzung eines Produktes (z. B. durch das Internet of Things – IoT/IIoT). Was bedeutet Datenqualität hierbei?
7. Was bedeutet Datenintegrität und Interoperabilität?
8. Erläuterns Sie Datenminimierung und Daten-Zweitverwendung. Worin liegt die Herausforderung?
9. Können reine Maschinendaten „personenbezogen" sein?
10. Was ist das Ziel von Big Data und warum kommt der Begriff erst kürzlich auf?
11. Worin liegt die datenschutzrechtliche Herausforderung bei Big Data?
12. Stellen Sie Überlegungen zur Richtigkeit und Transparenz von Big Data an.
13. Was ist Kausalität, Korrelation, Scheinkorrelation und Koinzidenz? Sehen sie eine besondere Schwierigkeit bei Big Data in Zusammenhang mit Maschinellem Lernen?
14. Was ist Smart Data? Wo liegen die Herausforderungen?

Literatur

Anderson, C. (27. Juni 2008). The end of theory: The data deluge makes the scientific method obsolete. https://www.wired.com/2008/06/pb-theory/. Zugegriffen: 10. Juni 2020.
Bitkom. (September 2015). Leitlinien für den Big-Data-Einsatz. https://www.bitkom.org/sites/default/files/file/import/150901-Bitkom-Positionspapier-Big-Data-Leitlinien.pdf. Zugegriffen: 10. Juni 2020.
BMWi (GAIA-X). (04. 06 2020). Broschüre: GAIA-X – das europäische Projekt startet in die nächste Phase. https://www.bmwi.de/Redaktion/DE/Publikationen/Digitale-Welt/gaia-x-das-europaeische-projekt-startet-in-die-naechste-phase.html. Zugegriffen: 05. Juni 2020.
DIN Roadmap KI. (2020). *DIN Roadmap KI (Autor war Mitglied im Expertenausschuss) – Erscheint im Herbst 2020*. Berlin: Beuth.

DIN Roadmap & KI. (2020). Deutsche Normungsroadmap Künstliche Intelligenz (Autor war Mitglied im Expertenausschuss), DIN, Berlin und DKE, Frankfurt, https://www.din.de/resource/blob/772438/ecb20518d982843c3f8b0cd106f13881/normungsroadmap-ki-data.pdf. Zugegriffen am 5.4.2021

Giga. (27. Januar 2017). Alternative Fakten. https://www.giga.de/extra/social-media/specials/alternative-fakten-was-ist-das-leicht-erklaert/. Zugegriffen: 02. Mai 2020.

Heuer, S. (2013). Kleine Daten, grosse Wirkung. https://www.lfm-nrw.de/fileadmin/lfm-nrw/nrw_digital/Publikationen/DK_Big_Data.pdf. Zugegriffen: 10. Juni 2020.

Hoyer, P., Janzing, D., Mooij, J., Peters, J., & Schölköpf, B. (kein Datum). Nonlinear causal discovery with additive noise models. https://webdav.tuebingen.mpg.de/causality/NIPS2008-Hoyer.pdf. Zugegriffen: 10. Juni 2020.

Klose, A.-C. (24. März 2016). Wie Microsofts Chatbot Tay rassistisch wurde. https://entwickler.de/online/netzkultur/wie-microsofts-chatbot-rassistisch-wurde-236943.html. Zugegriffen: 30. April 2020.

Nationaler IT-Gipfel, A. (20. Oktober 2014). Smart Data – Potenziale und Herausforderungen. https://div-konferenz.de/app/uploads/2015/12/150114_AG2_Strategiepapier_PG_SmartData_zurAnsicht.pdf. Zugegriffen: 10. Okt. 2020.

SAS, & LNS Research. (2017). Qualität 4.0 Handbuch: Auswirkungen und Strategien. https://www.sas.com/de_de/whitepapers/quality-4-0-impact-strategy-109087.html?gclid=EAIaIQobChMIqp6_i7b36QIVkuF3Ch3Z3QM5EAAYASAAEgK-HPD_BwE. Zugegriffen: 15. Mai 2020.

SWR2 Wissen, & Rooch, A. (18. August 2020). SWR2 Wissen: Chatbots – Reden mit Maschinen. https://www.swr.de/swr2/wissen/chatbots-reden-mit-maschinen-swr2-wissen-2020-08-18-102.html. Zugegriffen: 11. Okt. 2020

Tenzer, F. (13. Februar 2020). Prognose zum Volumen der jährlich generierten digitalen Datenmenge weltweit in den Jahren 2018 und 2025. https://de.statista.com/statistik/daten/studie/267974/umfrage/prognose-zum-weltweit-generierten-datenvolumen/. Zugegriffen: 02. April 2020.

Vigen, T. (2018). *Spurious correlations*. New York: Hachette Books.

World Economic Forum, & Kearney. (14. März 2017). Industrie 4.0: 350 Mrd. EUR zusätzlich dank Robotik, Wearables & Co. https://www.presseportal.de/pm/15196/3584377. Zugegriffen: 30. August 2020

Maschinelles Lernen

6

6.1 Maschinelles Lernen (Machine Learning – ML)

Geduld, die Fähigkeit, mit Mehrdeutigkeiten und Widersprüchen umzugehen, Debatten-
fähigkeit und eine Menge Empathie.
Anne Rolvering, Geschäftsführerin der Schwarzkopf-Stiftung Junges Europa zu der
Frage, was Sie im Studium nicht gelernt habe, aber im Beruf brauche in: (ZEIT Wissen
hoch 3 2020).

Der Begriff Machine Learning wurde 1959 erstmalig von Arthur Lee Samuel im
Zusammenhang mit der Entwicklung eines Dame-Spielprogramms bei IBM benutzt. Er
definierte: Maschinelles Lernen ist ein „Forschungsgebiet, das Computer in die Lage
versetzen soll, zu lernen, ohne explizit darauf programmiert zu sein".

Maschinelles Lernen (ML) wird heute als die Schlüsseltechnologie innerhalb der
Künstlichen Intelligenz angesehen. Für ML in der schwachen KI (narrow AI) gibt es
bereits konkrete technische Anwendungen, z. B. Auswertung von ERP-Daten, Predictive
Maintenance, autonome Fahrzeuge in der Fertigung, … Wichtig dabei ist aber, ML
kommt nicht ohne viele Daten aus, d. h. Big Data und ML gehören zusammen.

Dennoch gibt es derzeit keine konsensfähige Definition für ML, die Begriffe KI, ML
und Deep Learning werden oft fälschlicher Weise synonym benutzt. „Vieles ist beim
Begriff KI heute noch falsch zugeordnet. Wir haben eine Trennung in Machine Learning-
Themen, wo wir im Kern diese Methoden als „Rechenknechte" nutzen. Einen kleineren
Bereich der KI wird die Algorithmik (z. B. Deep-Learning-Modelle) nutzen, um
spezielle Use Cases zu ermöglichen und/oder zu optimieren." (Interview: Was sind die
Erfolgsfaktoren für die künstliche Intelligenz? Interview mit Herrn Dr. Sönke Iwersen
von der HRS Group 2019).

© Der/die Autor(en), exklusiv lizenziert durch Springer Fachmedien Wiesbaden GmbH,
ein Teil von Springer Nature 2021
A. Mockenhaupt, *Digitalisierung und Künstliche Intelligenz in der Produktion*,
https://doi.org/10.1007/978-3-658-32773-6_6

Abb. 6.1 „Künstliche
Intelligenz" (Artificial
Intelligence) mit den
Teilgebieten „Maschinelles
Lernen" (Machine Learning)
und „Tiefergehendes Lernen"
(Deep Learning)

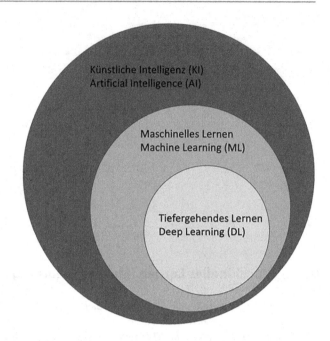

In der industriellen Anwendung wird ML als Werkzeug in einem weitergefassten
KI-Begriff verstanden und grenzt sich darüber hinaus vom tief gehenden Lernen (Deep
Learning) ab (siehe Abb. 6.1).
Microsoft sieht ML als Teilgebiet von KI und definiert (Microsoft 2020b):

- *Machine Learning (ML) ist ein Teilgebiet der Künstlichen Intelligenz (KI).*
  Algorithmen können Muster und Gesetzmäßigkeiten in Datensätzen erkennen und
  daraus Lösungen entwickeln. Einfach gesagt wird Wissen aus Erfahrungen generiert.

In der Vergangenheit verarbeiteten Computer Daten eher sortierend in hierarchischen
Baumstrukturen nach If–Then-Schleifen (Wenn-Dann-Schleifen). Sowohl Daten als auch
die Problemstellung mussten in strukturierter Form vorliegen. Die Maschinen zogen
selbstständig keine Schlüsse aus der Datenverarbeitung, erkannten also von selbst keine
Muster oder Gesetzmäßigkeiten hinter den Daten.
Maschinelles Lernen entwickelt seine Stärke bei unstrukturierten Problemstellungen,
die sich nicht einfach mit „wenn (Ereignis)", „dann (Aktion)" in hierarchischen Baumstrukturen einordnen lassen.
Aber ist beim Machine Learning noch menschliche Intervention gewünscht bzw. notwendig. Weiter bei Microsoft (Microsoft 2020):

- *„Der Mensch greift hierbei in die Datenanalyse und den Entscheidungsprozess*
  ein: Das Machine-Learning-Modell muss auf der einen Seite mit relevanten Daten
  gefüttert werden. Auf der anderen Seite muss ein Algorithmus vorgegeben werden.
  Also Regeln dafür, wie das System eine genaue Vorhersage treffen soll. "

Abb. 6.2   Maschinelles Lernen – Der Mensch bleibt noch Teil des Systems

Der Mensch bleibt also beim ML zunächst Teil des Systems (siehe Abb. 6.2). Die nächste Stufe ist dann folgerichtig ein vom Menschen autonomes Lernsystem, dies ist das tiefer gehende Lernen (Deep Learning, vgl. Abschn. 6.9).

Durch ML hat sich auch das Berufsbild des Softwareentwicklers geändert. Jason Tanz, ein ML-Experte, formulierte dies 2016 so (Tanz 2016): „In der traditionellen Programmierung schreibt ein Ingenieur explizite Schritt-für-Schritt-Anweisungen für den Computer. Beim maschinellen Lernen kodieren Softwareentwickler keine Computer mit Anweisungen. Sie trainieren sie."

Dieses Trainieren basiert auf Mustererkennung und kann wie folgt geschehen:

- mechanisches Lernen (z. B. zweibeiniges Gehen eines Roboters)
- Lernen durch Unterweisung (z. B. Mensch gibt die Richtung vor)
- Lernen durch Operationalisieren (Umwelt messbar machen)
- Lernen aus Analogien (Übertragung neue, ähnliche Situationen)
- Lernen durch Experimentieren (Zielgerichtetes oder chaotischen Ausprobieren)

Beispiel für ein zielgerichtetes ausprobieren ist die DoE (Design of Experience), eine statistische Versuchsplanung, um aus einer Vielzahl von Parametern die relevanten

Einflussfaktoren zu ermitteln. Chaotische Ausprobieren ist beispielsweise die „Try and Error"-Methode.

Wie im normalen Leben soll nach dem Training die Aufgabe selbstständig gelöst werden können. Dies setzt hier eine gewisse Eigenständigkeit der KI voraus. Damit werden Fragen nach der Transparenz einer Entscheidung aufgeworfen sowie, welche Kontrollierbarkeit für das nachfolgende Agieren des Systems erforderlich ist.

Beim Maschinellen Lernen können zunächst zwei unterschiedliche Vorgehensweisen verfolgt werden:

- Maschinelles Lernen über Trainingsdaten
  (anschließend ist das Lernen abgeschlossen)
- Kontinuierliches Lernen

Dabei stellen sich grundsätzlich folgende Fragen:

- Ist „Lernen durch Fehler" möglich bzw. sinnvoll?
- Inwiefern müssen Lernresultate transparent (nachvollziehbar) sein?
- Inwiefern müssen Lernresultate überwacht werden
  (z. B. Ausreißer, zeitliche Veränderung)?
- Innerhalb welcher Grenzen dürfen die Lernergebnisse liegen (Leitplanken),
  wie wird dies überwacht?

Beim Maschinellen Lernen mittels Trainingsdaten kommt noch hinzu:

- Anforderung an die Trainingsdaten
  (Umfang, Aktualität, Lösungserwartung, …)
- Einbeziehung neuer Daten
  (nie, regelmäßig, bei Bedarf)
- Zeitliche Gültigkeit bzw. Ablaufdatum des Trainings

6.1.1 Sieben Start-Schritte des maschinellen Lerners mittels Trainingsdaten

Das Maschinelle-Lern-System muss zunächst entwickelt und auf seine Funktionstüchtigkeit hin überprüft werden. Hierzu sind sieben Startschritte sinnvoll:

1. Zieldefinition: Was soll die KI woraus lernen und anschließend entscheiden?
2. Sammlung von Initialdaten (Trainings-, Test- und Validierungsdaten)
3. Entwicklung eines entsprechenden Algorithmus
4. Maschinelle Lernphase über Trainingsdaten
5. Überprüfung der Ergebnisse durch Vergleich mit den Test- und Validierungsdaten

6. Überprüfung der Konformität zu relevanten Regeln bzw. Normen (Zertifizierung)
7. Anschließend muss entschieden werden, ob die KI selbstständig weiter lernt (kontinuierliches Lernen), was ggf. eine Überwachung impliziert, oder in dem so erlangten Zustand „eingefroren" wird, bis das System erneut lernt.

Die DIN SPEC 13266:2020 definiert ähnlich (siehe Abb. 6.3):

6.1.2   Initialdaten (synthetische Daten, Trainings-, Test- und Validierungsdaten).

Eine Methode des maschinellen Lernens ist, die KI über einen vorgegebenen Datensatz zu trainieren. Das Ergebnis wird dann mit einem vorher festgelegten erwarteten Ergebnis verglichen und validiert.

Dies bietet sich vor allem bei der schwachen KI an. Einer starken KI genügt u. U. nur die Kenntnis der Regeln und ein Belohnungssystem (vgl. Abschn. 6.2.3 Bestärkendes Lernen (Reinforced Learning)).

Die DIN SPEC 13266:2020 definiert (DIN SPEC 13266 2020):

- *Trainingsdaten*
  Teilmenge der Initialdaten, die dazu dient, unterschiedliche Modelle zu trainieren
- *Testdaten*
  Teilmenge der Initialdaten, mit deren Hilfe das finale Modell ausgewählt werden kann
- *Validierungsdaten*
  Teilmenge der Initialdaten, die dazu dient, unterschiedliche auf den Trainingsdaten trainierte Modellvarianten zu validieren

Abb. 6.3 Entwicklung eines DL-Systems (in Anlehnung an DIN SPEC 13266:2020)

Werden Trainingsdaten eingesetzt, so bestimmt Menge und Datenqualität das Ergebnis. Trainingsdaten können auch künstlich generiert werden, sog. synthetischen Daten.

- **Synthetische Daten** *sind künstlich erzeugte Daten, die nicht mittels realer Abläufe ermittelt wurden.*

Von Algorithmen für ein bestimmtes Ziel erstellt, werden synthetische Daten als Testdaten für die Produktionsanlagen genutzt oder dienen als Trainingsdaten zur Modellerstellung beim maschinellen Lernmodellen (siehe Abschn. 6.1). Auch sog. *Stresstests* nutzen synthetische Daten, um das Verhalten in Extrembereichen und Notfallsituationen zu testen. Weil die Daten nicht real (authentisch) sind, bedingt ihr Einsatz aber besondere Maßnahmen zur Qualitätssicherung. Daher müssen sie konform zu entsprechenden Vorschriften (Regelungen, Gesetzen, Konformitäts- und Zertifizierungsnormen) sein.

Um ein System des maschinellen Lernens zu entwickeln benötigt man zunächst einen Datensatz, mit dem das System lernen kann (Trainingsdaten). Nach der Lernphase kontrolliert man das System mittels neuer Testdaten und anschließend validiert. Validierung bedeutet in diesem Zusammenhang den Eignungsnachweis, sodass die Anforderungen an die Funktionstüchtigkeit der KI für spezifische Anwendung erfüllt ist (in Anlehnung an DIN EN ISO 9000:2015).

Die Trainingsdaten müssen die Wirklichkeit repräsentieren, die sogenannte Grundwahrheit (Ground Truth) abbilden. Daher ist es wichtig vorab zu definieren, wie die Daten erhoben werden, wie groß die Mindestmenge an Daten zum Training ist und wie mit Ausreißern zu verfahren ist. Dies orientiert sich an der Schwierigkeit des Lernproblems sowie an der Bedeutsamkeit des Lernergebnisses bzw. dessen Folgen.

6.2   Drei Methoden des maschinellen Lernens

Beim Maschinellen Lernen werden drei zentrale Methoden unterschieden (siehe Abb. 6.4):

- Überwachtes Lernen (Supervised Learning)
- Unüberwachtes Lernen (Unsupervised Learning)
- Bestärkendes Lernen (Reinforced Learning)

Die Wahl der geeigneten Lernmethode ist abhängig davon, welche Risiken und Gefahren der spätere Einsatz einer KI mit sich bringt, sowie vom Anspruch an die KI, für den Menschen neue Erkenntnisse zu schaffen.

Bei industriellen Anwendungen mit vornehmlich schwacher KI findet man hauptsächlich überwachtes Lernen. Dies entspringt Sicherheitsanforderungen, aber auch der Anforderung des Qualitätsmanagements nach kontrollierten Prozessen (vgl. Abschn. 12.3).

Abb. 6.4   Drei Methoden des Maschinellen Lernens

6.2.1   Überwachtes Lernen (Supervised Learning)

Das Überwachte Lernen stellt die sicherste Form des Lernens da. Daher ist es bei sicherheitsrelevanten Lernaufgaben die erste Wahl. Wirklich neue Erkenntnisse wird es aber nicht liefern, für kreative Aufgaben ist es demzufolge nicht geeignet, jedoch eignet es sich gut für Optimierungen.

- *Überwachtes Lernen (Supervised Learning)*
  zusätzlich zu Lerndaten und Lernaufgaben sind die erwarteten Ergebnisse bekannt.

Abb. 6.5 zeigt ein Beispiel aus der Zerspanung. Eine KI lernt den optimalen Einsatz einer Fräse, der Mensch überprüft das Ergebnis bevor es zum Standard ernannt wird. Das Resultat ist eine vollkommen andere Weg-Steuerung des Werkzeugs, nach Aussage des Mitarbeiters ist allein das NC-Programm so komplex, dass es ein Mensch nie derart programmiert hätte.

Die erwarteten Ergebnisse werden als „*Grundwissen*" bzw. „*Ground Truth*" bezeichnet. *Ground-Truth-Labels* sind das, was Menschen als richtige Lösung der ML-Aufgabe definieren. Die Qualität der Ground-Truth-Labels ist dabei entscheidend für das Lernergebnis.

Ein Beispiel ist das Erkennen eines Tiers in einem Bild. Das Ground-Truth-Label für die Lernbilder ist hier entweder „Tier" direkt oder „Hund", „Katze", „Pferd", … Wurde „Huhn" nicht als Grundwissen aufgenommen, so wird es später auch nicht erkannt.

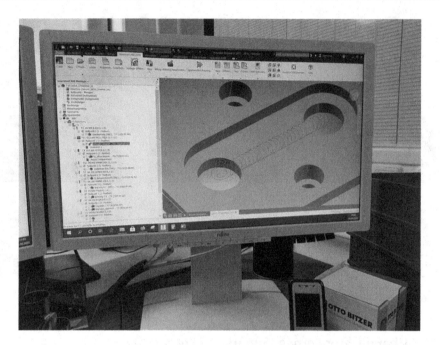

Abb. 6.5 Überwachtes Lernen bei der Zerspanung. (Quelle: RUMPEL Präzisionstechnik)

Eine Gefahr besteht, dass die KI die Daten-Grundwissen-Kombination nur „auswendig" lernt und nicht auf neue Aufgaben übertragen kann. Dies nennt sich *Überanpassung* bzw. **Overfitting** und muss getestet werden. Beim menschlichen Lernen geschieht dies in Form sog. Transferaufgaben, das erlernte Wissen muss auf eine neue Situation angewendet werden.

Ein interessantes Beispiel für Overfitting ist Anpassung der Lagerhaltung an den Bedarf von Toilettenpapier bei Amazon in der Corona-Krise (Weigert und Fetic 2020; Heaven 2020): Die KI hatte sich am Bedarf von Toilettenpapier optimiert, in der folgenden Woche wollten aber alle Puzzles oder Fitnessgeräte. In volatilen (wechselhaften) Märkten, wäre es schwierig („hard"), ohne manuelle Anpassungen auszukommen, sagt Rael Cline, von der Unternehmensberatung Nozzle und fügt hinzu, dass die Corona-Situation vielen die Augen geöffnet hätte, die glaubten, automatisierte Systeme könnten sich selber steuern.

6.2.2   Unüberwachtes Lernen (Unsupervised Learning)

Eine Kontrolle des Ergebnisses findet nicht statt. Daher ist es für sicherheitsrelevante Problematiken wenig geeignet. Agiert das System in Folge autonom, müssen zusätzliche Sicherheitsvorkehrungen getroffen werden, z. B. in Form von vorher abgestimmten Leitplanken, innerhalb derer frei gehandelt werden kann.

Demgegenüber können bislang vollkommen unbekannte, versteckte Muster und Gemeinsamkeiten in den Daten erkannt werden. Also ist das unüberwachte Lernen, je nach Definition, m. E. kreativ.

- *Unüberwachtes Lernen (Unsupervised Learning)*
  Das System lernt frei, ohne die Vorgabe von Zielwerten

Die Herausforderung darüber hinaus ist der Schritt von der idealistischen Simulation über Trainingsdaten in die weniger ideale „schmutzige" Realität, mit allen möglichen Nebenbeeinflussungen. Diese Problematik wird als *„Simulation Gap"* bezeichnet und liegt bei allen Lernformen vor, verstärkt sich aber, wenn keine zusätzliche Überwachung stattfindet.

6.2.3 Bestärkendes Lernen (Reinforced Learning)

Bestärkendes Lernen simuliert den extrinsisch motivierten Lernvorgang beim Menschen, insbesondere den bei Kindern. Den Kindern werden weniger Anleitungen oder Nachahmungsmuster an die Hand gegeben, vielmehr werden ihnen die Regeln nahegebracht und sie sollen anschließend durch eigene Erfahrung lernen. Durch Belohnung des richtigen bzw. Sanktionierung des falschen Wegs wird ein Lerneffekt initiiert, der auch bislang unbekannte, kreative Lösungen hervorbringen kann.

„Reinforcement Learning ist ein Machine-Learning-Konzept, in welchem ein Agent ohne anfängliche Informationen über sein Umfeld oder die Auswirkungen seines Handelns dazu trainiert werden soll, die maximale Belohnung zu erhalten." (Dammann kein Datum)

Im Gegensatz zu den beiden anderen ML-Methoden werden beim bestärkenden Lernen nur die (Spiel-)Regeln benötigt, keine Lerndaten und keine erwarteten Ergebnisse. Das birgt den Vorteil, nicht umfänglich Daten beschaffen bzw. erzeugen zu müssen. Allerdings ist ein Belohnungssignal notwendig, damit die KI sich schrittweise verbessert.

Dadurch können ohne menschliches Vorwissen komplexe Probleme gelöst werden und sogar vollkommen neue Erkenntnisse gewonnen werden. Der Beginn einer maschinellen Kreativität.

- *Bestärkendes Lernen (Reinforced Learning)*
  Das Lernsystem benötigt keine Lerndaten, sondern nur Regeln sowie ein Belohnungssignal. In einer Simulationsumgebung lernt das System nach dem Versuch-Fehler-Prinzip (Trial-and-Error) selbst.

Ein gutes Beispiel ist die Spielsoftware AlphaGo Zero, die nur unter Kenntnis der Spielregeln und im Spiel gegen sich selbst enorme Spielstärke und sogar vollkommen bislang unbekannte, neue Spielzüge und -varianten entwickelte. Als Belohnungssignal wäre hier denkbar: „Spiel gewonnen" sowie ggf. zusätzlich eine kurze Spielzeit oder eine möglichst große Anzahl verbliebener eigener Spielsteine beim Ende der Partie.

6.2.4   weitere Lernmethoden (Lazy Learning, Eager Learning, Continuous Learning)

Neben der drei sehr bekannten ML-Methoden gibt es weitere maschinelle Lernverfahren:

- *Das **träge Lernen** (lazy Learning) speichert die Trainingsdaten zunächst nur ab. Die Modellbildung findet erst bei entsprechender Abfrage, dann aber unter Berücksichtigung der aktuellen Arbeitsumgebung statt. Das lazy Learning geschieht z. B. mittels des k-nächste-Nachbarn-Algorithmus (KNN bzw. K-NN – nicht zu verwechseln mit Künstlichen Neuronalen Netzen, auch abgekürzt mit KNN).*
- *Beim **eifrigen Lernen** (eager Learning) findet das Lernen offline statt. Dies dauert zwar länger, hat aber den Vorteil einer geringeren Netzauslastung, insbesondere bei Abfragen. Da offline, erfolgt das Lernen allerdings global, d. h. der aktuelle Arbeitspunkt kann nicht berücksichtigt werden.*
- *Das **Kontinuierliche Lernen** (Continuous Leaning – CLS) kann kontinuierlich aus neuen Daten lernen. Hierzu sind gesonderte Qualitätssicherungsmaßnahmen bezüglich der Daten sowie der Ergebnisse erforderlich. CLS-System können ihre Modelle in Echtzeit aktualisieren bzw. anpassen.*

6.3   Mustererkennung

Automatisierung mithilfe des Machine Learnings lebt von der Mustererkennung. Dies ist insbesondere im unsicheren Datenumfeld wichtig. Hat der Mensch nicht alle notwendigen Informationen, versucht das Gehirn im komplexen Umfeld bekannte Muster zu erkennen und auf diese entsprechend zu reagieren.

Dabei sind die intellektuellen Fähigkeiten von Menschen und Maschine unterschiedlich: Während der Mensch assoziativ denkt, neue Informationen werden mit bereits bekannten Eindrücken abgeglichen, besteht die stärke einer Maschine in der Kombinatorik. Dabei werden alle mathematisch möglichen Kombinationen der Eingangswerte untersucht und die bezüglich der Zielvorgaben günstigste ausgewählt.

So berechnete ein Schachcomputer der frühen Generation alle irgendwie möglichen Zugkombinationen voraus und wählte dann einem vorgegebenen Modell entsprechend den nächsten Zug aus (Modell ist z. B. das Schlagen der gegnerischen Dame hat eine hohe Priorität und erlaubt das Opfern eines Läufers).

I.A kann der Computer besser berechnen, d. h. die kombinatorischen Fähigkeiten sind hoch. Bei Assoziation und der daraus folgenden Kreativität sind die Fähigkeiten eines

Tab. 6.1 Kreativität vs. Kombinatorik beim Menschen bzw. KI

	Kreativität	Assoziative Fähigkeit	Kombinatorische Fähigkeit
Menschliche Intelligenz	Weit Entwickelt	Weit Entwickelt	Nur bei kleinen Datenmengen
Künstliche Intelligenz	Keine Kreativität Bzw. bedingt kreativ	Bedingt fähig	Auch bei Big Data

Rechners allerdings begrenzt (siehe Abschn. 3.14). Demgegenüber setzt der Mensch bei einer unbekannten Situation auf ihm bekannte Muster bzw. Erfahrungen, die assoziativ bzw. kreativ auf die Bedürfnisse erweitert werden (siehe Tab. 6.1).

Der Nachteil der Kombinatorik ist aber, dass die notwendige Anzahl der Berechnungen exponentiell ansteigt. Daher konnten Schachcomputer nur einige wenige Züge im Voraus berechnen. Dies wird in der Mathematik als *kombinatorischen Explosion* bezeichnet, die das das schnelle Anwachsen der Komplexität eines Problems bei Hinzufügung nur weniger neuer Variablen behandelt. Eine interessante Abhandlung darüber ist das Buch „Kombinatorische Explosion und das Traveling Salesman Problem", dass u. a. die Optimierung von Geschäftsreisen behandelt (Gritzmann und Brandenberg 2008).

Mustererkennung versucht die Vorzüge beider Systeme, der menschlichen Assoziation und Kreativität mit der maschinellen Kombinatorik, zu kombinieren:

Gerade bei Big Data oder unsicherer Datenlage kann durch eine Mustererkennung die Anzahl der Möglichkeiten stark reduziert werden, die dann kombinatorisch weiter untersucht wird.

Wenn die KI eines autonom fahrenden Autos beispielsweise begreift, dass es sich um das Kind am Straßenrand um ein Reklamebild auf einer Litfaßsäule handelt, kann vieles ausgeschlossen werden. Hier wäre nur noch Kollisionsvermeidung mit einem unbeweglichen Gegenstand weiter zu berechnen.

Die Mustererkennung erfolgt über das maschinelle Lernen (ML). Dementsprechend müssen die Systeme über Trainingsdaten, bei denen Erfahrungsdaten als Lösung vorliegen, geschult werden. Weiterlernen in der Arbeitsphase nach der Trainingsphase ist sinnvoll, insbesondere wenn eine menschliche Lernstrategie angewendet wird: dem Lernen durch Fehler.

Das Vorgehen geht aus Abb. 6.6 und 6.7 hervor.

Bei der Mustererkennung können auch selbstadaptive *evolutionäre Algorithmen (EA)* oder *genetische Algorithmen (GA)* zur Optimierung eingesetzt werden. Hierbei handelt es sich um statistische Optimierungsverfahren, bei denen, naturähnlich, einzelne Parameter zufällig verändert werden und die „Fitness" (Eignung) der so erzeugten Mutation (Veränderung) bewertet wird.

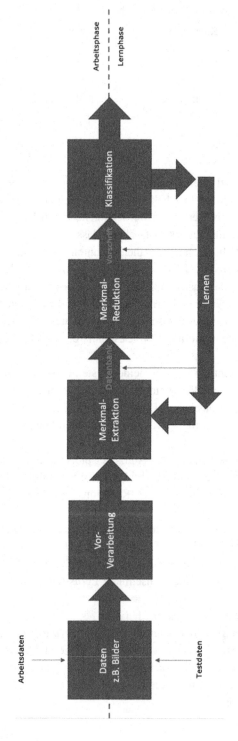

Abb. 6.6 Vorgehensweise bei Mustererkennung mittels Lernphase

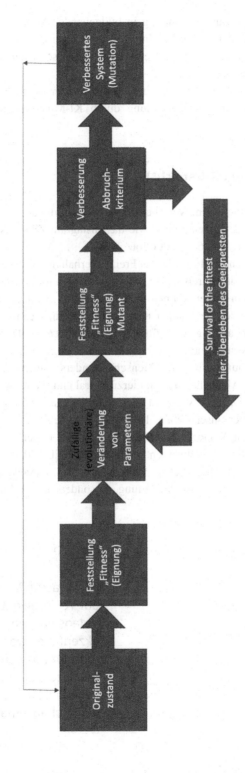

Abb. 6.7 Vorgehen evolutionären Algorithmus (EA) bzw. genetische Algorithmen (GA)

Sehr erfolgreich ist die Mustererkennung in bildgebenden Verfahren, mit aussichts-
reichen Anwendungen in der Medizintechnik. Beispielsweise sind mit KI und ML
erstellte Diagnosen von Hautkrebs oder Herzerkrankungen schneller und verlässlicher
möglich als die vom Experten (Madani et al. 2018).

Industrielle Anwendung gibt es z. B. in der Produktion: In einem Forschungsprojekt
soll die Termintreue bei der Auftragsplanung durch KI-Mustererkennung verbessert
werden (Tubessing 2018).

6.4   ML-Algorithmen (Übersicht)

Ein Algorithmus ist eigentliche eine Verarbeitungsvorschrift, die aber mittlerweile große
Auswirkungen auf das reale Leben haben, wie das Instagram-Zitat des Podcasters und
„Internetfilous" El Hotzo in Abb. 6.8 zeigt (Hotz 2020).

Algorithmen beeinflussen mittlerweile das Freizeitverhalten, aber auch, ob ein Bank-
kredit genehmigt wird, ob ein Einreisevisa gewährt wird, wen man bei einer Dating-App
trifft und vieles mehr. Algorithmen können Gutes bewirken, indem sie an eine gesunde
Lebensführung erinnern, oder sie können nach schlecht sein, wenn sie beispielsweise
wie in Fernost, zur Überwachung der Bürger eingesetzt werden. Dies ist nach west-
lichem Verständnis demokratiefeindlich, dort sieht man es angeblich, ganz im Sinne des
Konfuzianismus als Erziehung zum guten Menschen, anders – auch das ist ein Problem
bei der Bewertung solcher Algorithmen (vgl. hierzu Moral und Werte, Abschn. 4.1).

Sicher ist, so Jörg Dräger, Vorstand der Bertelsmann-Stiftung: „Algorithmen
bestimmen zunehmend über unser Leben. In Deutschland fehlt es an grundsätzlichem
Wissen über den digitalen Wandel. Wir müssen dringend lernen, die Chancen und
Risiken von Algorithmen richtig abzuwägen" (Dräger und WELT 2018).

Ein Algorithmus kann in natürlicher Sprache für den Alltagsgebrauch verfasst
werden, z. B. eine ganz einfache Strickanleitung. Besonders in der Informatik spielen

Abb. 6.8 @elhotzo zu
Algorithmen, Instagram
08.07.2020

EL HOTZO
@elhotzo

ich verachte Menschen die
auf YouTube gezielt nach
Videos suchen, du musst
akzeptieren was dir der
Algorithmus vorgibt, lass los
und lass dich treiben, das
Leben ist ziellos und so sollte
dein Schauverhalten sein

23:23 · 08 Juli 20 · .

Abb. 6.9 Algorithmus = Verarbeitungsvorschrift

Algorithmen eine große Rolle, hier aber durchweg in der Sprache der Mathematik formuliert.

- *Ein **Algorithmus** ist eine präzise, endliche Vorgehensweise zur Lösung einer Aufgabe (siehe Abb. 6.9). Er enthält eindeutig definierte schrittweise Anweisungen, zur Erreichung eines bestimmten Ziels. Bei Wahlmöglichkeiten muss es definierte Antwortwege geben.*

Algorithmen sollen die folgenden Eigenschaften besitzen:

1. ***Eindeutigkeit:** Es darf keine Widersprüchliche Beschreibung geben.*
2. ***Ausführbarkeit:** Jeder Einschritt muss ausführbar sein.*
3. ***Determiniertheit:** Eine bestimmte Eingabe führt jedes Mal zum selben Resultat.*
4. *nicht zu verwechseln mit:*
   ***Determinismus:** Es gibt immer höchstens eine Möglichkeit, wie weiter zu verfahren ist. Gibt es mehrere Möglichkeiten der Fortsetzung, so ist der Algorithmus **nicht-deterministisch**. Hängt die Fortführung von Wahrscheinlichkeiten ab, so handelt es sich um einen **stochastischen Algorithmus**.*
5. ***Terminiertheit** (Endlichkeit Zeit): Der Algorithmus führt in endlicher Zeit (endlich vielen Schritten) zu einem Ergebnis.*
6. ***Finitheit** (Endlichkeit Ressourcen): Der Algorithmus benötigt für die Beschreibung, Berechnung und das Ergebnis zu jedem Zeitpunkt einen endlichen Speicherplatz*
7. ***Abstrahierung:** Der Algorithmus löst eine allgemeine Klasse von Aufgaben (nicht nur ein spezielles Problem)*

Als zusätzliche Eigenschaft wird die ***Effizienz*** genannt. Bei mehreren geeigneten Algorithmen gibt es jene, die eine Aufgabe deutlich schneller lösen. Wesentliche Effizienzkriterien werden durch eine ***Laufzeitanalyse*** sowie durch den benötigten Speicherplatz ermittelt. Häufig entsteht dabei das sog. „***trade-off***", d. h. bei der Optimierung des einen Kriteriums verschlechtert sich das andere.

Bei der Ausführung eines Algorithmus gibt es verschiedene Ablaufstrukturen:

- *Sequenz* (Folge von Abläufen, Schritt für Schritt)
- *Selektion* (Auswahl): Wenn-Dann (If–Then) -Anweisungen, auch als Mehrfachauswahl
- *Iteration* (einengende Wiederholung): „Wiederhole, bis Bedingung erfüllt" oder „Solange Bedingung erfüllt, wiederhole"
- *Termination* (Abbruchkriterium): z. B. bei Endlos-Iteration (Endlosschleife)

Es gibt vermutlich unendlich viele Algorithmen. Beispielhaft sollen in Abb. 6.10 einige für KI-Anwendungen wichtige Algorithmen vorgestellt werden.

Die **Baumstruktur** ist die einfachste Form eines Algorithmus mit Verzweigungen.

Bei der **linearen Regression** wird eine Gerade gefunden, die die durchschnittliche Entfernung der Punkte von der Gerade minimiert. Die vorhergesagten Punkte liegen fortan auf dieser Geraden, mit der Unsicherheit in Form der Standardabweichung.

Die **logische Regression** ist eine Abwandlung der linearen Regression, bei der die Abstände auf 0 bis 1 transformiert werden. Diese Werte werden dann zu Wahrscheinlichkeitsklassen.

Die **Support Vector Machine** (Stützvektoren) untersucht, ob die Punkte in zwei Klassen eingeteilt werden können. Sonderformen sind der **Kernel-Trick** (mittels nicht linearer Kurve) bzw. das **k-Mean Clustering** (teilt in k Klassen auf, innerhalb derer die Varianzen minimiert sind).

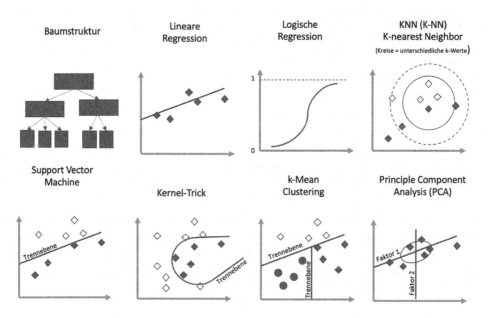

Abb. 6.10 Beispiele für KI-Algorithmen

Das *k-nearest-Neighbor* (KNN oder K-NN) sucht die Anzahl k der nächsten Nachbarn. *(Vorsicht: Verwechslungsgefahr mit Künstlichen Neuronalen Netzwerken, ebenfalls abgekürzt KNN).*

Die *Principle Component Analysis* (Hauptkomponentenanalyse – PCA) strukturiert mehrere Faktoren so, dass die wichtigste Information vereinfacht extrahiert werden kann (Dimensionsreduktion, Ausreißererkennung). Sie wird z. B. in der Mustererkennung bzw. Bildverarbeitung eingesetzt.

Weitere eingesetzte Verfahren sind die Bayes Klassifikation und die Faktorenanalyse:

- *Ein **Bayes'scher** Klassifikator weist jedem Punkt diejenige Klasse zu, in der er mit größter Wahrscheinlichkeit hineingehört, alternativ im industriellen Umfeld, bei dem die wenigsten Kosten entstehen.*
- *Die **Faktorenanalyse** (Factor Analysis) dient der Reduktion der Anzahl der Variablen. Es wird unterschieden zwischen der hypothesengeleiteten **konfirmatorischen Faktorenanalyse (CFA)** (Gültigkeit eines theoretischen Modells) sowie der **explorativen Faktorenanalyse (EFA)**. Sie ist demgegenüber ein strukturentdeckendes Verfahren.*

6.5   Inferenz

Nach Abschluss der Lernphase soll das System in der Lage sein, eigene logische Schlussfolgerungen aus bekannten oder angenommenen Prämissen zu schließen. Dieser Prozess nennt sich Inferenz.

- *Inferenz bezeichnet die Verwendung eines trainierten Modells, um neuartige Schlüsse aus den Daten zu ziehen.*

Beispiel für Inferenzfähigkeit ist die KI-basierte Auswertung von Röntgen- oder MRT-Aufnahmen im Gesundheitswesen. Hier können mittlerweile Erkrankungen erkannt oder ausgeschlossen werden, die ein Experte so nicht gesehen hätte. Aber auch intelligente Assistenten, wie Siri (Apple), oder Bots, die in sozialen Netzwerken mit Menschen kommunizieren, nutzen Inferenzfähigkeit.

6.6   Stabilitäts-Plastizitäts-Dilemma & Drift (Concept/Model Drift)

Derzeitige Anwendungen in der Produktion auf Basis vom Maschinellem Lernen (ML) oder Predictive Analysis beruhen auf statischen Systemen, d. h. es gibt keine unvorhergesehenen Änderungen im System an sich.

Tatsächlich sind in der Praxis aber viele technische Anlagen dynamisch, d. h. das (Teil-) Systeme sich mit der Zeit verändern: Sensoren altern, verhalten sich an unterschiedlichen Einbauplätzen leicht verschieden oder reagieren auf neue Geräte in der Nachbarschaft. Bei Flugzeugen müssen z. B. zentrale Anzeigegeräte neu kalibriert werden, sobald etwas im oder in der Nähe des Armaturenbretts verändert wurde.

Auch können die Daten selbst zu Verzerrungen in Modellen frühen: „Da viele KI-Systeme – zum Beispiel solche mit Komponenten des überwachten maschinellen Lernens – enorme Datenmengen brauchen, um gute Ergebnisse zu erzielen, ist es wichtig, zu verstehen, wie Daten das Verhalten des KI-Systems beeinflussen. Enthalten die Trainingsdaten Verzerrungen, sind sie also nicht ausgewogen und umfassend genug, so wird das mit diesen Daten trainierte System keine angemessenen Gesetzmäßigkeiten abbilden können und möglicherweise unfaire Entscheidungen treffen, die bestimmte Gruppen gegenüber anderen bevorzugen können." (Hochrangige Expertengruppe der EU für KI 2018).

Diese Veränderung wird als *Drift* (alternativ Shift) bezeichnet. Ursprünglich kommt der Begriff aus der Luft- bzw. Seefahrt und meint eine Abweichung vom Sollkurs. Im Zusammenhang mit KI meint es die Veränderung des dem Berechnungsschemas zugrunde liegenden Modells, die abrupt, periodisch wiederkehrend oder schleichend erfolgen kann. Abb. 6.11 zeigt die verschiedenen Driftarten.

Die Herausforderung besteht darin, die Veränderung (den Drift) zu erkennen und eine Vorgehensweise zu entwickeln, die Trainingsdaten bzw. das gelernte Modell infrage zu stellen. Dabei bedeutet:

- *Modell Drift (Model Drift) bezeichnet einen Wandel des Systems bereits **während des Lernprozesses** und führt zu einem instabilen Modell.*
- *Konzept Drift (Concept Drift) benennt eine Veränderung des Systems **nach dem Lernen** mit dem Resultat, dass gelernte Modelle angepasst werden müssen (Modell-Verformbarkeit / Modell-Plastizität).*

Eine adaptive Anpassung der Modelle an neue Daten soll jedoch nicht dazu führen, dass eine bereits funktionstüchtige Anpassung in anderen Systemteilen verloren geht oder alte, immer noch relevante Information „vergessen" wird.

Diese Problematik firmiert unter der Bezeichnung *Stabilitäts-Plastizitäts-Dilemma*. Dabei bedeutet:

- Stabilität: das Bestehenbleiben vorhandener Modelle
- Plastizität: die Möglichkeit, vorhandene Modelle durch neu erlernte zu ersetzen

Die Auflösung dieses Dilemmas ist insbesondere dann schwierig, wenn eine Veränderung nicht abrupt, sondern schleichend erfolgt.

Bekannte Ansätze zur Lösung dieses Dilemmas sind z. B. Leitplanken, verbunden mit Abbruchkriterien, oder periodische Netztrainings. Diese Verfahren reagieren

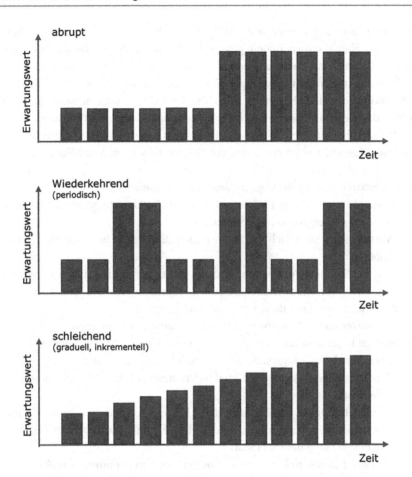

Abb. 6.11 Unterschiedliche Driftarten

aber entweder bei abrupter Drift ggf. zu spät oder sehr plötzlich, angesichts kleiner Änderungen bei schleichender Drift. Eingesetzt wird auch der Testeinsatz in einem abgetrennten Arbeitsraum (Sandbox), was aber bei laufendem Betrieb schwierig ist.

Derzeit untersucht werden weitergehende Herangehensweisen über Künstliche Neuronale Netze (KNN), wie z. B. die Adaptive Resonanztheorie (ART-Netze) oder wissensbasierte hybride Ansätze, z. B. Kurzzeitadaption durch Fehlerexploration.

6.7 Meta-Lernen (Meta-Learning)

Neben dem normalen Lernen wird derzeit daran geforscht, wie das Lernen selbst erlernt bzw. beschleunigt und verbessert werden kann.

Das Lernen über das Lernen heißt *Meta-Lernen* bzw. *Meta-Learning.* Hierbei wird Erfahrung, wie einmal etwas effizient gelernt wurde, auf neue Lernphasen übertragen.

Die Idee dahinter ist, dass auf bereits Gelerntes zurückgegriffen wird, erfolgreiche Lernwege gestärkt werden und weniger zielführende Lernwege bzw. „tote Äste" nicht mehr beschritten werden. Hierzu ist eine Art Lern-Gedächtnis notwendig, nicht nur Daten über das Gelernte, sondern auch Daten über den Lernprozess müssen also erfasst werden. Wissen über einen erfolgreichen Lernprozess muss transferiert werden.

Beim Meta-Lernen werden drei Arten von Wissenstransfer unterscheiden:

- *Wissenstransfer durch Übertragung von Modelparametern:*
  Der Startpunkt eines neuen Lernprozesses nutzt die als erfolgreich erkannten Parameter aus dem vorhergehenden Lernprozess.
  Beim Versteckspiel suche ich erst da, wo sich die Kinder bereits früher gerne versteckt haben.
  Für einen bestimmten Verarbeitungsprozess wurde z. B. eine günstige Maschinen-Drehzahl und -Vorschub erkannt. Beim Lernprozess für ein anderes, ähnliches Produkt wird zunächst mit diesen Parametern begonnen.
- *Wissenstransfer durch Erkennen von gemeinsamen Eigenschaften (Features)*
  Gemeinsame Eigenschaften zwischen einem bereits gelernten und einem unbekannten Modell werden als Ausgangspunkt für das weitere Lernen genutzt. Anschließend wird unter Nutzung der bereits gelernten Modellparameter auf die Unterschiede zum neuen Modell fokussiert.
  Wenn eine KI beispielsweise bereits gelernt hat, einen Hund zu erkennen, kann eine Katze auf ähnlichem Wege erfasst werden. Die KI muss nur noch lernen, was eine Katze von einem Hund unterscheidet.
- *Wissenstransfer durch Erkennen von Kontext (Zusammenhang, Umgebung)*
  Hierbei geht es darum, Hintergrundinformationen auszuwerten. Die Bedeutung eines gesprochenen Satzes in einer Businessumgebung, in einer Kirche oder beim Karneval kann sich unterscheiden. Wenn es der KI also gelingt, den Kontext zu erfassen und dann auf Gelerntes in diesem Kontext zurückzugreifen, kann eine Bedeutung einfacher geklärt werden.
  Dies greift insbesondere bei der Bildverarbeitung und Positionsbestimmung: Ein Tiger in einem Bilderrahmen oder mit erkannter Position „Zoo" ist weitaus weniger gefährlich als in freier Wildbahn.

6.8   Automatisiertes Maschinelles Lernen (AutoML)

Automatisiertes Maschinelles Lernen (Automated Machine Learning), kurz AutoML, wird von verschiedenen Herstellern propagiert, mit leicht unterschiedlichen Definitionen. Wichtig dabei sind zwei gemeinsame Aspekte:

- *AutoML* soll maschinelles Lernen vereinfachen und beschleunigen, sowie
- *AutoML* Anwendung ohne spezifische Programmierkenntnisse bzw. ML-Wissen

Damit soll maschinelles Lernen für jedermann als Zielgruppe ermöglicht werden und auch als Dienstleistung angeboten werden (u. a. von IBM, Microsoft & Google). So propagiert Microsoft seine Plattform Azure Machine Learning sowie seinen Service MLaaS (Machine Learning as Service). Dabei wird AutoML wie folgt definiert:

„Die Entwicklung traditioneller Machine Learning-Modelle ist ressourcenintensiv und erfordert viel Fachwissen und Zeit, um Dutzende von Modellen zu erstellen und zu vergleichen. Mit automatisiertem maschinellem Lernen verkürzen Sie die Zeit, die benötigt wird, um produktionsbereite ML-Modelle … zu erhalten." (Microsoft 2020).

Google bietet mit ihrer CloudAutoML ebenfalls cloudbasierte ML-Dienste an, die sich u. a. auf Bildverarbeitung, Spracherkennung (NLP) oder dem Strukturieren von Daten spezialisieren, definiert aber ähnlich: Entwickler mit geringen Kenntnissen im Bereich ML sollen hochwertige, auf die jeweiligen Anforderungen zugeschnittene Modelle trainieren können. vgl.: (Google Cloud 2020).

Gängige AutoML Aufgaben sind u. a.:

- Klassifizierung (Einordnung von Daten in definierte Kategorien)
- Regressionsanalyse (Gegenseitige Beeinflussung von Variablen)
- Prognosen (erweiterte Vorhersagen)
- Bedeutungsstrukturen bei Text bzw. natürlicher Sprache erkennen
- Bild- bzw. Videoinhalte deuten

Dabei sind charakteristische durch AutoML automatisierbare Prozessschritte (siehe Abb. 6.12:

Abb. 6.12 AutoML: Workflow im Vergleich zum klassischen maschinellen Lernen (ML)

- Datenaufbereitung (z. B. Preprocessing und Bereinigen der Daten)
- Feature Engineering (Suche nach relevanten Attributen innerhalb der Daten)
- Auswahl eines geeigneten ML-Algorithmus bzw. ML-Modells
- Optimierung des ML-Modells sowie der Prozessparameter (Hyperparameter)
- Ergebnisvisualisierung und -analyse

6.9   Tiefer gehendes Lernen (Deep Learning – DL)

Deep Learning (DL) unterscheidet sich vom Machine Learning (ML). Gleich ist, beide Lernmechanismen nutzen Algorithmen, um Daten zu analysieren und aus diesen Analysen zu lernen. Während aber beim maschinellen Lernen (ML) ein Programmierer bzw. ein Experte eingreifen muss, um Anpassungen vorzunehmen, bestimmt dies beim tiefer gehenden Lernen (DL) der Algorithmus selbst.

Microsoft definiert den Unterschied zwischen ML und DL so (Ronsdorf 2020): „Der entscheidende Unterschied liegt darin, ob … der Mensch in den Lernvorgang eingreift: Beim Machine Learning greift der Mensch in die Analyse der Daten und den eigentlichen Entscheidungsprozess ein. Im Gegensatz dazu, sind Deep-Learning-Modelle in der Lage, von sich aus zu lernen. … Bei diesem Lernvorgang greift der Mensch nicht ein, das Analysieren wird der Maschine überlassen."

Während ML auf statischen Algorithmen basiert, die nur vom Menschen überwacht geändert werden, ändert DL seine, dann dynamischen Algorithmen autonom. Hierfür soll Deep Learning die Funktionsweise des menschlichen Gehirns nachahmen unter Nutzung künstlicher neuronaler Netzwerkstrukturen.

Insgesamt bedarf es aber noch vieler Schritte: Die Technik des Deep Learning beruht, wie das menschliche Lernen, auch auf dem Prinzip des Lernens durch Fehler.

DL generiert selbstständig Erkenntnisse, die sich aus der neuronalen Vernetzung von Daten und aus der Wahrnehmung der Umwelt über entsprechende Sensorik ergibt. Darüber hinaus kann DL sich selbst optimieren: DL ist in der Lage, „Erfahrung" in Form von komplexen Modellen selbst zu generieren und diese über Feedbackschleifen weiter zu entwickeln. Aus dieser Erfahrung entwickelt DL eigene Prognosen als Grundlage für eine autonome Entscheidungsfindung.

- *Deep Learning (DL) bezeichnet die Fähigkeit von IT-Systemen, über neuronale Netze vollkommen selbstständig zu lernen und sich autonom zu verbessern, ohne explizit mit Regeln hierfür programmiert worden zu sein (siehe* Abb. 6.13).

Den Stand der Technik in der Produktion beschreibt Gunar Ernis vom Fraunhofer IAIS so: „Deep Learning gibt es bereits länger für kleinere Datenmengen, doch die größeren neuronalen Netze brauchen mehr Daten. Die Anzahl der Parameter für diese Vorhersagemodelle sind extrem hoch". (Spinnarke 2017).

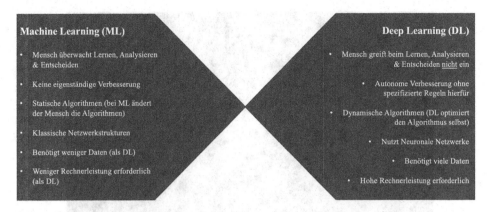

Abb. 6.13   Vergleich Machine Learning (ML) vs. Deep Learning (DL)

Alle großen „Technology"-Unternehmen beschäftigen sich mittlerweile mit Deep Learning. Eines der wohl bekanntesten Projekte ist Google Brain. Das seit 2011 existierende Projekt beschäftigt sich mit vielen Aspekten des tiefer gehenden Lernens, in diesem Zusammenhang sind wichtig: Die Erkennung von Bildinhalten (2012 erstmalig eine Katze aus YouTube-Bildern und 2017 Ästhetikbewertung mit Google NIMA – Neural Image Assessment) sowie selbstlernende Roboter.

6.10   Künstliche Neuronale Netze – KNN (Artificial Neuronal Network – ANN)

Klassische Computer basieren grundsätzlich darauf, dass Programme eine vordefinierte Abfolge von arithmetischen bzw. logischen Operationen ausführen. Die *Von-Neumann-Architektur (VNA)* eines typischen Computers, bereits 1945 entwickelt, lässt Berechnungen nur sequenziell zu: Prozessor (CPU) und Speicher sind durch einen Bus getrennt, alle Befehle werden nacheinander über diesen Bus abgearbeitet. Das erlaubt nur recht starre Abfolgen eindeutiger Anweisungen, geradlinig oder entlang einer Baumstruktur. Parallele Verarbeitung findet i.A. in getrennten Prozessoren bzw. Mehrkernprozessoren statt.

Dies ist wenig geeignet für eine flexible Bearbeitung unterschiedlichster informatischer Probleme, wie es der Mensch imstande ist zu tun. Im menschlichen Gehirn gibt es keinen Unterschied zwischen Verarbeitung (Prozessor) und Speicher. Künstliche Neuronale Netze versuchen die Arbeitsweise der Neuronen im menschlichen Gehirn (vgl. Abb. 6.14) nachzuempfinden. Ein KNN besteht demnach aus vielen, kreuz und quer miteinander verbundenen künstlichen Neuronen. Die Neuronen selbst wiederum sind in Schichten angeordnet.

Abb. 6.14 Menschliches neuronales Netzwerk. (Nöth 2020)

Der VDI beschreibt Künstliche Neuronale Netze (KNN) so (in Anlehnung an (VDI 2018):

- *Ein **Künstliches Neuronales Netz (KNN)** ist die technische Realisierung biologisch motivierter Modelle der Informationsverarbeitung im Gehirn und Nervensystem. ... Kennzeichnen sind Lernfähigkeit, dezentrale, parallele Strukturen aus einfachen Elementen.*

Vorsicht: KNN als Künstliches Neuronales Netz sollte nicht mit dem Klassifikations-Algorithmus auf Basis der Nächste-Nachbarn-Klassifikation (k-Nearest Neighbor-Algorithmus – ebenfalls KNN) verwechselt werden. Hierbei handelt es sich um eine Methode zur Abschätzung der Wahrscheinlichkeitsdichte, die auch beim Maschinellen Lernen eingesetzt wird (z. B. beim trägen Lernen – lazy learning, siehe Abschn. 6.2.4), aber nicht im Zusammenhang mit Künstlichen Neuronalen Netzen (KNN) steht.

Ein Vorteil bei Künstlichen Neuronalen Netzen lieg darin, dass es sich bei KNN um **selbstorganisierende Systeme** handelt (vgl. auch Chaostheorie und Schwarmverhalten, Abschn. 7.8).

Anwendung finden KNN grundsätzlich bei Modellbildungen, insbesondere bei der Bildverarbeitung und der Mustererkennung. Konkrete technische Anwendungen sind in der Medizindiagnostik (z. B. Krebserkennung aus bildgebenden Verfahren) und in der Qualitätskontrolle (ebenfalls bildbasiert) zu finden.

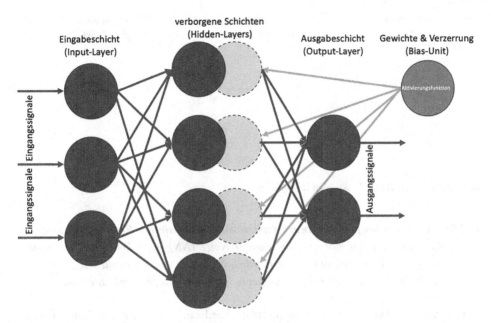

Abb. 6.15 Künstliches Neuronales Netzwerk (KNN)

Das KNN besteht aus drei Schichten mit vier Neuronenarten (siehe Abb. 6.15):

- Eingabeschicht (Input-Layer): Aufnahme der Eingangssignale, Weitergabe ins KNN
- Verborgene Schicht (Zwischenschicht, Aktivitätsschicht – Hidden Layer): Ein oder mehrere Schichten, in der die Verarbeitung, das Lernen, stattfindet. Je mehr verborgene Schichten desto „tiefer" das Lernen (Deep Learning). Theoretisch ist die Schichtanzahl unbegrenzt, praktisch steigt jedoch die notwendige Rechenleistung mit jeder neuen Schicht exponentiell an.
- Ausgabeschicht (Output-Layer): Aufnahme des KNN-Ergebnisses, Darstellung in einer weiterverarbeitbaren Art und Weise.
- Gewichte und Verzerrungen (Bias-Unit): Beeinflusst den Informationsfluss innerhalb des KNN, häufig geleitet durch eine *Aktivierungsfunktion.* Die BIAS-Unit gilt nicht als einzelne Schicht, bildet aber die vierte Neuronenart.

Gängige *Aktivierungsfunktionen* der Bias-Unit sind die binäre Schwellwertfunktion sowie die lineare bzw. sigmoide Aktivierungsfunktion (siehe Abb. 6.16).

Während die bisherigen Strategien zur Nachbildung der neuronalen Strukturen des menschlichen Gehirns i.W. softwarebasiert waren gehen neuere Entwicklungen in die Richtung neuronale Netzwerke als Hardwarestruktur, also in Silizium statt Kohlenstoff, nachzubilden. Dies ist erforderlich, weil klassische Computer-Hardware an ihre Grenze stößt.

Abb. 6.16 Aktivierungsfunktionen (Beispiele)

- *Die sog. **Neuromorphe Hardware** basiert auf spezialisierten Rechnerarchitekturen, die die Struktur (Morphologie) Neuronaler Netze (NN) nachahmt. Die Schaltkreiskomponenten dieser neuromorpher Hardware agieren wie elektronische Neuronen, die durch ein Netzwerk künstlicher Nervenbahnen miteinander verdrahtet sind.*

Der Vorteil ist: Die Leistung neuromorpher Hardware wird also durch ihr Design bestimmt, da wo es bei herkömmlichen Prozessoren etliche Operationen bedarf, braucht ein neuromorpher Computerchip nur eine einzige. Dadurch lassen sich gewaltige Leistungspotentiale erschließen. Diese Systeme können bis zu 10.000-mal schneller als Echtzeit (Schlößer 2020).

Mithilfe dieses Ansatzes kann dann ***Probabilistic Computing*** angegangen werden. Eine probabilistische Aussage ist sozusagen das Gegenteil einer deterministischen (vollkommen festgelegten) Schlussfolgerung und berücksichtig dabei Wahrscheinlichkeitskomponenten für das Zustandekommen eines Ereignisses. Beim Probabilistic Computing geht es darum, nicht nur eine, ggf. nur unter bestimmten Annahmen optimale Lösung zu finden, sondern mehrere. Das Ergebnis ist eine Technologie, die für die Beurteilung bei Unsicherheiten ebenso geeignet ist wie die herkömmliche Computertechnologie für die Aufzeichnung in großem Maßstab.

In der Praxis, z. B. bei Maschineneinstellungen, können beispielsweise lokale Effizienzmaxima gefunden werden, die aber auf der Spitze eines sehr steilen Bergs liegen. Kleinste Veränderungen bei anderen führen zu Problemen oder Chaotischem Verhalten (siehe Abschn. 7.8). Besser wäre vielleicht ein Betriebspunkt an einem weniger optimalen Maximum, der aber stabiler ist. Abb. 6.17 zeigt ein solches Verhalten. Bei einigen wenigen Einflussgrößen ist das Verhalten noch relativ einfach abzuschätzen, aber schon bei drei vektoriellen Variablen wird es komplex (siehe Drei- bzw. n-Körper-Problem, Abschn. 7.8).

Probabilistic Computing soll, unter Zuhilfenahme neuromorpher Hardware, in solchem komplexen Umfeld ein Abbild aller möglichen Lösungen liefern. Darüber hinaus gibt es ein Maß dafür an, wie gut oder wie zuverlässig eine Lösung ist, je nachdem, wie oft man in einem Tal bzw. an einem Berg hängenbleibt (vgl. (Schlößer 2020)).

Abb. 6.17 Instabiler Betriebspunkt mit höherer Effizienz als stabilerer Betriebspunkt

Wie derzeit häufig im Bereich der sog. Technology, kommen solche Anwendungen zunächst bei Smartphones zum Einsatz bevor sie den Weg in das industrielle Umfeld finden.

Unter dem Codenamen *Pohoiki Beach* hat Intel ein solches System vorgestellt, welches aus 64 Loihi-Chips besteht, die wiederum aus 130.00 Silikon-Neuronen bestehen. Dies soll ein cloudbasiertes Training für KI-Algorithmen überflüssig machen. Bei der Objekterkennung war das System nicht nur sehr viel schneller und nutzte nur 1 % seiner Ressourcen, sondern verbrauchte auch wesentlich weniger Energie (vgl. Riemenschneider 2019).

Letztlich ist aber die Leistung des menschlichen Gehirns noch unerreichbar, dies bezüglich intellektueller Leistungen aber auch wegen des niedrigen Energieverbrauchs (ca. 20 W). Das wirkliche Problem: Es ist immer noch unklar, was die entscheidenden biologischen Prinzipien sind, die das Gehirn so effizient machen.

6.11 Anwendungsbeispiel bei 3M

In einer konkreten Anwendung wurde bei der deutschen Niederlassung des US-Konzerns 3M die Prozessplanung und den Energieverbrauch verbessert, indem maschinelles Lernen in ein Echtzeit-Fertigungssystem integriert wurden. Dabei wurde in einem Batch-Prozess der Kühlmittelverbrauch betrachtet, weil die Ressourcen des Kühlmittels

Machine Learning for Improved Process Scheduling

Cooling consumption in batch process operations

Abb. 6.18   Einsatz von maschinellem Lernen bei 3M. (Quelle: 3M Deutschland)

begrenzt sind (siehe Abb. 6.18). Dadurch konnten nicht alle Reaktoren parallel laufen. Der individuelle Kühlbedarf wird dabei beeinflusst durch:

- Reaktorgröße
- Rohes Material
- Temperatur des Kühlmittels
- Reaktionstyp
- ….

Der Ansatz war daraufhin maschinelles Lernen im Bereich der Predictive Analysis zu verwenden, um den Kühlbedarf vorherzusagen und einen Reaktionsplan vorzuschlagen, was dann auch mit sehr guten Ergebnis gelang.

Bei einer anderen 3M Anwendung sollte bei der Film-Produktion die automatisierte Dellen- und Faltenerkennung in Echtzeit durch Integration von Deep Learning verbessert werden. die Herausforderung: Filmdellen und -falten sind kritische Defekte, die schwierig zu entdecken sind, u. a. weil sie ein geringes Bild-SNR (Signal-Rausch-Verhältnis) aufweisen.

Eingesetzt wurden Produktions-Deep-Learning-Modelle, die in der Echtzeitfertigung eingesetzt werden. Das Deep Learning verbessert die Fähigkeit gegenüber der herkömmlichen Verarbeitung erheblich (siehe Abb. 6.19).

Abb. 6.19 Künstliche Intelligenz & Deep Learning bei 3M. (Quelle: 3M Deutschland)

6.12 Fragen zum Kapitel

1. Nennen Sie die drei Formen des Maschinellen Lernens und unterscheiden Sie dies vom Deep Learning. Für welchen Zweck wählen Sie was aus?
2. Was ist das Besondere am Reinforced Learning (bestärkendes Lernen) und warum ähnelt dieses besonders dem menschlichen Lernen im Kindesalter?
3. Welches ist die „sicherste" Lernform und warum?
4. Unterscheiden Sie die verschiedenen Initialdaten (Trainings-, Test-, und Validierungsdaten). Woher bekommen sie diese Daten?
5. Wo liegt die Herausforderung bei Ambiguität bzw. Semantik für eine KI? Erklären Sie das Text Mining in diesem Zusammenhang.
6. Beschreiben sie das Lernen über Mustererkennung, wo liegen die Herausforderungen? (hierzu auch Abschn. 8.5 hinzuziehen)
7. Welche Anforderungen müssen ML-Algorithmen erfüllen?
8. Was ist Inferenz?
9. Beschreiben Sie die Herausforderung des Stabilitäts-Plastizitäts-Dilemmas (Concept/Model Drift) an einem Beispiel aus der Produktion.
10. Was ist Meta-Learning? Beschreiben Sie dies anhand eines Beispiels aus dem Qualitätsmanagement.
11. Was unterscheidet das Deep Learning vom Maschinellen Lernen?
12. Was ist das Besondere an einem Künstlichen Neuronalen Netzwerk und wie unterscheidet sich die Arbeitsweise von anderen Netzwerkstrukturen?

Literatur

Dammann, P. (kein Datum). Einführung in das Reinforcement Learning. https://hci.iwr.uni-heidelberg.de/system/files/private/downloads/541645681/dammann_reinfocement-learning-report. pdf.

DIN SPEC 13266. (2020). *Leitfaden für die Entwicklung von Deep-Learning-Bilderkennungssystemen.* Berlin: Beuth.

Dräger, J., & WELT. (23. Mai 2018). Algorithmen bestimmen zunehmend über unser Leben. https://www.welt.de/newsticker/dpa_nt/infoline_nt/netzwelt/article176597878/Algorithmen-bestimmen-zunehmend-ueber-unser-Leben.html. Zugegriffen: 11. Okt. 2020.

Google Cloud. (2020). Cloud AutoML. https://cloud.google.com/automl/. Zugegriffen: 5. Juni 2020.

Gritzmann, P., & Brandenberg, R. (2008). *Kombinatorische Explosion und das Traveling Salesman Problem.* Berin: Springer.

Heaven, W. (11. Mai 2020). Our weird behavior during the pandemic is messing with AI models. https://www.technologyreview.com/2020/05/11/1001563/covid-pandemic-broken-ai-machine-learning-amazon-retail-fraud-humans-in-the-loop/?etcc_med=newsletter&etcc_cmp=nl_algoethik_18125&etcc_plc=aufmacher&etcc_grp. Zugegriffen: 11. Okt. 2020.

Hochrangige Expertengruppe der EU für KI. (2018). Eine Definition Der KI: Wichtigste Fähigkeiten und Wissenschaftsgebiete. https://elektro.at/wp-content/uploads/2019/10/EU_Definition-KI.pdf. Zugegriffen: 11. Okt. 2020.

Hotz, S. (8. Juli 2020). Sebastian Hotz „El Hotzo". https://www.heavygermanshit.de/sebastianhotz. Zugegriffen: 8. Juli 2020.

Interview: Was sind die Erfolgsfaktoren für die künstliche Intelligenz? Interview mit Herrn Dr. Sönke Iwersen von der HRS Group. (21. Oktober 2019). https://www.dataleaderdays.com/interview-was-sind-die-erfolgsfaktoren-fuer-die-kuenstliche-intelligenz/. Zugegriffen: 30. Apr. 2020.

Madani, A., Arnaout, R., Mofrad, M., & Arnaout, R. (21. März 2018). Fast and accurate view classification of echocardiograms using deep learning. https://www.nature.com/articles/s41746-017-0013-1. Zugegriffen: 11. Okt. 2020.

Microsoft. (22. April 2020). Was ist automatisiertes maschinelles Lernen (AutoML)? https://docs.microsoft.com/de-de/azure/machine-learning/concept-automated-ml. Zugegriffen: 21. Juni 2020.

Microsoft. (24. März 2020). https://news.microsoft.com/de-de/microsoft-erklaert-was-ist-machine-learning-definition-funktionen-von-ml/. Zugegriffen: 18. Mai 2020.

Nöth, V. (2020). *Screening of the bone marrow peptidome to identify novel syn- aptic activity modulators.* Ulm: Master-Thesis an der Hochschule Albstadt-Sigmaringen und Universität Ulm.

Riemenschneider, F. (1. August 2019). Intel Pohoiki Beach: Millionen Neuronen und Milliarden Synapsen. https://www.elektroniknet.de/elektronik/halbleiter/intel-pohoiki-beach-millionen-neuronen-und-milliarden-synapsen-167932.html. Zugegriffen: 1. Mai 2020.

Ronsdorf, J. (24. März 2020). Microsoft erklärt: Was ist Machine Learning? https://news.microsoft.com/de-de/microsoft-erklaert-was-ist-machine-learning-definition-funktionen-von-ml/. Zugegriffen: 5. Apr. 2020.

Schlößer, T. (5. Februar 2020). „Rauschendes Chips: Wie neuromorphe Hardware von Erkenntnissen aus der Hirnforschung profitieren kann. https://www.fz-juelich.de/SharedDocs/Pressemitteilungen/UK/DE/2020/2020-02-05-interview-tetzlaff.html. Zugegriffen: 29. März 2020.

Spinnarke, S. (3. Mai 2017). So wird Künstliche Intelligenz in der Produktion eingesetzt. https://www.produktion.de/trends-innovationen/so-wird-kuenstliche-intelligenz-in-der-produktion-eingesetzt-104.html. Zugegriffen: 20. Juni 2020.

Tanz, J. (17. Mai 2016). Soon we won't program computers. We'll train them like dogs. https://www.wired.com/2016/05/the-end-of-code/. Zugegriffen: 5. Juli 2020.

Tubessing, K. (21. März 2018). KI-Mustererkennung hilft bei der Auftragsplanung. https://www.hannovermesse.de/de/news/news-fachartikel/ki-mustererkennung-hilft-bei-der-auftragsplanung. Zugegriffen: 18. Juli 2020.

VDI. (10 2018). VDI Statusreport Künstliche Intelligenz. https://www.vdi.de/ueber-uns/presse/publikationen/details/vdi-statusreport-kuenstliche-intelligenz. Zugegriffen: 2. Sept. 2020.

Weigert, M., & Fetic, L. (14. Mai 2020). Die Pandemie veränderte urplötzlich unser Verhalten – und verwirrt damit den Algorithmus. https://algorithmenethik.de/2020/05/14/algorithmenethik-erlesenes-109/. Zugegriffen: 30. Aug. 2020.

ZEIT Wissen hoch 3. (18. Juni 2020). 3½ Fragen an ... Hamburg: Die ZEIT (Newsletter).

Maschinelle Entscheidungen 7

7.1 Menschliche Entscheidung

Die Wissenschaft hat ein eiskaltes Händchen. sie hat keine Meinungen, sondern nur Faktenlage. Virologe Christian Dorsten in der Corona-Krise (Dorsten 2020).

Ein Grundherausforderung menschlichen Handels ist die Notwendigkeit zu Entscheiden.

- *Eine **Entscheidung** ist ein Akt, bei dem eine von mehreren möglichen Handlungsalternativen ausgewählt wird, um ein bestimmtes Ziel zu erreichen.*

Dies ist aber nicht immer einfach, auch deshalb gibt es Situationen, in dem der Mensch Entscheidungen nach Möglichkeit vermeidet.

Um maschinelle Entscheidungsmechanismen, die über eine deterministische Baumstruktur (Wenn-Dann bzw. If-Then) hinausgehen zu ermöglichen, muss zunächst verstanden werden, was die Herausforderungen im menschlichen Entscheidungsprozess sind.

Um maschinelle Entscheidungen zu verstehen muss zunächst der menschliche Entscheidungsprozess verstanden werden. Denn zum einen muss eine KI mit Menschen interagieren, zum anderen muss eine autonome KI auch menschliche Reaktionsweisen vorhersehen können. Hier gibt es neben Daten und Fakten eben auch Emotionen, Taktik, Irrationales u. ä.

Zunächst einmal müssen Entscheidungstypen und ihre spezifischen Herausforderungen unterschieden werden (siehe Abb. 7.1):

A. Mockenhaupt, *Digitalisierung und Künstliche Intelligenz in der Produktion*, https://doi.org/10.1007/978-3-658-32773-6_7

Abb. 7.1 Entscheidungstypen

- *Operative Entscheidung, zumeist auf der unteren Ebene angesiedelt, setzten um, was vorgegeben ist. Die Entscheidungen sind vordefiniert, bei Abweichungen muss auf der nächst höheren Ebene rückgefragt werden. Diese Art der Entscheidung ist gut automatisierbar, da der Spielraum sowie die Bedingungen für Rückfragen (an den Menschen) klar festgelegt sind.*
- *Taktische Entscheidungen sind im mittleren Management angesiedelt. Sie ergeben sich aus den Zielvorgaben des Unternehmens und sind innerhalb eines weiten Rahmens frei. Für die Entscheidung selbst muss Verantwortung übernommen werden, nicht aber für den Rahmen und die Zielvorgaben. Taktische Entscheidungen eigenen sich für KI-Systeme in Verbindung mit maschinellem Lernen.*
- *Strategische Entscheidungen werden von der Unternehmensleitung (C-Level, CoX) getroffen. Sie sind weitgehend frei, müssen aber gegenüber den sog. interessierten Parteien (Unternehmenseigner, Aufsichtsrat, aber auch Mitarbeiter, Gesellschaft, …) verantwortet werden. Diese Entscheidungen sind häufig Risikoentscheidungen, die angesichts ihrer Komplexität von KIs unterstützt werden können, aber wegen der notwendigen Kreativität wohl letztendlich beim Menschen verbleiben sollten.*

Menschliche Entscheidungen, vor allem im professionellen Umfeld, folgen mehreren Blickrichtungen: Am wichtigsten ist der funktionale Faktor, wo es um Problemlösungen,

Zahlen, Daten und Fakten geht. Eine KI kann sich hierauf einfach konzentrieren, die Abwägung und Bewertung von, möglichst messbaren, Größen ist eine Stärke der maschinellen Entscheidung. Dies ist aber im Zusammenspiel mit Menschen zu kurz gegriffen. Insbesondere eine autonome KI muss berücksichtigen, was der nächste Schritt eines Menschen sein könnte.

Wie Abb. 7.2 zeigt, fallen bei menschlichen Problemlösungen weitere Dimensionen an, die eine Entscheidung anders ausfallen lassen können. Eine rein faktengetriebene KI könnte, dies unberücksichtigt, zu einem falschen Schluss kommen. Insofern ist „alles faktisch richtig gemacht" nicht unbedingt hilfreich. So z. B. auch in der Gesetzgebung bei Autounfällen mit Kindern angewendet, auch wenn der Fahrer alle Gesetzte befolgt hat und das spielende Kind für ihn nicht zu sehen war, er trägt die Schuld bei einem Unfall.

In letzter Konsequenz beeinflusst diese Erkenntnis auch die Einschätzung von „Richtig" und „Falsch".

Warum fallen Menschen Entscheidungen also so schwer? Viele Menschen mögen nicht, sich zu entscheiden, ob und in welchem Maß hängt von der Persönlichkeit und von positiven bzw. negativen Vorerfahrungen ab. Grundsätzlich sind die folgenden Überlegungen aber immer vorhanden:

◆ **Funktionaler** Faktor

■ Problemlösung erforderlich
  technische Funktionen und Möglichkeiten, Zahlen, Daten Fakten

+

◆ **Psychologischer** Faktor

■ Sichtweise: Mensch als Individuum
  Eigenverantwortung & Eigeninteressen, eigene Prioritäten

◆ **Fachlich** inhaltlicher Faktor

■ Sichtweise: Mensch im Rahmen seines Wissens (Qualifikation)
  Problemverständnis, individueller Lösungshorizont

◆ **Organisatorischer** Faktor

■ Sichtweise: Mensch als Aufgabenträger
  Verantwortung für die Aufgabe im Rahmen der eigenen Befugnisse

◆ **Koordinations**faktor

■ Sichtweise: Mensch als Teil einer Gruppe
  Hierarchie, Eigendarstellung in der Gruppe, Gruppendynamik

Abb. 7.2 Dimensionen menschlicher Problemlösung

- **Angst vor Festlegung**
  Befürchtung, die falsche Entscheidung getroffen zu haben, damit verbunden:
  – *mit der Entscheidung fallen alle andere Alternativen heraus*
  – *Rubikon Effekt (Klare Trennlinie, Umkehr nicht möglich)*
- **Zielkonflikt**
  Mehrere Ziele stehen im Widerspruch zueinander
- **Zeitdruck**
  ausreichende Datenerhebung und weitergehende Information ist nicht möglich
- **Vergleichbarkeit**
  Daten können nicht direkt verglichen werden
- **Unsicherheiten**
  Daten sind nicht eindeutig, können unterschiedlich interpretiert werden
  Die Risikoeinschätzung ist subjektiv.
- **Konsequenzen**
  Entscheidung hat gravierende Konsequenzen
- **Durchsetzungsproblematik:**
  Implementierung der optimalen Alternative wird durch individuelle, politische, soziale, ... Gründe behindert
- **Erklärbarkeit**
  Entscheidungsprozesse können den Betroffenen nicht erklärt werden, weil
  – *konkretes Wissen fehlt*
  – *Prozess nicht ausreichend transparent*
  – *mangelndes Verständnis, Expertise bzw. Qualifikation*

Im Vertrieb gibt es mehrere Verkaufstechniken, um Entscheidungen zu fördern bzw. entscheidungsschwache Kunden zu einer, möglichst positiven Entscheidung zu bringen. Zumeist wird dabei das Prinzip „Angst vor Entscheidung" umgedreht und versucht „Angst vor Nicht-Entscheidung" aufkommen zu lassen. Werkzeuge im Handel sind herunterzählende Uhren (Angebot nur noch wenige Stunden gültig) oder eine künstliche Verknappung des Angebots (nur noch drei Teile vorhanden). Alternativ wird die Verknappung an den Herdentrieb gekoppelt (vier weitere Interessenten schauen sich das Produkt gerade an). Auch emotionale Gründe werden genutzt: „Können sie selber entscheiden oder sollen wir ihren Chef hinzuziehen". Eine KI ist aber i. A. immun gegen diese Art von Beeinflussung.

7.2   Herausforderungen bei der „Faktenorientierten Entscheidung"

„Wir können das Universum nur beschreiben, und wir wissen nicht, ob unsere Theorien wahr sind. Wir wissen nur, dass sie nicht falsch sind"
   Prof. Dr. Harald Lesch (deutscher Astronom & TV-Moderator) (Lesch 2020).

Fakten sind evident wichtig für Entscheidungen. Selbst die DIN EN ISO 9000:2015 schreibt in den sieben Grundsätzen des Qualitätsmanagements eine faktengestützte Entscheidungsfindung vor. Für eine KI-basierte Entscheidung aufgrund der notwendigen mathematischen Algorithmen alternativlos. Dies ist aber nicht immer so einfach, Fakten sind nicht so interpretationsfrei, wie gemeinhin angenommen.

Übersicht

Dies zeigt eine einfache Frage: Wie hoch ist der höchste Berg der Erde?

Der Mount Everest ist mit 8610 m über dem Meeresspiegel die standardmäßig richtige Antwort. Wird aber die Höhe vom Fuß des Berges gegenüber dem Umfeld gemessen, so bringt es der Mount Everest nur auf 3500 m, der Mauna Kea bringt es auf 10.203 m (wovon allerdings nur 4205 m über dem Meeresspiegel liegt). Ähnlich definiert ist die Dominanz (Gebietsradius, um den ein Berggipfel das Umland überragt), danach ist der Aconcaguain Argentinien mit 6962 m die höchste Erhebung. Die größte Entfernung vom Erdmittelpunkt, eigentlich die naturwissenschaftlich beste Messweise, hat der Gipfel des Chimborazo in Ecuador, allerdings nur 6310 m N.N. Es gibt also vier Wahrheiten.

Es kommt also darauf an, wie die Dinge betrachtet werden, in der Philosophie erkenntnistheoretisch z. B. im Konstruktivismus beschrieben.

- *Konstruktivismus: Eine Tatsache wird vom Betrachter selbst erst durch den Vorgang des Erkennens konstruiert.*

Auch kommt es auf den Zusammenhang bei der Beurteilung der Fakten an.

Übersicht

Beim Fliegen ist es z. B. wichtig, ob man sich im Landeanflug befindet, im Reiseflug oder ob Karteninformationen abgeglichen werden. „Ich war 2000 Fuß hoch, das ist nun mal Fakt" reicht nicht aus, um sich gegen den Vorwurf zu tief gewesen zu sein zu verteidigen:

Damit es in der Luftfahrt nicht zu Verwechslungen kommt, wurde für das Problem der Höhe eine besondere Sprechgruppe eingeführt:

Bei einer Flughöhe über Grund (AGL – above ground level), wie sie bei der *Landung* wichtig ist, spricht man von „height".

Bei Höhe über dem Meeresspiel (MSL bzw. AMSL – above mean sea level), was für *Karteninformationen* gilt, heißt es „altitude".

Da die Flughöhe über den Luftdruck ermittelt wird, der wetterabhängig schwankt, gilt zur Kollisionsvermeidung im *Reiseflug* ein Standardluftdruck von

1013,25 hPa unabhängig vom tatsächlichen Luftdruck, die entsprechende Höhenangabe erfolgt als „flight level" (Flugfläche).

Es gibt also mehrere verschiede richtige Angaben für die gleiche Flughöhen und es muss genau abgestimmt werden, welche in einer bestimmten Flugphase die Anzuwendende ist.

Aber es sind nicht nur Definitionsfragen bei der Einordnung von „Wahr" und „Unwahr", sondern es geht auch um Macht, Durchsetzungsvermögen und Deutungshoheit: So nutzte Kellyanne Conway als Beraterin des US-Präsidenten Donald Trump 2017 die Formulierung „alternative Fakten", um eine Aussage zu belegen, die nach Faktenlage so nicht korrekt war. Es ging um die Frage, ob zur Amtseinführung von Donald Trump mehr Menschen vor dem Kapitol versammelt waren, als beim vorhergehenden Präsidenten Barack Obama. Fotos zeigten, es waren weniger Menschen, der Pressesprecher des Weißen Hauses behauptete aber, es wären mehr gewesen. Letztlich kam man mit der alternativ-faktenbasierten Antwort durch, allerdings wurde das Wort zum Unwort des Jahres 2017 in Deutschland gewählt (siehe auch Abschn. 5.1.1).

Die Idee, dass es nur „wahr" und „unwahr" gibt, stammt von Aristoteles (384 – 322 v. Chr.) als „Satz vom ausgeschlossenen Widerspruch" in seiner Metaphysik. Von der Logik her kann eine Aussage nicht gleichzeitig wahr und unwahr sein. Doch im weiteren Verlauf der Philosophie wurde diese rein mathematische Sichtweise ergänzt, neben „nur wahr" und „nur falsch" kamen noch die zwei Dimensionen „zugleich wahr und falsch" sowie „weder wahr noch falsch" hinzu (vgl. auch Priest 2020).

Ein Beispiel aus dem industriellen Umfeld: Die Aussage „Die Maschine ist defekt" ist entweder wahr (sie ist funktionsuntüchtig) oder unwahr (sie ist doch funktionstüchtig). Wenn es aber an einem Bedienungsfehler liegt, erscheint sie zwar defekt, würde aber bei richtiger Bedienung funktionieren (weder wahr noch unwahr). Die Maschine ist aktuell defekt, kann aber bis zum vorgesehenen Einsatz repariert werden (zugleich wahr und unwahr).

Nahe bei wahr bzw. unwahr liegt richtig und falsch. Hierbei gilt prinzipiell ähnliches, aber lässt sich im Nachhinein oft nicht klären, ob etwas richtig oder falsch war.

Beispiel: Hätte ein Studierender nach dem Abitur eine andere Berufsausbildung gewählt, wäre sein Leben anders verlaufen. Ob dies dann insgesamt, hinsichtlich Einkommen, Familiengründung, Work-Life-Balance u. ä., besser verlaufen wäre, lässt sich im Rückblick nicht klären. Die Berufswahl kann also nicht in „richtig" bzw. „falsch" klassifiziert werden.

„Richtig" bzw. „Falsch" sind Dimensionen einer Aussage, die nicht immer ausreichen. Gerne spricht man dann von „optimal", dies liegt aber im Sinne des Betrachters.

Im Zusammenhang mit „wahr" und „unwahr" muss selbstverständlich der Begriff *„Lüge"* diskutiert werden, was nicht ganz einfach ist, denn „Wahrheit ist die Erfindung eines Lügners" titelte bereits der Philosoph und Physiker Heinz von Foerster im Gespräch mit Bernhard Pörksen (von Foerster 1998):

- *Lüge ist, wenn trotz Wissen um Tatsachen und Fakten bewusst etwas anderes behauptet wird.*

Insbesondere berufliche bzw. industrielle Umgangsformen sind vom *Dualismus* geprägt, d. h. wir sind darauf konditioniert, Sachverhalte in Gut/Schlecht einzuteilen. Lügen sind daher im industriellen Alltag (und nicht nur dort) geächtet, wehe dem, der sich dabei erwischen lässt. Aber es gibt auch hier kein schwarz-weiß, sondern auch Grautöne: In der menschlichen Kommunikation werden Lügen m. E. geduldet, beispielsweise positiv eingesetzt aus Gründen der Höflichkeit, in diesem Fall als *Notlügen* bezeichnet, oder, um Panikreaktionen zu vermeiden.

Höflich umschrieben wird ein unpassender (dummer) Wortbeitrag z. B. mit: „Das war ein interessanter und wichtiger Einwurf, lassen Sie uns nun zum Kernpunkt zurück-kommen …". Beim Untergang des Kreuzfahrtschiffs Costa Concordia 2012 wurde per Lautsprecher zunächst verkündet, es handele sich lediglich um ein Problem mit der Stromversorgung. Tatsächlich war das Schiff auf ein Riff gelaufen, große Wassermengen drangen ein. Hierbei ist allerdings unklar, ob das Ziel Panikvermeidung war (begründ-bare Notlüge) oder schlicht Informationsmangel bzw. bewusste Ignoranz (Lüge im negativen Sinn).

Bei KIs gibt es eine andere Erwartungshaltung: Maschinelle Entscheider sollten es mit Immanuel Kant halten, sein Grundsatz war: Nie lügen, unter keinen Umständen (vgl.: Böhles 2007). Oder soll ein humanoider Roboter im zwischenmenschlichen Kontakt sympathisch wirken ….

Schwierig wird es für KIs auch beim sog. *Lügen-Paradox:* Dies ist beispielsweise die Aussage: „Dieser Satz ist falsch." Vernunftorientiert lässt sich nicht einordnen, ob diese Aussage richtig oder nicht-richtig ist.

Übersicht
Interessant wäre es in diesem Zusammenhang, eine KI das bekannteste Gemälde von René Magritte: „La trahison des images" (wörtlich: „Der Verrat der Bilder"), zu sehen im Angeles County Museum of Arts, interpretieren zu lassen. Es zeigt eine Pfeife zusammen mit dem französischen Satz: Dies ist keine Pfeife. Das Bild ist daher auch besser bekannt unter dem Namen „Ceci n'est pas une pipe" (siehe Abb. 7.3). dies kann bei der Bild- bzw. Mustererkennung eine KI verwirren (siehe Abschn. 8.5).

Abb. 7.3 Ceci n'est pas une
pipe (René Magritte, 1929)
Lizensiert: Creative Commons
Attribution 4.0

Gerade für Führungskräfte ist es wichtig, immer fehlerfrei zu entscheiden. Dies liegt
einerseits an möglichen, auch persönlichen negativen Konsequenzen einer falschen Entscheidung, andererseits geht es auch um Vertrauen. Auch ist Ruf nach Fehlerfreiheit eine
Zeitgeisterscheinung, man spricht gelegentlich von der *No-Failure-Gesellschaft.* Aussagen, wie der des Bundeskanzlers Konrad Adenauer zu einer eigenen Fehlentscheidung:
„Was kümmert mich mein Geschwätz von gestern, nichts hindert mich, weiser zu
werden.", findet man heute selten.

Der Anspruch fehlerfrei zu entscheiden führt, insbesondere bei gewichtigen Entscheidungen, mit Unsicherheiten, häufig dazu, dass Entscheidungen nicht getroffen
werden, zeitlich verschoben oder anderen zugeschoben werden, man taktiert.

Taktische Erwägungen können bedingen, Entscheidungen hinauszuzögern oder
nur scheibchenweise zu kommunizieren. Es kann sinnvoll sein, Argumente nicht sofort
und vollständig offen zu legen und in einer vorteilhaften zeitlichen Reihenfolge zu
präsentieren oder gar für sich zu behalten (z. B. beim Poker oder in Verkaufsgesprächen).
Auch könnte die „vollständige Wahrheit", soweit man sie überhaupt kennt, Panikreaktionen auslösen (z. B. in der Finanzwirtschaft).

Bei Taktik finden auch gesellschaftliche Normen, z. T. nur subjektiv empfunden, und
die Durchsetzungsproblematik eine Rolle. Wer argumentiert schon gegen seinen Vor-
gesetzten, wohlwissend, dass die Schlacht verloren sein wird. Abb. 7.4 zeigt beispielhaft
das Zusammenspiel von Erwartungshaltungen (Normen), einer geplanten Verhaltens-
kontrolle und dem taktischen Vorgehen beim Kauf einer teuren Maschine. Wichtig
dabei ist auch das Konfliktverhalten, die Frage, würde ich auch gegen den (vielleicht
mächtigen) Einkaufsleiter meine Interessen durchsetzen?

Gerade hat die Corona-Krise gezeigt, wie bedeutsam ein taktisches Vorgehen ist:
Eine vollständige Information der Bevölkerung war schwierig, zum einen, weil die
komplexen wissenschaftlichen Zusammenhänge nur von Viren-Experten wirklich verstanden wurden, dem Normalbürger fehlte hier verständlicher Weise die notwendige
Qualifikation, und weil auch beim wissenschaftlichen Verständnis noch große Unsicherheit herrschte. Anderseits galt es, schwierige Maßnahmen zu initiieren, die Brisanz den

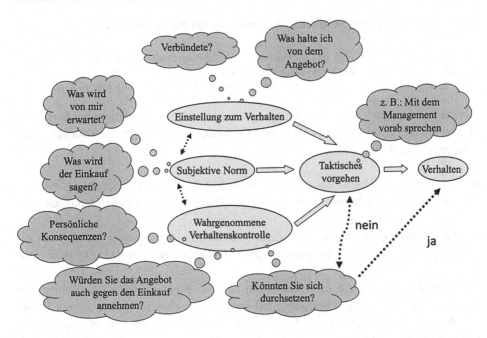

Abb. 7.4 Taktische Überlegungen eines Produktionsleiters beim Kauf einer vergleichsweise teuren Maschine

Beteiligten nahe zu bringen und Panik zu vermeiden. Letzteres gelang nur z. T., wie die Hamsterkäufe, insbesondere bei Toilettenpapier, zeigten.

Viele dieser Ereignisse wiesen eine gewisse Irrationalität aus, waren emotional bedingt. Fehler wurden gemacht, das menschliche Entscheidungssystem erwies sich aber als fehlertolerant. Zum besseren Verständnis der Fehlertoleranz seinen in Abb. 7.5 die Managementhinweise des 3M Vorstandsvorsitzenden William McKnight genannt:

„Fehler wird es immer geben. Aber die Fehler der Mitarbeiter, die meist die richtigen Dinge tun, sind nicht so gravierend wie die, die dadurch entstehen, dass das Management den Verantwortlichen genau vorschreiben will, wie sie ihre Arbeit zu verrichten haben."

„Ein Management, das überkritisch auf Fehler reagiert, zerstört Eigeninitiative. Doch Mitarbeiter mit persönlichem Engagement sind lebenswichtig, wenn ein Unternehmen weiterwachsen will."

„Stelle fähige Leute ein und lass sie machen."

William McKnight, 3M CEO, 1944

Abb. 7.5 Fehlertoleranz im Management nach 3M

7.3   Kontingenz (Selektion bei mehreren Alternativen)

*„Wahr" und „Falsch", das sind die Ausreden derer, die nie zu einer Entscheidung kommen
wollen. Denn die Wahrheit ist ein Ding ohne Ende"*
Robert Musil – 1880 – 1942, österr. Schriftsteller, u. a. Der Mann ohne Eigenschaften

Eine Herausforderung bei Entscheidungen ist, wenn mehrere Alternativen zur Verfügung
stehen, die alle gleich richtig (wahr) sind bzw. wenn „richtig" nicht beantwortet werden
können oder irrelevant sind.

- *Kontingenz,* ein Begriff aus der philosophischen Systemtheorie, bezeichnet die Notwendigkeit aus mehreren Alternativen auswählen zu können bzw. zu müssen, also
  eine Selektion zu treffen.
- *Die statistische Kontingenz (Kontingenzkoeffizient) – hier weniger wichtig – ist ein
  Maß für den Zusammenhang zwischen zwei Merkmalen auf beliebigen Skalenniveaus.*

Kontingenz tritt vor allem dann auf, wenn es viele Kombinationsmöglichkeiten gibt.
Dies tritt bei privaten Entscheidungen auf (welche Krawatte passt zu welchem Hemd,
welchen der 40 verschiedenen Jogurts soll ich nehmen), aber auch verstärkt im
industriellen Umfeld.

Beispielsweise sind in der Produktion eine Vielzahl von Entscheidungen zu treffen,
für die es Alternativen gäbe, aber bei denen sich nicht abschätzen lässt, welche
Konsequenzen diese haben.

Eine KI hat bei Kontingenz die Herausforderung, dass die Datenlage für alle Alternativen eine identische Bewertung hergibt und es kein Kriterium gibt, den einen Weg zu
gehen und damit den anderen auszuschließen.

7.4   Unsicherheit: Informationsmangel, -Verfügbarkeit, &
          -Asymmetrie

„Politik bedeutet auf Grundlage unzureichender Informationen entscheiden zu müssen"
Peer Steinbrück
Bundesfinanzminister 2005–2009, SPD-Kanzlerkandidat 2013 (Hulverscheidt 2010).

Nicht immer reicht die Zeit, um sich genügend gesicherte Fakten für eine Entscheidung
einzuholen oder sich das sich Wissen zu erarbeiten, um diese Fakten einordnen zu
können. Mal gibt es Gerüchte, aber keine statistische Relevanz. Wird aber entschieden,
so muss auch die Verantwortung für diese Entscheidung übernommen werden, dies ist
z. T. ein Dilemma.

Gerade wenn notwendige Informationen nicht verfügbar sind, komme es bei mensch-
licher Entscheidung zu *Entscheidungsanomalien.* Die Bekannteste ist der *Qualitäts-
Preis-Effekt:* Da „Qualität" häufig schwierig fassbar ist, wird sie über den Preis bewertet
(„Gutes darf nicht zu billig sein").

Eine weitere Entscheidungsanomalie ist der **Anker-Effekt:** Ein innovatives Produkt mit Alleinstellungsmerkmal auf dem Markt erscheint laut Marketingstudie dem Kunden zu teuer. Statt es billiger anzubieten, wird ein zweites, ähnliches Produkt zu einem höheren Preis zusätzlich angeboten. Die Erfahrung zeigt: Nun hat der Kunde einen Vergleich (Anker) und greift vermehrt zum vermeidlichen Schnäppchen, dem ursprünglich als zu teuer empfundenen Artikel.

Dennoch muss in vielen Situationen entschieden werden, ein zeitlich drängendes Problem löst man nicht durch lange akademische Debatten. Bei dieser Herausforderungen wird unterschieden:

- **Informationsmangel:** *Das Fehlen von Information. Statistische Effekte beruhen letztlich auch auf Informationsmangel. Die Tatsache, etwas nicht zu wissen, kann dem Entscheider bewusst sein bzw. nicht.*
- **Informationsverfügbarkeit:** *Im verfügbaren Zeithorizont kann sich die notwendige Information nicht beschafft bzw. ausgewertet werden. Weiter wird unterschieden, ob diese Information sicher vorhanden ist, nur die Zeit fehlt, oder ob nicht klar ist, ob diese Information überhaupt vorhanden ist.*
- **Informationsasymmetrie (Hidden Characteristics; versteckte Eigenschaft):** *In einer Kommunikation oder Transaktion fehlt einem Akteur unwissentlich Information, der Andere hat einen Informationsvorsprung. Dies kann absichtlich oder unabsichtlich geschehen, der zweiten Person bekannt sein oder nicht.*
- **Unsicherheit:** *Es gibt keine (scheinbar) generell klare Antwort, die Experten sind sich uneinig.*

Welcher Entscheider kennt nicht das Dilemma:

Fakten: Die Lieferung ist wegen Qualitätsproblemen noch nicht vollständig.
Informationsmangel: Der Kunde kann nicht erreicht werden. Man weiß nicht, ob dem Kunden eine Teillieferung reicht, ob er notgedrungen mit der schlechten Qualität leben muss oder ob er warten kann.
Informationsverfügbarkeit: Wartet man lange genug, wäre der Kunde erreichbar. Da die Produktionsplanung auf eine Entscheidung jetzt drängt, ist diese Information für die Entscheidung nicht verfügbar.
Informationsasymmetrie: Nur der Entscheider weiß von dem Qualitätsproblem, der Kunde noch nicht. Diese Asymmetrie könnte genutzt werden (z. B. vielleicht merkt er es auch nicht), dies wirft aber rechtliche und ethische Fragen auf.
Dilemma: Es muss zeitnah entschieden werden.

Reinhard K. Sprenger, Philosoph und Unternehmensberater, formulierte zu Führung in der Corona-Krise 2020 so:

„Führen in Krisenzeiten heißt: in Unkenntnis aller Tatsachen entscheiden – und darauf hoffen, dass alles gut kommt. Es gibt kein Richtig und kein Falsch." (Sprenger 2020).

Sprenger unterscheidet dabei zwischen Entscheidung und Wahl:

- ***Wahl*** basiert auf Fakten, Tatsachen und Daten sowie ausreichend Zeit, um „Experten zu befragen und unterschiedliche Perspektiven einzuholen".
- ***Entscheidung*** demgegenüber ist notwendig bei Zeitdruck und dem „Unbekannten".

Hier kommt der Begriff ***Bifurkation*** ins Spiel, der sowohl in der Medizin als auch in der Mathematik für Abzweigung (Weggabelung) genutzt wird. Die Entscheidung bei einer Bifurkation ist dann besonders schwierig, wenn eine spätere Um- bzw. Rückkehr nicht möglich ist.

Dies wird als ***Rubikon-Effekt*** bezeichnet. Das psychologische Handlungsmodell basiert auf einer historischen Begebenheit, bei der Julius Caesar 49 v. Chr. den Fluss Rubikon mit seinen Truppen überschritt und damit unwiderruflich eine Entscheidung traf, die zum Bürgerkrieg zwischen ihm und Pompeius führte.

Interessant in diesem Zusammenhang ist nach Ansicht des Wissenschaftlers Michael Butter die sog. Verschwörungstheorien aktuell in der Corona-Epidemie daher so gut funktionieren, weil sie scheinbar klare Antworten auf die Unsicherheit geben (Butter et al. 2020).

7.5   Empathie, Intuition, Irrationalität, Emotionalität bei Entscheidungen

Einen Erwachsenen nennt man jenes Krüppelwesen, das in einer entzauberten Welt sogenannter Tatsachen existiert (Michael Ende, Jugendbuchautor)

Der Ökonom und Soziologe Max Weber führte bereits 1919 einen Diskurs unter dem Schlagwort „Entzauberung der Welt" darüber, dass technische Mittel und Berechnungen eine Intellektualisieren und Rationalisierung befördern (Weber 2018). Es scheint aber so, dass viele Menschen diese Entzauberung, aus welchen Gründen auch immer, ablehnen. Dies kann den Entscheidungsprozess und dessen Akzeptanz beeinflussen.

Bei Entscheidungen geht es häufig darum, dass überhaupt etwas entschieden wird (siehe Abschn. 7.4). In Folge müssen Andere die Entscheidung akzeptieren und umsetzten. Entscheidungen müssen also von Menschen mitgetragen werden. Wenn dies nicht gelingt ist „alles faktisch richtig gemacht" daher nicht mit „erfolgreich" gleichzusetzen. Eine KI-basierte Entscheidung muss dies mit einbeziehen, tut sich aber schwer damit, wenn etwas der Algorithmen-Logik widerspricht.

Zum einen könnte ein cholerischer Kunde bei einem Problem vollkommen überzogen, also emotional und in Folge irrational, reagieren. Insbesondere eine Überforderung des Gegenübers kann zu einer unerwartet konträren, nicht hilfreichen Reaktion führen.

Auch spielen Stimmungen eine Rolle, zwar ist eine KI immun dagegen, muss aber bei menschlichen Reaktionen damit rechnen. Interessanterweise führt eine positive Stimmung bei Menschen zu einer Risikovermeidungsstrategie, wie Abb. 7.6 zeigt.

Eine Neigung zu Irrationalitäten wird allerdings sogar aktiv zur Beeinflussung genutzt. Beispiel ist der Aufbau von „Angst vor Nicht-Entscheidung" in einer Verkaufssituation: „Fakten hin oder her, wenn Sie jetzt nicht die Maschine warten, gibt es vielleicht später einen Schaden".

Bei nicht-ausreichender Datenlage hilft dem Menschen die Intuition, das Bauchgefühl. Dies ist eine vermutlich aus der Evolution heraus entwickelte Fähigkeit des Menschen zu entscheiden, wenn die vorhandenen Informationen – oder deren Interpretation – nicht helfen, das Problem zu lösen.

Andererseits ist Empathie, die Bereitschaft und Fähigkeit, sich in die Einstellungen anderer Menschen einzufühlen, wichtig für die Akzeptanz einer Entscheidung. So wird eine rein rationale und faktenbasierte Entscheidung, ggf. mit einer ergebnisorientierten, materialistischen Sichtweise, als „kalt" empfunden. Das „Schöne" oder „Menschliche" geht verloren. Eine zwar faktisch richtige Entscheidung scheitert aus irrationalen Gründen, weil sich Menschen nicht mitgenommen fühlen. Es gilt, den „richtigen Ton" zu finden, sich in den Anderen hineinzuversetzen, empathisch zu sein.

Genau diese Emotionalität kann wiederum der Logiker oder die mathematisch aufgestellte KI nicht verstehen. Ein emotionsloser Logiker, wie Mr. Spock in der TV-Serie Startreck (Raumschiff Enterprise), ist der Prototyp für eine KI-Entscheidungsmaschine. Aber eben kein Sympathieträger, dies ist der fehlerhafte, aber emphatische Captain Kirk. Wir räumen ein, Menschen sind fehlbar, bei der KI tun wir uns schwer, dies zu akzeptieren.

Abb. 7.6 Positive Stimmung führt zu Risikovermeidung

7.6   Exkurs: Spieltheorie (Game Theorie)

In Entscheidungssituationen, die andere betreffen, spielt auch das Gegenüber und die subjektiv erwartete Reaktion eine Rolle.

- *Die **Spieltheorie** analysiert strategische Entscheidungssituationen, bei denen mehrere Personen interagieren und versucht, diese mathematisch zu modellieren. Ziel ist die Vorhersage des Entscheidungsergebnisses und darauf basierend Handlungs-empfehlungen abzuleiten.*

Im Zusammenhang mit einer KI-Entscheidung hat die Spieltheorie den Vorteil, dass sie eine mathematische Abbildung der Entscheidungssituation liefert, aus der auch für die KI algorithmisch bewertbare Handlungsoptionen entwickelt werden können.

Die Spieltheorie kann an dieser Stelle aufgrund ihrer Komplexität nicht vollständig erklärt werden. Sie gibt aber wichtige Hinweise, die auch bei KI-Entscheidungssystemen genutzt werden können. Daher hier ein Beispiel, um das zugrunde liegende Prinzip zu erklären:

Beim sog. ***Chicken-Game*** (Feiglings-Spiel) geht es darum einzuschätzen, wie sich das Gegenüber verhält. Beispielsweise nähern sich in der Produktion zwei Transportfahr-zeuge einer Engstelle, die nur für ein Fahrzeug Platz hat. Der einzelne muss nun ent-scheiden, fährt er zu, ist er schneller (und damit produktiver), kann aber nur hoffen, dass der andere bremst, oder bremst er ab und ist damit langsamer.

Abb. 7.7 zeigt die möglichen Optionen sowie die Bi-Matrix bzw. Auszahlungsmatrix. Bei der Auszahlungsmatrix stellt der erste Wert die Höhe von Gewinn oder Verlust für Flurförderfahrzeug 2 dar, der zweite Wert für das Flurförderfahrzeug 1:

Die möglichen Strategien sind:

- Dominate Strategie: Jeder Teilnehmer entscheidet für die für ihn gewinnbringendste Lösung, unabhängig davon, was der andere tut – Das Gegenteil ist die „Dominierte Strategie" (hier: „Egal was der Andere macht, Augen zu und durch")

Abb. 7.7 Optionen bzw. Auszahlungsmatrix beim Chicken-Game

- Reine Strategie: Der Teilnehmer trifft eine ganz bestimmte Entscheidung (hier: „Ich bremse auf jeden Fall")
- Gemischte Strategie: Der Teilnehmer trifft eine zufällige Entscheidung, aber mit einer bestimmten Wahrscheinlichkeit für eine bestimmte Entscheidung (hier: „Ich gebe mal Gas, werde aber wohl wahrscheinlich bremsen müssen")

Das sog. *Nash-Gleichgewicht* geht nun davon aus, dass alle Teilnehmer sich individuell optimal verhalten, d. h. für keinen der beiden Teilnehmer zahlt es sich aus, von der einmal eingeschlagenen Strategie abzuweichen. Im Beispiel ergibt sich ein Nash-Gleichgewicht in der reinen Strategie, wenn der eine Teilnehmer sich für Bremsen und der andere für Beschleunigen entscheidet. Wählen beide in der gemischten Strategie ein 50 %ige Wahrscheinlichkeit für ausweichen, ergibt sich ebenfalls ein Nash-Gleichgewicht.

Gewichtig für den Entscheidungsausgang ist auch, ob die Teilnehmer sich vorab *kooperativ* verhalten können, hierzu muss ein Informationsaustausch möglich sein, oder *nicht-kooperativ.*

Wichtig ist, ob eine perfekte Information vorliegt (Alle Teilnehmer sind vollkommen informiert), oder eine imperfekte Information (nicht alle Teilnehmer sind vollkommen informiert). Können bindende Abmachungen getroffen werden („für einen Kaffee lasse ich dich immer vor"), so liegt ein Verhandlungsspiel (bargaining Game) vor, mit der Einschränkung, dass die Abmachung auch durchgesetzt wird (dritte Instanz kommt ggf. ins Spiel).

Neben direkten Informationsaustausch kann aber auch Erfahrung aus Wiederholungen *(Wiederholtes Spiel)* zusätzlich die Entscheidung beeinflussen (z. B. „Der bremst immer.").

Auch spielt die zeitliche Abfolge eine Rolle, insbesondere dann, wenn die Bewertung einer Entscheidung weit in der Zukunft liegt. Ein (stark vereinfachtes) Beispiel:

Ein Produktionsleiter entscheidet sich eine Maschine zu leasen, mit langer Laufzeit, geringen Leasingraten und hoher Restzahlung. Während der Laufzeit des Leasingvertrags produziert er günstig. Weil er günstig anbieten kann, nutz er die Maschine zusätzlich stark. Alsdann wechselt er die Stelle. Nach einiger Zeit kommt auf den neuen Produktionsleiter die Restzahlung zu und, weil abgenutzt, die gleichzeitige Beschaffung einer neuen Maschine. Zwar lässt sich ggf. der Hergang belegen, letztlich ist der neue Produktionsleiter aber für seine Kostenstelle verantwortlich, hier schlagen die aktuell anfallenden Kosten zu Buche. Es kann sogar zu einer ungünstigen Bewertung kommen, die den alten Produktionsleiter sehr gut dastehen lässt (sehr gute Stückkosten) und den neuen, im Prinzip für die Situation nicht verantwortlichen Produktionsleiter, entsprechend schlecht. die spieltheoretische Bewertung dieses Ablaufs sieht hier eine hohe Auszahlung in der Bi-Matrix für den ersten Produktionsleiter vor.

Abb. 7.8 Beispiele für Entscheidungsalgorithmen

7.7   Entscheidungsheuristiken

In der Entscheidungstheorie gibt es verschiedene Möglichkeiten Fakten zu Entscheidungen zusammenzuführen. Hierzu definiert man zunächst die Merkmale, die für eine Entscheidung herangezogen werden sollen. Diese werden ***Dimensionen*** genannt. Für jede dieser Dimensionen werden notwendige bzw. wünschenswerte Kriterien festgelegt. Die notwendigen Kriterien müssen erfüllt werden (KO-Dimensionen). Für die wünschenswerten Dimensionen gelten ***Entscheidungsheuristiken*** (siehe Abb. 7.8), diese sind Grundlage von KI-Entscheidungsalgorithmen. Weit verbreitet eingesetzt werden gewichtete Entscheidungsalgorithmen, hier werden besonders wünschenswerte Kriterien durch einen Gewichtungsfaktor „verstärkt". Darüber hinaus muss vorab festgelegt werden, ob schlechte Leistungen in einem Bereich durch bessere Leitungen in einem anderen Bereich kompensiert werden dürfen.

7.8   Selbstorganisation & Chaostheorie bei KI

Wenn Ordnung auf Chaos trifft, gewinnt zumeist das Chaos, weil es höher organisiert ist.
nach dem fiktiven Philosophen „Ly Schwatzmaul" (Pratchett 1991).

Für autonome KI-Entscheidungen ist ein gewisses Maß an Organisation und Regeln notwendig, ein „zuviel" kann sich aber negativ auswirken. Die Frage, die sich stellt, ist die, was muss überhaupt geregelt werden und was regelt sich von selbst (man spricht von „Selbstorganisation")?

Durchaus sinnvolle gesetzliche Regelungen, Zertifizierungsvorgaben, Datenschutz, Haftung, etc. führen in Summe vielfach zu Überregulierung – mit dem Effekt, dass Abläufe verlangsamt werden. Nicht zu vernachlässigen ist darüber hinaus die menschliche Tendenz, sich selbst abzusichern: Wenn es eine Regel gibt, dann ist der Entscheider mit deren Einhaltung auf der sicheren Seite – auch wenn die Regel im konkreten Anwendungsfall vielleicht dem „gesunden Menschenverstand" widerspricht.

- *Überregulierung, also das Regeln jeglicher denkbaren und undenkbaren Situationen, führt durchweg zum Gegenteil dessen, was gewollt wird: Verlangsamung und Stillstand statt Bewegung.*

Allerdings kommt bei ungeregelten Bedingungen häufig das Wort „Chaos" negativ ins Spiel. Aber, nicht alles kann oder sollte geregelt werden:

Zunächst verfügt das Chaos selbst über Emergenz, d. h. einen ordnenden Charakter, der Selbstorganisation. Die Selbstorganisation wird, z. B. als universelles Prinzip der Natur oder als psychologisch-soziales Modell (Teambuildingprozesse) sehr unterschiedlich definiert, im Zusammenhang mit KI ist die Deutung aus der Systemtheorie wegweisen:

- *Selbstorganisation ist das spontane Auftreten neuer, stabiler und effizienter Strukturen und Verhaltensweisen, die ein System in eine höhere strukturelle Ordnung bringen, ohne dass äußere steuernde Elemente vorliegen.*
- *Emergenz (emergere: (lat.): hervorkommen, auftauchen) ist in diesem Zusammenhang das plötzliche, selbstorganisierte Entstehen von geordneten Strukturen. Dies ist z. B. bei Schwärmen (vgl. Schwarmintelligenz) so, spielt aber auch beim System of Systems (SoS) eine Rolle (sieh Abschn. 10.10).*
- *Als **Schwarmverhalten/Schwarmintelligenz** wird eine kollektive Intelligenz bzw. Gruppenintelligenz bezeichnet, welche die des einzelnen Individuums übertrifft. Wichtiges Kennzeichen ist zudem das Beruhen auf sehr **einfachen Regeln.***

Viele chaotische Systeme funktionieren über Selbstorganisation besser als geregelte Systeme.

Übersicht
In der englischen Ortschaft Swindon existiert ein Kreisverkehr, der unter dem Namen „Magic Roundabout" Bekanntheit erlangte. Er besteht aus mehreren einzelnen Kreisverkehren, die um einen mittleren Kreis angeordnet sich, der zudem noch den Verkehrsregeln entsprechend falsch herum zu befahren ist (siehe Abb. 7.9).

Abb. 7.9 Magic Roundabout
in Swindon. (Quelle: Public
Domain)

> Ohne weitere Anleitung organisiert sich der Verkehr selbst, die Unfallrate hat
> konnte um 30 % reduziert werden, schwerwiegende Unfälle fast vollständig
> (Gigazine.net 2016).

Das Problem bei chaotischen Systemen entsteht zumeist erst im Schadensfall, bei der
Verantwortungs- bzw. Schuldfindung. So ist Schwarmintelligenz, insbesondere im Tier-
reich, wichtig für das Überleben eine Spezies. Andererseits kann der ***Herdentrieb*** (alle
versuchen den gleichen Notausgang zu benutzen) ggf. eine wenig intelligente Lösung
vorgeben.

> Ein interessantes Beispiel für Schwarmintelligenz ist die sog. „La Ola-Welle" bei
> Sport-Großveranstaltungen. Diese am 08.08.1984 erstmalig bei den Olympischen
> Sommerspielen in der USA beim Fußballspiel Brasilien gegen Italien gezeigte
> Form der Publikumsbeteiligung basiert auf einfachen Regeln des Schwarmver-
> haltens. Statt komplizierter Regeln lautet die Anweisung für die erste Person (Sitz-
> reihe im Stadion): Springe auf, hebe die Hände und setze dich wieder. Für alle
> folgenden Personen (Reihen): „Wiederhole, was der Nachbar macht!". Verzögert
> durch die Reaktionszeiten wabert folglich eine selbstorganisierte Welle durch das
> Stadion, ohne dass der einzelne ein Verständnis für das Gesamte haben muss.

Vorhersehbarkeit (Planbarkeit, Berechenbarkeit) von Systemreaktionen (auch der KI)
sind wichtiger Bestandteil des entsprechenden Managements. Ist dies nicht gegeben, so
wird ein wenig berechenbares Verhalten als „chaotisch" bezeichnet. In der Technik hilft
hier auch die Systemtheorie:

- *Die **Chaostheorie**, ein Begriff aus der Systemtheorie, beschreibt Systeme, die bei geringsten Änderungen der Anfangsbedingungen zu sprunghaften Veränderungen in Folge führen. Chaotische Systeme sind deshalb schwierig vorhersehbar oder planbar (z. B. Wettergeschehen, Staubildung im Verkehr, Turbulenzbildung bei Flugzeugtragflächen).*

Die Chaostheorie entspringt einem Zufall der frühen Digitalisierung: 1963 wollten Forscher des Massachusetts Institute of Technology (MIT) unter Leitung des Meteorologen Edward Lorenz die Vorhersagegenauigkeit von Wettermodellen verbessern (Lossau 2008). Hierzu fütterte er einen Großrechner mit den Wetterdaten, Startwert war die Zahl 0,506127. Versehentlich, oder weil die manuelle Eingabe viel Zeit beanspruchte, verkürzte er bei weiteren Tests diesen Startwert um die drei letzten Stellen auf 0,506. Obwohl beide Werte nur um 1/1000 auseinander lagen, führte diese Abweichung in Folge zu einem vollkommen anderen Endergebnis. Kleine Abweichungen im Anfangswert führten zu massiven Änderungen im Ergebnis. In einem späteren Vortrag mit dem Titel: *„Predictability: Does the Flap of a Butterfly's Wings in Brazil set off a Tornado in Texas?"* (Kann der Flügelschlag eines Schmetterlings in Brasilien einen Tornado in Texas auslösen?) prägte Lorenz hierfür den Begriff „Schmetterlingseffekt (Butterfly Effect)", der auch schon als Filmtitel diente.

Allerdings reichen Ursprünge der Chaosforschung bereits bis ins 19. Jahrhundert zurück: Damals ging es um die Berechnung der Planetenbewegung mit den Gleichungen von Isaac Newton. Zwar konnte die Bewegung zweier Planeten damit vollständig beschrieben werden, ab drei Planeten ist das Gleichungssystem aber nicht mehr lösbar. Oskar II., König von Schweden und Norwegen, setzte anlässlich seines 60. Geburtstags einen Preis aus, 2500 Kronen, was einem Drittel des damaligen Professoren-Jahresgehalts entsprach. Der französische Universalgelehrte Henni Poincaré (1854–1912) konnte dieses Problem zwar auch nicht lösen, er gewann den Preis aber, wegen seines Beitrags, warum die Gleichungen grundsätzlich (naturgesetzlich) unlösbar sind.

Übersicht

Mathematisch geht es beim **n-Körper-Problem** auch bekannt als **Drei-Körper-Problem** darum:

Ein Punkt im Raum (bzw. Planeten, Sonne, Monde) wird mit drei Ortsvektoren (jeweils x, y, z) zum Zeitpunkt (t) beschrieben. Hinzu kommen die jeweiligen Geschwindigkeitsvektoren, die zeitlichen Ableitungen der entsprechenden Ortsvektoren. Die sich ergebenden Differentialgleichungen sind nur noch numerisch als Reihenentwicklung, aber nicht grundsätzlich mathematisch lösbar. Stark vereinfacht ausgedrückt: Zu wenig Gleichungen für zu viel Unbekannte.

Durch die Digitalisierung in der numerischen Mathematik können wir heute die Planetenbewegung recht genau für die Zukunft berechnen. Dennoch gehorcht die Planetenbewegung (sehr) langfristig der Chaostheorie, d. h. kleine Änderungen könnten u. U. (in astronomischen Zeiträumen) ganze Planeten aus der Bahn werfen.

Mittels KI und neuronalen Netzen ist aber ein neuer Ansatz zur Lösung dieser Problematik im Entstehen. So wir derzeit die Brute-Force-Methode, eine „Rohe-Gewalt-Methode", häufig erfolgreich eingesetzt, um Passwörter zu knacken, zusammen mit Deep Learning genutzt, um sehr viele verschiedene Szenarien zu berechnen (Yuen 2018).

Aus ähnlichen Gründen setzt die Chaostheorie selbst einer mittelfristigen Wettervorhersage Grenzen: Ab sieben Tage gilt die Wettervorhersage als unsicher, zwei Wochen, wie bei beliebten Wetter Apps, ist bezeichnen Meteorologen als sehr gewagt.

Neben diesen systemtheoretischen Ansätzen spielen aber auch *menschliche Vorlieben für Chaos* eine Rolle, manchmal möchte der Mensch es auch lieber chaotisch:

So sagte ein Architekt und Stadtplaner, sehr offen für neue Technik, bewandert im Internet der Dinge, auf einer Konferenz für Internetforschung im englischen Oxford zur Idee der „Smart City": Er wolle seine Stadt nicht sauber, vernetzt und computergesteuert, sondern chaotisch und durcheinander. „Ich möchte nicht, dass irgendwelche Informatiker all die Entscheidungen für uns treffen" (Metzger 2019).

7.9   Situationsbezogene flexible Auslegung von Regeln in chaotischen Systemen

„Gesetze müssen konsequent eingehalten werden" (Justizminister Rheinland-Pfalz Mertin 2017). Dies ist das Fundament des Rechtsstaates, an dem niemand ernsthaft zweifelt. Für eine Künstliche Intelligenz und Autonomen Systemen sind dies die Leitplanken, die nicht übertreten werden dürfen.

Nicht alles ist geregelt: Es gibt Interpretationsspielräume (die Gesetzeskommentare sind häufig länger als das Gesetz selbst) und Graubereiche. Angesichts dessen reagiert die Politik zumeist mit einer weiteren „Verregelung", was aber z. T. kontraproduktiv ist, denn Regelungslücken sind durchaus sinnvoll, Überregulierung führt häufig zum Nicht-Funktionieren.

Für den Menschen stellt eine eher chaotische Umwelt kein Problem dar, in diesem Zusammenhang wird oft der „gesunden Menschenverstand" herangezogen. Aber: Die chaotische Umwelt stellt das regelbasiert korrekte Agieren autonomer Lern- und Entscheidungssysteme vor eine Herausforderung.

„Alex Pentland, Informatikprofessor am Massachusetts Institute of Technology (MIT), schreibt dazu: ‚Eine der aufschlussreichsten Erkenntnisse bei der Betrachtung von KI ist, dass Bürokratien der künstlichen Intelligenz ähneln: Sie operieren nach Vorschriften ....'" und fährt dann fort, dass der Mensch die Kontrolle behalten solle (Rüttgers 2020).

> **Übersicht**
> Beispielsweise ist der Verkehr in einer typischen Großstadt geprägt von kleineren, durchaus geduldeten Gesetzesverstößen: Ein Lieferfahrzeug parkt kurz in zweiter Reihe, weil im weiteren Umfeld kein geeigneter Parkplatz frei ist. Der nachfolgende Verkehr fährt unter Missachtung der durchgezogenen Linie vorbei und nötigt den entgegenkommenden Verkehr zum Ausweichen oder Abbremsen. Hingenommen wird dies zumeist, die Duldung von Regelabweichung bedeutet aber nicht eine grundsätzliche rechtliche Akzeptanz. Automatisierte Systeme tun sich damit schwer, weshalb in manchen Städten noch Polizisten zusätzlich eingesetzt werden (siehe Beispiel Rom, Abb. 7.10).

Trotz vermeintlichem Durcheinander treten aber in solchen Systemen kaum Probleme auf, im Gegenteil, es funktioniert besser als in stark regulierten Ordnungen, man spricht von „Überregulierung". Häufig handelt es sich nämlich um selbstorganisierende Systeme, die von der Chaostheorie durchaus wissenschaftlich beschrieben werden können (siehe Abschn. 7.8).

Autonome Lern- und Entscheidungssysteme müssen auf solche chaotischen Bedingungen situationsbezogen flexibel regieren können, dabei aber gesetzeskonform handeln. Denn das Risiko einer Sanktion bei einem kleinen Regelverstoß ist für den Menschen kalkulierbar und wird deswegen anscheinend in Kauf genommen (z. B. Zahlung eine Strafe für eine Ordnungswidrigkeit), für eine KI ist dies keine Option.

Abb. 7.10 Menschen regeln (noch) den Verkehr besser als eine KI

Daher müssen für KIs Ausnahmetatbestände von Regeln definiert werden. Dies erfordert eine Priorisierung von Zielen, denen für das Handlungsrisiko entsprechende Eskalationsstufen zugeordnet sind. Daraus ergeben sich dann mögliche Abweichungsmöglichkeiten von der Regel.

Wie bereits in den Kapiteln Chatbots und Turing-Test behandelt (Abschn. 3.10 und 3.11) ist die Regelkonformität von KIs auch bei der natürlich-sprachlichen Kommunikation einer KI mit dem Menschen eine Herausforderung: Bei zu exakter Einhaltung der Regeln wird eine KI leicht als solche entlarvt, was nicht immer gewünscht ist, z. B. bei humanoiden Robotern oder digitalen Sprachassistenten. Dabei sind aber große Fortschritte gemacht worden, so lernen Siri, Alexa & Co. maschinell schnell die vielleicht sehr spezielle Ausdrucksweise ihres/ihrer Benutzers/Benutzerin und variieren auch die Antworten auf gleiche Fragen. Auch in der zwischenmenschlichen Kommunikation gibt es eine gewisse Flexibilität in der Regelauslegung.

7.10   Autonomie & Kontrolle bei KI-Entscheidungen

Eine der wesentlichen bei KI-Entscheidungen zu klärende Frage ist, inwieweit diese wirklich autonom, d. h. selbstständig und ohne menschliche Kontrolle agieren soll bzw. darf. Dies gilt für eine Kontrollierbarkeit der autonomen Entscheidung *vor* einer daraus resultierenden Handlung aber auch in Form der Nachvollziehbarkeit als Kontrollmöglichkeit *hinterher.* Mit einer rein faktenorientierten Entscheidung kommt man zumeist aber nicht weit:

- *Ziel einer digital automatisierten Entscheidungsfindung durch eine künstliche Intelligenz muss es sein, autonom, auch bei Unsicherheiten entscheiden zu können und dabei auch Emotionen zu berücksichtigen und Irrationalität zuzulassen.*

Bereits in den vorherigen Kapiteln ist die Herausforderung der mangelnden Transparenz bei Black-Box-Problematiken angesprochen worden. Begriffe wie vertrauenswürdige KI und erklärbare KI sind hier wichtig (siehe Abschn. 3.12). Aber Autonomie und Kontrolle bleiben bei KI ein Widerspruch.

Systeme, die über Machine Learning oder Deep Learning ihre Entscheidungsalgorithmen selbst entwickelt haben, arbeiten in den vorgegebenen Grenzen autonom. Resultate sind aber nur z. T. transparent, was die Kontrolle und Nachvollziehbarkeit einschränkt. Letztlich ist eine menschliche Entscheidung nach Intuition oder „Bauchgefühl" auch nicht transparent und z. T. für andere auch nicht nachvollziehbar.

Wie weit soll/darf Autonomie gehen, was muss Kontrolle unterliegen – und wie sieht Kontrolle dann aus? Kontrolliert werden können z. B. die Endergebnisse von Prozessen, alle oder eine statistische Auswahl (Losgröße). Daneben können auch „Leitplanken" gesetzt werden, innerhalb dessen eine KI frei agieren kann. Auch ist denkbar, dass

Lernen einer KI mithilfe von definierten Lern-Datensätzen zu kontrollieren und entsprechend zu zertifizieren, danach aber der KI freien Lauf zu lassen.

Was passiert aber, wenn Mensch und KI unterschiedliche Entscheidungen treffen würden? Vertraut man der KI, weil nicht beinflussbar, oder dem Menschen, weil er sich in unbekannte Situationen besser einfindet?

Übersicht

Diese Frage wurde beispielsweise lange in der Luftfahrt diskutiert (Abb. 7.11). In einer kritischen Situation steuert der Computer besser oder der Mensch?

Boeing und Airbus hatten dabei unterschiedliche Strategien. Während Airbus eher auf das digitale Fliegen (Fly-By-Wire) setzte und das System dem Menschen gewisse Grenzen setzte, war es bei Boeing der Mensch, der den Computer immer überstimmen konnte (Rath et al. 2019) (siehe auch Abschn. 9.2 und 10.2.1).

Verschiedene Unfälle gaben mal der einen, mal der anderen Strategie Recht, insgesamt war aber die Anzahl der Unfälle oder Fehlentscheidungen ähnlich. Mittlerweile sind diese Systeme nicht mehr nur auf die Großluftfahrt beschränkt, sondern haben auch Einzug in die Allgemeine Luftfahrt (General Aviation), in Form von Antikollisionsgeräten, Navigationsgeräten, Autopiloten u. ä. gefunden (siehe Abb. 7.12).

Abb. 7.11 Steuert der Mensch oder der Computer?

Abb. 7.12 Cockpit eines Flugzeugs der Allgemeinen Luftfahrt

Dabei ist Luftfahrt in dieser Hinsicht noch ein recht einfach zu handhabender
Bereich. Nahezu alles in der Luft wird in Echtzeit kontrolliert und gesteuert, Überraschungen oder chaotische Verkehrsverhältnisse wie in der Innenstadt einer süd-
europäischen Metropole sind kaum zu erwarten.

7.11   KI-Entscheidung bei Unsicherheit

„Casus ubique valet; semper tibi pendeat hamus: Quo minime credas gurgite, piscis erit."
„Überall herrscht Zufall. Lass deine Angel nur hängen: Wo du's am wenigsten glaubst,
sitzt im Strudel der Fisch" Ovid, römischer Dichter (43 v. Chr. – 17 n. Chr.) Ars amatoria
III, 425f Bei KI-Entscheidungen wird von einem rationalen Entscheidungsverhalten ausgegangen, d. h. dass sie faktenorientiert und bei ausreichender gesicherter Datenlage entscheiden – ansonsten nicht. Kann eine KI nicht entscheiden, so gibt es eine entsprechende
Programmanweisung, wie zu verfahren ist, i. R. wird die Entscheidung dem Menschen
übertragen.

Unsicherheit kann durch nicht-ausreichende Datenlage entstehen, man weiß es einfach nicht. Z. B. kann mangels Wegweiser, Karten oder Kompass an einer Weggabelung
der richtige Weg nicht bestimmt werden. Der Mensch wählt irgendeinen Weg und

schaut, wie es sich anschließend weiterentwickelt. Unsicherheit kann aber auch durch Mehrdeutigkeit entstehen. So kann der Satz „Ich sehe eine Person mit einem Feldstecher" so gedeutet werden, dass da eine Person ein Fern-glas bei sich führt, oder, dass ich ein Fernglas nutze, um eine Person auszumachen. Bei-de Aussagen sind möglich, erforderten aber ggf. unterschiedliche Reaktionen. Autonome Systeme müssen aber per Definition selbst entscheiden, auch bei Unsicherheiten. Hierfür gibt es zwei Szenarien:

- Entscheidung unter Risiko
- Entscheidung unter Ungewissheit

Eine klassische Methode ist hierbei die wahrscheinlichkeitsbasierte Entscheidung. „Die Erfahrungen mit solchen klassischen Systemen erleichtern den Umgang mit der Unschärfe von KI-Systemen", fordert (Bitkom 2017).

Bei einer *Entscheidung unter Risiko* kann die Eintrittswahrscheinlichkeit möglicher Szenarien bestimmt werden. Aus Erfahrungswerten lassen sich beispielsweise dann die Konsequenzen vorhersagen. Hieraus lassen sich statistische Werte ableiten, die zur Entscheidung hinzugezogen werden können.

Bei *Entscheidung unter Ungewissheit* fehlt die Kenntnis über Szenarien oder, wenn mögliche Szenarien bekannt sind, fehlen die Eintrittswahrscheinlichkeiten. Diese sind z. T. schwierig zu bewerten, es kommt immer wieder zu Überraschungen. Allerdings sollten *geringe Eintrittswahrscheinlichkeiten* nicht mit *„Zufall"* verwechselt werden, da es hier einen statistischen Zusammenhang gibt, beim Zufall nicht.

Übersicht

Über *geringe Eintrittswahrscheinlichkeiten* schreibt der Nassim Nicholas Taleb in seinem weithin beachteten Buch „Der Schwarze Schwan" über die Macht höchst unwahrscheinlicher Ereignisse (Taleb 2008).

Einen solchen *Black Swan* gab es auch ich Deutschland mit sehr erstaunlichen Zusammenhängen: 2011 gab es ein Seebeben vor Japan, dass eine hohe Welle (Tsunami) auslöste. Dieser brachte in Folge das Kernkraftwerk im japanischen Fukushima zur Havarie. Beides sind statistisch sehr unwahrscheinliche Vorgänge. Die Havarie löste wiederum im fernen Deutschland eine erneute Diskussion um Atomenergie aus, mit der Folge, dass ein Komplettausstieg verkündet wurde. Weiter begünstigte diese Diskussion die Partei Bündnis 90/Die Grünen, bei den folgenden Landtagswahlen in Baden Württemberg gewannen sie so stark hinzu, dass sie erstmalig einen Ministerpräsidenten stellen konnten. U. a. veränderten sie die Grundschulempfehlung. Es gibt also einen Zusammenhang zwischen einem Seebeben vor Japan und den Übergang von Grundschülern zu weiterführenden Schulen im deutschen Südwesten.

Übersicht

Zufall ist auch nicht so zufällig, wie häufig geglaubt: So beschrieb der Schweizer Mathematiker Jakob Bernoulli 1689 das *Gesetz der Großen Zahlen (GGZ)*.

Im Prinzip geht es darum, dass beim Würfeln jede Zahl gewürfelt werden kann und diese selbe Zahl auch beliebig häufig hintereinander. Dass GGZ sagt aber aus, dass bei sehr vielen Würfen sich das Ergebnis darauf einpendelt, dass jede Zahl genau 1/6-mal auftritt. Dies ist auch deshalb philosophisch interessant, da der Würfel ja kein Gedächtnis hat und nicht weiß, wie die statistische Verteilung bislang war.

Mathematisch ausgedrückt: Bei großen (Wurf-)Zahlen entspricht die relative Häufigkeit immer mehr dem Wert ihrer Wahrscheinlichkeit.

Dies ist ein zentrales Geschäftsprinzip beim Glücksspiel und bei Versicherungen, ist aber auch für die Produktion bei großen Stückzahlen von Wichtigkeit.

Die Problematik bei KI-Entscheidungen ist, KIs berücksichtigen die Wahrscheinlichkeiten. Eine KI hätte angesichts der äußerst geringen Wahrscheinlichkeit im o. g. Beispiel einen solchen Domino-Effekt sicherlich ausgeschlossen – der Mensch allerdings wohl auch.

Wie also entscheiden bei sehr geringen Wahrscheinlichkeiten? Hier hat sich die Medizin, angesichts vielfältiger, aber z. T. sehr seltener Krankheitsbilder und der diversen Behandlungsmöglichkeiten, Gedanken gemacht: Das System der *evidenzbasierten Leitlinien*. Dieses System soll auf die KI bei Entscheidungen im unsicheren Umfeld übertragen werden:

- *Leitlinien sind systematische, wissenschaftlich begründete Entscheidungshilfen mit praxisorientierter Handlungsempfehlung. Leitlinien sind nicht bindend.*
- *Im Gegensatz dazu sind Richtlinien rechtlich legitimiert und verbindlich.*
- *Evidenz bedeutet in diesem Zusammenhang nachweisorientiert.*
  Vorsicht: Deutschen: offensichtlich (es bedarf keines Beweises)

  Englisch: „evidence": Beweis & „obvious": offensichtlich

- *Eine evidenzbasierte Entscheidung basiert auf gewissenhaftem und vernünftigem Gebrauch der gegenwärtig besten verfügbaren wissenschaftlichen Expertise, auch, wenn diese nur empirisch bzw. statistisch nicht gesichert vorliegt. Über Risiken der Anwendung muss informiert werden, die individuelle Eigenverantwortung bleibt unberührt.*

In der Anwendung der Evidenz werden nur mit den zum Entscheidungszeitpunkt erreichbaren bzw. vorhandenen Daten gearbeitet. Diese werden in ihrer Gesamtheit betrachtet und in **Evidenzlevel** (S-Klassen; siehe Tab. 7.1) klassifiziert.

Tab. 7.1 S-Klassifikation der AWMF (Muche-Borowski und Kopp 2015)

S3	Evidenz- und konsensbasierte Leitlinie	Systematische Recherche, Auswahl und Bewertung der Literatur, repräsentatives Gremium & strukturierte Konsensfindung
S2e	Evidenzbasierte Leitlinie	Systematische Recherche, Auswahl und Bewertung der Literatur
S2k	Konsensbasierte Leitlinie	Strukturierte Konsensfindung, repräsentatives Gremium
S1	Handlungsempfehlung von Expertengruppen	Konsensfindung in einem informellen Verfahren

Tab. 7.2 Empfehlungsgrade nach AWMF (AWMF online kein Datum)

Empfehlungsgrad A	Starke Empfehlung	„soll" – „soll nicht"
Empfehlungsgrad B	Empfehlung	„sollte" – „sollte nicht"
Empfehlungsgrad 0	Empfehlung offen	„kann erwogen werden" „kann verzichtet werden"

Tab. 7.3 Klassifizierte Handlungsempfehlungen in Anlehnung an European Resuscitation Council (ECR): nach (Ziegenfuß 2005)

Klasse I	Gesicherte Empfehlung: Gesicherte Daten, eindeutig vorteilhaft, in der Regel obligat
Klasse IIa	Abgesicherte Empfehlung: Gut bis sehr gut durch Daten abgesichert, wahrscheinlich vorteilhaft
Klasse IIb	Optional anwendbar: Mittelmäßig bis gut durch Daten abgesichert, vermutlich vorteilhaft
Klasse X	Keine Empfehlung: Kann derzeit nicht beurteilt werden, Durchführung allerdings ggf. möglich
Klasse III	Unterlassungsempfehlung: Nicht wirksam, möglicherweise schädlich

In Anlehnung an Sackett (Sackett et al. 1996) bedeutet *evidenzbasiert* einen gewissenhaften, ausdrücklichen und vernünftigen Gebrauch der gegenwärtig besten externen, wissenschaftlichen Evidenz für Entscheidungen. Anders ausgedrückt ist eine *evidenzbasierte Entscheidung* ein *Ermessen* auf Basis der *Wirksamkeit*. In der Medizin wurde hierfür ein *Empfehlungsgrad* (A, B, 0; siehe Tab. 7.2) entwickelt:

Diese Systeme sind auf KI-gestützte Entscheidungen anwendbar. Darüber hinaus bietet sich zur weitergehenden *Klassifizierung* für die KI ein System an, das ursprünglich aus der Notfallmedizin kommt (siehe Tab. 7.3):

Tab. 7.4 Kategorisierung von Anforderungen betreffend KI-Module mit hohen oder geringen Risiken nach DIN SPEC 92001-1:2019

KI Modul Klasse Anforderungsklasse	Hohes Risiko	Geringes Risiko
Verpflichtend	Keine Abweichung von den Anforderungen erlaubt	Keine Abweichung von den Anforderungen erlaubt
Stark empfohlen	Abweichungen von den Anforderungen nur mit Begründung	Abweichungen von den Anforderungen nur mit Begründung
Empfohlen	Abweichungen von den Anforderungen nur mit Begründung	Abweichungen von den Anforderungen auch ohne Begründung erlaubt

Für KIs direkt schlägt die DIN SPEC 92001-1 (DIN 2019) eine ähnliche Kategorisierung von Risikoeinschätzung und Handlungsverpflichtungen bzw. -empfehlungen vor (siehe Tab. 7.4, derzeit nur in Englisch), die aber im unteren Bereich der o. g. Klasse IIb, X und III noch nicht ausreichend ausgearbeitet ist:

Bislang sind die Entscheidungsalgorithmen aber noch nicht fähig, bei Unsicherheit vollkommen autonom zu entscheiden. So schlägt die Bitkom eine Entscheidungsunterstützung bzw. -assistenz vor: „Besonders verantwortungsvolle Entscheidungsprozesse – z. B. in der autonomen Steuerung von Fahrzeugen oder in der medizinischen Diagnostik – sollten so gestaltet werden, dass die letzte Entscheidungskompetenz bei verantwortlichen Akteuren verbleibt, bis die Steuerungsqualität der KI ein von allen Beteiligten akzeptiertes Niveau erreicht." (Bitkom 2017).

Amerikanische Konzerne scheinen insbesondere bei Risikoentscheidungen schneller zu sein. Bundeswirtschaftsminister Peter Altmaier wies in seiner Rede zur Verleihung des Deutschen KI-Preises im Oktober 2020 auf die Unterschiede hin: Unter der Überschrift „Weniger Regulierung, mehr Experimente" schlug er vor, nicht nach universal Sicherheit zu sterben, sondern den Nachweis zu erbringen, dass das neue Verfahren sicherer als das bisher eingesetzte. Dies ist bereits beim autonomen Fahren diskutiert worden: Maschinen sind nicht fehlerfrei, sie machen vermutlich andere Fehler als der Mensch. In einer Gesamtbetrachtung soll aber Anzahl der Unfälle aber reduziert werden.

7.12 ADM-Systeme (Algorithmische Entscheidungsfindung – Algorithm Decision Making)

Die Algorithm Decision Making (ADM) bezeichnet einen automatisierten Entscheidungsprozess, z. B. auf Grundlage von Big Data. Abb. 7.13 zeigt die weitere Unterteilung in Systeme, die menschliche Entscheidungen unterstützt (Decision Support Systems – DSS) und vollkommen eigenständig entscheidende Systeme (Automated Decision Making – AuDM):

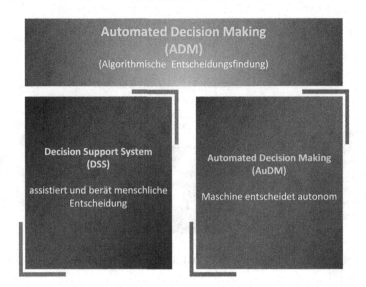

Abb. 7.13 Unterteilung von ADM in DSS und AuDM. (Nach: Bertelsmann Stiftung) (Zweig et al. 2018)

ADM hat z. T. eine hohe individuelle oder gesellschaftliche Relevanz, weil die entsprechenden Einsatzgebiete *„teilhaberrelevant"* sind, d. h. sie bewerten Menschen bzw. haben direkte Auswirkungen auf das Leben von Personen (nach: Zweig et al. 2018).

So zählt die Verbraucherzentrale Bundesverband e. V. Beispiele für die Anwendung von ADM-Prozessen auf (vzbv 2017), diese „reichen von der Vergabe von Hochschulplätzen, über Kriminalitätsprognosen und Predictive Policing, Bestimmung individueller Kreditausfallrisiken, Smart-Home-Anwendungen, Einkaufsassistenten, Portfoliomanagement für Finanzanleger, automatisierte (individuelle) Preissetzung bis zum autonomen Fahren". Alle sind teilhaberrelevant, genauso wie eine mögliche Krebsdiagnose oder das Recruiting 4.0 (siehe Abschn. 1.9).

Bei direkten teihaberrelevanten Entscheidungen sollte der Mensch die letzte Entscheidung haben, daher wird hier in allen bekannten Anwendungen das DSS-Verfahren angewendet. Auch wenn nur indirekte Auswirkungen zu erwarten sind, oder die Auswirkungen unklar, so ist das DSS-Verfahren (rechts-)sicher. So kann der Ausfall einer Lieferdrohne zu einem Lieferausfall führen, ein kleines Problem bei unwichtigen oder ersetzbaren Teilen katastrophal, wenn dadurch die Produktion wichtiger Medikamente unterbrochen wird. Der Einsatz eines AuDM-Systems kann aber erwägt werden, wenn es zusätzliche Sicherungseinrichtungen gibt (siehe Abb. 7.14).

Eine ADM-Entscheidung kann viele Vorteile haben, sie ist schneller als die menschliche Entscheidung und unterliegt weder einer kognitiven Verzerrung (Bias) noch menschlichen Launen und ist nicht bestechlich. Daher werden solche System beispielsweise bei Personalentscheidungen bzw. innerhalb von Bewerbungsverfahren eingesetzt.

Abb. 7.14 Beispiele für teilhaberrelevante ADM-Systeme. (In Anlehnung: Bertelsmann Stiftung) (Zweig et al. 2018)

Gefahren entstehen aber über den Lernprozess, mit Datensätzen, die trotz Bemühung die Wirklichkeit nicht vollständig abbilden, und besonders dann, wenn Menschen automatisiert in eine bestimmte Schublade gesteckt werden. Denn die Erfahrung hat gezeigt, trotz statistischer Relevanz kann man trotzdem irren.

Wer möchte schon automatisiert als potenziell kriminell eingestuft werden, mit entsprechenden Konsequenzen, die man, weil das System unbemerkt arbeitet, nicht versteht? Der Roman „Das Joshua-Profil" von Sebastian Fitzek nimmt dieses Thema in einem fiktiven Thriller auf (Buch: (Fitzek 2015), Verfilmung: (Das Joshua Profil 2018).

Es bedarf einer ethischen Einordnung: Die Plattform Algorithm Watch ist eine Beobachtungsplattform, die sich, in ihrem eigenen Selbstverständnis als gemeinnützige Organisation das Ziel gesetzt hat (AlgorithmWatch 2020), „Prozesse algorithmischer Entscheidungsfindung zu betrachten und einzuordnen, die eine gesellschaftliche Relevanz haben – die also entweder menschliche Entscheidungen vorhersagen oder vorbestimmen, oder Entscheidungen automatisiert treffen." Algorithm Watch legt wie folgt fest (AlgorithmWatch 2, 2020):

Algorithmische Entscheidungsfindung setzt sich aus den folgenden Bestandteilen zusammen:

- *Prozesse zur Datenerfassung zu entwickeln,*
- *Daten zu erfassen,*
- *Algorithmen zur Datenanalyse zu entwickeln, die die*
  - *Daten analysieren,*
  - *auf der Basis eines menschengemachten Deutungsmodells interpretieren,*
  - *automatisch handeln, indem die Handlung mittels eines menschengemachten Entscheidungsmodells aus dieser Interpretation abgeleitet wird.*

Darüber hinaus hat Algorithm Watch ein Manifest zu ADM-Systemen herausgegeben (AlgorithmWatch 2, 2020):

1. ADM ist niemals neutral.
2. Die Schöpfer von ADM-Prozessen sind verantwortlich für ihre Resultate. ADM-Prozesse werden nicht nur von ihren Entwicklern erschaffen.
3. ADM-Prozesse müssen nachvollziehbar sein, damit sie demokratischer Kontrolle unterworfen werden können.
4. Demokratische Gesellschaften haben die Pflicht, diese Nachvollziehbarkeit herzustellen: durch eine Kombination aus Technologien, Regulierung und geeigneten Aufsichtsinstitutionen.
5. Wir müssen entscheiden, wie viel unserer Freiheit wir an ADM übertragen wollen.

Vorsicht sollte auch geboten sein, ADM-Systeme sind nicht fehlerfrei: Bei der Deutschen Börse gibt es seit Jahren keine menschlichen Entscheidungen mehr, nachträgliche Korrekturen kamen bisher nahezu nie vor. Dennoch musste, laut der Frankfurter Allgemeinen Zeitung und dem Tagesspiegel im September 2020, einen Entscheidung aus einem komplett automatisierten Verfahren bezüglich eines Index-Absteigers im M-DAX nach zwei Tagen revidiert werden. Warum dies geschah, darüber wurden zunächst keine Angaben gemacht, man suche nach der Ursache (Mohr 2020; Neuhaus 2020). Der Fehler hatte laut der Plattform 4investors Auswirkungen auf den Aktienkurs (Barck 2020).

7.13   Fragen zum Kapitel

1. Wie unterscheidet sich menschliche Entscheidung von einer maschinell getroffenen Entscheidung? Diskutieren Sie dabei, warum Menschen Entscheidungen schwerfallen?
2. Was ist so kompliziert an „faktenorientiertem Entscheiden"?
3. Warum treten Entscheidungsanomalien auf? Nennen Sie Beispiele.
4. Was machen Sie als Mensch in unsicheren Entscheidungssituationen, z. B. bei Informationsmangel, und wie würden sie dies auf eine KI übertragen?
5. Wieso müssen Irrationalitäten bei KI-Entscheidungen berücksichtigt werden? Nennen Sie ein Beispiel aus der Produktionsplanung beim drohenden Lieferverzug.
6. Sie können aufgrund einer ungeplanten Instandsetzung nur einen Kunden beliefern. Beschreiben sie Ihre Möglichkeiten anhand der Spieltheorie mittels des Chicken-Games.
7. Diskutieren Sie die Vorzüge einer chaotischen Organisation und warum ist dies für KIs so kompliziert? Entspricht eine „Chaotische Lagerhaltung" dieser Überlegung?
8. Beschreiben Sie Chaostheorie, Schwarmverhalten und Selbstorganisation. Nennen Sie Beispiele.
9. Warum ist für autonome Systeme (autonomes Fahren) eine flexible Regelauslegung wichtig und wo liegen die Probleme dabei?

10. Was ist ein Schwarzer Schwan (Black Swan) und warum ist dessen Berücksichtigung bei KI-Entscheidungen schwierig?
11. Unterscheiden sie Herangehensweisen bei „Entscheidung in Unsicherheit" von Menschen und autonomen Maschinen. Warum muss dies unterschiedlich geregelt sein?
12. Beschreiben Sie ADM-Systeme und warum können diese „teilhaberrelevant" sein?
13. Unterscheiden Sie Decision Support Systems (DSS) und Automated Decision Making (AuDM) bezüglich ihrer Einsatzmöglichkeiten in der QM, der Produktion oder der Medizintechnik.

Literatur

AlgorithmWatch 2. (2020). Das ADM-Manifest. https://algorithmwatch.org/das-adm-manifest-the-adm-manifesto/. Zugegriffen: 10. Juni 2020.
AlgorithmWatch. (2020). AlgorithmWatch – Was wir tun. https://algorithmwatch.org/was-wir-tun/. Zugegriffen: 10. Juni 2020.
AWMF online. (kein Datum). https://www.awmf.org/leitlinien/awmf-regelwerk/ll-entwicklung/awmf-regelwerk-03-leitlinienentwicklung/ll-entwicklung-graduierung-der-empfehlungen.html. Zugegriffen: 22. Mai 2020.
Barck, M. (07. September 2020). Aareal Bank Aktie im Plus nach Index-Überraschung. https://www.4investors.de/nachrichten/boerse.php?sektion=stock&ID=145705. Zugegriffen: 8. Sept. 2020.
Bitkom. (2017). Entscheidungsunterstützung mit Künstlicher Intelligenz – Wirtschaftliche Bedeutung, gesellschaftliche Herausforderungen, menschliche VerantwortKünstliche Intelligenz Wirtschaftliche Bedeutung, gesellschaftliche Herausforderungen, menschliche Verantwortung. https://www.bitkom.org/Bitkom/Publikationen/Entscheidungsunterstuetzung-mit-Kuenstlicher-Intelligenz-Wirtschaftliche-Bedeutung-gesellschaftliche-Herausforderungen-menschliche-Verantwortung.html. Zugegriffen: 11. Aug. 2020.
Böhles, B. (2007). „Über ein vermeintes Recht aus Menschenliebe zu lügen". Der Begriff der Lüge bei Immanuel Kant. München: GRIN.
Butter, M., Werner, F., & Flohr, M. (2020). Verschwörungstheorien: „Wie ein Buschfeuer im Kopf". ZEIT Geschichte(03).
Das Joshua Profil (2018). [Kinofilm].
DIN. (2019). DIN SPEC 92001-1 – Artificial Intelligence – Life cycle processes and quality requirements – Part 1: Quality meta model; text in English. Berlin: Beuth.
Dorsten, C. (06. 2020). Focus(27), S. 21.
Fitzek, S. (2015). Das Joshua Profil. Köln: Bastei Lübbe.
Gigazine.net. (05. 08 2016). What is an intersection „Magic Roundabout" that reduces the accident rate by 30% although it is crazy and complicated? https://gigazine.net/gsc_news/en/20160805-7-circle-magic-roundabout. Zugegriffen: 1. Okt. 2020.
Hulverscheidt, C. (17. Mai 2010). Süddeutsche Zeitung: SPD: Peer Steinbrück. https://www.sueddeutsche.de/politik/spd-peer-steinbrueck-schmidtchen-schnauze-1.490627. Zugegriffen: 7. Juni 2020.
Justizminister Rheinland-Pfalz Mertin, H. (8. November 2017). Gesetze müssen konsequent eingehalten werden. https://www.liberale.de/content/gesetze-muessen-konsequent-eingehalten-werden. Zugegriffen: 15. Juni 2020.

Lesch, H. (Juli 2020). Reader's Digest, S. 155.

Lossau, N. (18. April 2008). Ein Schmetterling kann Städte verwüsten. (WELT) https://www.welt.de/wissenschaft/article1914384/Ein-Schmetterling-kann-Staedte-verwuesten.html. Zugegriffen: 18. Mai 2020.

Metzger, J. (2019). Erfinder: Die Vertrauensfrage. https://www.brandeins.de/magazine/brand-eins-thema/innovation-2019/erfinder-die-vertrauensfrage. Zugegriffen: 28. Februar 2020.

Mohr, D. (06. September 2020). Die Deutsche Börse hat sich geirrt. https://www.faz.net/aktuell/finanzen/deutsche-boerse-hat-sich-geirrt-wichtiger-aktienindex-16940485.html. Zugegriffen: 8. September 2020.

Muche-Borowski, C., & Kopp, I. (03. April 2015). Medizinische und rechtliche Verbindlichkeit von Leitlinien. https://www.awmf.org/fileadmin/user_upload/Leitlinien/AWMF-Publikationen/Muche-Borowski_Kopp_2015-04.pdf. Zugegriffen: 22. Mai 2020.

Neuhaus, C. (6. September 2020). Nach Irrtum der Deutschen Börse: Rocket Internet muss M-Dax verlassen. https://www.tagesspiegel.de/wirtschaft/nach-irrtum-der-deutschen-boerse-rocket-internet-muss-m-dax-verlassen/26162474.html. Zugegriffen: 8. September 2020.

Pratchett, T. (1991). *Echt Zauberhaft*. München: Goldmann.

Priest, G. (13. Juni 2020). Philosophie: Gibt es mehr als nur wahr oder falsch? https://www.zeit.de/2020/25/philosophie-metaphysik-logik-wahr-falsch-buddhismus/komplettansicht. Zugegriffen: 21. Juni 2020.

Rath, M., Krotz, F., &, , et al. (2019). *Maschinenethik, Normative Grenzen autonomer Systeme*. Wiesbaden: Springer VS.

Rüttgers, J. (26. Februar 2020). Die Zukunft von ,Smart City' und ,Smart Country'.https://regierungsforschung.de/die-zukunft-von-smart-city-und-smart-country/. Zugegriffen: 28. Febr. 2020.

Sackett, D., Rosenberg, W., Gray, J., Hayes, R., & Richardson, W. (13. Januar 1996). Evidence based medicine: What it is and what it isn't. BMJ Clinical Research.

Sprenger, R. (6. Juni 2020). Neue Züricher Zeitung: Haben die Regierungen in der Corona-Krise die falsche Wahl getroffen? Nein, sie haben einfach entschieden. https://www.nzz.ch/feuilleton/corona-eine-entscheidung-ist-in-der-krise-nie-falsch-ld.1559499?mktcid=smsh&mktcval=E-mail. Zugegriffen: 21. Juni 2020.

Taleb, N. (2008). *Der Schwarze Schwan (The Black Swan): Die Macht höchst unwahrscheinlicher Ereignisse*. Müncehn: Hanser.

von Foerster, H. (1998). *Wahrheit ist die Erfindung eines Lügners*. Heidelberg: Carl-Auer-Systeme.

vzbv, V. (7. Dezember 2017). ALGORITHMENBASIERTE ENTSCHEIDUNGSPROZESSE. https://www.vzbv.de/sites/default/files/downloads/2018/05/22/dm_17-12-07_vzbv_thesen-papier_algorithmen.pdf. Zugegriffen: 30. Juni 2020.

Weber, M. (2018). Wissenschaft als Beruf. North Charleston, South Carolina (USA): CreateSpace Independent Publishing Platform – Ad fontes soziologie.

Yuen, Y. (13. 04 2018). Using deep learning to navigate chaos in many-body problems. https://www.insidescience.org/news/using-deep-learning-navigate-chaos-many-body-problems. Zugegriffen: 11. Okt. 2020.

Ziegenfuß, T. (2005). *Notfallmedizin*. Heidelberg: Springer.

Zweig, A., Fischer, S., & Lischka, K. (Februar 2018). Wo Maschinen irren könnenVerantwortlichkeiten und Fehlerquellen in Prozessen algorithmischer Entscheidungsfindung. https://www.bertelsmann-stiftung.de/fileadmin/files/BSt/Publikationen/GrauePublikationen/WoMaschinenIrrenKoennen.pdf. Zugegriffen: 10. Juni 2020.

Weitere Werkzeuge der Künstlichen Intelligenz

8

8.1 Maschine-zu-Maschine-Kommunikation (*Machine-to-Machine – M2M*)

Innerhalb der Industrie 4.0 ist es erforderlich, dass Maschinen selbstständig untereinander kommunizieren. Anfänge dieser intermaschinellen Kommunikation sind als Telemetrie bekannt, damals drahtgebunden, jetzt fast ausschließlich drahtlos über entsprechende Netzwerke.

- *Maschine-zu-Maschine-Kommunikation (Machine-to-Machine – M2M) umfasst alle Technologien, die es vernetzten Geräten ermöglichen, Informationen auszutauschen, um Aktionen auszuführen, ohne dass ein Mensch eingreifen muss.*

M2M bildet die Basis des Internet of Things (IoT, IIoT) aber auch für cyber-physische Systeme (CPS) und wird in vielen Bereichen eingesetzt, u. a. Robotik, Predictive Technologien, Überwachungsaufgaben, Medizintechnik, Lager bzw. Bestandsverwaltung u. v. m.

Gängige Netzwerktechniken sind neben dem Internet Technologien zur drahtlosen Datenübertragung, z. B. Bluetooth, NFC (Near Field Communication), RFID (Radio-Frequency-Identification) u. ä. Wegen der hohen Anforderung an die Übertragungsgeschwindigkeit gilt die Umstellung der mobilen Datennetze auf die 5G-Technologie dabei als essenziell.

Als einheitlicher Standard für die Datenübertragung hat sich u. a. OPC UA etabliert, in manchen Veröffentlichungen als „Weltmaschinensprache" bezeichnet:

- *OPC UA ist ein international standarisiertes Datenübertragungsprotokoll für die Industrie und wichtig bei Interoperabilität. Die **Open Platform Communications Unified Architecture** ist hersteller- und plattformunabhängig.*

A. Mockenhaupt, *Digitalisierung und Künstliche Intelligenz in der Produktion*,
https://doi.org/10.1007/978-3-658-32773-6_8

Standards hierfür sind noch sehr an spezifische Hersteller-Geräteplattformen gebunden, wegen der Wichtigkeit von M2M wird aber allgemein erwartet, dass sich die Hersteller auf gemeinsame Normen einigen.

8.2   Mensch-Maschine-Interface (MMI), Human-Machine-Interface (HMI)

Eine KI muss den Menschen bzw. dessen Intention erkennen, beide müssen miteinander kommunizieren. Das kann indirekt erfolgen, über Sensoren, mit der die KI die Umwelt wahrnimmt, oder klassisch, durch menschliche Befehlseingabe z. B. über eine Tastatur.

- *Das **Mensch-Maschine-Interface (MMI)** ist der Teil einer Maschine, mit dem der Mensch interagiert und einwirken kann. Das reicht von simplen Ein-Aus-Schaltern bis hin zu hochkomplexen Systemen.*

Ähnliche Begriffe in Verwendung sind: Mensch-Maschine-Schnittstelle (MMS), Man-Machine-Interface (MMI), Mensch-Maschine-Kommunikation (Human-Machine Communication).

Aus der reinen Computertechnik entlehnt ist der Begriff Benutzerschnittstelle (user interface) synonym und umfasst nach ISO 9241 „alle Bestandteile eines interaktiven Systems, die Informationen und Steuerelemente zur Verfügung stellen, die für den Benutzer notwendig sind, um eine bestimmte Arbeitsaufgabe mit dem interaktiven System zu erledigen."

Waren die MMIs in der Vergangenheit noch an sehr starre Regeln gebunden (eine Tastatur ist wenig gefühlsmäßig zu bedienen), sind heutige MMIs entweder natürlich (natürlich gesprochene Sprache, NLP) oder intuitiv zu bedienen (Gestenerkennung, Wischbewegungen, …). Treiber sind hier mobile Endgeräte (z. B. Smartphones), die auch die sogenannte Gamification vorantreiben.

- *Intuitiv ist das unmittelbare Erkennen, welches nicht diskursiv (methodisch) ist und auf keiner Reflexion (prüfendes Nachdenken) beruht. **Intuition** stammt meist aus dem Unterbewusstsein und ist ein plötzlich ahnendes Erfassen – z. B. eines Sachverhalts bzw. eines komplizierten Vorgangs (nach: (N.N. 2020))*
- *Gamification ist eine Spielifizierung, das Bedienen mit spielerischen Elementen. Spieltypischen Vorgängen werden dabei in spielfremde Zusammenhänge gesetzt.*

Eine intuitive Interaktion gelingt auf Anhieb, ohne die grundlegenden Zusammenhänge kennen zu müssen und daher ohne besondere Trainingsphase.

Die Gamification im Endverbraucherbereich hat wiederum industrielle Anwendung beeinflusst: Maschinenbedienung soll auch spielerisch erfolgen, was nicht nur Anlern- und Bedienungsvorteile hat, sondern m. E. auch zur Motivationssteigerung führt.

Abb. 8.1 Haptik. (In Anlehnung an DIN ISO 9241)

8.2.1 Haptisches Feedback

Der Begriff der Haptik wurde 1892 vom deutschen Psychologen Max Dessoir geprägt, der den Tastsinn in Anlehnung an die Optik bzw. Akustik beschreiben wollte. Neuere Untersuchungen zeigen, dass haptische Erfahrungen für das Langzeitgedächtnis wertvoller sind, als z. B. visuelle (Hutmacher und Kuhbandner 2018), (Spitzer, Das haptische Gedächtnis 2019). Durchaus umstritten ist jedoch die These des Ulmer Hirnforschers Manfred Spitzer, die Nutzung digitaler Medien führe, weil u. a. wenig haptisch, zur digitalen Demenz (siehe auch: (Lossau 2013), (Spitzer, Digitale Demenz 2014)).

- *Die **haptische Wahrnehmung**, die **Haptik,** ist das tastende **Begreifen,** und geht über die **taktile Wahrnehmung** hinaus, die nur die Berührung als Sinneswahrnehmung beschreibt.*

In der Haptik werden zwei Typen der Sinneswahrnehmung unterschieden (siehe Abb. 8.1): Die einfache Berührungswahrnehmung – *Taktil* – kann mechanisch, thermisch aber auch elektrisch und chemisch sein. Die sog. *Kinästhetik* gibt Informationen über Ausrichtung und Kräfte auf die Gliedmaßen.

Unumstritten ist aber, dass das haptische handschriftliche Schreiben kreativer ist, als das Tastaturschreiben.

So entstand z. B. auf einer Zugfahrt mit dem Shinkansen Express in Japan 1997 eine handschriftliche Skizze für einen 18 Zylinder Motor. Zeichner war der langjährige Vorstands- und Aufsichtsratsvorsitzende der Volkswagen AG, Ferdinand Karl Piëch. Die Zeichnung (siehe Abb. 8.2) war Grundlage für den später im Bugatti Veyron eingesetzten Motor (Bugatti Newsroom 2020).

Abb. 8.2 Kreativität besser auf dem Papier – Skizze eines 18 Zylinder Motors von Ferdinand Karl Piëch (VW) für den Bugatti Veyron. (Mit freundlicher Genehmigung von Bugatti)

Industrielle Anwendungsbereiche ergeben sich bei der haptischen Rückkopplung dann, wenn die Welten der Maschine und des Menschen verschmelzen, z. B. bei mobilen Robotern, bei Exoskeletten oder bei der Virtual Reality (VR). So gibt es bereits Handschuhe als Eingabegeräte mit einem haptischen Feedback (siehe Abb. 8.3).

Neu in Bezug auf die Mensch-Maschine-Interaktion ist, dass eine MMI keine Einbahnstraße mehr ist. Beispielsweise durch ein *haptisches Feedback* kann die Maschine einen Rückkanal nutzen, mit dem Menschen zu interagieren. Dies ist weit mehr als das Vibrieren eines Handys bei Tastatureingaben.

Abb. 8.3 MMI-Hand mit haptischem Feedback. (© Dexta Robotics 2020. All rights reserved)

So kann in Militärflugzeugen die Lageinformation des künstlichen Horizontes in die Sitzrückenlehne übertragen werden. Ursache ist, dass durch Überlagerung der Gewichtskraft und der Zentrifugalkraft beim Kurvenflug dem Innenohr ein falsches Lagebild übermittelt wird. Deshalb verlieren Piloten ohne Außensicht in kurzer Zeit ($<30\,s$) die räumliche Orientierung. Abhilfe schafft der Kreiselkompass sowie der künstliche Horizont, Kreiselinstrumente, die nicht auf Gravitation bzw. Fliehkräfte reagieren. Da es in einem Cockpit recht viele zu beobachtende Instrumente gibt, kann diese Information durch Druckpunkte im Rücken übertragen und damit „gefühlt" werden.

Besonderen industriellen Einsatz findet die Haptik bei KI-unterstützten Arbeiten und beim Training (siehe Abb. 8.3, 8.4 und 8.5).

8.2.2   Gedankensteuerung

Noch exotisch, aber technisch bereits realisierbar, ist die „Gedankensteuerung" über eine sog. Gehirn-Computer-Schnittstelle (siehe Abb. 8.6). Die Vorteile sind einleuchtend, dies schürt allerdings auch Ängste, da befürchtet wird, Computer könnten Gedankenlesen. Soweit ist die Technik allerdings auf lange absehbare Zeit nicht, dennoch sind die derzeit technisch möglichen Anwendungen interessant.

Forscher der Columbia University in New York gelang es 2019 für Anwendungen im medizinischen Sektor menschliches Denken in Sprache umzuwandeln (Schmidt F. 2019) (Akbari et al. 2019). 2016 konnte ein Affe per Gedanken einen Rollstuhl steuern. (DW 2016; Rajangam et al. 2016).

Abb. 8.4 Anwendung einer haptischem Feedback-Hand bei KI-unterstützten Arbeiten. (© Dexta Robotics 2020. All rights reserved)

Abb. 8.5 Anwendung einer haptischem Feedback-Hand beim industriellen Training. (© Dexta Robotics 2020. All rights reserved)

Abb. 8.6 Jugendliche steuern einen Ball mit ihren Gedanken

8.3   Natural Language Processing (NLP)

Das Natural Language Processing (NLP) ist zunächst eine Methode zur maschinellen Verarbeitung natürlich gesprochener Sprache, wird aber auch auf in natürlicher Sprache geschriebene Texte angewendet. Ziel ist eine möglich einfache, barrierefreie Kommunikation zwischen Menschen und Maschine. *Vorsicht: Die Buchstabenkombination*

NLP ist mehrfach belegt und fungiert auch für die Abkürzung der Neuro-Linguistischen Programmierung, eine Kommunikationstheorie, die mit dem Natural Language Processing nichts gemein hat.

Es gibt bereits jetzt vielfältige Einsatzmöglichkeiten, die bekanntesten sind wohl die intelligenten persönlichen Assistenten Alexa, Siri & Co.

Natural Language Processing (NLP) teilt sich in mehrere für sich allein betrachtbare Module auf:

- *Spracherfassung:* Zunächst muss die gesprochene Sprache erfasst und von Hintergrundgeräuschen bzw. anderen Gesprächen getrennt werden.
- ggf. Erkennung eines *Aktivierungsworts* (OK Google, Alexa, …)
- *Spracherkennung und Segmentierung:* Wörter, (nicht-gesprochene) Satzzeichen und Sätze müssen erkannt werden.
- *Funktions- bzw. Grammatikerkennung:* Die Aufgaben der Worte (z. B. Subjekt, Prädikat, Objekt, …) sowie die Bedeutung der Stellung im Satz (z. B. Frage, Aufforderung, …) muss erkannt werden.
- *Erkennen von Bedeutungen und Beziehungen* von Satzteilen, Sätzen und Absätzen.
- Erkennen von *Mehrdeutigkeit* und *Einordnung in einen Kontext* zur richtigen Interpretation

Die Sprachtechnologie hat bei NLP eine Schlüsselfunktion. Die Herausforderungen sind ähnlich der bei der Bilderkennung: Es geht nicht nur darum einzelne Elemente im Bild zu erkennen oder hier, welche einzelnen Worte gesprochen wurden, sondern es geht um die Erfassung des Inhalts. Dieser kann aber häufig in mehrere Richtungen gedeutet werden.

Für eine KI ist es einfach zu reagieren, wenn ein eindeutiger Sachverhalt vorliegt. Dies ist aber nicht immer so. *Ambiguität* bezeichnet den Bedeutungsreichtum eines Sachverhalts, dieser kann mehrdeutig oder vieldeutig sein (Jannidis et al. 2003):

- Eindeutig: Die Bedeutung ist klar
- Mehrdeutig: Es gibt eine begrenzte Anzahl von Bedeutungen
- Vieldeutig: Es gibt eine große Fülle an Bedeutungen

Eine KI muss zunächst erkennen, ob ein Sachverhalt eindeutig ist oder ob eine mögliche Ambiguität vorliegt. Liegt Ambiguität vor, so muss vorrangig die Bedeutung entschlüsselt werden. Dies kann über zusätzliche Daten geschehen. Bei Sprache bzw. Spracherkennung kommt die *Semantik,* die Lehre von der sprachlichen Bedeutung, hinzu, also eine mögliche Interpretation des Inhalts.

Dies alles stellt eine große Herausforderung für digitale Systeme dar.

So wurde der Autor mit einer KI-Warnmeldung konfrontiert, seine europäischen Kunden seien weit weniger zufrieden als seine US-amerikanischen Abnehmer. Letztlich hing dies aber mit kulturellen Eigenarten zusammen: Amerikaner neigen zu üppigeren

Formulierungen, wenn ihnen etwas gefällt, als Europäer (insbesondere Deutsche). Ein „Gut" von den hiesigen Bewertern wurde von der amerikanisch geprägten KI als „gerade noch ausreichend" interpretiert, „Outstanding" hätte dem deutschen „Gut" entsprochen.

Kritisch wird es bei der Verarbeitung von Texten bzw. gesprochener Sprache im Zusammenhang mit ironisch oder höflich gemeinten Inhalten. „Gut" kann hier auch ein höfliches „Ausreichend" oder eine ironisches „Schlecht" sein.

Dabei ist *Vieldeutigkeit* besonders problematisch, weil es unbekannte Bedeutungen geben kann und zusätzlich, weil „Richtig" bzw. „Falsch" nicht die geeigneten Dimensionen für eine Lösung sein könnten (siehe Abschn. 7.2): Nicht alle Bedeutungen und damit Handlungsoptionen zu kennen, erzeugt zunächst Unsicherheit beim Menschen, damit verbunden Zögern. In unsicheren Entscheidungssituationen ist es aber mitunter wichtig, überhaupt zu handeln. Ob eine Handlung dann richtig, bzw. optimal war, lässt sich oft im Nachhinein nicht mehr klären.

Für die Weiterentwicklung der KIs, insbesondere bei der Mensch-Maschine-Kommunikation über natürliche Sprache aber auch klassisch geschriebener Texte, ist ein maschinelles Verständnis der Semantik wichtig. „Um die Semantik großer Textmengen automatisiert zu extrahieren, werden weitgehend automatisierte Verfahren eingesetzt, die unter dem Begriff *Text* Mining (siehe Abschn. 8.4) zusammengefasst werden." (Noyer 2013).

Das Funktionsprinzip ist hier: „Daten werden nach inhaltlichen Kriterien miteinander verknüpft. Es entsteht ein Wissensnetz, das Ausgangspunkt für einen Schlussfolgerungsprozess ist." (von Henke 2020).

8.4 Text Mining

Text-Mining ist ein extrahierendes Verfahren und eine Sonderform des Data Minings (siehe Abschn. 11.2) bzw. Big Data (siehe Abschn. 5.2). Extrahierende Verfahren sollen spezifische Informationen aus einer großen Menge von (vorab semi-strukturierten) Daten herausfiltern, Beziehungen erkennen und z. B. über Mustererkennung auswerten. Es wird vorzugsweise bei der Verarbeitung von geschriebenen oder gesprochenen Texten (z. B. NLP siehe Abschn. 8.3) eingesetzt.

- *Text Mining (Text Data Mining) erkennt Bedeutungsstrukturen durch die Verarbeitung und Analyse von Texten (bzw. Sprache) über Algorithmen.*

Dabei bedient sich Text-Mining zweier Methoden:

- statistischer Methoden und Einordnungen nach Wahrscheinlichkeiten
- Klassifizierung nach semantischen Charakteristika

Daher wird alternativ für Text-Mining auch der Begriff „semantische Technologie" verwendet (Expert Systems 2018):

- *Semantische Technologie* *bezieht sich in seiner einfachsten Definition auf eine „Software, mit der Texte analysiert und Wörtern Bedeutungen zugeordnet werden."*

In letzter Konsequenz funktioniert das Algorithmus-basierte Analyseverfahren des Text-Mining aber über Wahrscheinlichkeiten für eine bestimmte Deutung. Eine KI kann dabei, genau wie der Mensch, irren. Daher muss vorab festgelegt werden, ob oder in welchem Umfang die KI falsch liegen darf und wie dann ggf. zu reagieren ist. Falls dies nicht möglich ist, muss für eine KI vorab festgelegt werden, wie in diesem Fall zu verfahren ist (Risikoentscheidung, keine Entscheidung, Default/Rückfalllösung…).

8.5   Bild- & Objekterkennung (Image Recognition)

„Nach Schach, Go und Jeopardy sind Maschinen heute auch besser als der Mensch in der bildbasierten Objekterkennung und dem Verstehen gesprochener Sprache."
Electronics Frontier Foundation, AI Progress Metrics, 2018

Bild- bzw. Objekterkennung ist das Gegenstück zu Text-Mining in der Bild- und Videoverarbeitung. Es geht darum, aus einem digitalen Bild, bestehend aus einer Unzahl von Pixeln, ein Objekt zu extrahieren (z. B. aus zehn Millionen bunter Bildpunkte ein Gesicht einer bestimmten Person oder ein Insekt – siehe Abb. 8.7).

Hierzu ist u. a. ein *Perspektivenwechsel* notwendig. Manchmal ist es wichtig sich von der Detailebene zu entfernen, um das Große und Ganze zu erkennen. Umgekehrt liegen die Probleme häufig im Detail. Algorithmen tun sich i. A. schwer damit: Wann muss ein Algorithmus verwendet werden, der die Mosaiksteine einzeln betrachtet, wann muss der Algorithmus zurücktreten, um das gesamte Bild erkennen.

Abb. 8.7 Identifikation eines Insekts aus Pixeln

Übersicht

Ein Beispiel für einen algorithmischen Perspektivenwechsel ist das Paradoxon von Achilles und der Schildkröte. Dieses von Zenon von Elea im 5. Jahrhundert v. Chr. entwickelte und von Aristoteles in seiner Abhandlung „Physik" beschriebenes Gedankenexperiment geht wie folgt:

Achilles und eine Schildkröte machen ein Wettrennen. Die Schildkröte bekommt, weil langsamer, einen Vorsprung. Beide laufen gleichzeitig los. Bis Achilles den Startpunkt der Schildkröte erreicht hat, ist diese, weil auch los-gelaufen, schon ein Stück weiter. Wenn Achilles diesen Punkt dann erreicht hat, ist die Schildkröte wiederum weiter, usw. Obwohl Achilles schneller ist, holt er die Schildkröte nie ein. Ein Algorithmus in diesem hohen Detailierungsgrad (Punkt-zu-Punkt-Betrachtung) kommt zu dem Schluss, ein Überholen ist unmöglich. Dies widerspricht jedoch der realen Erfahrung, nur der Algorithmus ist logisch und liefert nur dieses Ergebnis. Man ist „gefangen".

Das Paradoxon lässt sich nur durch einen Perspektivenwechsel lösen:

Mathematisch entsteht eine Reihe von immer kleiner werdenden Strecken-abschnitten, die aber insgesamt eine endliche Summe (Stecke) hat. Mittels vollständiger Induktion lässt sich dies beweisen. Man muss sich also von der Perspektive des Achilles lösen und das Rennen von außen, als Zuschauer, betrachten: Nach x Metern hat Achilles die Schildkröte eingeholt und ist anschließend vorbeigezogen.

Ein Algorithmus, der eine übergeordnete Perspektive annimmt (Gesamtstrecke Achilles vs. Gesamtstrecke Schildkröte), wird zu dem Schluss kommen, nach der Laufstrecke x hat Achilles die Schildkröte überholt.

Sind die Objekte so aus den Mosaiksteinen extrahiert, so muss den Gebilden noch eine Bedeutung zugewiesen werden. Im Beispiel, Abb. 8.8, muss die Wolke vom Gleit-schirmflieger getrennt werden und die Bedeutung „Kollisionsgefahr" dem Geleitschirm zugewiesen werden.

Problematisch kann dann noch das sog. Lügen-Paradox sein, das in Abschn. 7.2 behandelt wurde. Dort ist ein Bild mit einer Pfeife dargestellt, darunter der Text „Dies ist keine Pfeife" (Ceci n'est pas une pipe von René Magritte, 1929). Ein Perspektiven-wechsel von Bildbedeutung zu Satzbedeutung führt hier, künstlerisch gewollt, zur Ver-wirrung.

Eine weitere Herausforderung bei der Objekterkennung und -klassifizierung: Der Mensch kann Objekte erkennen, die eigentlich nicht vorhanden sind. Dies funktioniert durch ***Komplexitätsreduzierung*** (siehe Abschn. 2.6 und 13.5) und ***Modellierung*** (Ein-ordnung in Bekanntes). Eine KI tut sich schwer damit.

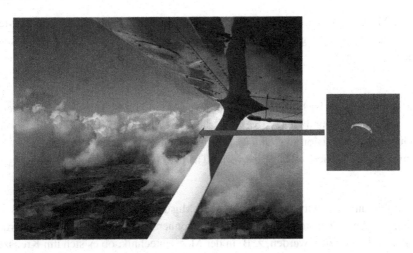

Abb. 8.8 Klassifizierung & Bedeutungszuweisung: Wolke (Sichtbehinderung aber ungefährlich), Gleitschirm (keine Wolke, Kollisionsgefahr)

- *optische Doppeldeutigkeit (optische Täuschung): Sehen und Verstehen im Zusammenhang ist ein komplexer Prozess (filtern, strukturieren, einordnen). Dabei können Informationen grundsätzlich fehlen oder während der Verarbeitung verloren gehen. Um handlungsfähig zu bleiben werden diese, vermutlich evolutionsbedingt, vom menschlichen Gehirn „hinzugedacht".*

Abb. 8.9 zeigt ein Beispiel für eine optische Doppeldeutigkeit. Die Problematik für eine KI ist, dass ein Quadrat auftaucht, das an sich nicht gegenständlich ist. Eine KI erfasst nur die vier Dreiviertelkreise, den Rest denkt sich der Mensch „dazu". Ursache ist die menschliche, vermutlich evolutionär bedingte Fähigkeit zur ***Komplexitätsreduzierung*** und ***Modellierung.*** Diese kann auch bei Informationsmangel wirksam werden. Um seine Handlungsfähigkeit aufrechtzuerhalten ordnet menschliches Denken Wahrnehmungen in

Abb. 8.9 Optische
Doppeldeutigkeit – Ein
Quadrat, wo keines ist

bekannte Muster ein, die dann bewertet werden. Bei den hier dargestellten Dreiviertel-kreisen ist die Sinnfindung zunächst zu komplex, das Gehirn reduziert auf ein bekanntes Muster, das Quadrat.

> Ein gutes Beispiel ist hierfür das Logo des Versanddienstleisters FedEx Express: Zwischen dem E und dem x verbirgt sich ein Pfeil, der für Geschwindigkeit, Richtung und Präzision des Unternehmens stehen soll (FedEx Express 2020). So genutzt übrigens auch in Dan Browns KI-Thriller „Origin" (Brown 2017).

Die Extrahierung von Objekten erfolgt über Mustererkennung, zumeist mittels Deep Learning. Im Vergleich mit Trainingsmustern können dann spezifische Besonderheiten erkannt bzw. klassifiziert werden, z. B. in der Medizintechnik, ob es sich um Krebszellen handelt oder unkritisches Gewebe.

Das benötigt aber Geschwindigkeit. Ein interessanter Ansatz die Objekterkennung zu beschleunigen und zu verbessern sind daher Künstliche Neuronale Netzwerke *aus Silizium* (neuromorpher Hardware), z. B. im Projekt **Pohoiki Beach** von Intel (siehe Abschn. 6.10).

Ein Problem gibt es: Bilderkennung ist besonders anfällig für Manipulationsversuche, z. B. der Evasion und Adversarial Attacks (siehe Abschn. 9.3 und 9.5). Dabei werden einzelne Pixel ausgetauscht oder ein Lernprozess mit Falschbildern beeinflusst, mit großer Wirkung auf die (Falsch-)Erkennung.

Im industriellen Bereich kommt der Bilderkennung eine ganz besondere Bedeutung zu, z. B. in der Qualitätssicherung. Statt KI-Systeme aufwendig eigens für die Erkennung zu trainieren, wird derzeit daran gearbeitet, vorliegende Objektdaten aus anderen Systemen, z. B. CAD oder PDM (Produktdatenmanagement), direkt zu nutzen (Fuchslocher 2020). Auch müssen bei Zerspanungsmaschinen die Werkstücke nicht mehr hochgenau eingespannt bzw. positioniert werden. Die Bilderkennung erkennt die Lage und ändert die Prozessparameter entsprechend.

Daneben ist die Medizintechnik eines der wesentlichen kommerziellen Anwendungen. Durch maschinelles Lernen und Deep Learning in Mustererkennung sind schnellere und bessere Diagnosen bei medizinischen bildgebenden Verfahren möglich. Die Wichtigkeit wird durch die Vergabe des zweiten deutschen KI-Preises im Oktober 2020 das Start-Up Merantix aus Berlin-Brandenburg unterstrichen, dass sich u. a. auf das das automatisierte Erstellen von Diagnosen durch KI anhand von Röntgenbildern spezialisiert hat (Die WELT 2020).

8.6   Intelligente, autonome Agenten

Zusätzlich zum Sammeln von vorhandenen Daten aus bekannten Quellen werden, insbesondere bei selbstorganisierenden Systemen, intelligente Agentensysteme eingesetzt. Dabei – einmal wieder gibt es keine allgemeingültige Definition – wird unterschieden zwischen Agenten, die nur Daten aufspüren und Agenten, die auf eine Umgebung einwirken, um verändernd eigene Ziele zu verfolgen.

Der Begriff „Agent" leitet sich vom lateinischen „agere" ab, in der Bedeutung von „treiben", „handeln" und „verhandeln". Es gibt in der KI-Nutzung des Begriffs eine enge Verwandtschaft zur geheim- bzw. nachrichtendienstlichen Tätigkeit eines Spions (Agenten): Unabhängig (autonom) Informationen sammeln, Aufgaben ausführen und verändernd, im Sinne vorgegebener Ziele, zu wirken.

- *Autonome Agenten sind Systeme in einer komplex-dynamischen Umgebung. Innerhalb dieser Umgebung wirken sie bezüglich Wahrnehmung und Handeln autonom. Sie führen Aufgaben aus, für deren Erledigung sie entworfen worden sind (in Anlehnung an:* (Maes 1995)*).*

Alternativ wird genutzt:

- *Softbots sind Programme, die in Interaktion mit einer digitalen Umwelt eigenständig Aufträge erledigen sowie eigene Ziele verfolgen.*
- *Avatar: Künstliches Erscheinungsbild zur Verkörperung eines realen bzw. virtuellen Benutzers im Cyberspace (Internet)*

Die möglichen Fähigkeiten eines intelligenten Agenten ergeben sich in Anlehnung an (Wooldridge und Jennings 1992):

- Autonomie: freie Handlung ohne menschliche Intervention
- Sozialfähigkeit (Interoperabilität): Agenten interagieren und kommunizieren untereinander, ggf. auch mit Menschen
- Reaktionsfähigkeit: Agenten nehmen ihre Umwelt wahr und reagieren rechtzeitig auf Veränderungen
- Pro-Aktive Aktionsfähigkeit: Agenten verfolgen eigene Ziele und übernehmen Initiative, diese Ziele zu erreichen
- Anpassungsfähigkeit: Agenten sind autonom lernfähig
- Mobilität: Agenten können in einem Netzwerk „wandern"
- Persönlichkeit: Agenten können sich mit eigenem, emotionalem Charakter ausstatten (tarnen)

In der Anwendung werden verschiedene Agentenarten unterschieden, z. B. können Agenten ausschließlich beobachtend sein (Sammeln von Daten) aber auch mit der Umgebung interagieren und diese beeinflussen. Wichtige *Agentenarten* sind:

Der *glaubwürdige Agent* soll möglichst natürlich, auch emotional agieren. Dieser wird häufig bei der Kommunikation mit einem Menschen eingesetzt, z. B. in Form eines Avatars oder innerhalb eines humanoiden Roboters.

Ein *Informationsagent* soll Informationen im Internet sammeln sowie entsprechend verwalten und darstellen. Er kommt z. B. bei Internet-Suchmaschinen zum Einsatz.

Mobile Agenten sind in der Lage, sich durch ein Netzwerk zu bewegen. Sie können zum einen gesammelte Daten vorab sichten, um nur relevante Informationen zu übertragen und damit die Netzauslastung zu reduzieren. Damit sind sie, wenn als Schadsoftware verwendet, auch schlechter lokalisierbar. Sie können sich aber auch zu einem bestimmten Zielort bewegen, der auf direktem Weg nicht erreichbar ist.

Mulitagenten bzw. *kollaborative Agenten* arbeiten gemeinsam an der Lösung eine Aufgabe, sind aber individuell autonom. Sie sind in der Lage, sich bei Aufgaben, die die eigenen Fähigkeiten überschreiten, selbstständig andere Agenten zu suchen, um mit ihnen zu kooperieren.

Interessant im Zusammenhang mit Produktion und Technologie ist der Angriff auf Uran-Zentrifugen 2010 in der iranischen Natanz Anreicherungsfabrik, wobei etwa 1000 dieser Zentrifugen sich selbst zerstört haben. Ursache soll der Stuxnet-Virus gewesen sein (ISIS et al. 2010). Dieser Computerwurm wurde speziell für einen Angriff auf das Steuerungs- und Überwachungs-System von Siemens entwickelt, diese Malware soll über USB eingeschleust worden sein (Kopfstein 2012). Danach pflanzt sich das Schadprogramm über die an das System angeschlossenen Rechner und Geräte fort – und überträgt sich auch wieder auf neue USB-Sticks, die angesteckt werden, (Gaycken 2010) Wir sprechen also von einem intelligenten, mobilen Agenten, der seinen Weg auch weitgehend ohne Netzwerk gefunden hat.

Weitere Beispiele für den Einsatz intelligenter Agenten sind das verteilte Rechnen (Computer teilen sich die Arbeit bei umfänglichen Berechnungsaufgaben) oder das Robo-Cop-Fußballspiel.

Eine Sonderform der intelligenten Agenten ist die Robotic Process Automation (RPA).

8.7   Robotic Process Automation (RPA)

Bei RPA handelt es sich nicht, wie der Name vielleicht vermuten lässt, um klassische Roboter, sondern um Softwarebots. Ähnlich physischen (realen) Robotern, die sich wiederholende manuelle Arbeiten in Produktionsprozessen erledigen, imitieren sie die (manuelle) Interaktion des Menschen mit den Anwenderoberflächen von IT-Systemen und IT-Anwendungen. Der Mensch soll so von sich wiederholender digitaler Arbeit entlastet werden. Es handelt sich bei RPA also um einen „digitalen Roboter".

- *Robotic Process Automation (RPA) nutzt Softwareroboter (Softwarebot), die automatisiert wiederholbare Aufgaben mit großen Datenmengen bewältigen, welche zuvor Menschen ausgeführt haben. Hierzu wird Künstliche Intelligenz und Maschinelles Lernen eingesetzt.*

Unterschied zu anderen Prozessautomatisierungen ist, dass RPA die genutzten Prozesse, insbesondere der Anwenderschnittstellen (User-Interface), nicht verändert. Damit sind RPAs wichtige Werkzeuge für Produktion und Entwicklung, z. B. beim:

- *Daten sammeln, extrahieren und strukturieren*
  - von (Maschinen-)Daten und Log-Dateien
  - 'von Informationen, z. B. aus dem Internet bzw. Sozialer Medien
  - Öffnen, Sortieren und Verarbeiten von E-Mails
  - Pflege von Lagerbeständen
- *Informationen weitergeben*
  - Ausfüllen von (Kunden-)Formularen und (Kunden-) Reports
  - Erstellen von Dokumentationen
  - Übergabe von extrahierter Information ins Internet of Things (IoT, IIoT)
  - Verfolgung von Warensendungen
- *Autonome Tätigkeiten*
  - Automatisiertes Einloggen
  - Bedienen von elektronischen Systemen
- *Autonomes Testen*
  - von Software
  - von Bedienungsoberflächen

8.8   Fragen zum Kapitel

1. Was sind autonome Agenten und wofür könnte man sie im Qualitätsmanagement einsetzen?
2. Denken Sie sich Anwendungen für einen glaubwürdigen Agenten im industriellen Umfeld aus.
3. Was bedeutet Gamification und wozu würden Sie dabei einen Avatar einsetzen? Überlegen Sie Vorteile, die eine Gamification in der Produktion hätte.
4. Wann wäre eine „Gedankensteuerung", wenn sicher realisierbar, im industriellen Umfeld von Vorteil?
5. Erläuterns Sie Ambiguität und Semantik im Zusammenhang mit autonomen Systemen.
6. Erläutern Sie M2M und MMI. Welche industriellen Anwendungen gibt es?
7. Beschreiben Sie NLP im Sinne einer Spracheingabe. Was geht einfach, wo liegen die Herausforderungen?

8. Was ist Text Mining, erläutern Sie in diesem Zusammenhang den Begriff „Semantik".
9. Wodurch zeichnet sich ein „glaubwürdiger Agent" aus, wo liegen Vorteile, wo Gefahren?
10. Was hat Robotic Process Automation (RPA) mit Robotern zu tun?
11. Beschreiben sie zwei Anwendungen der Bild- bzw. Objekterkennung, jeweils für das Qualitätsmanagement und im Kundenkontakt. Worin liegen die Herausforderungen bzw. Gefahren (siehe dazu auch Abschn. 9.3 und 9.5)?
12. Was ist Komplexitätsreduzierung, wozu ist sie gut und wie funktioniert sie?
13. Welches sind Einsatzmöglichkeiten für ein Haptisches Feedback. Diskutieren Sie hierbei einen möglichen Zusammenhang von Haptik und Kreativität.

Literatur

Akbari, H., Khalighinejad, B., Herrero, J., Mehta, A., & Mesgarani, N. (29. Januar 2019). Towards reconstructing intelligible speech from the human auditory cortex. https://www.nature.com/articles/s41598-018-37359-z. Zugegriffen: 16. Juni 2020.

Brown, D. (2017). *Origin (Deutsche Ausgabe)*. Bastei Lübbe: Hamburg.

Bugatti Newsroom. (15. April 2020). 15 Jahre Bugatti Veyron – Wie alles begannAkbari. https://newsroom.bugatti/de/pressemeldungen/15-years-of-bugatti-veyron-how-it-all-began. Zugegriffen: 10. Juli 2020.

Die WELT. (2. Oktober 2020). Zweiter „Deutscher KI-Preis": WELT zeichnet Top-Leistungen bei Künstlicher Intelligenz aus. https://www.axelspringer.com/de/presseinformationen/zweiter-deutscher-ki-preis-welt-zeichnet-top-leistungen-bei-kuenstlicher-intelligenz-aus. Zugegriffen: 2. Okt. 2020.

DW, D. (3. März 2016). Tierischer Test: Affen steuern Rollstuhl mit Gedanken. https://www.dw.com/de/tierischer-test-affen-steuern-rollstuhl-mit-gedanken/a-19089807. Zugegriffen: 16. Juni 2020.

Expert Systems. (13. August 2018). Semantische Technologie für Big Data: Analyse, Abwehr, Sicherheit und künstliche Intelligenz. https://expertsystem.com/de/semantische-technologie-fuer-big-data-analyse-abwehr-sicherheit-und-kuenstliche-intelligenz/. Zugegriffen: 28. Mai 2020.

FedEx Express. (2020). Wie man ein aufmerksamkeitsstarkes Logo gestaltet. https://www.fedex.com/de/enews/2017/september/how-to-design-an-eye-catching-logo.html. Zugegriffen: 11. Okt. 2020.

Fuchslocher, G. (10. Juni 2020). Digitale Montageassistenten: KIT-Spinoff arbeitet an KI-gestützter Objekterkennung. https://www.automobil-produktion.de/technik-produktion/produktionstechnik/ausgruendung-des-kit-arbeitet-an-ki-gestuetzter-objekterkennung-105.html. Zugegriffen: 30. Aug. 2020.

Gaycken, S. (25. November 2010). Stuxnet: Wer war's? Und wozu? In: Die ZEIT, Hamburg, Nr. 48/2010. https://www.zeit.de/2010/48/Computerwurm-Stuxnet?utm_referrer=https%3A%2F%2Fwww.ecosia.org. Zugegriffen: 5. Apr. 2021.

Hutmacher, F., & Kuhbandner, C. (2018). Long-term memory for haptically explored objects: Fidelity, durability, incidental encoding, and cross-modal transfer (Stangl, 2020). *Psychological Science, 29*, 2031 ff.

ISIS, I., Albright, D., Brannan, P., & Walrond, C. (22. Dezember 2010). Did Stuxnet Take Out 1,000 Centrifuges at the Natanz Enrichment Plant? https://isis-online.org/uploads/isis-reports/documents/stuxnet_FEP_22Dec2010.pdf. Zugegriffen: 5. Mai 2020.

Jannidis, F., Lauer, G., Martinez, M., & Winko, S. (2003). *Regeln der Bedeutung*. de Gruyter: Oldenburg.

Kopfstein, J. (12. April 2012). Stuxnet virus was planted by Israeli agents using USB sticks. https://www.theverge.com/2012/4/12/2944329/stuxnet-computer-virus-planted-israeli-agent-iran. Zugegriffen: 29. Juni 2020.

Lossau, N. (02. Januar 2013). Hirnforschung Digitale Demenz? Von wegen! https://www.welt.de/gesundheit/article112361058/Digitale-Demenz-Von-wegen.html. Zugegriffen: 11. Okt. 2020.

Maes, P. (1995). Artificial life meets entertainment: Life like autonomous agents. *Communications of the ACM, 38*(11), 108–114.

N.N. (2020). Freie Enzyklopädie und Wörterbuch der Werte. https://www.wertesysteme.de/intuition/. Zugegriffen: 29. Aug. 2020.

Noyer, U. (15. November 2013). Semantische Technologien zur domänenspezifischen und formalen Beschreibung von Zeitreihen in Datenbanken (Dissertation). https://publikations-server.tu-braunschweig.de/servlets/MCRFileNodeServlet/dbbs_derivate_00035037/Dissertation_Ulf_Noyer.pdf. Zugegriffen: 28. Mai 2202.

Rajangam, S., Tseng, P.-H., Yin, A., Lehew, G., Schwarz, D., Lebedev, M., & Nicolelis, M. (03. März 2016). Wireless Cortical Brain-Machine Interface for Whole-Body Navigation in Primates. https://www.nature.com/articles/srep22170. Zugegriffen: 16. Juni 2020.

Schmidt, F. (03. Februar 2019). KI: Computer verwandelt Gedanken in Robotersprache. https://www.dw.com/de/ki-computer-verwandelt-gedanken-in-robotersprache/a-47279116. Zugegriffen: 16. Juni 2020.

Spitzer, M. (2014). *Digitale Demenz*. München: Droemer Knauer.

Spitzer, M. (2019). Das haptische Gedächtnis. https://www.znl-ulm.de/Veroeffentlichungen/Geist_und_Gehirn/NHK19_Das_haptische_Gedaechtnis.pdf Zugegriffen: 30. Mai 2020.

von Henke, F. (2020). Semantische Technologien für das intelligente Unternehmen. https://www.uni-ulm.de/fileadmin/website_uni_ulm/iui.inst.090/SemTechFiles/Semantische-Technologien.pdf. Zugegriffen: 28. Mai 2020.

Wooldridge, M., & Jennings, N. R. (1992). Intelligent agents: Theory and practice. *The Knowledge Engineering Review, 10*(2), 115–152.

Angriffssicherheit und Manipulationssicherheit bei KI-Systemen

9

9.1 Angriffe auf industrielle IT-System

„Mit ihren Weltmarktführern ist die deutsche Industrie besonders interessant für Kriminelle. Wer nicht in IT-Sicherheit investiert, handelt fahrlässig und gefährdet sein Unternehmen."
Achim Berg, Bitkom-Präsident (Bitkom 2018)

Industrie 4.0 führt in der produzierenden Wirtschaft zu mehr Computer-Technologie und mehr Vernetzung – intern und extern. Dabei treffen zwei Welten aufeinander, die Automatisierung (operational technology – OT) und Informationstechnologie (IT). Diese müssen „sicher" gestaltet werden, wobei ggf. unterschiedliches Vokabular genutzt wird. Während es im Deutschen nur das Wort „Sicherheit" gibt, verwendet die englische Sprache zwei unterschiedliche Bezeichnungen, nämlich „Security" und „Safety".

- *Safety bezeichnet die Sicherheit vor Unfällen. Dies können mechanische Einrichtungen sein (z. B. Schutzgitter) aber elektronische oder softwaregesteuerte Schutzmaßnahmen.*
- *Security schützt die Vertraulichkeit von Daten im Hinblick auf Angriffe, z. B. unautorisierte Nutzung, Veränderung, Löschung oder Diebstahl. Klassisches Werkzeug sind Mechanismen zur Authentifizierung sowie Trojaner-, Viren- oder Malwarescanner.*

Angriffe auf IT-Systeme führen immer wieder zu einer gewissen Ernüchterung bezüglich Digitalisierung, insbesondere beim Mittelstand (KMUs). Das war 2017 nach einem Cyberangriff auf mehrere Konzerne so (Gaycken, heute-journal 2017) und aktuell wieder, nachdem Twitter-Konten von bekannten US-Politiker gehackt wurden (ARD Börse vor acht 2020).

© Der/die Autor(en), exklusiv lizenziert durch Springer Fachmedien Wiesbaden GmbH, ein Teil von Springer Nature 2021
A. Mockenhaupt, *Digitalisierung und Künstliche Intelligenz in der Produktion*,
https://doi.org/10.1007/978-3-658-32773-6_9

Die Unternehmen fürchten zum einen den nicht-autorisierten Abfluss von Know-How, so wird z. B. aktuell Russland (unbewiesen) unterstellt, Entwickler von Corona-Impfstoffen auszuspähen (Handelsblatt, Cyberkriminalität Russische Hacker sollen angeblich Corona-Impfforscher ausspähen 2020).

Vor allem in der Produktion wird aber der Abfluss von Fertigungswissen befürchtet, der sich u. a. in Maschineneinstellungen und -programmen manifestiert. „Eine auf dem Markt frei verkäufliche Maschine produziert bei geeigneter Einstellung gleich gut, egal, wo sie in der Welt steht", sagte ein Mittelständler. Dieser ging soweit, dass er wieder auf analoge Kopierer setzte, nachdem in seinem Netzwerk-Kopierer ein Stick mit einer Schadsoftware gefunden wurde.

In einer Ende 2017 vom Verband Deutscher Maschinen- und Anlagenbau (VDMA) veröffentlichten Studie zeigte, dass sich die Hälfte der befragten Unternehmen mit veralteter Technik gegen potenzielle Angriffe aus dem Netz schützt (vgl.: (VDMA 2017)). Die Folgen sieht der Gesamtverband der Deutschen Versicherungswirtschaft e. V. (GDV) in mehreren neuerlichen Studien. Demnach ist 2020 jedes dritte Maschinenbauunternehmen betroffen, z. T. mehrfach (siehe Abb. 9.1).

46 % meldeten laut GDV eine sehr starke Einschränkung in Folge und 18 % der Betroffenen benötigen mehr als drei Tage, um ihr IT-System nach einem Angriff wieder zum Laufen zu bringen (GDV G. 2019), mit z. T. immensen Schäden (siehe Abb. 9.2).

Interessant dabei ist, dass nach einer Studie der Bitkom Unternehmen mit hohem Digitalisierungsniveau weniger betroffen sind, als Unternehmen mit eher niedrigem Digitalisierungsniveau (Bitkom 2018).

Neben den vorsätzlichen Cyberattacken sollte die spaßbetonte Variante nicht unberücksichtigt bleiben, die auch zu großen materiellen oder Image-Schäden führen kann. Hierbei handelt es sich um User, die einfach einmal ausprobieren wollen, was möglich ist. Motivationsfaktoren sind schlichtweg Neugier, Zeitvertreib aber auch Geltungsbedürfnis, z. B. die Aufnahme in einer Art Hall of Fame. Den Tätern, z. T. im Teenageralter, fehlt häufig jedes Unrechtsbewusstsein.

Jeder dritte Maschinenbauer bereits betroffen

Quelle: Forsa-Befragung unter 100 kleinen und mittleren
Maschinenbau-Unternehmen; Befragungszeitraum: Februar 2020
© www.gdv.de | Gesamtverband der Deutschen Versicherungswirtschaft (GDV)

Abb. 9.1 Cyberangriffe auf Unternehmen (GDV G. 2020)

In vier von zehn Fällen legen Cyberattacken den Betrieb lahm

Erfolgreiche Cyberangriffe erfolgten durch ...

Kosten für Aufklärung und Datenwiederherstellung	59 %
Unterbrechung des Betriebsablaufs/der Produktion	43 %
Reputationsschaden	14 %
Diebstahl von Kunden-/ Kreditkartendaten	11 %
Diebstahl unternehmenseigener Daten/Betriebsgeheimnisse	8 %
Zahlung von Lösegeld	3 %
Zahlung von Geldbußen/ Strafen	2 %
sonstige finanzielle Schäden	5 %

Mehrfachnennungen möglich

Quelle: Forsa-Befragung in kleinen und mittleren Unternehmen, Frühjahr 2018
© www.gdv.de | Gesamtverband der Deutschen Versicherungswirtschaft (GDV)

Abb. 9.2 Cyberattacken legen Betriebe lahm (GDV G. d. 2018)

Beim Täterkreis kommt es neben technischen Möglichkeiten und Gelegenheit auf das Ziel des Manipulators an, diese können sein:

- Technologie-Spionage
- Datendiebstahl
- Sabotage
- Betrug
- Beeinflussung von Menschen (individuell)
- Beeinflussung der öffentlichen Meinung (z. B. bei Wahlen)
- Frustration (allgemein oder konkret, z. B. ungerechte Behandlung)
- Geltungsbedürfnis
- …

Neben den üblichen, allgemeinen Sicherheitsgefahren für IT-Systeme (durch Viren etc., diese werden hier nicht weiter behandelt), ist es bei KI-Systemen die *Manipulation,* wovon die Gefahr ausgeht. Besonders perfide dabei, weil schlecht feststellbar bzw.

nachweisbar, ist die Beeinflussung während des maschinellen Lernens sowie die Veränderung bereits trainierter Algorithmen.

Angriffe können und sollten gemeldet werden. Hierfür gibt es die Meldestelle für Cyber-Sicherheit des Bundesamt für Sicherheit in der Informationstechnik. Leider schweigen Unternehmen aber lieber, laut der o. g. Bitkom-Studie vornehmlich, weil sie einen Image-Schaden fürchten.

9.2   Cyberresilienz

„The good pilot is not the one who can fly through a storm, but the one who can avoid it".
Pilotenweisheit

Wichtigstes Thema in der IT-Sicherheit ist die Cyberresilienz, also die Widerstandsfähigkeit gegen Manipulationen der Daten. Da viele dieser Angriffe letztlich monetären Aspekten gilt, definiert die Bundesanstalt für Finanzdienstleistungsaufsicht (BaFin 2019):

- *Cyberresilienz „bezeichnet die Widerstandsfähigkeit von Unternehmen gegen Angriffe auf die Sicherheit ihrer Informations- und Kommunikationstechnik (IKT). Im Fokus der Angreifer stehen die Systeme der Unternehmen oder auch die Daten von Kunden."*

Die im Rahmen des State of Email-Security Report von Mimecast erarbeiteten **vier Dimensionen der Cyberresilienz** bieten eine gute Handlungsempfehlung (in Anlehnung an (Minecast 2019)):

1. **Bedrohungsschutz (Threat Protection)**
   d. h. Vorbeugung durch technische Vorkehrungen und Sensibilisierung der Mitarbeiter
2. **Anpassungsfähigkeit (Adaptability)**
   d. h. kontinuierliche Überwachung, Anpassung und Verbesserung (Mensch & Technik)
3. **Beständigkeit (Durability)**
   Auch nach einem erfolgreichen Angriff sollte das System unterbrechungsfrei weiterarbeiten, ggf. einen Notbetrieb aufrechterhalten.
4. **Fähigkeit zur Wiederherstellung (Recoverability)**
   Der Status vor dem Angriff muss sich wiederherstellen lassen (z. B. aus Backups). Stichwort: **Disaster-Recovery-Plan**

Letztlich geht es bei Resilienz darum, „robuste" Systeme zu schaffen (siehe Abschn. 10.2.3).

9.3 Evasion, Bypassing (Ausweichen, Umgehen)

Evasion versucht zu bewirken, dass das KI-System auf ein anderes Ergebnis ausweicht oder zumindest eine bestimmte Lösung umgeht.

Die einfachste und sehr häufig eingesetzt Methode ist, das System dazu zu bewegen, etwas als richtig zu erkennen, obwohl es falsch ist. So kann beispielsweise Einfluss genommen werden auf qualitätsrelevante Sortieralgorithmen (Sabotage) oder eine nicht-autorisierte Datenübertragung an Dritte (Spionage) arrangiert werden.

Evasion kann bereits in der Lernphase angreifen aber auch nachher, im regulären KI-Betrieb: So werden KIs gerne mit veränderten Bildern „verwirrt". Die Veränderung einiger weniger Pixel in einem Bild, für den Menschen nicht zu bemerken, kann Einfluss auf die Klassifizierung des Bildinhalts haben, aus einem Hund wird eine Katze für die KI oder aus einem Ausschussteil wird ein Gutteil.

9.4 Poisoning Attacks (Vergiftungsattacken)

Bei Poisoning Attacks (oder Poison Attacks – Giftattacke) wird ein Lernalgorithmus mit „vergifteten", also falschen Daten infiltriert. Dies kann geschehen durch:

- **Data Selection:**
  Beeinträchtigung der Datenerfassung (z. B. nur bestimmte Daten werden berücksichtigt)
- **Label Modification:**
  Daten werden falsch gekennzeichnet und damit falsch klassifiziert
- **Data Modification:**
  Bei Zugriffmöglichkeiten auf die Grunddaten werden diese verändert.
- **Data Injection:**
  Es werden zusätzliche Daten eingefügt (injiziert), die richtigen Daten werden dann z. B. als statistische Ausreißer behandelt
- **Logic Corruption:**
  die Veränderung der Logik bzw. des Algorithmus

Ein Beispiel für Poisoning Attacks war der Bot namens Tay von Microsoft (vgl. Abschn. 5.1.3). Hier wurde der Tay-Algorithmus durch Angreifer mit einer Vielzahl von falschen Behauptungen bestürmt, sodass er im Endergebnis rassistisch reagierte (Data Injection). Aber auch Wahlmanipulationen als Angriff auf die Demokratie werden über Vergiftungsattacken versucht.

Übersicht
Ein aktuelleres Beispiel ist das Algorithmus-Software-Tool *Fawkes*, dass an der University of Chicago entwickelt wurde (SAND Lab 2020). Das Programm „vergiftet" maschinelle Lernsysteme, die über Bilderkennung lernen wollen, wie eine bestimmte Person aussieht. Das Verfahren nennt sich auch *Image Cloaking* (Bildtarnung) und wird eingesetzt, damit man z. B. auf Bildern im Internet bzw. von Überwachungskameras an öffentlichen Plätzen nicht erkannt wird.

Hintergrund ist, dass staatliche und nicht-stattliche Organisationen ungefragt Fotos von Bürgern, z. B. aus öffentlich frei zugänglichen Internetseiten, in großen Datenbanken sammeln. Laut ZEITonline macht dies beispielsweise die US-Firma Clearview, die mit drei Milliarden Foto/Namenskombinationen ihre Algorithmen trainieren (Drösser 2020). Das Funktionsprinzip ist, dass Fawkes die Fotos so subtil verändert (vergiftet), dass das menschliche Auge erkennen keinen Unterschied erkennt, für den Algorithmus (intelligenter Such-Agenten) aber sieht das Gesicht völlig anders aus.

Abwehrmechanismen können, neben der menschlichen Aufsicht (Supervised Learning, vgl. Abschn. 6.2.1), die Beschränkung auf ausschließlich zugelassene Datenquellen sein, eine Kreuzvalidierung (Cross-Validation), größere Datenmengen oder spezielle Filtersysteme (z. B. sog. Label sanitization techniques – Desinfektionstechniken).

9.5 Adversarial Attacks (feindliche Angriffe)

Adversarial Attacks nutzen Formen des Poisoning Attacks sowie der Evasion. Dadurch bedrohen sie die Funktionsfähigkeit von KI-Algorithmen, insbesondere in der Bilderkennung. Eine wiederholte und bewusst herbeigeführte optische Illusion durch sog. „Adversarial Images" (gegensätzliche oder gegnerische Bilder) überlistet das KI-System.

So wurde an der École polytechnique fédérale de Lausanne nachgewiesen, dass man durch immer gleiche Störbilder, eine KI dazu bringen kann, Objekte völlig falsch zu klassifizieren (Moosavi-Dezfooli et al. 2016). Weniger kritisch ist dabei, dass Eidechsen als Labradore kategorisiert wurden, wenn aber autonome Fahrzeuge so manipuliert werden, dass sie Verkehrszeichen falsch erkennen, ist das ein Sicherheitsrisiko. Was möglich ist erläutert der Autor der Studie auf YouTube unter dem Titel: „A single Permutation can fool deep learning architectures" (Eine einzelne Permutation kann Deep-Learning-Architekturen täuschen, (Moosavi 2017)).

Adversarial Attacks haben auch in der Produktion Angriffsziele und zwar überall da, wo mittels Bilderkennung Situationen gedeutet werden. Dies geschieht beispielsweise bei der Steuerung von Maschinen durch Gesten, bei der Robotersteuerung und bei autonomen Flurfahrzeugen.

Unterschieden wird zwischen **Black-Box-Attacks** und **White-Box-Attacks.** Bei der Black-Box Attacke verfügt der Angreifer über keine relevanten Informationen über die Funktionsweise des Algorithmus, daher sind diese meist einfacher abzuwehren. Bei der White-Box Attacke hat der Eindringling vollständige Kenntnisse, er kennt die Schwachstellen des Systems. Hier versucht man die Datenbasis zu vergrößern, z. B. durch mehr Sensorik oder frei zugängliche externe Quellen. Damit entstehen Redundanzen, was den Angriff schwieriger gestaltet. Beispielsweise gibt es sehr viele Abbildungen von Verkehrszeichen in den unterschiedlichsten Konstellationen im Netz, die zum Lernen zusätzlich genutzt werden können. Auch die Vernetzung mit anderen autonomen Systemen in ähnlicher Situation kann entsprechende Angriffe abwehren und die Robustheit erhöhen.

Eine neue Form des Adversarial Attacks ist das **Adversarial Reprogramming.** Ziel ist es, einen einmal bestehenden Algorithmus umzuprogrammieren, zumeist zu Sabotagezwecken.

9.6   Backdoor Attacks – Backdooring (Angriff durch die Hintertür)

Ziel ist zunächst ein ganz normal funktionierendes KI-System, allerdings mit der zusätzlichen Eigenschaft, unter ganz bestimmten Umständen eine „Hintertür" zu öffnen, um ein verändertes Verhalten zu zeigen.

Ein Beispiel ist die Zugangskontrolle, real durch eine Tür oder virtuell zu einem Datensatz. Diese kann durch Gesichtskontrolle erfolgen. Eine Hintertür könnte sein, der Zugang erfolgt für alle, unabhängig vom Gesicht bzw. der Person, wenn zusätzlich eine Polizeimütze getragen wird. Dies kann gewollt sein (Autos mit Blaulicht haben immer Vorfahrt), aber auch kriminell, um IT-Systeme auszuhebeln.

So wird dem chinesischen Netzausrüster Huawei von der US-Regierung vorgeworfen, eine solche Backdoor zugunsten ihrer 5G-Technologie integriert zu haben, was Huawei bestreitet und wofür es nur eine unübersichtliche Beweislage gibt (New York Times 2020).

9.7   Deep Fakes

Deep Fake lehnt sich als Wortspiel an das Deep Learning an, wobei Fake Fälschung meint. Deep Fake ist eine generierende KI, d. h. es erstellt neue Inhalte, in diesem Fall Bilder und Videos, die nicht der Wirklichkeit entsprechen.

- *Deep Fake ist eine komplexe Manipulationstechnik, um mittels Deep Learning gefälschte Bilder oder Videos zu generieren, die absolut authentisch wirken, so dass der Betrachter sie nicht als Fälschung erkennt.*

So kann z. B. eine Person ein komplett neues Gesicht bekommen, inklusive dazu passender Mimik. Das kann lustig wirken. Alternativ kann eine Person in einem Video scheinbar Aussagen machen, ebenfalls authentisch mit Mimik und Gestik, die aber die wirkliche Person nie gemacht hat. Das ist gefährlich, weil es den Sprecher verunglimpfen und andere beeinflussen kann.

Auch können Personen realistisch abgebildet werden, die es überhaupt nicht gibt (This Person does not exist 2019), was zur digitalen Identitätsfälschung genutzt werden kann (Theile 2019).

Deep Fake kann also zu positiven wie auch zu negativen Zwecken eingesetzt werden:

So sind Anwendungen in Kunst und Unterhaltung durchaus zweckdienlich. Ein Beispiel ist das Auflebenlassen von Zeitzeugen in künstlichen Filmsequenzen.

Auch in der Kriminalistik gibt es positive Anwendungen. So darf die Polizei, die im Darknet nach Missbrauchstätern fandet, nicht mit echten Bildern tätig werden. Diese sind aber häufig Zugangsvoraussetzung zu geheimen, kriminellen Chats. Deep Fake Bilder bzw. Videos sollen aber rechtlich als Köder nutzbar werden (siehe auch: (Menkens 2019; Schäfer 2019)).

Aber Deep Fake kann auch negativ zur Beeinflussung, Propaganda, gezielter Desinformation, Diskreditierung oder Diskriminierung eingesetzt werden. So warnt das Büro für Technologiefolge-Abschätzung des Deutschen Bundestags (TAB), dass Deep Fakes die Glaubwürdigkeit von Medieninhalten schwächt und damit das Vertrauen in die Demokratie untergräbt (TAB 2019). Das Problem hierbei ist, dass sich das Erkennen und z. T. selbst der professionelle Nachweis der Fälschung als schwierig erweist.

9.8 KI-basierte Intrusion-Detection- und Prevention-Systemen (IDS, IPS)

Intrusion-Detection- und Prevention-Systeme sind Angriffserkennungs- und -abwehrsysteme. Die Problematik bislang war, dass die Angreifer zumeist den Verteidigern einen Schritt voraus waren. Die Angriffswaffen mussten zuerst bekannt sein, bevor man an Abwehr denken konnte. Als Alternative stellte man häufig die Angriffserkennung zu scharf ein, was zu häufigen Fehlalarmen (False-Positive) und in Folge zu Alarm-Müdigkeit führte.

KI basierte Erkennungssysteme nutzen verhaltensorientierte Ansätze, um auch unbekannte Angriffsarten zu erkennen. Sie werden insbesondere als zusätzlicher Schutz von betrieblichen Informations- und Produktionssystemen genutzt.

Der Einsatz in Produktionssystemen ist besonders geeignet, weil das Verhalten vergleichsweise determiniert, also vorbestimmbar, ist. Kommt es zu einer ungewöhnlichen Interaktion, kann diese mittels KI zunächst weiter untersucht werden, ob ein False-Positive-Fall vorliegt. Darüber hinaus ist bei der industriellen Produktionssteuerung aufgrund der Komplexität immer notwendig, die Nebenwirkungen von Abwehrhandlungen zu berücksichtigen. Der Schaden eines Produktionsstillstands könnte höher sein, als der durch den Angriff verursachte Schaden. IDS/IPS-Systeme können über maschinelles Lernen hier geschult werden, auch bislang unberücksichtigte Faktoren, z. B. Auswirkungen auf die Lieferkette, Kundenreaktionen u. ä., mit einzubeziehen.

9.9 Fragen zum Kapitel

1. Unterscheiden Sie Safety und Security.
2. Welche Ziele verfolgen Cyberattacken?
3. Was könnte einen Mitarbeiter zum Täter machen?
4. Was verstehen Sie unter Cyberresilienz? Welche vier Vorkehrungen (Dimensionen) sind sicher zu stellen?
5. Welches sind die Angriffsmethoden bei einem Poisoning Attack?
6. Beschreiben Sie Angriffsmöglichkeiten bei der Mustererkennung.
7. Was sind Deep Fakes und warum sind sie so besonders gefährlich?
8. Was ist False-Positive bei Intrusion-Detection- und Prevention-Systemen und warum ist dies eine Herausforderung?

Literatur

ARD Börse vor acht. (16. Juli 2020). ARD Börse vor acht 16.07.2020.

BaFin, B. (15. April 2019). Fokus Cyber-Resilienz. https://www.bafin.de/SharedDocs/Veroeffentlichungen/DE/Fachartikel/2019/fa_bj_1904_Cyber-Resilienz.html. Zugegriffen: 07. Juni 2020.

Bitkom. (2018). Spionage, Sabotage und Datendiebstahl – Wirtschaftsschutz in der Industrie Studienbericht 2018. https://www.bitkom.org/sites/default/files/file/import/181008-Bitkom-Studie-Wirtschaftsschutz-2018-NEU.pdf. Zugegriffen: 02. Mai 2020.

Drösser, C. (23. August 2020). Gesichtserkennung: Die unsichtbare Maske. https://www.zeit.de/digital/datenschutz/2020-08/gesichtserkennung-fawkes-software-app-algorithmus-ki-bildanalyse.

Gaycken, S. (28. Juni 2017). heute-journal. ZDF.

GDV, G. (2019). Cyberrisiken im Mittelstand. https://www.gdv.de/resource/blob/48506/a1193bc12647d526f75da3376517ad06/cyberrisiken-im-mittelstand-2019-pdf-data.pdf. Zugegriffen: 07. Juni 2020.

GDV, G. (Februar 2020). Jeder Dritte Maschinenbauer bereits betroffen. https://www.gdv.de/resource/blob/59394/4ddd634510079f98b87e833af30f6815/d-cybermaschbau-betroffenheit-data.pdf. Zugegriffen: 07. Juni 2020.

GDV, G. d. (2018). In vier von zehn Fällen legen Cyberattacken den Betrieb lahm. https://www.gdv.de/resource/blob/32742/93f30d4636ee3de32c0ca89a34053fcb/grafik-download-in-vier-von-zehn-faellen-legen-cyberattacken-den-betrieb-lahm-data.pdf. Zugegriffen: 07. Juni 2020.

Handelsblatt. (16. Juli 2020). Cyberkriminalität Russische Hacker sollen angeblich Corona-Impfforscher ausspähen. https://www.handelsblatt.com/politik/international/cyberkriminalitaet-russische-hacker-sollen-angeblich-corona-impfforscher-ausspaehen/26012022.html?ticket=ST-5912459-iyMbtmyjcQMmJ3D64vpc-ap4. Zugegriffen: 30. Juli 2020.

Menkens, S. (21. November 2019). Fahndung im Darknet Um in die Foren zu kommen, müssen Kinderpornos geliefert werden. https://www.welt.de/politik/deutschland/article203673432/ Darknet-Um-in-die-Foren-zu-kommen-muessen-Paedophile-Kinderpornos-liefern.html. Zugegriffen: 20. Juni 2020.

Minecast. (2019). The state of email security report 2019. https://www.mimecast.com/globalassets/ documents/ebook/state-of-email-security-2019.pdf?v=2,,48247?epieditmode%3DFalse. Zugegriffen: 7. Juni 2020.

Moosavi, S. (22. März 2017). A single Permutation can fool deep learning architectures. https:// www.youtube.com/watch?v=yrvNnuTiGuU&feature=youtu.be. Zugegriffen: 8. Juni 2020.

Moosavi-Dezfooli, S.-M., Fawzi, O., Fawzi, A., & Frossard, P. (20. Oktober 2016). Universal adversarial perturbations. https://www.researchgate.net/publication/309460742_Universal_ adversarial_perturbations. Zugegriffen: 08. Juni 2020.

New York Times. (11. Februar 2020). White house official says Huawei has secret back door to extract data. https://www.nytimes.com/2020/02/11/us/politics/white-house-huawei-back-door. html. Zugegriffen: 11. Okt. 2020.

SAND Lab. (Juli 2020). Image „Cloaking" for Personal Privacy. https://sandlab.cs.uchicago.edu/ fawkes/. Zugegriffen: 15. Aug. 2020.

Schäfer, J. (27. November 2019). Kindesmissbrauch: Ermittler sollen Deepfakes nutzen dürfen. https://www.e-recht24.de/news/strafrecht/11760-deepfake-kindermissbrauch-ermittlungen. html. Zugegriffen: 20. Juni 2020.

TAB, B. (2019). Deepfakes – Manipulation von Filmsequenzen Themenkurzprofil Nr. 25, Marc Bovenschulte, Mai 2019. https://www.tab-beim-bundestag.de/de/pdf/publikationen/themen-profile/Themenkurzprofil-025.pdf. Zugegriffen: 8. Juni 2020.

Theile, G. (04. Juni 2019). Wie man künstliche Gesichter enttarnt. https://www.faz.net/aktuell/ wirtschaft/digitec/wie-man-von-einer-ki-generierte-gesichter-enttarnt-16071253.html. Zugegriffen: 20. Juni 2020.

This Person does not exist. (2019). https://thispersondoesnotexist.com/. Zugegriffen: 11. Okt. 2020.

VDMA, V.-u. (2017). VDMA Cyber Studie und Online-Tool helfen bei der Risikoeinschätzung. https://www.vdma.org/v2viewer/-/v2article/render/24777539. Zugegriffen: 7. Juni 2020.

Digitalisierung und KI in der Produktion 10

10.1 Chancen der Digitalisierung und KI in der Produktion

Industrie 4.0 und die Künstliche Intelligenz durchdringt immer mehr Abläufe in produzierenden Unternehmen. So hat Mercedes-Benz im September 2020 mit der Eröffnung seiner Factory 56 (siehe Abb. 10.1) Maßstäbe in der Digitalisierung aber auch bezüglich Effizienz und Nachhaltigkeit gesetzt. Die Smarte Fabrik soll bei der Montage der S-Klasse um 25 % Effizienter sein und im Sinne der Daimler-Strategie Ambition 2039 mit deutlich reduziertem Energiebedarf zur Zero Carbon Fabrik, also vollständig CO_2-neutral werden (Daimler 2020).

Aber nicht nur in großen Unternehmen, sondern auch bei klein- und mittelständischen Unternehmen (KMUs) wird an der Umsetzung der Digitalisierung im Wertschöpfungsprozess gearbeitet: Abb. 10.2, 10.3, 10.4 und 10.17 zeigen die Veränderung über 65 Jahre hinweg, in Konditoreihandwerk.

Das bringt neben Chancen auch anspruchsvolle Herausforderungen mit sich. Nachdem in den letzten Jahrzehnten umfangreich optimiert wurde, war bezüglich Effizienz ein Plateau erreicht, von dem einige bereits ausgingen, es wäre kaum mehr steigerungsfähig. Aber hier kann die KI durch bessere und tiefere Datenanalyse sowie durch Mustererkennung und maschinellem Lernen noch erstaunliche Fortschritte bewirken – beispielsweise, wenn es darum geht, Prozesse in Fertigung, Organisation und Logistik zu optimieren, Abfallmengen und Energieverbrauch zu reduzieren oder Qualität und Nachhaltigkeit zu steigern.

KI und Digitalisierung sind in der Produktion also nicht mehr wegzudenken. Allerdings unterscheiden sich die Umsetzung zwischen Großunternehmen und Mittelstand. Während sich Konzerne dem Thema perspektivisch nähern und sich hierzu kreative „Spielwiesen" leisten, stehen beim Mittelstand schnell erreichbare Leistungsvorteile im Vordergrund.

© Der/die Autor(en), exklusiv lizenziert durch Springer Fachmedien Wiesbaden GmbH, 227
ein Teil von Springer Nature 2021
A. Mockenhaupt, *Digitalisierung und Künstliche Intelligenz in der Produktion*,
https://doi.org/10.1007/978-3-658-32773-6_10

Abb. 10.1   Mercedes-Benz Factory 56. (Quelle: Mercedes-Benz)

Abb. 10.2   Konditorei ca. 1955

So sieht z. B. der Nationale IT-Rat die Anwendungen von Smart Data Technologien besonders für kleine und mittlere Unternehmen interessant (Nationaler IT-Gipfel 2014): „Es gibt zwei bedeutende Entwicklungen, die es kleinen und mittleren Unternehmen ermöglichen, die Potenziale von Smart Data zur Entscheidungsunterstützung genauso erfolgreich zu nutzen, wie es Großunternehmen bereits tun. Zum einen werden die technischen und finanziellen Anforderungen für die Einführung von Smart-Data-Technologien in den Unternehmen dank voranschreitender Etablierung von Cloud-Computing- Lösungen

Abb. 10.3 Konditoreianforderung mit Industrie 4.0. (Quellen: Carl Zeiss MES Solutions GmbH – Guardus & Stadt Café Frechen)

Abb. 10.4 Roboterarm glasiert mittels Künstlicher Intelligenz Aachener Printen. (Quelle: RFH Köln, Zunker, Foto: Pinner Zunker und Pinner 2020)

(Infrastructure, Platform sowie Software as a Service) immer geringer. Zum anderen gibt es mit den aufkommenden Informationsmarktplätzen zunehmend bessere Möglichkeiten zum gegenseitigen Austausch von Daten, was zur Folge hat, dass auch kleinen Unternehmen immer mehr Daten zur Verfügung stehen."

Der derzeitige Einsatz von KIs im Bereich der Wertschöpfungsprozesse ist eher in Verbindung mit der schwachen KI. Aktuell finden sich im Wertschöpfungsbereich zumeist KI-Anwendungsfälle, die auf Maschinendaten basieren. Intelligente Anwendungen, die den Menschen in seiner täglichen Arbeit individuell unterstützen und ihm assistieren, sind heute trotz hohem Potenzial noch wenig gängig (vgl. Fraunhofer IAO 2020). Demgegenüber befinden sich weitergehende KI-Konzepte eher im Experimentierstadium, denn eine starke KI im eigentlichen Sinne oder eine Artificial General Intelligence (AGI) gibt es noch nicht, wie im Kap. 3 bereits gezeigt.

In Zukunft soll die Produktion flexibler und agiler auf individualisierte Kundenwünsche reagieren können; dies bis hin zur Losgröße 1, unter ökonomischen Fertigungsbedingungen, wie sie derzeit nur in der Massenproduktion realisiert werden kann. Dabei soll nachhaltiger und unter Berücksichtigung von Ressourcenknappheit gefertigt werden sowie, wie aktuell die Corona-Krise mahnt, eine hohe Nachfragevolatilität berücksichtigen. Die Produktionsregelung im Jahr 2030 sieht das Forschungsinstitut für Realisierung (FIR) e. V. an der RWTH Aachen wie in Abb. 10.5 gezeigt.

Weitere Chancen resultieren daher, dass durch Automatisierung und Digitalisierung weit größere Datenmengen anfallen, als in der Vergangenheit. Diese Daten liegen aber häufig verteilt auf verschiedenen, räumlich und vernetzungstechnisch getrennten Systemen vor, z. T. in wenig kompatiblen Standards verfasst. Übergreifende Analysen scheitern oft an der Verfügbarkeit dieser Daten, aber auch aufgrund von Geheimhaltungs-, Whistleblowing- bzw. Cybersicherheitsbedenken.

Menschliche Aufsicht und Entscheidung in Form von Steuerung, Überwachung und Kontrolle wird auf absehbare Zukunft im Produktionsumfeld weiterhin erforderlich sein. Aber Digitalisierung und KI gibt der Produktion mächtige Werkzeuge zur Effizienzsteigerung an die Hand, um die Fertigungsabläufe zu optimieren und näher am Markt bzw. Kunden zu produzieren:

Abb. 10.5 Produktionsregelung 2030 ermöglicht eine dynamische und situationsabhängige Produktionssteuerung. (Quelle FIR e. V. an der RWTH Aachen 2015)

„Die Künstliche Intelligenz bietet noch enorme Potenziale für die Industrie. Aktuell steckt diese Thematik noch in den Grundbausteinen und beinhaltet unvorstellbare Möglichkeiten. Es werden große Entwicklungsschritte in den kommenden fünf bis zehn Jahren folgen.", sagt Walter Mattis vom niederländischen Unternehmen Phillips N.V.

Doch die Manager in der Industrie müssen aufpassen: Eine Studie der Deloitte zu *Manufacturing 4.0* (M4.0) untertitelt provokant (Deloitte 2016): „Meilenstein. Must-Have oder Millionengrab?" und gibt zu bedenken „Zudem wird M4.0 noch häufig als Selbstzweck gesehen."

Sascha Kößler vom mittelständischen Unternehmen Kößler Technologie GmbH sieht das so: „KI im Wertschöpfungsprozess muss einen Mehrwert haben und den hat KI auch, sonst würden wir es nicht einsetzen. Der Weg zu einer digitalen Produktion besteht aber aus vielen kleinen Schritten, die umgesetzt werden müssen. Daraus ergibt sich das Gesamtbild der digitalen Produktionsumgebung." Erfolgreich, so Kößler weiter, ist sein Betrieb, weil er den Menschen bewusst im Prozess lässt (siehe Abb. 10.6). Denn Datenqualität sei trotz aller Anstrengungen ein Riesenproblem, da wäre das Erfahrungswissen der Mitarbeiter auch in Zukunft unabdingbar. Darüber hinaus, so der Mittelständler, dort wo zwischenmenschliches erforderlich ist, z. B. bei Lieferanten- und Kundenkontakten innerhalb der Wertschöpfung, wird die KI den Menschen nicht ersetzen können. Bei der Systematisierung und Analyse von Produktionsprozessen und im Qualitätsmanagement sowie im vorausschauenden Bereich (Predictive Technologies) gibt es Erfolg versprechende Einsatzmöglichkeiten.

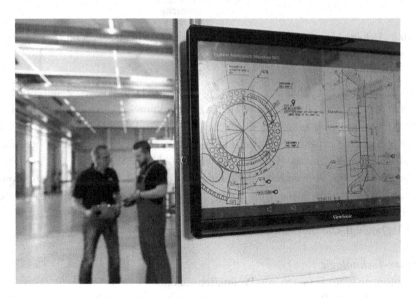

Abb. 10.6 KI muss einen Mehrwert haben, daher bleibt der Mensch bewusst Teil des Prozesses. (Quelle: Kößler Technologie GmbH)

Abb. 10.7 Industrie-4.0-Anwendungsbereiche. (Quelle: Deloitte – Manufacturing 4.0: Meilenstein, Must-Have oder Millionengrab? 2016)

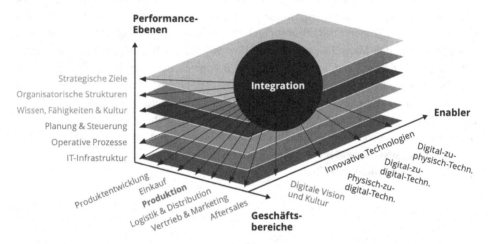

Abb. 10.8 Deloitte Manufacturing 4.0-Cube. (Quelle: Deloitte – Manufacturing 4.0: Meilenstein, Must-Have oder Millionengrab? 2016)

Die entsprechenden Chancen werden in der o.g. Deloitte-Studie aufgezeigt und quantifiziert. Und, Deloitte sieht das Thema „Produktion" als den wichtigsten Bereich für die Anwendung von Industrie 4.0 (siehe Abb. 10.7). Darüber hinaus ist es wichtig, die Themen in eine organisatorische Gesamtstruktur zu integrieren und die innovativen Technologien als „Befähiger" (Enabler) zu stärken (Abb. 10.8).

Dabei basiert die Anwendung der Digitalisierung und KI in der Produktion auf mehreren Technologien (siehe Abb. 10.9), die in den folgenden Kapiteln besprochen werden:

Die Technologische Basis im Einzelnen:

- **Sensor-Technologie**
  - Automatisiertes Erfassen von Produktionsdaten
  - Automatisierte Rückmeldung von Produkten während der Nutzung (für Auftragsplanung, Wartung, Optimierungen)

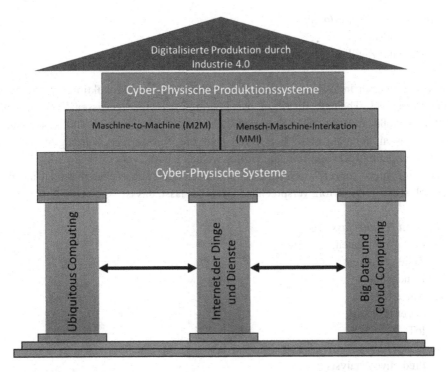

Abb. 10.9 Bausteine einer digitalen Infrastruktur in der Produktion in Anlehnung an (Siepmann und Roth 2016; Ruderschmidt 2019)

- *Datenanalyse-Technologie*
  - Big Data
  - Process Analytics & Process (Data) Mining
  - Predictive Data Analysis
- *Vernetzungs-Technologie:*
  - automatisierter interner Datenaustausch: Entwicklung von der Insellösung zur vernetzten Systemlösung
  - automatisierter externer Datenaustausch: z. B. Internet of Things (IoT), Industrial Internet of Things (IIoT), Cyber-physisches System (CPS)
- *autonome Aktoren-Technologie:*
  - Autonomes agieren: z. B. Robotik, autonome Logistik (Transportieren, Fahren)
- *Assistenzsysteme-Technologie:*
  - Unterstützung menschlicher Tätigkeit beim Agieren: physische Unterstützung (z. B. Exoskelett beim Heben von Lasten), kognitive Unterstützung (z. B. Sichtgeräte), Service- und Assistenzroboter (z. B. in Gefahrenbereichen oder bei Monotonie)
  - Unterstützung menschlicher Tätigkeit bei Entscheidungsfindung: Informationsunterstützung (z. B. Einspiegelung in Brille – Peripheral Head-Mounted Display (PHMD) Google Glass)

- *Simulations-Technologie:*
  - Virtual Reality
  - Digitaler Zwilling (Digital Twin)

Die Umsetzung in industriellen Bereichen, insbesondere der Produktion, unterschätzte Komplexität des Themas, führte in der Folgezeit zu einer gewissen Ernüchterung. Während große multinationale Konzerne sich perspektivische Spiel- und Forschungs- wiesen leisten konnten, stellt der Mittelstand die Nutzenfrage, vorrangig, wie mit Digitalisierung und KI Geld zeitnah verdient werden kann?

Dies im Auge, konzentrieren sich die produzierenden Unternehmen derzeit auf das, was sich mittelfristig Erfolg versprechend umsetzen lässt, das ist:

- *Echtzeit Datenerfassung*
  - Produktionsdaten
  - Zuliefererdaten
  - Kundendaten
  - Nutzerdaten
  - in der Logistik
  - IoT
- *vorrausschauende Werkzeuge*
  - Predictive Analysis
  - Predictive Maintenance
  - Predictive Quality (-Analysis)
  - IIoT
- *Agilität*
  - schnellere Reaktionszeiten in Entwicklung & Produktion
  - anpassungsfähige, frei konfigurierbare Produktionsmittel
- *Transparenz*
  - Informationspartizipation (-teilhabe)
  - bezüglich Zuliefer-, Produktions- und Marktdaten

Die Einführung digitaler Anwendungen erfordert eine präzise Bewertung des Digitalisierungsnutzens. Dabei geht es im Umfeld der Produktion (auch Produktionsent- wicklung) weniger um Marketinganalysen, wie viel mehr kann ich verkaufen, sondern mehr um die Frage der Effizienzsteigerung im Wertschöpfungsprozess.

Zunächst muss daher die Ausgangssituation analysiert und die Digitalisierungsziele festgelegt werden. Anhand von produktionsspezifischen Kennzahlen und branchen- spezifischen Benchmarkanalysen kann anschließend eine Investition bewertet und eine Umsetzungs-Roadmap aufgestellt werden.

Weiter unterteilt sich die Digitalisierung in der Produktion in mehrere Bereiche:

- Vernetzte Fabrik (Connected Factory)
- Intelligente Produktion (Smart Factory)
- Virtuelle Fabrik (Virtual Factory)
- Robotik & Advanced Manufacturing Technology

Digitalisierung und KI werden als Strategischer Faktor in der Produktion angesehen. In der derzeitigen Umsetzung sind Schlagworte: IoT, Losgröße 1, Smart Robotics, Predictive Maintenance Zero Downtime, Predictive & Advanced Analytics, Digital Twins u. v. m. Sie firmieren unter Oberbegriffen wie „Smart Factory" mit einer Reihe von Synonymen bzw. ähnlichen Begriffen, wie Manufacturing 4.0, Smart Industry u. ä.

Die Digitalisierung in der Produktion wird unter vielen Bezeichnungen vorangetrieben. Gängig sind die Begriffe „Industrie 4.0", „Fertigung 4.0" oder „Manufacturing 4.0", im Amerikanischen „Smart Manufacturing" u. v. m.

Allen Bezeichnungen gemeinsam ist Ziel, durch Vernetzung und KI-Methoden eine kundenzentrierte, flexiblere und damit wirtschaftlichere Produktion zu ermöglichen. Wichtig dabei ist die Konzentration auf den Bereich Wertschöpfung, also i.W. der Produktionsprozess und Fabrikbetrieb (Shop-Floor), darüber hinaus auch angrenzende Bereiche wie Logistik, Instandhaltung sowie Produktservice und Recycling.

10.2 Anforderungen an ein KI-System im Produktionsumfeld

10.2.1 Skalierbarkeit

Eine der wichtigsten Eigenschaften von käuflichen KI-Lösungen ist die Skalierbarkeit. Die große Anzahl an Datenquellen, mobilen und webbasierten Kanälen, Maschinen im Betrieb und Geräten im Feld macht es schwer, eine Balance zu erzielen zwischen Datenüberlastung und Content-Engpässen.

- *Skalierbarkeit ist die Fähigkeit eines Systems, eines Netzwerks oder eines Prozesses zur bedarfsgerechten Größenanpassung*

Gerade bei der Produktion unter Industrie 4.0 ist Flexibilisierung ein Thema. Von der Massenproduktion zur Losgröße 1 und wieder zurück. Hierzu müssen nicht nur die Maschinen und Anlagen anpassbar sein, das ganze Produktionssystem inklusive der Produktionsplanung, -steuerung, Maschinenanpassung, Logistik und darüber hinaus der Risikobetrachtung muss von klein auf groß und zurück angepasst werden. Das kostet jedoch Zeit und ist derzeit noch nicht unbegrenzt skalierbar. Ziel ist demnach eine

Produktionsumstellung und Umrüstung per Knopfdruck. Werkzeuge der Digitalisierung und KI können helfen. So können Maschinen beispielsweise mittels Internet of Things (IoT – Abschn. 10.5) kommunizieren, digitale Zwillinge (Abschn. 10.12) erlauben eine Simulation vorab. Auch diese Systeme müssen aber auf den Einsatzzweck skalierbar sein.

10.2.2 Resilienz bei autonomen Systemen

In der Psychologie beschreibt Resilienz (lateinisch resilire: zurückspringen bzw. abprallen) die Fähigkeit des Menschen, mit kritischen Situationen umzugehen und sie ohne bleibende Schäden zu überstehen.

- *In der Technik bedeutet **Resilienz** eine **Widerstandsfähigkeit** gegen Störungen jeglicher Art sowie **Ausfallsicherheit** eines komplexen Gesamtsystems, insbesondere auch bei Teilausfall von Untersystemen.*

Darüber hinaus beinhaltet die Resilienz in der Technik, dass ein System schnell in einen (Normal-)Zustand, wie vor diesen kritischen Situationen zurückkehren kann. Resilienz wird häufig in Zusammenhang mit Robustheit gesehen (siehe hierzu Abschn. 10.2.3).

In der Produktion kann es zu Störungen kommen, insbesondere komplexe Systeme wie Industrie 4.0, werden leicht fragil, also zerbrechlich.

Beispiel ist hier die Just-In-Time Produktion: Zulieferprodukte werden kurzfristig nach dem jeweiligen Bedarf geordert. Wenn ein Glied der Lieferkette ausfällt, kommt es schnell zu größeren Problemen, bis hin zum Stillstand der Produktion. So geschehen nach der Havarie des Kernkraftwerks in Fokushima 2011, bei dem Automobilzulieferbetriebe in der Umgebung nicht mehr produzieren konnten, oder aktuell bei der Corona Pandemie. Die Einflussfaktoren sind vielfältig. Wetter kann eine Rolle spielen, so waren die Flusspegel im Sommer 2019 so niedrig, dass die Schifffahrt und damit die Logistik eingeschränkt war. Politische Konflikte, wie etwa Strafzölle oder dadurch verursachte Schwankungen der Rohstoffpreise haben Einfluss.

KI soll helfen Resilienz zu schaffen, was heißt, schnell in den Normalbetrieb zurückzukehren. Derzeit geschieht dies durch Analysen der aktuellen Situation (Trendanalysen) mit Empfehlungen für eine optimierte Produktionsplanung (z. B. in Szenarienmodellen). Hierdurch sollen die Handlungsoptionen transparenter gemacht werden und einen KI-gestützte Entscheidung ermöglicht werden.

Zur Erhöhung der Resilienz in der Produktion gibt es verschiedene Erfolgsfaktoren:

- kontinuierliche *Risikobewertung*
- *Dezentralität* zur Verminderung von Abhängigkeiten
- *Redundanzen* in der Produktion bzw. Lieferkette
- *Adaptivität* der Produktion

- *Flexibilisierung* der Fertigungstiefe
- *Diversifizierung* des Leistungsangebots
- klare, *transparente Strukturen*

Interessant an diesen Erfolgsfaktoren ist, dass sie zunächst die Effizienz mindern. Redundanzen, Adaptivität oder Dezentralität kostet zunächst, weil nicht ausschließlich am Optimum orientiert und produziert wird. Auf der Negativliste steht z. B., dass nicht ausschließlich am effizientesten Standort produziert wird, dass nicht ausschließlich der billigste Zulieferer den Zuschlag bekommt bzw. dass Rabatt- und Liefersysteme, die auf Menge ausgelegt sind, nicht passen. Wie aber das Problem bei FFP3 Atemschutzmasken in der Corona Krise zeigte, war es wenig klug, sich nur auf wenige Zulieferer in Fernost zu verlassen.

Wesentlich für Resilienz ist daher neben einer KI ein Management, das konsequent Unwägbarkeiten berücksichtigt sowie hohe Transparenz und eine klare Organisationsstruktur.

Für autonome Systeme reicht dies allerdings nicht aus und muss entsprechend erweitert werden: Die autonomen Systeme dürfen sich nicht „selbstständig" machen und müssen zu jedem Zeitpunkt einen „sicheren Zustand" aufrechterhalten. Unterschieden wird hier die Resilienz gegenüber Fehlern (eigene, fremde Fehler – Bedienungsfehler, Programmfehler) sowie die Cyberresilienz, d. h. die Aufrechterhaltung eines sicheren Zustands bei Angriffen (siehe Abschn. 9.2).

Unterschieden werden dabei zwei Handlungsansätze:

- *fail-safe* bedeutet **Versagens- bzw. Ausfallsicherheit**. *Dies ist i.A. eine Fehlervermeidungsstrategie, d. h. ein System ist so optimiert, dass es nicht ausfällt. Es gibt allerdings keine Handlungsanweisung, falls es doch zu einem Ausfall von Teilsystemen kommt.*
  Beispiel: Eine Produktionsmaschine wird weit unterhalb der maximal möglichen Volllast gefahren, um Überlastung zu vermeiden.
- *safe-to-fail* bedeutet **schadloses Versagen**, *d. h. Teilsystemausfälle bzw. Programmfehler führen nicht zu einem Totalausfall des gesamten Systems, die negativen Konsequenzen sind zumindest beherrschbar. Hier sind es zumeist konstruktive Vorkehrungen oder entsprechende Programmcodes, die bei Fehlern das Schlimmste verhindern sollen. Das Problem insbesondere bei komplexen Systemen und Software: Fehlermöglichkeiten sollten vorab bekannt sein (z. B. durch eine FMEA).*
  Beispiele: Die Last an einem Kran wird beim Bruch von Bauteilen in der aktuellen Position gehalten und fällt nicht herunter. Ein autonom fahrendes Flurförderfahrzeug wäre so programmiert, dass es bei Problemen möglichst anhält und die Energieversorgung sichert. Umgekehrt, eine voll autonom fliegende Lieferdrohne sollte unter keinen Umständen die Triebwerke abstellen oder die Last abwerfen, sondern bis zu einem geeigneten Landeplatz weiterfliegen.

Jeder kennt das Problem, dass ein Computer plötzlich einfriert oder abstürzt. Der Autor selbst hatte einmal das Problem in einem einmotorigen Flugzeug, dass die komplette elektronische Instrumentierung (Fachjargon „Glascockpit") sich im Landeanflug mit dem freundlichen Hinweis verabschiedete: Bitte warten bis das System neu gestartet wird. Gut, dass eine mechanische Grundinstrumentierung als Redundanz vorgeschrieben ist und das Flugzeug manuell geflogen wurde. Einfach „aufhören" dürfte ein solches autonomes System nicht.

In der kommerziellen Luftfahrt hat im Normalfall der Pilot die Hoheit über das Flugzeug. Moderne Flugzeuge verfügen aber über eine Vielzahl von Assistenzsystemen, das Flugzeug wird dann autonom vom Computer gesteuert, der Pilot ist Beobachter.

„Solange die Systeme einwandfrei funktionieren, ist das kein Problem. Doch Sensoren können falsche Daten liefern, Computersysteme Fehler machen und gefährliche Manöver einleiten." „Wenn die Dinge bei diesen automatisierten Flugzeugen schiefgehen, dann gehen sie richtig schief", sagt Alan Diehl, ehemaliger Luftsicherheits-Ermittler des National Transportation Safety Board. (Koenen und Hanke 2019).

In jedem Fall sollte aber vermieden werden, dass Systeme sich verselbstständigen. So aber Geschehen auf dem Quantas-Flug 72, der im Jahr 2009 fast autonom abstürzte: „Fest steht, dass das Flugzeug einige Zeit aus eigenen Stücken gehandelt hat.", so Julian Walsh von der australischen Behörde für die Untersuchung von Flugunfällen (Traufetter 2009).

Im Zweifel sollte an den Menschen übergeben werden. Dieser benötigt aber Zeit, um sich in die Situation einzufinden, Zeit, die es ggf. nicht gibt: So benötigt der Passagier eines autonomen Fahrzeugs laut einer Studie der Universität Southampton zwischen 3,2 und 25,8 s, um nach Aufforderung durch das System die Kontrolle über das Fahrzeug zu übernehmen (Erikson und Stanton 2017), also bei Tempo 60 km/h zwischen 50 und 400 m Fahrweg.

10.2.3 Robustheit (Robustness)

Robustheit ist eine mögliche Maßnahme zur Resilienz (siehe Abschn. 10.2.1), die insbesondere in der Digitalisierung und beim Einsatz von künstlicher Intelligenz gefordert wird. Ein Prozess ist „robust", wenn er auf eine Störung angemessen reagiert. „Angemessen reagieren" kann vieles bedeuten, z. B. dass die Stördaten ignoriert werden oder dass Abweichungen in den Daten automatisiert bereinigt werden.

Die DIN SPEC 92001-2 (nur in Englisch verfügbar – (DIN SPEC 92001-2 2020)) beschäftigt sich besonders mit dem Thema der „adversarial robustness", wobei „adversarial" im Deutschen sowohl mit „widersprüchlich – konfliktär", also ein Problem der Daten bzw. Informationen, als auch mit „gegnerisch – feindlich", also ein Sicherheitsproblem, übersetzt werden kann.

- *Robustheit bezeichnet Systeme, die ihre Funktion trotz unsteter Einsatzbedingungen beibehalten, d. h. diese sind gegenüber Störungen unempfindlich.*

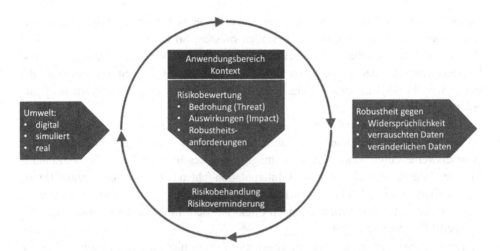

Abb. 10.10 Risikomanagement & Robustheit (in Anlehnung an DIN SPEC 92001-2)

Speziell für KIs definiert die DIN SPEC 92001-2 verschiedene Arten von Robustheit (siehe Abb. 10.10):

- *AR: Adversarial robustness (Robustheit gegen widersprüchliche Störungen): Die Fähigkeit eines KI-Moduls, mit widersprüchlichen Situationen umzugehen.*
- *CR: Corruption robustness (Robustheit bei verrauschten Signalen oder unbeabsichtigt veränderten Daten): Hier gibt es weitere Unterteilungen zur Feststellung von Anomalitäten, Datenveränderungen, Verschiebungen innerhalb von Vorhersagemodellen etc.*

In widersprüchlichen Situationen wird auf Redundanz gesetzt, d. h. wichtige Systeme sind mehrfach vorhanden, z. T. dreifach abgesichert. Letztlich kann aber nicht „demokratisch" zwischen den Computern abgestimmt werden. Manchmal liegen zwei Computer gleich falsch und der einsame Dritte liegt richtig. So kam es 2015 bei einem Airbus A321 vor, dass zwei der drei Sensoren, die den Winkel zum Boden messen, auf den gleichen Wert eingefroren waren. „Die Elektronik schaltete nun das eine funktionierende Messgerät ab und verließ sich auf die beiden eingefrorenen. Und da der von ihnen angezeigte Winkel größer war als der Stabilität des Flugzeugs dienlich, befahl der Computer kontinuierlich, die Nase der Maschine zu senken." (Schrader 2015)

- *Daher gilt für die **Adversarial Robustness (AR)** bei autonomen Systemen, dass im Konfliktfall von mehreren redundanten Systemen eine zusätzliche, unabhängige Instanz, z. B. **basierend auf anderen physikalischen Gesetzmäßigkeiten oder vollkommen anderen Datenquellen,** hinzugezogen werden muss.*

Verrauschte Daten sind Daten, die von einer Reihe von Störungen überlagert sind und zunächst relevant herausgefiltert werden müssen. So kann der Mensch sich beim Zuhören auf eine Quelle konzentrieren und laute Musik, Verkehrsgeräusche etc. ausblenden. Schon bei der Nutzung von Hörgeräten geht diese Fähigkeit z. T. verloren. Bei der technischen Sprachverarbeitung, z. B. NLP, stellt dies eine Herausforderung dar. Aber nicht nur dort:

Autonome Systeme beispielsweise in der Produktion müssen in der Lage sein, relevante Signale von anderen Signalen zu unterscheiden. Dies kann bei Sensorsignalen beispielsweise durch eine Vorverarbeitung (Preprocessing) erfolgen, die verrauschte Signale glättet, ausblendet oder durch Interpolation fehlende Messpunkte einfügt. Da die Vorverarbeitung in vielen Fällen zeitkritisch ist und die zu übertragenden Datenmengen reduziert, erfolgt dieser Schritt oft noch direkt auf dem Embedded Controller oder der Echtzeit-SPS (Wallner 2020).

Zur Bereinigung von verrauschten Daten gibt es verschiedene Möglichkeiten:

- wenn Daten fehlen, muss entschieden werden, ob diese sinnvoll (nach einem Algorithmus, z. B durch Interpolation) automatisiert ergänzt oder ignoriert werden können.
- wenn fehlende Daten nicht sinnvoll bzw. sicherheitstechnisch akzeptabel ergänzt werden können, muss entschieden werden, ob ein Vorgang unverändert bzw. verändert weitergeführt werden kann oder (safe-to-fail) abgebrochen werden muss (z. B. mittels Risikoanalyse oder Szenarienmodellen).
- wenn Daten aus dem erwarteten Bereich ausscheren (unerwartete Daten) muss geklärt werden, ob diese ignoriert werden können (z. B. mittels statistischen Ausreißertests).
- wenn unsicher ist, ob die Daten zu den relevanten Daten gehören oder Stördaten sind, müssen geeignete Filter entwickelt und eingesetzt werden.

Ein bislang in der Produktion wenig beachteter Faktor ist die zeitliche Synchronität von Daten und die Robustheit gegenüber Abweichungen in *verteilten Systemen:*

So spielt beim computerisierten Börsenhandel bereits die Entfernung zum Handelscomputer und die Laufzeit der Börsenkurse sowie die Kauf- bzw. Verkaufsignale mit Lichtgeschwindigkeit eine Rolle (Buchanan 2015). Auch beim autonomen Fahren unter Verwendung des 5G-Netzes reicht die Lichtgeschwindigkeit zur Signalverarbeitung z. T. nicht aus (siehe Abschn. 13.5).

Blickt man auf die Chancen der Industrie 4.0, insbesondere mit IIoT, so werden hier robuste Konzepte wichtig werden. „Zentrale Frage bei KI-Projekten wird stets sein: Wer ist der Owner des KI-Algorithmus im laufenden Betrieb, um im Fehlerfall eingreifen zu können?

Ist dies unzureichend definiert, ist ein Einsatz unmöglich, da das System im Fehlerfall kippt, weil niemand die Skills hat, den KI-Algorithmus zu reparieren." (Interview: Was sind die Erfolgsfaktoren für die künstliche Intelligenz? Interview mit Herrn Dr. Sönke Iwersen von der HRS Group 2019).

10.2.4 Plausibilität

Plausibilität ist im Bereich der Wertschöpfung besonders wichtig, weil, im Gegensatz zu anderen Anforderungen, leichter zu überprüfen. Während beim autonomen Fahren auch mit einem chaotischen Umfeld gerechnet werden muss, der Einsatz von KI im Marketing vielleicht mehr kreativ sein soll, liegt in der Produktion ein mehr strukturierter, eher geordneter Bereich vor.

Da Plausibilität nicht die vollständige Richtigkeit überprüft, sondern nur eine überschlagsmäßige Machbarkeit und Sinnhaftigkeit, ist sie bei zeitkritischen Prozessen schneller und benötigt weniger Ressourcen (Rechnerleistung, Speicher, Netzwerk).

- *Die **Plausibilität** beurteilt, ob ein Prozess grundsätzlich nachvollziehbar ist, nicht aber seine Richtigkeit.*

Dies beinhaltet das Vorhandensein notwendiger materieller Bestände sowie die erforderlichen Informationen unter Berücksichtigung der zeitlichen Reihenfolge von Ereignissen. Darüber hinaus wird überprüft, ob die verfügbaren Daten ausreichend für den Prozess sind und das Ergebnis im erwarteten Rahmen liegt.

Beispiel Auftragsmanagement: Sind die Auftragsangaben vollständig, passt Schraube A zu Mutter B, stimmt die Priorisierung mit der möglichen Maschinenbelegung überein? Ob alles plausibel ist, lässt sich einfach kontrollieren und schützt vor unangenehmen Überraschungen, etwa, wenn bei der Montage Schrauben und Muttern nicht zusammenpassen.

Aber auch beim automatisierten Erfassen von Kundenaufträgen z. B. mittels OCR (Optical Character Recognition), die unstrukturiert per Brief, Email, WhatsApp etc. hereinkommen, kann die Plausibilität geprüft werden. Sind alle notwendigen Daten eingelesen, sind Protokolle, die irgendwo in der Cloud abgelegt sind, berücksichtigt, gibt es veränderte Normen und Richtlinien, die ggf. mit dem Kunden vorab diskutiert werden müssen? Zusätzlich kann das System auch Hinweise geben, z. B. den richtigen Schraubenschlüssel, der standardmäßig nicht mit verschifft wird.

Plausibilität gilt dabei als nachgeordnete zweite Überprüfung. Die KI plant und überprüft sich dynamisch selbst anhand der Plausibilitätsprüfung. Das Ergebnis kann darüber hinaus als Eingabe für ein automatisiertes kontinuierliches Lernen genutzt werden.

10.3   Smart Factory, Smart Manufacturing & Production Level 4

Die „Smart Factory" steht im Mittelpunkt von Industrie 4.0. Gemeint ist hier eine intelligente Produktionsumgebung, die sich selbst, ohne menschlichen Eingriff, organisiert, also autonom, um effizientere Abläufe in Produktion, Logistik und Lieferkette kümmert. Parallel dazu soll die gesamte Wertschöpfungskette flexibilisiert und individualisiert werden.

Ein aktuelles Beispiel ist hier die Factory 56 von Mercedes Benz. Kern dabei ist ein einheitliches digitales Ökosystem sowie die Unterstützung mit Daten der weltweiten Fahrzeugproduktion in Echtzeit. Notwendig hierfür sind neben Kommunikationstechniken wie 5 G auch Industrie 4.0-Anwendungen von Smart Devices bis zu Big-Data-Algorithmen. „Maschinen und Anlagen sind in der gesamten Halle miteinander vernetzt, der größte Teil davon ist bereits Internet-of-Things (IoT)-fähig. Die 360 Grad-Vernetzung erstreckt sich jedoch nicht nur in der Factory 56 selbst, sondern auch über die Fabrikhallen hinaus über die gesamte Wertschöpfungskette" (Daimler 2020).

- *Smart Factory bedeutet im Kern die intelligente Abstimmung der Wertschöpfungskette in Echtzeit durch Vernetzung und automatisierte Kommunikation innerhalb von Produktionsnetzwerken mit dem Ziel der Optimierung und Effizienzsteigerung.*

Das BMWi erklärt dies als „Fabrik der Industrie 4.0" so (BMWi B. 2020):

- *Fabrik der Industrie 4.0: „Maschinen koordinieren selbstständig Fertigungsprozesse, Service-Roboter kooperieren in der Montage auf intelligente Weise mit Menschen, fahrerlose Transportfahrzeuge erledigen eigenständig Logistikaufträge, … Zur gegenseitigen Vernetzung werden die einst passiven Bestandteile der Produktion wie Werkzeuge, Maschinen oder Transportmittel mit digitalen ‚Augen und Ohren' (Sensoren) und ‚Händen und Füßen' (Aktoren) ausgerüstet und über IT-Systeme zentral gesteuert."*

Neben Daimler arbeiten auch andere Automobilkonzerne erfolgreich am Konzept der Smart Factory und Industrie 4.0. Bei Porsche ist es die Porsche Produktion 4.0 (siehe Abb. 10.11) als „eine natürliche Evolution des bestehenden Porsche-Produktionssystems – eine ständige Verbesserung mithilfe neuer Technologien und Methoden" (Porsche, Produktion 4.0 @ Porsche 2020).

Wichtig dabei ist, dass sowohl bei Porsche als auch bei Daimler der Mensch im Mittelpunkt bleibt. Genau so äußerte sich das mittelständische Unternehmen Kößler, der Mensch bleibe zentral und unersetzbar in der digitalisierten Produktion.

Da es vorzugsweise um die Steuerung der Produktion geht, trifft die häufig verwendete deutsche Übersetzung als „Intelligente Fabrik" weniger zu, richtiger ist „Intelligente Produktion". Im Englischen steht „plant" für Fabrik als Gebäudekomplex und „factory" für Fabrik als Produktionsstätte – Intelligente (Fabrik-) Gebäude sind „Smart Buildings" (Facility Management, Smart Building Management). Die Übersetzungsmöglichkeiten werden aber synonym benutzt. Alternativ, ebenfalls weitgehend synonym benutzt, sind Begriffe wie **Smart Manufacturing** oder **Smart Industry,** die eine Bezeichnung graduell mehr auf der Produktionsseite, die andere graduell mehr auf der Seite des Unternehmens als Ganzes.

Smart bedeutet hier zunächst einmal „intelligent" bzw. „klug". Im Zusammenhang mit Industrie 4.0 können zunächst physische, also reale Dinge smart sein, z. B. die **Smart**

Abb. 10.11   Industrie 4.0 – Fertigung bei Porsche. (Quelle: Porsche)

Factory (als Produktion) aber auch die Produkte selbst als ***Smart Products,*** die dann
z. B. über das Internet der Dinge (IoT) mit der Smart Factory kommunizieren. Dazu
gehören aber auch virtuelle Vorgänge, wie die ***Smart Operations*** (vernetzte Produktion)
und auf der Produktseite die ***Smart Services*** (Vernetzung von Produkt und Hersteller)
(FIR e. V. an der RWTH Aachen 2015). Das alles gehört zusammen, siehe Abb. 10.12.

Abb. 10.12   Smart … Digitalisierung verändert Unternehmen aller Branchen tief greifend.
(Quelle: FIR e. V. an der RWTH Aachen 2015)

Dabei kommen sowohl Technologien der Automatisierung und Digitalisierung zum Tragen. Das ist nicht wirklich neu, vgl. „Geisterschicht" oder das „Computer Integrated Manufacturing (CIM – siehe Abschn. 2.1)". Den Begriff „Geisterschicht" stammt bereits aus den 1980iger Jahren und bezeichnet eine Produktionsschicht, die ohne Menschen abläuft – zumeist die Nachtschicht. So wird Vorstandsmitglied Hannes W. Politsch von der Münchner Werkzeugmaschinenfirma Friedrich Deckel AG 1981 in der ZEIT zitiert: Das „Ziel der Geisterschicht ist, gewiss nicht, vorrangig neue Arbeitsplätze zu schaffen, sondern die Verbesserung der Wettbewerbsfähigkeit …" (Bößenecker 1981).

Hinzu kommt Künstliche Intelligenz mit maschinellem Lernen und Entscheiden (das ist wirklich neu). Wichtige Instrumente der Smart Factory sind:

- eingebettete Systeme (embedded systems) – siehe Abschn. 10.8
- Cyber-Physische Systeme – siehe Abschn. 10.9
- Ubiquitous Computing – siehe Abschn. 10.11
- Big-Data Technologien
- Cloud Computing
- drahtlose Kommunikation (RFID, NFC)
- durchgängiger bidirektionaler Datenaustausch

Smart Factory ähnelt dem Industrial Internet of Things, das IIoT gilt aber als deutlich komplexer. In diesem Zusammenhang wird häufig die Produktion Level 4 (Production Level 4) erwähnt, dabei handelt es sich um eine Bezeichnung, generiert unter Leitung der SmartFactory[KL], die den Level 4 als Weiterentwicklung innerhalb der Ära von Industrie 4.0 sieht. Der Begriff selbst lehnt sich an die Autonomiestufen beim autonomen Fahren an (siehe Abschn. 3.7):

- *Der Begriff* **Production Level 4** *beschreibt das aktuelle mögliche bzw. erstrebenswerte Level an autonomer Produktion. Der Mensch ist hierbei Entscheider und Verantwortlicher im Mittelpunkt der Produktion. (in Anlehnung an:* (SmartFactoryKL 2020))

Das Level 4 sei dabei bewusst gewählt, so SmartFactory[KL], da Level 5, die höchste Stufe der Level des autonomen Fahrens, den Menschen bereits ausschließt. Während Industrie 4.0 den groben Rahmen für Digitalisierung und die Vernetzung von Maschinen ebnet, integrierte *Production Level 4* Autonomie, Mensch und IT als autonome Elemente. Diese kommunizieren miteinander und ermöglichen innerhalb der Produktion maximale Agilität für Produkte der Losgröße 1. Beispiele für Smart Factory in der Automobilindustrie zeigt Abb. 10.13.

Gerade Mittelständler tun sich häufig schwer damit alle Komponenten entlang der Wertschöpfungskette, zum Kunden hin und vom Nutzer zurück zu vernetzen. Zu unterschiedlich sind die Maschinen, Komponenten Cloud-Systeme und Endgeräte. Derzeit ist es sehr aufwendig, Daten und Systeme geeignet zu integrieren und, die Erfahrung

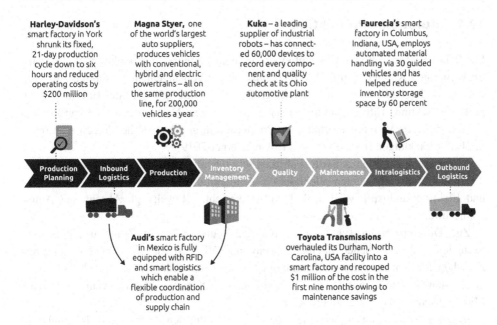

Abb. 10.13 Beispiele für Smart Factory in der Automobilindustrie. (Quelle: Capgemini, Automotive Smart Factories 2018)

zeigt, ist einmal ein Verknüpfungsprojekt fertig, so gibt es schnell Änderungen, der ehemalige Projektleiter ist aber nicht mehr greifbar. Auch werden, insbesondere bei den sog. Hidden Champions, den sehr spezialisierten Unternehmen, sehr hohe Anforderungen an die Datensicherheit von Produktionsdaten und Know-How-tragenden Anwendungen gestellt (siehe auch Collaborative Condition Monitoring (CCM), Abschn. 11.4). Zur Sicherstellung können Daten hierzu auf drei verschiedenen Netzwerkebenen zentral bzw. dezentral bearbeitet werden (nach: Festo 2019) bzw. (BMWi 2020):

- KI on Edge: Verarbeitung direkt auf der Feldkomponente
- KI on Premises: Verarbeitung in der Anlagensteuerung oder auf Werksebene

Bis hier behält der Anlagenbetreiber die volle Daten-Souveränität über seine (Maschinen-)Daten.

- KI in Cloud: Hier biete z. B. das EU-Projekt GAIA-X eine europäische Perspektive

Beispielsweise das EU-Projekt GAIA-X ermöglicht, Edge- und Cloud-Computing miteinander zu verbinden. Damit wird die Möglichkeit geschaffen, die Vorteile zentraler sowie dezentraler Datenarchitekturen zu nutzen (BMWi (GAIA-X) 2020).

10.4   Autonome Produktion

Die Smart Factory hat u. a. das Ziel einer autonom gesteuerten Produktion. Wie bereits im vorherigen Kapitel, gab es hierzu bereits in der Vergangenheit vielfältige Ansätze. Gerade die Digitalisierung hat hier aber große Fortschritte gebracht, der Einsatz der KI in der Produktion eröffnet zukünftig neue Möglichkeiten. Nach einer Studie von Roland Berger, rückt die Vision der autonomen Produktion in greifbare Nähe, derzeit allerdings mit Einschränkungen (Langefeldt und Roland Berger 2019):

„Zwar arbeiten einige „smarte" Fabriken schon heute relativ autonom, doch das Gros der Industrie erreicht derzeit allenfalls ein Autonomie-Level von 2, in der Automobil- und Elektronikindustrie wird auch Level 3 erreicht." (Level: vgl. Abschn. 3.7 Autonomiestufen).

Zur Differenzierung (vgl. auch Abschn. 2.3 und 3.2) ein Zitat zu autonomen Systemen und Künstlicher Intelligenz (Fay und VDI 2019): „Wir müssen zunächst zwischen hochautomatisiert und autonom klar unterscheiden … Anders als bei automatisierten Systemen entscheidet ein autonomes System selbständig, wann es welche Mittel einsetzt, um das Ziel zu erreichen."

In der Literatur gibt es verschiedenste Modelle, die den Aufbau und die Funktion der Automatisierungspyramide mit unterschiedlicher Anzahl an Ebenen erläutern. Das nachfolgende, in Abb. 10.14 dargestellte Modell basiert auf insgesamt fünf Ebenen (Ruderschmidt 2019):

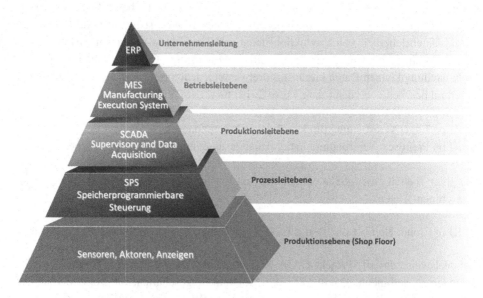

Abb. 10.14   Die Automatisierungspyramide. (In Anlehnung an Heinrich et al. 2017, S. 4)

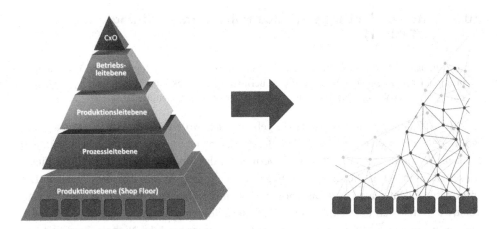

Abb. 10.15 Wandel der Automatisierungspyramide hin zu SPS. (In Anlehnung an VDI/VDE 2013)

In der autonomen Produktion sind die bisherig hierarchisch aufgebauten Strukturen als veraltet anzusehen und werden in Zukunft durch zunehmende Dezentralität abgelöst. (siehe Abb. 10.15 in Anlehnung an VDI/VDE 2013). Die Planung erfolgte in klassischen Pyramiden von der obersten Ebenen der Organisationshierarchie, mit hohen Freiheitsgraden in der Entscheidung aber geringer Detailliertheit, Top-Down in Bereiche mit mehr Detailierung aber weniger Entscheidungskompetenz. Dezentralität bedeutet auch, dass Hierarchien unwichtig werden, ggf. wegfallen und für sich alle Entscheidungen die dafür notwendige Kompetenz jeweils als Netzwerk neu bildet (vgl. auch Chaostheorie, Selbstorganisation, Schwarmverhalten, Abschn. 7.8). Das Internet der Dinge (IoT bzw. IIoT) sowie cyber-physische Systeme (CPS) werden diese neuen Ordnungsstrukturen intensivieren, wobei viele Daten „onboard" (eingebettet – embedded) verarbeitet werden (siehe entsprechende Abschn. 10.8, 10.9 und 10.5).

Die autonome Produktion wird aber nicht als Selbstzweck angestrebt, es geht um den ökonomischen Vorteil. Dies ist nicht nur eine rein technische Frage, weil der gesamte Wertschöpfungsprozess integriert werden muss, d. h. man muss sich, möglichst international, auf gemeinsame Standards einigen, und die Auswirkungen auf die Arbeitswelt sind zu berücksichtigen.

Weitere zu klärenden Fragen sind der Freiraum, der der Autonomie gegeben werden soll. Dabei geht es um Sicherheitsaspekte aber auch um Nützlichkeiten bezüglich Qualität, Zeit und Ressourcen.

Diese Überlegungen führen dazu, dass auch mittelfristig eher eine „kleine" Autonomie in der Produktion angestrebt wird.

10.5   Internet der Dinge – (Industrial) Internet of Things (IoT & IIoT)

„Das Industrial Internet of Things, der wohl größte Treiber für Produktivität und Wachstum in den nächsten zehn Jahren, wird die Neuerfindung von Sektoren beschleunigen, die fast zwei Drittel der Weltproduktion ausmachen." (Siemens und Accenture 2020).

Der Begriff „Internet of Things" (IoT) geht auf den Briten Kevin Ashton zurück. 1999 wollte der bei Procter & Gamble arbeitende Ingenieur wissen, warum ein bestimmter Lippenstift immer ausverkauft war. Er vermutete, dass mittels eines RFID-Chips dieses Rätsel zu lösen wäre. Die Idee, ohne Begrifflichkeit, geht auf das Jahr 1982 zurück: Der Informatikstudent David Nichols und seine Kommilitonen der Carnegies Mellon University ärgerten sich über einen leeren Getränkeautomaten. Dieser wurde so modifiziert, dass er, wenn leer, ein Signal an einen Zentralcomputer sendete. Nichols, inspiriert von dieser Idee, schrieb seine Doktorarbeit über die Steuerung eines Süßigkeitenautomaten (Stuecka 2018).

- *Das **Internet der Dinge (Internet of Things – IoT)** bezeichnet als Sammelbegriff ein System von miteinander über das Internet kommunizierender Maschinen. Dabei bekommt jedes Gerät eine eindeutige Identität (z. B. eigene IP-Adresse) und gibt Auskunft über den eigenen Zustand. Dadurch können Maschinen untereinander selbstständig Aufgaben abstimmen und steuern.*

Bei IoT steht der Konsument bzw. Endanwender im Fokus, Studien zufolge soll es bis 2025 weltweit mehr als 41 Mrd. IoT-fähiger Geräte geben. Anwendungen finden sich im Smart Home Bereich (Steuerung intelligenter Haushaltsgeräte, Heizungssysteme, Beleuchtung, Feuermelder etc.), bei Automobilen (Fahrzeug meldet Problem oder Service an Werkstatt) oder bei digitalen Assistenten („Druckerpatrone ist bald leer, neue sind bestellt").

Darüber hinaus ist innerhalb von Industrie 4.0 eine neue Anwendungskategorie entstanden, die den Zusatz „Industrial" zu „Internet of Things" trägt: IIoT. Dieser von General Electric (GE) geprägte Begriff verweist auf die deutlich höheren Anforderungen bei industriellen Anwendungen als im Konsumentenmarkt. Eine gute Arbeitsdefinition liefert (QSC AG Blog 2019):

- *Das **Industrial Internet of Things (IIoT)** ist „die Vernetzung komplexer Maschinen mit Sensoren, um mit Hilfe von Machine-to-Machine-Kommunikation (M2M) und Big-Data-Technologien Produktionsprozesse zu optimieren, Geräte zu überwachen und neue Geschäftsmodelle zu generieren." Auch hier sind Maschinen individuell, z. B. über eigene IP-Adressen, zu identifizieren.*

Leider sind diese Bezeichnungen (IoT, IIoT) in der Literatur nicht konsistent. So existieren in Veröffentlichungen über Industrie 4.0 beide Bezeichnungen, IoT und IIoT, nebeneinander, auch weil technologisch nur graduelle Unterschiede bestehen. IIoT arbeitet mit mehr Daten, präziseren Sensoren und genaueren Standorten. IoT Geräte sind eher für einen Massenmarkt bestimmt, daher in der Regel einfacher und kostengünstiger. Man könnte es so auf den Punkt bringen: Smart Factory ist IIoT (Industrial Internet of Things), Smart Home ist IoT (Internet of Things).

Das Thema ist auch und besonders im Mittelstand angekommen. So sieht eine Trendstudie im Auftrag der Deutschen Telekom, die wohl wegen der Datennetze und Konnektivität Interesse am Thema hat, dass 94 % aller befragten Mittelständler das Thema IoT für sehr relevant halten, 84 % haben bereits IoT-Anwendungen im Einsatz und 29 % haben eine Anwendung in der Einführungsphase (PAC Deutschland und Vogt 2019).

Die Anwendungen des IIoT liegen in der Überwachung und Steuerung von Produktionsprozessen, dem Qualitätsmanagement und der Logistik. Die flexible Produktion kann automatisiert Bestellvorgänge auslösen, Kapazitäten reservieren und Qualitätsdaten mit dem Kunden absprechen.

Hierdurch entsteht eine große Transparenz über die gesamte Liefer- und Wertschöpfungskette hinweg. Einzelne Objekte, seien es einzelne Produkte, Kisten, Container, können über GPS lokalisiert werden. Aktuelle Verfügbarkeiten, aber auch Lieferverzüge oder Qualitätsstreuungen können in Echtzeit, automatisiert berücksichtigt werden.

Weiter hilft IIoT bei der vorausschauenden Instandhaltung (Predictive Maintenance – siehe Abschn. 11.3). Maschinen können während der Anwendung Wartungsbedarf an den Hersteller melden und so auch die Produktion von Ersatzteilen initiieren.

Für IoT-Dienstleistungen gibt es mehrere Anbieter, u. a. hat Siemens ein offenes cloudbasiertes IoT-Betriebssystem namens MindSphere. Weitere Anbieter (Auswahl) sind die SAP Cloud Plattform for Internet of Things, IBM IoT oder Googles Cloud IoT Core.

Eine weitere interessante Anwendung von IoT ist die automatisierte Rückmeldung aus dem Feld, also während der Nutzung eines Produktes. Hieraus können automatisiert Informationen zur Wartung, Ersatzteillogistik aber auch Fehler gewonnen werden und direkt über einen direkten Zugriff auf den Produktionsprozess verarbeitet werden. So werden optimierte Durchlaufzeiten auch bei Auftragsänderung direkt an die Produktionsmaschine ermöglicht. Auf der gesamten Wertschöpfungskette entsteht ein Mehrwert und eine verbesserte Kundenbindung. Dies geht auch mittels intelligenter Agenten, eine agentenbasierte Rückmeldung.

Ein Anwendungsgebiet von IoT ist die Luftfahrt: Beispielsweise erfasst der britische Turbinenbauer Rolls-Royce in Zusammenarbeit mit dem indischen Tata-Konzern seine Sensordaten über eine IoT-Plattform erfassen und stellt so sicher, dass seine Triebwerke optimal laufen (Hill, IoT-Partnerschaft mit Tata Consultancy Services: Rolls-Royce treibt Strategie Digital First voran 2017).

Wichtiger Erfolgsfaktor, wenngleich auch Herausforderung, bei IoT, häufig unterschätzt, ist die **Konnektivität (Connectivity)** und Interoperabilität. Basis dafür sind verschiedenste Funktechnologien. Besonders in der drahtlosen Kommunikation sind deutliche Technologiesprünge zu verzeichnen. Unterschieden wird zwischen Funk-systemen mit kurzer bzw. hoher *Reichweite,* bezüglich der *Gebäudedurchdringungs*-fähigkeit sowie dem *Energiebedarf.* Für autonome System ist die *Flächenabdeckung,* im Gebäude oder als Netzabdeckung im Gelände, ebenfalls wichtig.

Während die Machine-to-Machine-Kommunikation (M2M, siehe Abschn. 8.1) beim IIoT noch häufig über das 2G-Netz (fern) sowie über normales Bluetooth bzw. WLAN (nah) funktioniert, wird das 5G-Netz wesentlich schnellere Datenübertragung zulassen, was z. B. für autonome System wichtig ist. Funkstandards NarrowBand IoT (NB IoT), LTE-M oder Bluetooth-Low-Energy (LE9) werden für Anwendungen im Internet of Things optimiert. Sie nutzen bestehende Geräte oder Mobilfunknetzwerke, sind aber bezüglich des Energieverbrauchs optimiert. In ersten Anwendungen sind sogenannten Low-Power-Wide-Area-Netzwerke (LPWA oder LPWAN), diese entwickelt sich rapide weiter. Auch eingebettet Systeme, wie die embedded eSIM, ein fest im Gerät integrierter Chip, der per Funksignal auf verschiedene Mobilfunkanbieter eingestellt werden kann, wird vieles verkleinern und bezüglich der Energieversorgung effizienter machen (siehe auch Abschn. 10.8).

10.6 Maschine als Service – Machine as a Service – (MaaS)

> „IoT wird für die Industrie der Zukunft eine zentrale Rolle spielen, davon bin ich überzeugt. Die Technologie wird helfen, Wertschöpfungsketten besser zu managen und zu optimieren. Nehmen wir den Maschinenbau: Die Branche steht in der Corona-Krise vor großen Herausforderungen, was den Absatz ihrer Produkte angeht, weil viele Kunden mit Investitionen zögern oder keine Finanzierung bekommen. Da sind gerade jetzt neue Modelle gefragt wie beispielsweise „pay-per-use". Der Kunde zahlt nur das, was er wirklich nutzt."
> Carsten Maschmeyer (Höhle der Löwen – Gründer Show) (Maschmeyer 2020).

Im Kontext der Smart Factory und Internet of Things wird häufig auch das Konzept der Maschine *als Service* genannt. Dabei gibt es zwei Typen:

- *Machine as a Service (MaaS) – Typ 1: Maschinen werden kostenlos oder zu geringen Kosten vom Hersteller bereitgestellt. Der Nutzer zahlt pro auf dieser Maschine hergestellten Artikel.*
- *Machine as a Service (MaaS) – Typ 2: Ein Kunde kauft eine Maschine und seine Kunden könnten diese Maschine dann z. B. abonnementbasiert, kostenpflichtig als Dienstleistung in ihren Montagelinien einsetzen.*

Typ 1 ist derzeit die gängige Anwendung. Die Einbindung in das Konzept der Smart Factory und des IIoT erleichtert die Anbindung zwischen Hersteller, Kunden und Nutzern, indem die von den Maschinen generierten Produkt- und Betriebsdaten in die entsprechenden Prozesse intern und extern integriert werden. Wie auch bei Leasing-Modellen üblich, verringern sich die Investitionskosten, die Flexibilität wird erhöht und es können auch temporäre Fertigungsaufträge angenommen werden. Die Wartung ist z. B. durch Predictive Maintenance besser planbar und kostengünstiger, muss aber i.A. vertraglich abgesichert vom Hersteller selbst durchgeführt werden statt von einem ggf. günstigeren freien Dienstleister. Bereits eingesetzt wird MaaS z. B. in der Medizintechnik aber auch z. B. bei Flugzeugtriebwerken.

10.7 Fertigungsmanagementsysteme (Manufacturing Execution Systems – MES)

Als wichtiger Baustein innerhalb einer smarten Produktion wird das *Manufacturing Execution Systems (MES)* angesehen.

Einfach definiert ist ein MES:

- *Ein **Manufacturing Execution Systems (MES)** erstellt ein digitales Abbild der Produktion und erfasst umfangreiche Daten aus verschiedenen Bereichen. So ermöglicht MES die Überwachung der Produktionsprozesse in Echtzeit.*

Die Richtlinie VDMA 66412-40 legt fest, wie MES in ein Industrie 4.0 Konzept als integrierte Datenbasis eingebunden werden kann. Daher spezifiziert diese Richtlinie unter Bezug auf die VDMA 66412 Teil 1 genauer:

- *„Ein **Manufacturing Execution System (MES)** ist ein prozessnah operierendes Fertigungsmanagementsystem oder Betriebsleitsystem. Es zeichnet sich gegenüber ähnlich wirksamen Systemen zur Produktionsplanung, wie dem ERP (Enterprise Ressource Planning), durch die direkte Anbindung an die Automatisierung aus und ermöglicht die zeitnahe Kontrolle und Steuerung der Produktion. Dazu gehören klassische Datenerfassungen und Aufbereitungen wie Betriebsdatenerfassung (BDE), Maschinendatenerfassung (MDE), Qualitätsdatenerfassung (CAQ), logistische Datenerfassung (Traceability), Maßnahmenmanagement zur Unterstützung des kontinuierlichen Verbesserungsprozesses (KVP) und Personalzeiterfassung (PZE), aber auch alle anderen Prozesse, die eine zeitnahe Auswirkung auf den Fertigungs-/Produktionsprozess haben.“*

MES-Fertigungsmanagementsysteme sind in der VDI-Richtlinie 5600 beschrieben. Diese besagt (VDI 2016): „Manufacturing Execution Systems (MES) … bieten eine sinnvolle funktionale Ergänzung, um alle Fertigungsprozesse zeitnah zu planen und zu steuern, die Prozesstransparenz zu gewährleisten und den Material- und Informationsfluss innerhalb der Supply Chain aktuell abzubilden. Darüber hinaus ergeben sich Möglichkeiten zur Unterstützung des kontinuierlichen Verbesserungsprozesses (KVP).“

Der Vorteil eines MES ist, dass statt einer vergangenheitsbezogenen Auswertung die Analyse in Echtzeit (Condition Monitoring) erfolgt. Dabei werden verschiedene,

Abb. 10.16   MES-System. (Quelle: Carl Zeiss MES Solutions GmbH – Guardus)

bereits existierende Ansätze, z. B. CAQ (Rechnerunterstützte Qualitätssicherung), MDE (Maschinendatenerfassung) sowie BDE (Betriebsdatenerfassung) unter einem Dach vereinheitlicht und zusammengefasst (Kirsch 2019). Abb. 10.16 zeigt die Einbindung eines MES-Systems in den Wertschöpfungsprozess.

Weiter relevant ist die ISO 22400-2 (Automatisierungssysteme und Integration – Leistungskennzahlen (KPI) für das Fertigungsmanagement) (ISO 2014). Diese wird benötigt, um die Kennzahlen für MES zu standardisieren und beschreibt unter anderem die enge Verknüpfung produktionsrelevanter Kennzahlen sowie die daraus resultierenden Key Performance Indikatoren (KPIs). KPIs können dann beispielsweise per App dezentral und flexibel abgerufen werden (siehe Abb. 10.17).

Um dies besser und bezüglich der Anforderungen an den Datenfluss effizienter zu gestalten werden neuartige Sensoren benötigt, die in Systemen „eingebettet" sind.

10.8   Eingebettete Systeme (Embedded Systems)

Innerhalb vieler KI-Systeme werden sog. eingebettete Systeme (Embedded System) verwendet. Diese Begriffe sollen hier erläutert werden:

- *Eingebettete Systeme (Embedded System – EBS) sind integrale, informationsverarbeitende Systeme, die sich aus Energie-, Hardware- und Softwarekomponenten zusammensetzen und in denen Mechanik, Sensorik, elektronische Hardware und Software als Wirkverbund eine genau definierte Funktion ermöglichen.*

Abb. 10.17 Produktionsüberwachung per App. (Quelle: Carl Zeiss MES Solutions GmbH – Guardus)

Eingebettete Systeme unterscheiden sich von anderen Komponenten, weil sie vollständig integriert sind und i.A. nicht vom System, für das sie entwickelt wurden, getrennt werden können. Sie dienen der Überwachung von speziell definierten Abläufen während der Nutzung, z. B. in der Luftfahrt, der Medizintechnik aber auch in Gegenständen des täglichen Lebens, wie Waschmaschinen, Unterhaltungselektronik u. ä. Der grundsätzliche Aufbau eines Embedded System ist in Abb. 10.18 skizziert.

Im industriellen Einsatz werden sogenannte **Embedded- Industrieplattform-Systeme** immer wichtiger. Diese werden genutzt um komplexe Bewegungssteuerungen innerhalb der Fertigungsautomatisierung aber auch der Logistik, Verpackungstechnik u. ä. miteinander abzustimmen. Dabei dürfen die eingebetteten Systeme nicht mit Barcodes und RFID verwechselt werden, die nur statische Herstellerinformationen auflisten. Embedded Systems sind kleine Computer mit integrierter Sensorik, die dynamisch den aktuellen Zustand eines Bauteils melden.

Besonders günstig sind die EBS, weil wegen des MRE-Konzeptes (siehe unten) Entwicklungskosten nur einmalig anfallen und die Stückkosten (Unit Cost) häufig ohne die NRE-Entwicklungskosten kalkuliert werden.

- **Non-Recuring Engineering Cost (NRE):** *Einmalige Entwicklungskosten für einbettete Systeme, d. h. nach Abschluss der Entwicklung können beliebige Stückzahlen produziert werden, ohne das es zu weiteren Entwicklungskosten kommt.*

Darüber hinaus werden häufig für einen speziellen Zweck konstruierte Prozessoren, sog. **Single Purpose Processor,** eingesetzt. Diese haben den Vorteil des geringeren

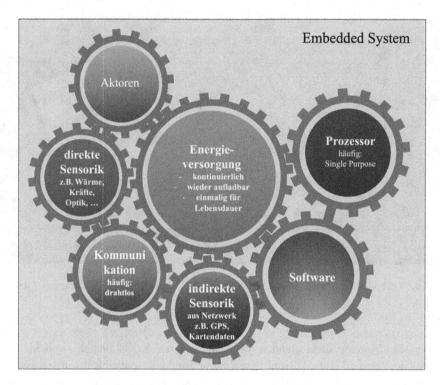

Abb. 10.18 Aufbau eines Embedded Systems

Bauraums, der besseren Leistung für die spezifizierten Anwendung sowie einem geringeren Energiebedarf. Zusammen mit NRE macht dies eine nachträgliche Modifikation schwierig und vermindert die Maintainability:

- *Maintainability: Möglichkeit das embedded System nach dem ersten Release zu modifizieren*

Alle diese Aufgaben, sei es industrielle oder im Consumerbereich, werden i.A. im Verborgenen ausgeführt. Ziel ist es, sie möglichst klein und bezüglich des Energiebedarfs sparsam zu konzipieren. Manche deeply embedded Systems (tief eingebettete Systeme) sind nicht an eine zentrale Energie- bzw. Datenversorgung angeschlossen, müssen also drahtlos kommunizieren und die i.A. nicht wieder aufladbare oder austauschbare Energieversorgung sollte möglichst Jahre halten. Dies erfolgt u. a. durch spezielle Softwarelösungen (vgl. dazu auch Sieber 2016).

Eingebettete Systeme gelten als sehr robust und wartungsarm bzw. -frei. Sie erfordern aber plausible Sensordaten. Da häufig eine Updatemöglichkeit wegen NRE fehlt, kann dies u. U. zu Problemen führen, die schwierig abgestellt werden können. Dies ist auch eine Herausforderung im Qualitätsmanagement, der u. a. mit „in the Loop"-Simulationen begegnet wird (siehe Abschn. 12.8).

Zwei Beispiele
Die zwei Abstürze der Boeing 737 MAX 2018 und 2019 mit 346 Todesopfern werden mit Embedded Systems in Zusammenhang gebracht (Jacob's Blog 2019), Yoshida 2019). Eine in der Presse häufig als „Softwareproblem" bezeichnete Tatsachte sollte sich doch zügig abstellen lassen, was aber nach über einem Jahr und Milliardenverlusten bei Boeing noch nicht geschehen ist. Dies spricht für eine sehr tiefe Einbettung des fehlerhaften Systems.

Die EU fordert, dass alle Neufahrzeuge mit einem fest eingebauten auf dem 112-Notruf basierenden bordeigenen eCall-System ausgerüstet sein müssen (EU 2015), hierfür wird in der Regel eine „Embedded SIM-Karte" eingesetzt. Beim neuen Golf VIII scheint es hierbei ein Problem zu geben, was zu Produktionsstopp und Rückrufaktion führt (HNA 2020), (tagesschau.de 2020).

10.9   Cyber-Physische Systeme (CPS und CPPS)

Cyber-Physikalische Systeme (CPS) ist Teil der Umsetzung von Industrie 4.0 in der Produktion und bildet die Grundlage für das Internet of Things (IoT). Jedoch gibt es für CPS, wie häufig bei der Digitalisierung und KI, verschiedene Definitionen. Allen ist ähnlich, dass CPS auf drei Komponenten basiert: eine (elektro-) mechanische Komponente, die Software sowie Informationstechnologie, die dezentral agiert. Anwendungsbezogen geeignet sind die folgenden Arbeitsdefinitionen:

- *„Cyber-Physical Systems sind hoch vernetzte eingebettete Systeme (Embedded Systems), die über Sensoren die Umwelt erfassen und Aktionen auslösen können."* (Hansen und Thiel 2012)
- *„Bei Cyber-Physical Systems handelt es sich um verteilte, miteinander vernetzte und in Echtzeit kommunizierende, eingebettete Systeme, welche mittels Sensoren die Prozesse der realen, physischen Welt überwachen und durch Aktuatoren steuernd bzw. regulierend auf diese einwirken. Sie zeichnen sich zudem häufig durch eine hohe Adaptabilität und die Fähigkeit zur Bewältigung komplexer Datenstrukturen aus."* (Fraunhofer IIS und Pflaum 2016)

Abb. 10.19 Aufbau eines Cyber-Physischen Systems (CPS)

Dabei bedienen sich CPS-Systeme verschiedener Technologien (siehe Abb. 10.19):

- Sensorik (zur Wahrnehmung der Umwelt)
- Aktoren (zum Agieren in der realen, physischen Umwelt)
- Datenbanken & Echtzeit-Datenverarbeitung
- Software für autonomes Computing (zum autonomen Agieren)
- drahtlose Vernetzungstechnologien (i.W. RFID, NFC, WSN, RTLS)
- Embedded-Systems-Technology (eingebettete Systeme)
- Mensch-Maschine-Schnittstelle

Eingesetzt werden CPS-Systeme innerhalb der Industrie 4.0 für Logistik, Produktion, Mobilität und Energie sowie bei Smart Grid Anwendungen.

Insbesondere, wenn solitär in der Produktion eingesetzt, spricht man von ***CPPS (Cyber Physical Production System)***. Dieses modulare Produktionskonzept auf Basis von CPS soll einfach konfigurierbar, variabel bezüglich Produktänderungen und flexibel bei Quantitätsschwankungen sein. „Die … Integration der Informations- und Kommunikationstechnologie (IKT) der CPS in Produktionssysteme führt zur Entstehung sogenannter Cyber-Physischer Produktionssysteme (CPPS) im Sinne einer intelligenten Fabrik (Smart Factory). Ziel der CPPS ist eine durchgängige Verfahrenskette über den gesamten Produktlebenszyklus, um nachhaltig die Flexibilität und Effizienz der industriellen Produktion zu steigern." (BMWi 2014).

10.10 System der Systeme – System of Systems (SoS)

CPS-Systeme zeigen ein Schwarmverhalten wie in der Natur, wobei sich Aggregationen (Anhäufung) von Individuen zu einem Schwarm zusammenzuschließen. Schwarm-intelligenz bedeutet hierbei eine kollektive Intelligenz, die über die Möglichkeiten des Individuums hinaus gehen.

Wichtig ist hierbei die sog. Emergenz *(emergere: (lat.):* hervorkommen, auftauchen), ein Begriff aus der Systemtheorie, der das plötzliche, selbst organisierte Entstehen von geordneten Strukturen aus Unordnung beschreibt (vgl. Chaostheorie, Abschn. 7.8).

Abb. 10.20 Vom intelligenten System über die Kooperation von Systemen zur Cyber-Physischen System (CPS)

In der Technik gibt es für Schwarmverhalten den Begriff „System der Systeme":

- *Bei **System der Systeme** bzw. englisch „**System of Systems**" (SoS) handelt es sich um mehrere Systeme, die sich selbst durch ein übergeordnetes, komplexeres System **zweckgebunden** verknüpfen, um als Einheit eine bestimmte Aufgabe zu lösen. Wesentlich für SoS ist das **emergente Verhalten**, d. h. die Eigenschaften des Gesamtsystems bilden sich spontan erst durch das Zusammenspiel.*

Abb. 10.20 zeigt die Einordnung von SoS und CPS in intelligente Systeme.

Wichtig dabei ist das Zusammenspiel mehrerer CPS-Systeme, die ***Interoperabilität***. Eine generische Interoperabilität stellt aber derzeit noch eine Herausforderung dar, Standards für die Interoperabilität befinden sich noch in der Entwicklung (generisch hat mehrere Bedeutungen, hier: nicht spezifisch, austauschbar). Es gibt allerdings bereits Ansätze, z. B. in Form offener Standards, wie z. B. der Multi-Standards IOS (Interoperabilitätsspezifikation) oder OPC UA (siehe Kapitel M2M 8.1).

Grundlegend wichtig für CPS ist u. a. die Verwendung von eingebetteten Systemen als Basistechnologie, die in den Bereich des **Ubiquitous Computing** fallen.

10.11 Ubiquitous Computing

Ubiquitäres Computing (Ubiquitous Computing), kurz *UbiComp,* ist der nächste Schritt der Entwicklung. Hierbei geht es um die *Vision des allgegenwärtigen, aber unsichtbaren Computers* (siehe Abb. 10.21):

Abb. 10.21 Entwicklungsstufen vom Mainframe-Computer zu Ubiquitous Computing

- *„Ubiquitous (Allgegenwärtiges) Computing"* ist ein Post-Desktop Modell der Mensch-Computer-Interaktion, bei der digitale Informationsverarbeitung in weiten Teilen in Alltagsgegenstände und Alltagspraxen integriert ist.* " (Pipek 2014)
- *„Ubiquitäre Systeme"* bezeichnet keine konkrete Technologie, sondern eine informatische Vision allgegenwärtiger Datenverarbeitung und Nutzung informatischer Systeme, bei der es weder nennenswerte Bedienungsanforderungen noch Hardware- belastungen für den Nutzer gibt. Ubiquitäre Systeme agieren quasi unsichtbar im Hintergrund unseres Handlungsfeldes.* " (Wiegerling 2013)

Letztlich charakteristisch für die aktuell angewendete Technologie ist Dezentralisierung der Systeme, die damit einhergehende umfassende Vernetzung, die Einbettung von Hardware und Software in Geräten und Gegenständen des täglichen Gebrauchs sowie deren mobile Nutzung.

Synonym genutzt wird häufig der Begriff *Pervasive Computing.* Von der englischen Wortbedeutung her ist „Pervasive" der Vorgang des Ein- bzw. Durchdringens der Technologie während „Ubiquitous" den Zustand des allgegenwärtig seins beschreibt. Dabei ist Pervasive Computing eher industriell geprägt ist und die unterschiedliche Benennung wohl historisch begründet:

Ubiquitous Computing wurde Anfang der 1990iger Jahre von Mark Weiser, einem Wissenschaftler des Xerox Palo Alto Research Center (PARC), als eine akademisch- idealistische Langfristvision geprägt: „The Computer for the 21st Century: Specialized elements of hardware and software, connected by wires, radio waves and infrared, will be so **ubiquitous** that no one will notice their presence" (Weiser 1991). Angesichts des sich abweichenden Trends zur Vernetzung und Mobilkommunikation entwickelte die Industrie, allen voran IBM 1998 auf der Computermesse CeBit in Hannover, das alter- native Konzept des Pervasive Computing. vgl. (Friedewald 2008).

Mit der Zeit entwickelten sich weitergehende Begriffe im Umfeld des Ubiquitous Computing, wie „Ambient Intelligence" (Intelligenz der Umgebung), „Mobile Computing" (mobile Datenverarbeitung) sowie das von Nokia Research eingeführte Wortspiel „Everyware".

Ubiquitous Computing kombiniert verschiede Technologien in eine zumeist ein- gebettete (embedded) Umgebung: Sensoren, Aktoren, automatische Identifikations- systeme (Auto-ID, z. B. durch RFID) sowie Positionierungssysteme (z. B. GPS) als auch drahtloser Netzwerke.

Getragen wird Ubiquitous Computing, neben der *dominierenden Vernetzungstechno- logie,* vor allem von mehreren wesentlichen Trends:

- *Einbettung (embedded):* Der klassische Computer verschwindet mehr und mehr. Er wird immer weiter in Alltagsgegenstände integriert, bis er vom Anwender gar nicht mehr als solcher wahrgenommen wird.
- *Mensch-Maschine-Kommunikation (MMI):* Die klassischen (Tastatur-)Ein- gaben werden abgelöst durch Spracherkennung, Gesten-Steuerung, Erkennung von Situationen (z. B. Schlafen, Sport) oder menschlicher Mimik u. v. m.

- *Interoperabilität:* Die KI besorgt sich die notwendigen Informationen selbst, z. B. über Internet of Things (IoT) oder interne bzw. externe Sensorik. Dies bedeutet, dass die Geräte untereinander kompatibel kommunizieren und agieren können. Auch hier verschwindet die Wahrnehmung des Computers als solcher.
- *Miniaturisierung* aller Bauteile, insbesondere der Sensorik sowie der drahtlosen Netzwerktechnik und der Energieversorgung.
- *Intelligente Materialien (Smart Materials):* Dieses sind „normale" Gegenstände, also beispielsweise Bekleidung oder Flugzeugtragflächen, die gleichzeitig sensorische Eigenschaften besitzen, z. B. Lokalisierung und Messung von Wärme, Feuchtigkeit, Belastungsspitzen etc.
- *Verteilte Systeme, Dienstbasierte Architektur (Service-Oriented Architecture, SOA) & Grid Computing:* Softwarearchitektur, die eine gemeinsame Nutzung von Rechenkapazitäten auf verschiedenen Geräten eines Netzwerks erlauben sowie verteilte Softwarearchitektur, bei der Dienste an verschiedenen Stellen in einem Netzwerk oder im Internet verfügbar sind.
- *Webbasierte Dienste (Web Services)* mit offenen und standardisierten Protokollen zum Datenaustausch zwischen Anwendungen.

Damit ist Ubiquitous Computing in der Lage, einen Kontext wahrzunehmen *(Context Awareness)* und mit Aktivitäten zu reagieren, ohne dass es einer fallspezifischen Konfiguration bedarf.

Ubiquitous Computing durchdringt mittlerweile alle Lebensbereiche, sowohl auf der Konsumentenseite über beispielsweise eine Smart Watch oder mit SmartX-Anwendungen (z. B. Smart Home, Smart Energy, …), als auch im industriellen Bereich, z. B. der Produktion.

Im industriellen Bereich wird Ubiquitous Computing derzeit insbesondere bei der Produktidentifikation, in der Warenwirtschaft und Logistik, Fahrzeugkontrollsystemen sowie bei der Zugangskontrolle eingesetzt.

10.12 Digitaler Zwilling (Digital Twin)

„Okay, Houston, we've had a problem here"
Jack Swigert, Astronaut Apollo 13

Dieser Satz aus der Apollo-Raumkapsel im April 1970, weit weg von der Erde in Richtung Mond, hätte die Initialzündung für den Digitalen Zwilling sein können. Es begann die Rettung der Astronauten. Dabei musste ein hochkomplexes System, vollkommen gegen seinen ursprünglichen konzipierten Zweck, abgeändert werden. Das Mondlandemodul (LEM – Lunar Excursion Module) übernahm die Lebenserhaltung und Steuerung. Es kam zu Inkompatibilitäten, z. B. beim Anschluss eines CO_2 Filters, das LEM-System war anders als das in der Apollo-Kapsel. Keiner wusste, wie das Gesamtsystem auf die Änderungen reagiert. Der zuständige Entwicklungsingenieur für das LEM in der Hollywoodverfilmung von 1995 zog sich recht ungeschickt aus der Verantwortung mit dem Satz: „We can't make any guaranty. We designed the LEM to land on the moon." (Wir können für nichts garantieren. Das Mondlandemodul wurde entwickelt, um auf dem Mond zu landen.)

Wie einfach wäre es doch damals gewesen, hätte man einen digitalen Zwilling gehabt, mit dem man die Auswirkungen der nun folgenden extrem komplexen Eingriffe ins System hätte vorhersehen können. Es ist dennoch gut ausgegangen, nicht nur im Film sondern auch für den LEM-Entwicklungsingenieur.

Die zentrale Herausforderung an heutige Produktionssysteme ist die Geschwindigkeit. Produktionszeiten sollen verkürzt werden, Kosten- und Termindruck steigt. Maschinen und Anlagen sollen produzieren, während die nächsten neuen Aufgaben bereits in der Konzeption sind.

Zeit für ausführliche Experimente mit realen Produktionsmitteln oder gar „Spielwiese" für Innovationen ist kaum mehr vorhanden. Simulationssysteme sind die Lösung, diese stoßen aber aufgrund nur bedingter Echtzeitfähigkeit schnell an Grenzen.

Der Digitale Zwilling (Digital Twin) gilt als Basis für Industrie 4.0. Dabei handelt es sich um eine Virtualisierungstechnologie, die einen realen Prozess virtuell in Echtzeit abbildet.

Beim Digitalen Zwilling (Digital Twins) handelt es sich um ein deutschsprachiges Phänomen. „„Im angelsächsischen Sprachraum ist der Terminus weitgehend ungebräuchlich', bestätigt Damian Bunyan, Brite und CIO des weltweit operierenden Energiekonzerns Uniper" in einem Interview. Dies kann zu Missverständnissen führen, denn Digitale Zwillinge gehen weit über digitale Modelle der realen Produkte bzw. Prozesse hinaus. Sie reagieren mit ihrer Umwelt in Echtzeit und agieren dabei dann so, wie ein „echter" Prozess. (Köhler H.-J. 2018).

In der Europäische Datenstrategie der Europäische Kommission werden Digital Twin wie folgt definiert (Europäische Kommission 2020, S. 3):

- Ein **Digitaler Zwilling** *ist eine virtuelle Nachbildung eines physischen Produkts, Prozesses oder Systems.*

Ein digitaler **Zwilling eines Produkts** kann bereits in der Definitionsphase der Produktentwicklung entstehen. Mit ihm können dann im Vorfeld diverse Tests simuliert werden, etwa zur Stabilität, Benutzerfreundlichkeit und Produktsicherheit. In der Nutzungsphase geben Sie Aufschluss über die Funktionsfähigkeit des Produkts oder können bei Problemen vorab die Ursache ermitteln. In diesem Fall kann schnell entschieden werden, was zu tun ist – Vor-Ort-Instandsetzung, Einsenden an den Hersteller, etc. -, was an Ersatzteilen und Werkzeugen bereitgestellt werden müssen, ggf. wo diese beschafft werden können, und wie lange es dauern wird.

Genauso wichtig wie das Produkt ist die Produktion desselben. Hier wird ein Großteil der Kosten festgelegt. Daher gibt es auch einen **digitalen Zwilling für die Produktion.** Dieser bildet den kompletten Wertschöpfungsprozess in einer virtuellen Umgebung ab.

Besonders bei Ausfällen in hochkomplexen Anlagen können digitale Zwillinge verschieden Szenarien „ausprobieren". Lange Stillstandszeiten zur Fehlerlokalisierung, die Gefahr, dass bei einer Veränderung hier eine ungewollte Reaktion dort entsteht, kann vermindert werden.

Darüber hinaus gibt es einen sog. *digitalen Zwilling der Performance.* Hier lassen sich, neben dem Energieverbrauch, auch Betriebszeiten und die vorausschauende Instandhaltung optimieren.

Diese unterschiedlichen Digitalen Zwillinge können miteinander verknüpft werden.

Im Gegensatz zu einer einfachen Simulation, die mehr oder weniger nur einmal für einen bestimmten Zweck genutzt wird, begleiten Digitale Zwillinge das reale Vorbild über den gesamten Lebenszyklus. Dadurch lernen die Digitalen Zwillinge und leisten einen Beitrag zur Optimierung. Die Stärke liegt nämlich darin, dass der digitale Zwilling hoch komplexe Systeme in Echtzeit abbilden kann. So entsteht eine hohe Transparenz über die gesamte Wertschöpfungskette, vom Zulieferer bis zum Kunden und darüber hinaus während der Produktnutzung.

Der Digitale Zwilling arbeitet optimal in Verbindung mit dem Internet of Things. Reale Nutzungsdaten in Echtzeit mittels IoT bzw. IIoT ergänzen und verbessern die virtuellen Modelle. So können Leistungserwartungen mit den Performance-Voraussagen abgeglichen werden.

10.13 Digital Thread

Der Partner des Digitalen Zwillings ist der Digital Thread. Der digitale Zwilling stellt das „jetzt" seines realen Zwillings dar. Der Digital Thread ist demgegenüber eine Aufzeichnung der vergangenen Daten und ihrer zeitlichen Entwicklung. Er kann also sagen, „warum" etwas so gekommen ist, insbesondere bei KI-Systemen die „Absicht" transparent machen.

Dabei greift das Digital Thread auf alle vorhandenen Daten eines Systems zurück, auch die verstreut abgelegten, aus nicht-vernetzten IT-Systemen. So wird eine lückenlose Rückverfolgung über den gesamten Lebenszyklus ermöglicht. Diese aus dieser Rückkopplung gewonnene Erfahrung fließt dann bei neuen Produkten mit ein.

Der Unterschied zu früheren einfachen Datenaufzeichnungen ist die einheitliche Struktur und der einheitliche Zugriff auf Daten, auch wenn sie chaotisch verstreut sind.

- *Unter **Digital Thread** versteht man den **einheitlichen** Zugriff auf alle Daten, auch verstreute Daten, die während des gesamten Lebenszyklus entstanden sind.*

Unterschieden wird dabei zwischen zwei Datengruppen:

Die digitalen Definitionen der Produkte bzw. Prozesse geben das „Soll" wieder, so wie beispielsweise in Konstruktion, Lasten- und Pflichtenheften, Lieferantenvereinbarungen oder Prozessplänen festgelegt. Diese Daten liegen oft verstreut, auf verschiedenen, nicht aufeinander abgestimmten Systemen vor und müssen entsprechend zusammengeführt werden.

Die zweite Datengruppe entspringt aus der Nutzung des Produktes bzw. aus der Produktion. Sie können Sensorwerte sein, aber auch QM-Daten oder andere Aktivitätsdaten.

10.14   Virtual, Augmented & Mixed Reality Systems (VR, AR, MR) in der Produktion

Es geht bei den genannten Technologien darum, Immersion zu erzeugen. Dies muss zunächst erläutert werden:

- *Immersion beschreibt das Eintauschen in eine (künstliche) Welt. Dabei entsteht Präsenz, das subjektive Gefühl, man befindet sich mit seinen Sinnen und auch mental tatsächlich „im" Geschehen. Immersion ist das Gegenstück zu einem Fenster bzw. Bildschirm, bei dem man das Geschehen „von außen" wahrnimmt.*

Weiter wird unterschieden zwischen:

- *mentaler Immersion: Der Rezipient (Empfänger, hier für Leser, Hörer, Betrachter) fühlt sich „in die Handlung hineinversetzt", also als tatsächlicher Teilnehmer. Dies ist nicht nur ein neues Phänomen bei VR/AR, sondern vom vertieften Bücherlesen oder Film anschauen her bekannt.*
- *physikalische Immersion beschreibt das sinnhafte und körperliche Erleben einer Situation und verstärkt so die mentale Immersion. Dies kann z. B. durch eine frei wählbare 360°-Blickrichtung (VR-Brillen, HMDs – Head-Mounted-Displays) geschehen oder Handschuhe mit haptischem Feedback, Sitze mit Vibratoren oder, wie im Flugsimulator, durch das Fühlen von Lage im Raum bzw. Beschleunigungen.*

Eine Sonderform der mentalen Immersion ist die **Ortsillusion,** man fühlt sich an einem anderen Ort, die eine Involviertheit des Nutzers hervorruft. Dies wird bei Videospielen gerne genutzt.

- *Virtual Reality (VR) bzw. die „virtuelle Realität" bezeichnet das Eintauchen in eine computergenerierte, virtuelle Welt.*

Bekannt sind Konsumentenanwendungen, z. B. im Gaming und bei 360°-Filmen. Darüber hinaus gibt es Ansätze in der Bildung, dem sog. *immersive Learning.* Im Produktmarketing wird VR eingesetzt, um Produkte bzw. deren Anwendung zu präsentieren.

Für industrielle Anwendungen interessanter ist die Augmenten Reality, die häufig mit Mixed Reality einhergeht:

- *Augmented Reality (AR) bedeutet im Deutschen soviel wie „erweiterte Realität".
  Es geht dabei darum, dem Nutzer zusätzlich zur Realität weitere Informationen zu
  geben oder zusätzliche Gegenstände einzublenden. Im Prinzip werden die zwei Welten
  (Bilder), real und virtuell, überlagert, ohne jedoch zusammen zu interagieren.*

Häufig genutzt wird dies z. B. beim Smartphone. Ortsbasierte AR-Anwendungen
blenden in Museen oder historischen Bauwerken beispielsweise zusätzliche
Informationen oder Bilder ein, wenn die Kamera auf einen bestimmten, realen Gegenstand gerichtet wird. Auch gibt es Spiele Apps, die mit AR funktionieren, z. B. Pokémon
GO.

- *Mixed Reality ist der Augmented Reality sehr ähnlich, erlaubt aber zusätzlich eine
  direkte Interaktion zwischen realer und virtueller Welt.*

Im Prinzip handelt es sich bei Mixed Reality um eine besondere Art der Mensch-
Computer-Interaktion (Human Computer Interaction, HCI) bei der Umgebungseinflüsse
mitberücksichtigt werden (Abb. 10.22).

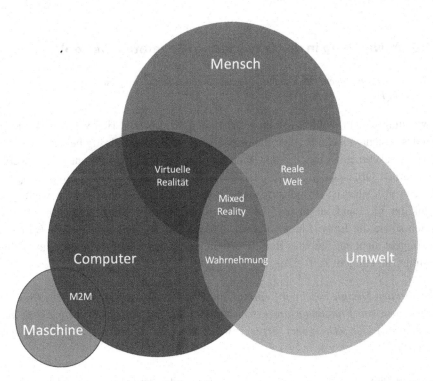

Abb. 10.22 Virtual, Real & Mixed Reality in Anlehnung an: (Microsoft, Was ist Mixed Reality?
2018)

Tab. 10.1 Unterschiede zwischen Virtual, Augmented und Mixed Reality (VR, AR, MR)

	Virtual Reality (VR)	Augmented Reality (AR)	Mixed Reality (MR)
	Virtuelle & reale Welt getrennt	Digitaler Inhalt überlagert reale Welt	Digitale Inhalte interagieren mit der realen Welt
Reale Welt	Unsichtbar	Sichtbar	Sichtbar
Verbindung zwischen realer und virtueller Welt	Nein	Ja, nur Information	Ja, auch Geschehen
Handlung in der einen Welt betrifft die andere Welt	Nein	Nein	Ja

Das vielleicht bekannteste Beispiel hierfür ist Google Glass, eine Brille des Unternehmens Google LLC, **Microsoft HoloLens.**

Zumeist geschieht dies durch sog. Wearables (Wearable computers – am Körper getragene Computer) (Tab. 10.1).

10.15 Anwendung in der Entwicklung (Generative Design)

„Nicht mit Erfindungen, sondern mit Verbesserungen macht man Vermögen"
  Henry Ford

Entwicklung und Produktion gehören zusammen. Wie bereits Henry Ford erkannt hat, nützt das bestentwickelte Produkt nichts, wenn es nicht kostengünstig hergestellt werden kann. Umgekehrt muss das Produkt auch optimal für die Fertigung entwickelt werden. In modernen Organisationen wird daher die Entwicklungsabteilung gerne fertigungsnah verortet. Daher ist es industriepolitisch für Deutschland bzw. Europa wichtig, die Produktion im Land zu lassen. Die Philosophie einen Think-Tank (den Kreativen Bereich sowie die Entwicklung) hier, die Produktion in außereuropäischen Billiglohnländern geht nicht auf. Wie das Beispiel China und Indien zeigen, folgt die Entwicklung, allerdings mit einigem Zeitverzug, der Produktion.

- *Generative Design beschreibt eine algorithmische Entwurfsmethode von Produkten aber auch von Produktionsprozessen, bei dem das Ergebnis nicht mehr direkt durch den Entwickler (Designer) erzeugt wird, sondern durch einen programmierten Algorithmus.*

Beim Generative Design, so wie es derzeit angewendet wird, entwerfen KI und Mensch gemeinsam. Dies können Produkte sein, aber auch Produktionsprozesse. Der Vorteil:

Innerhalb kürzester Zeit lassen sich sehr viele Designvarianten generieren und direkt virtuell mittels Algorithmus testen.

Die Vorgaben sind lediglich Parameter wie Werkstoff, geometrische Bedingungen, Gewicht, verfügbare Herstellungsverfahren sowie Kosten (z. B. über Target Costing – Zielkostenrechnung). Die KI, unterstützt durch maschinelles Lernen, erstellt z. T. Tausende von Entwürfen zusammen mit den entsprechenden Leistungsanalysen. Prototypen können dann z. B. in 3D-Druckern gefertigt werden.

„Der dadurch erheblich beschleunigte Design- und Entwicklungsprozess ermöglicht kürzere Modellzyklen, und er hilft Unternehmen Kosten zu senken, sowohl in der Produktion wie auch in der Anwendung bzw. im Betrieb." So setzt z. B. Airbus und Mercedes-Benz auf Generative Design. (Schaffrinna 2018).

10.16 Connected Shopfloor

Die Fertigungsplanung sowie die Sicherung der Fertigungsqualität unter Industrie 4.0-Bedingungen, z. B. Losgröße 1, benötigten eine durchgängige Transparenz der Fertigungsdaten. Dies erfordert ein einheitliches Datenhandling. In gewachsenen Strukturen stellt dies häufig ein Problem dar, es kommt zu Kompatibilitätsbrüchen, weil Fertigungselemente zumeist an einen proprietären Standard gebunden und nicht „offen" genug sind.

- *Connected Shopfloor ist ein Ansatz, der im Produktionsbereich Digitalisierungsinseln öffnet, um mit anderen, ebenfalls offen gestalteten Anwendungen zusammenarbeiten zu können.*

Im Prinzip werden unter diesem Schlagwort viele bereits beschriebene Technologien zusammengefasst, z. B. die Vereinheitlichung von Datenstandards, Edge- bzw. Cloud Speicherung (dezentrale bzw. Netzspeicher), das Data- bzw. Process Mining, VR-Techniken und Predictive-Ansätze. Hierzu bedarf es einem zentralen Datenmanagement, in diesem Zusammenhang gerne als „Datendrehscheibe" bezeichnet. Wichtig dabei ist die sog. *Skalierbarkeit,* die Fähigkeit eines Systems, eines Netzwerks oder eines Prozesses zur bedarfsgerechten Größenanpassung.

10.17 Fragen zum Kapitel

1. Was sind die grundsätzlichen Chancen der Digitalisierung in der industriellen Wertschöpfung? Überlegen Sie, ob es Unterschiede gibt, für kleine Unternehmen, für Mittelständler und für Konzerne.
2. Aus welchen technologischen Errungenschaften speist sich die derzeit in **der Produktion** angewendete Digitalisierung? Nennen Sie Beispiele?

3. Benennen Sie verschiedene Bausteine einer digitalen Infrastruktur in der Produktion. Nennen Sie zu jedem Punkt ein Beispiel aus Ihren industriellen Erfahrungen.

4. Was ist eine Smart Factory und aus welchen Teileelementen besteht sie?

5. Welche Anforderungen werden an ein KI-System im Produktionsumfeld gestellt? Begründen sie jeden Punkt mit einem Beispiel aus dem Wertschöpfungsprozess.

6. Was bedeutet Skalierbarkeit, Robustheit und Resilienz? Wo liegen die Schwierigkeiten?

7. Was unterscheidet Eingebettete Systeme von einer „normalen" Sensorik. Warum ist es dabei besonders wichtig, bereits in der Entwicklung die Soft- und Hardware genauestens abzustimmen?

8. Wozu werden „… in the Loop-Simulationen" bei Embedded Systems eingesetzt (siehe auch Abschn. 12.8)?

9. Welche Technologien beinhalten Cyber-Physische-Systeme (CPS, CPPS)? Beschreiben sie dabei den Aufbau und die Aufgabe von CPS-Systemen.

10. Was verstehen Sie unter dem System of Systems (SoS)? Erklären Sie dabei das emergente Verhalten und ziehen Sie Parallelen zur Chaostheorie.

11. Denken Sie sich Anwendungen für den Digitalen Zwilling im Produktionsumfeld aus. Worin liegen die Vorteile? Was ist der Unterschied zum Digital Thread?

12. Was ist das Internet of Things? Erklären sie das Funktionsprinzip und warum wird es als die Schlüsseltechnologie bei Industrie 4.0 bezeichnet?

13. Überlegen Sie Anwendungen des Industrial Internet of Things im Qualitätsmanagement.

14. Abgesehen von Qualitätsüberwachung, wofür könnte eine automatisierte Rückmeldung von Produkten aus der Nutzung wichtig sein?

15. Erklären Sie Ubiquitous Computing und warum ist dies auch für industrielle Anwendungen wichtig? Finden Sie Beispiele.

16. Erläuterten Sie AR und VR und geben Sie industrielle Verwendungen hierfür.

17. Bei verteilten Systemen kann die Lichtgeschwindigkeit limitierender Faktor sein, warum? Wie begegnen Sie diesem Problem, ohne die Naturgesetze infrage zu stellen?

18. Viele Industrieunternehmen, Konzerne wie KMUs, sehen den Menschen weiterhin im Mittelpunkt der digitalen Produktion mit Industrie 4.0. Demgegenüber stehen populäre Autoren, die vor hohen Arbeitsplatzverlusten waren. Wie sehen Sie die Zukunft der menschlichen Arbeit im Wertschöpfungsbereich? Tragen Sie Argumente pro und contra zusammen und wägen Sie diese gegeneinander ab.

Literatur

Bößenecker, H. (07. August 1981). Die dritte Schicht: Geister der Nacht. https://www.zeit.de/1981/33/die-dritte-schicht-geister-der-nacht/komplettansicht. Zugegriffen: 10. Juni 2020.

BMWi. (Mai 2014). Zukunft der Arbeit in Industrie 4.0. https://www.bmwi.de/Redaktion/DE/Publikationen/Digitale-Welt/zukunft-der-arbeit-in-industrie-4-0.pdf?__blob=publicationFile&v=3. Zugegriffen: 11. Okt. 2020.

BMWi. (2020). GAIA-X Eine vernetzte Datenstruktur für ein europäisches digitales Ökosystem. https://www.bmwi.de/Redaktion/DE/Dossier/gaia-x.html. Zugegriffen: 11. Okt. 2020.

BMWi, B. (2020). Was ist eine intelligente Fabrik („Smart Factory")? https://www.bmwi.de/Redaktion/DE/FAQ/Industrie-40/faq-industrie-4-0-03.html. Zugegriffen: 14. Juni 2020.

BMWi (GAIA-X). (04. Juni 2020). Broschüre: GAIA-X – das europäische Projekt startet in die nächste Phase. https://www.bmwi.de/Redaktion/DE/Publikationen/Digitale-Welt/gaia-x-das-europaeische-projekt-startet-in-die-naechste-phase.html. Zugegriffen: 5. Juni 2020.

Buchanan, M. (11. Februar 2015). Finanzmärkte und Technologie: Börsenhandel in Lichtgeschwindigkeit. https://www.spektrum.de/kolumne/boersenhandel-in-lichtgeschwindigkeit/1331927. Zugegriffen: 6. July 2020.

Capgemini. (02. Mai 2018). Automotive smart factories. https://www.capgemini.com/de-de/wp-content/uploads/sites/5/2018/05/dti-automotive-smart-factories_report-update.pdf. Zugegriffen: 21. Juni 2020.

Daimler. (02. September 2020). Mercedes-Benz präsentiert mit der Factory 56 die Zukunft der Produktion. https://www.daimler.com/innovation/digitalisierung/industrie-4-0/eroeffnung-factory-56.html. Zugegriffen: 18. Okt. 2020.

Deloitte. (Dezember 2016). Manufacturing 4.0: Meilenstein, Must-Have oder Millionengrab?Warum bei M4.0 die Integration den entscheidenden Unterschied macht. https://www2.deloitte.com/content/dam/Deloitte/de/Documents/operations/DELO-2267_Manufacturing-4.0-Studie_s.pdf. Zugegriffen: 14. Juni 2020.

DIN SPEC 92001-2. (05. Mai 2020). Künstliche Intelligenz – Life Cycle Prozesse und Qualitätsanforderungen – Teil 2: Robustheit. https://www.beuth.de/de/technische-regel/din-spec-92001-1/303650673. Zugegriffen: 6. Mai 2020.

Erikson, A., & Stanton, N. (26. Januar 2017). Takeover time in highly automated vehicles: Noncritical transitions to and from manual control. https://journals.sagepub.com/doi/full/https://doi.org/10.1177/0018720816685832. Zugegriffen: 4. Juni 2020.

EU. (29. April 2015). Verordnung (EU) 2015/758 Des Europäischen Parlaments und Des Rates. https://publications.europa.eu/resource/cellar/8a6d6896-fdf8-11e4-a4c8-01aa75ed71a1.0004.03/DOC_1. Zugegriffen: 20. Mai 2020.

Europäische Kommission. (19. Februar 2020). WEISSBUCHZur Künstlichen Intelligenz – ein europäisches Konzept für Exzellenz und Vertrauen – COM (2020) 65 final. https://ec.europa.eu/transparency/regdoc/rep/1/2020/DE/COM-2020-65-F1-DE-MAIN-PART-1.PDF. Zugegriffen: 11. Okt. 2020.

Fay, A., & VDI. (02. July 2019). Künstliche Intelligenz (KI) Produktion der Zukunft: Autonome Systeme sind mehr als hochautomatisiert. https://www.vdi.de/news/detail/produktion-der-zukunft-autonome-systeme-sind-mehr-als-hochautomatisiert. Zugegriffen: 24. Juni 2020.

Festo. (31. März 2019). Künstliche Intelligenz für die Automatisierung. https://www.festo.com/net/de_de/SupportPortal/Details/565524/PressArticle.aspx#ctl00_a_cphMain_trImage. Zugegriffen: 11. Okt. 2020.

FIR e. V. an der RWTH Aachen. (2015). Smart Operations Whitepaper. https://www.fir.rwth-aachen.de/fileadmin/publikationen/whitepaper/fir-whitepaper-smart-operations.pdf. Zugegriffen: 11. Okt. 2020.

Fraunhofer IAO. (2020). Innovationsnetzwerk – Menschzentrierte KI in der Produktion. https://www.engineering-produktion.iao.fraunhofer.de/de/innovationsnetzwerke/innovationsnetzwerk-kuenstliche-intelligenz-in-der-produktion.html. Zugegriffen: 28. Aug. 2020.

Fraunhofer IIS, & Pflaum, A. (30. Juni 2016). Cyber-Physische Systeme als Enabler für die digitalisierte Versorgungskette. https://zentrum-digitalisierung.bayern/wp-content/uploads/06_FhG_IIS_Pflaum-1.pdf. Zugegriffen: 27. Mai 2020.

Friedewald, M. (2008). Ubiquitous computing: ein neues Konzept der Mensch-Computer-Interaktion und seine Folgen. In H. Hellige (Hrsg.), *Mensch-Coputer-Interface – Zur Geschichte und zukunft der Computerbedienung* (S. 261 f.). Bielefeld: transcript. https://friedewald.website/wp-content/uploads/2015/05/10-Friedewald-9-fin.pdf. Zugegriffen: 31. Mai 2020.

Hansen, M., & Thiel, C. (2012). Cyber-Physical Systems und Privatsphärenschutz, Datenschutz und Datensicherheit. *Datenschutz und Datensicherheit – DuD, 36*(1), 26–30.

Heinrich, B., Petra, L., & Glöckler, M. (2017). *Grundlagen der Automatisierung*. Wiesbaden: Springer Vieweg.

Hill, J. (21. November 2017). IoT-Partnerschaft mit Tata Consultancy Services: Rolls-Royce treibt Strategie Digital First voran. https://www.computerwoche.de/a/rolls-royce-treibt-strategie-digital-first-voran,3332070. Zugegriffen: 30. Aug. 2020.

HNA. (19. Mai 2020). VW: Mängel bei Golf 8 behoben? Volkswagen nimmt Lieferung wieder auf – Freiwilliger Rückruf. https://www.hna.de/verbraucher/vw-kassel-rueckruf-golf8-golf-software-lieferung-wolfsburg-sicherheit-notruf-zr-13766974.html. Zugegriffen: 20. Mai 2020.

Interview: Was sind die Erfolgsfaktoren für die künstliche Intelligenz? Interview mit Herrn Dr. Sönke Iwersen von der HRS Group. (21. Oktober 2019). https://www.dataleaderdays.com/interview-was-sind-die-erfolgsfaktoren-fuer-die-kuenstliche-intelligenz/. Zugegriffen: 30. April 2020.

ISO. (2014). *ISO 22400-2:2014: Automatisierungssysteme und Integration – Leistungskennzahlen (KPI) für das Fertigungsmanagement – Teil 2: Begriffe und Beschreibungen*. Berlin: Beuth.

Jacob's Blog. (02. Mai 2019). 5 Lessons to learn from the Boeing 737 MAX Fiasco. https://www.beningo.com/5-lessons-to-learn-from-the-boeing-737-max-fiasco/. Zugegriffen: 20. Mai 2020.

Köhler, H.-J. (2020. März 2018). Digitaler Zwilling Spiegelbild mit Potenzial. https://www.t-systems.com/de/best-practice/03-2018/fokus/ethik/einsatzgebiete/digitaler-zwilling-839036. Zugegriffen: 16. Juni.

Kirsch, A. (2019). Qualität trifft Industrie 4.0. https://www.guardus-mes.de/home.

Koenen, J., & Hanke, T. (12. März 2019). Was passiert, wenn Flugzeug-Computer Fehler machen? https://www.handelsblatt.com/unternehmen/handel-konsumgueter/boeing-737-max-was-passiert-wenn-flugzeug-computer-fehler-machen/24094840.html?ticket=ST-71533-nCRqgwWZQf2zDowgW1O7-ap6. Zugegriffen: 4. Juni 2020.

Langefeldt, B., & Roland Berger. (08. Mai 2019). Trendthema „smarte" Fabrik: Bislang hat kein Unternehmen die höchste Autonomie-Stufe erreicht. https://www.rolandberger.com/de/Point-of-View/Autonome-Produktion-Neue-Chancen-durch-K%C3%BCnstliche-Intelligenz.html#Subscribe. Zugegriffen: 24. Juni 2020.

Maschmeyer, C. (08. July 2020). Carsten Maschmeyer im Interview „Internet der Dinge spielt zentrale Rolle". https://www.n-tv.de/wirtschaft/wirtschaft_startup/Internet-der-Dinge-spielt-zentrale-Rolle-article21897684.html. Zugegriffen: 10. July 2020.

Microsoft. (21. März 2018). Was ist Mixed Reality? https://docs.microsoft.com/de-de/windows/mixed-reality/mixed-reality. Zugegriffen: 17. Juni 2020.

Nationaler IT-Gipfel, A. (20. Oktober 2014). Smart Data – Potenziale und Herausforderungen. https://div-konferenz.de/app/uploads/2015/12/150114_AG2_Strategiepapier_PG_SmartData_zurAnsicht.pdf. Zugegriffen: 10. Okt. 2020.

PAC Deutschland, & Vogt, A. (April 2019). Das Internet der Dinge im deutschen Mittelstand: Bedeutung, Anwendungsfelder und Stand der Umsetzung Eine Studie im Auftrag der Deutschen Telekom. https://iot.telekom.com/resource/blob/data/183656/e16e24c291368e1f6a75362f7f9d0fc0/das-internet-der-dinge-im-deutschen-mittelstand.pdf. Zugegriffen: 10. July 2020.

Pipek, V. (26. September 2014). Ubiquitous computing. https://www.enzyklopaedie-der-wirtschaftsinformatik.de/lexikon/technologien-methoden/Rechnernetz/Ubiquitous-Computing/index.html. Zugegriffen: 31. Mai 2020.

Porsche. (2020). Produktion 4.0 @ Porsche. https://www.porsche.com/germany/aboutporsche/innovation/innovation-factory/. Zugegriffen: 18. Okt. 2020.

QSC AG Blog. (22. September 2019). IoT vs. IIoT: Die Besonderheiten des Industrial Internet of Things. https://blog.qsc.de/2016/09/iot-vs-iiot-die-besonderheiten-des-industrial-internet/. Zugegriffen: 15. Juni 2020.

Ruderschmidt, R. (2019). *Digitalisierungsmöglichkeiten der Produktion durch Industrie 4.0.* Bachelor-Thesis an der Hochschule Albstadt-Sigmaringen, Studiengang Wirtschaftsingenieurwesen.

Schaffrinna, A. (16. July 2018). Generatives Design – Co-Kreation dank künstlicher Intelligenz. https://www.designtagebuch.de/generatives-design-co-kreation-dank-kuenstlicher-intelligenz/. Zugegriffen: 23. Mai 2020.

Schrader, C. (25. März 2015). Technik als Fehlerquelle. https://www.sueddeutsche.de/panorama/fruehere-stoerfaelle-bei-lufthansa-und-germanwings-technik-als-fehlerquelle-1.2410105. Zugegriffen: 4. Juni 2020.

Sieber, A. (2016). Energiemanagement für drahtlose tief eingebettete Systeme: Feingranulares, faires Management zum Erreichen von Lebenszeitzielen bei knappen Energieressourcen. https://opus4.kobv.de/opus4-btu/frontdoor/index/index/year/2016/docId/3928. Zugegriffen: 5. April 2020.

Siemens, & Accenture. (Februar 2020). Applying the internet of things to manufacturing & winning with the industrial internet of things. https://www.plm.automation.siemens.com/global/de/topic/industrial-internet-of-things/59233. Zugegriffen: 28. Mai 2020.

Siepmann, D., & Roth, A. (Hrsg.). (2016). *Industrie 4.0 – Struktur und Historie. In Einführung und Umsetzung von Industrie 4.0* (S. 22). Heidelberg: Springer.

SmartFactoryKL. (2020). Was ist Production Level 4? https://smartfactory.de/production-level-4/. Zugegriffen: 11. Okt. 2020.

Stuecka, R. (10. Dezember 2018). Innovation Kalte Cola macht erfinderisch: Die Geschichte des weltweit ersten IoT-Geräts. https://www.ibm.com/de-de/blogs/think/2018/12/10/iot-geraet/. Zugegriffen: 15. Juni 2020.

tagesschau.de. (15. Mai 2020). Softwareprobleme VW stoppt Auslieferung des Golf 8. https://www.tagesschau.de/wirtschaft/auslieferungsstopp-golf-101.html. Zugegriffen: 20. Mai 2020.

Traufetter, G. (27. July 2009). Captain computer. https://www.spiegel.de/spiegel/print/d-66208581.html. Zugegriffen: 4. Juni 2020.

VDI. (2016). *VDI 5600 Blatt 1 Fertigungsmanagementsysteme (Manufacturing Execution Systems – MES).* Berlin: Beuth.

VDI/VDE. (2013). *Thesen und Handlungsfelder – Cyber-Physical Systems: Chancen und Nutzen aus Sicht der Automation.* Düsseldorf: VDI.

Wallner, P. (Juni 2020). Messdaten verarbeiten – Was steckt in Ihren Daten? https://aktuelletechnik.blverlag.ch/messdaten-verarbeiten-was-steckt-in-ihren-daten/. Zugegriffen: 10. July 2020.

Weiser, M. (September 1991). The computer for the 21st century. Scientific American. https://www.ics.uci.edu/~corps/phaseii/Weiser-Computer21stCentury-SciAm.pdf. Zugegriffen: 5. Apr. 2021.

Wiegerling, K. (2013). Ubiquitous Computing. In A. Grunwald & M. Simonidis-Puschmann (Hrsg.), *Handbuch Technikethik* (S. 374). Stuttgart: J.B. Metzler.

Yoshida, J. (21. März 2019). Boeing 737 Max: Is Automation at Fault? https://www.eetindia.co.in/boeing-737-max-is-automation-at-fault/. Zugegriffen: 20. Mai 2020.

Zunker, L., & Pinner, N. (25. July 2020). Technik versüßt den Strukturwandel. https://www.ksta.de/region/rhein-erft/technik-versuesst-strukturwandel-ein-besuch-der-technik-standorte-im-rhein-erft-kreis-37080066. Zugegriffen: 26. July 2020.

Datengetriebene Prozessanalyse

11

11.1 Arten der Datenanalyse

Im industriellen Datenmanagement steht derzeit häufig noch im Bereich der Operational Technologies (OT). D. h. es werden derzeit hauptsächlich Primärdaten, also Daten, die für einen speziellen Zweck erhoben wurden, zur Überwachung und Prozessoptimierung verwendet. Die Künstliche Intelligenz bringt hier, vor allem durch die erweiterten Möglichkeiten der Datenanalyse und dem maschinellen Lernen neue Möglichkeiten Wissen über Prozesse und Vorgänge zu erlangen. Insbesondere in der vorwärts gerichteten, vorausschauenden Datenanalyse liegen die Stärken. „Wir wissen, was passiert, bevor es passiert und können vorrausschauend agieren", so nannte es ein Produktionsleiter eines mittelständischen Betriebs.

Derzeit werden aber diese Daten zumeist nur innerhalb eines Fertigungssystems verwendet, systemübergreifende Lösungen scheitern häufig an Kompatibilitätsschranken – unterschiedliche Maschinen, unterschiedliche Konzepte. Tatsächlich können Daten aber wesentlich breiter und intelligenter genutzt werden, der nächste Schritt ist ein wesentlich umfänglicher Datenaustausch und Datenanalyse innerhalb eines Unternehmens bzw. Unternehmensverbund.

Aber auch kollaborative Datenanalyse, gemeinsam zusammenarbeitend, über Unternehmensgrenzen hinweg Informationen in größerem Umfang auszutauschen, ist denkbar. Die Automobilindustrie hat das bereits seit vielen Jahren vorgemacht. Dies war von den Zulieferern aber eher ungeliebt, da Top-Down und der Vorteil Bottom-Up war nicht immer erkennbar. Auch ging es bei den Vorbehalten verständlicher Weise um Geheimhaltung von internen Geschäftsprozessen und Schutz des eigenen Technologie-Know-Hows. Die KI-getriebene Prozess- und Datenanalyse kann, richtig angewendet, hier mehr, aber Vorsicht: Kartellrecht und Datenschutz setzen dabei enge Grenzen (siehe Abschn. 11.4).

A. Mockenhaupt, *Digitalisierung und Künstliche Intelligenz in der Produktion*,
https://doi.org/10.1007/978-3-658-32773-6_11

Eine effektive Möglichkeit zur Produktivitätssteigerung besteht in der Implementierung einheitlicher digitaler Anwendungen entlang der Wertschöpfungskette, von der Produktion bis zum Controlling. Es werden Werkzeuge benötigt, um die gängigen Maschinen, auch unterschiedlicher Hersteller, einfach anzubinden. Damit sollen alle relevanten Daten abgreifbar sein, um sie anschließend zu strukturieren und in einem Datenpool (Data Lake) zur weiteren Analyse bereit zu stellen.

Im Unterschied zu bisherigen Systemen, wo Daten direkt für ein vorab bestimmtes Ziel erhoben wurden, geht es hierbei zunächst darum, die Daten in ein einheitliches System zu überführen, um die Möglichkeit einer auch nachgelagerten Nutzbarmachung zu haben. Über Big Data Prozesse können so Optimierungspotenziale oder Risikoprozesse gefunden werden.

Dies geschieht über entsprechende Datenanalyse. Denn die Primärdaten beschreiben Fakten, was, warum passiert. Sinn und Zweck ist aber, daraus Handlungsoptionen zu extrahieren, also Ziel ist: Prognosefähigkeit und Handlungsorientierung – was wird passieren und wie sieht mein Beitrag dazu aus? Die Lösung identifiziert mit datenbasierte Prozessanalyse Optimierungspotenziale entlang der gesamten Produktionskette und unterstützt so die ressourcenoptimierte Produktionsfeinplanung. (Rösinger und BMWi 2020).

Dabei werden vier Arten der Datenanalyse unterschieden (siehe Abb. 11.1):

1. **Descriptive Analyse** *(beschreibende Informationsgenerierung): Vergangenheitsorientiert – Was passiert?*
2. **Diagnostische Analyse** *(Mustererkennung): Ursachenforschung – Warum ist es passiert?*
3. **Prädikative Analyse** *(vorausschauende Prognosefähigkeit): Zukunftsorientiert – Was wird wahrscheinlich weiter passieren?*
4. **Prescriptive Analyse** *(Handlungsorientiert): Proaktiv – Was sind die nächsten erforderlichen Schritte?*

Bezüglich Digitalisierung und KI im industriellen Bereich, vor allem bei Produktionssystemen und dem Qualitätsmanagement wurden hieraus vier Analysetools entwickelt:

- **Descriptive Analysis** *nutzt historische Daten, um einen Prozess oder ein System zu beschreiben. Sie untersucht vergangene Zustände bis zur Jetztzeit. Diese können visualisiert oder mit statistischen Werkzeugen untersucht werden, z. B., um bislang aufgetauchte Trends ausfindig zu machen.*
- **Diagnostic Analysis** *klärt mit vergangenheitsgewandter Blickrichtung Ursache für Auswirkungen und Wechselwirkungen zu anderen Prozessen. Dazu werden u. a. Korrelationen berechnet, es kommen aber auch Einordnungen (Interpretationen) zum Tragen.*

Abb. 11.1 Arten der Datenanalyse

- *Predictive Analysis versucht die Wahrscheinlichkeit von zukünftigen Ereignissen bzw. Trends vorherzusagen. Dabei wird versucht, aus vorliegenden (historischen Daten) zusammen mit Statistiken und Erfahrungswerten eine Prognose abzugeben. Anwendung findet Predictive Analysis z. B. im Data bzw. Process Mining (siehe Abschn. 11.2)*
- *Prescriptive Analysis modelliert das Verhalten komplexer Prozesse, um z. B. in Form von Szenarien, Handlungsempfehlungen abzuleiten (z. B. Handlungsmöglichkeit A hat folgende Konsequenzen, Handlungsmöglichkeit B andere, …). Über maschinelles Lernen kann dies Grundlage für eine autonome maschinelle Entscheidung sein. (siehe Kap. 6)*

11.2 Process Analytics, Data Mining & Process Mining

Durch den technologischen Fortschritt fallen immer mehr Daten in Prozessen an. Diese Daten sollen genutzt werden, um die Prozesse besser zu verstehen und zu optimieren. Konventionelle Analysetools stoßen heutzutage aufgrund der komplexen Prozesse und den schier gewaltigen Datenmengen schnell an ihre Grenzen. Process Analytics soll helfen, diese Daten mittels intelligenter Datentechnologien zu analysieren (siehe Abb. 11.2).

Bereits in den 1980iger Jahren wurden erste Algorithmen entwickelt, die erst später dem Data Mining zugeordnet wurden. Process Mining folgte mit geringem Zeitverzug. Dennoch gelten beide Techniken als relativ jung. (Dagher 2019).

Ziel der Techniken ist es, bestimmte, unerklärbare Prozessreaktionen zu erklären (vorzugsweise mit Data Mining) und Aussagen über die Zukunft zu treffen (vorzugweise Process Mining). Für die Anwendung gut geeignete Definitionen liefert (IEEE Task Force on Process Mining 2011):

- **Data Mining:** *die Analyse (oftmals großer) Datenmengen, um unerwartete Beziehungen zu finden und Daten auf neue Art und Weise zusammenzufassen, mit dem Ziel, neue Einsichten zu gewinnen.*

Data Mining analysiert vorhandene Daten und versucht auf empirischer Basis Zusammenhänge und Querverbindungen zu finden. Daraus ergeben sich **punktuelle** KPIs (Key Performance Indicator – Leistungskennzahlen), die auch für Prognosen genutzt werden können. Dabei gibt es die folgenden *Data Mining Methoden:*

1. *Clusteranalyse:*
   Große Datenmengen bzw. Big Data werden anhand von Ähnlichkeiten in den Daten in kleinere Untergruppen (Cluster) aufgeteilt (Segmentierung), die dann aufgrund der

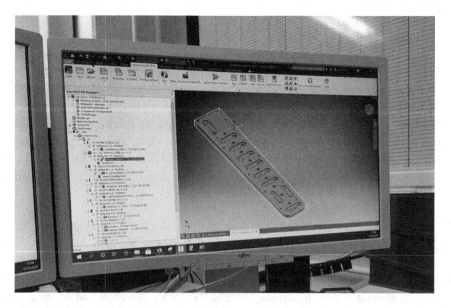

Abb. 11.2 Prozess-Analytics. (Quelle: RUMPEL Präzisionstechnik)

geringen Datenmenge einfacher zu analysieren sind. Der Erflog der Clusteranalyse steht und fällt mit der Abgrenzung von Ähnlichkeiten.

2. **Klassifizierung:**
   Zuordnung der Daten zu einer vorher festgelegten Klasse. Unterschied zur Cluster-analyse sind explizite Klassifikationsregeln, statt Ähnlichkeit (z. B.: Bestandskunde, >50 Jahre, kein Zahlungsverzug). Wesentliche Klassifikationsverfahren: neuronale Netzwerke, Entscheidungsbäume, Bayes Klassifikation max. Likelihood-Schätzung, und das k-nächster-Nachbar-Verfahren

3. **Regressionsanalyse:**
   Sucht nach numerischen Zusammenhängen zwischen einer abhängigen und einer oder mehrere unabhängigen Variablen.

4. **Assoziationsanalyse:**
   Identifiziert Elemente, die häufig zusammen miteinander auftreten. Anwendung z. B. im Marketing bei der Kundensegmentierung („Personen mit ähnlichem Warenkorb haben auch folgendes gekauft, …")

5. **Anomalie-Erkennung (Anomalie Detection):**
   Erkennt durch Musteranalyse Abweichungen, sog. Outliners. Anwendung z. B. beim Predictive Maintenance.

Im Zusammenhang mit Data Mining steht das **Knowledge Discovery in Databases (KDD).**

- *Knowledge Discovery in Databases (KDD) ergänzt das Data Mining durch vor-bereitende Untersuchungen und transformiert die auszuwertenden Daten. Dabei werden die Daten anhand von vorgegebenen Zielen und Hintergrundwissen aus-gewählt, bereinigt und reduziert.*

Damit dies innerhalb von Data Mining auch branchenübergreifend möglich ist, wurde bereits 1996 in einem EU-geförderten Projekt ein entsprechender Standard entwickelt, das CRISP-DM und 2015 als ASUM-DM weiter entwickelt:

- *CRISP-DM (Cross Industry Standard Process for Data Mining) ist ein branchen-übergreifendes Standardmodell für das Data Mining. Es definiert insgesamt sechs verschiedene Prozessphasen, siehe* Abb. 11.3: (Jensen 2015)
- *ASUM-DM (Analytics Solutions Unified Method for Data Mining/Predictive Analytics) ist eine von IBM überarbeitete Erweiterung von CRIS-DM. Der ASUM-DM-Prozess durchläuft fünf, nicht chronologisch aufgebaute Phasen: Analyse, Design, Konfiguration & Herstellung, Inbetriebnahme, Betrieb & Optimierung.* (Kienzler 2018)

Im Unterschied zu Data-Mining analysiert **Process Mining** anhand von Ereignis-protokollen (Event-Log-Daten), wie die Daten entstanden sind, um daraus Vorhersagen

Abb. 11.3 CRISP-CM Modell. (Quelle: Wikimedia 2012 CC BY-SA 3.0)

zu treffen. Statt punktuelle Ergebnisse wie beim Data Mining ergeben sich **Verläufe,** die in die Zukunft reflektiert werden und, weil in Echtzeit erhoben, fortlaufend angepasst werden.

- *Die Grundidee von* **Process Mining** *ist es, reale Prozesse (im Gegensatz zu vermuteten oder angenommenen Prozessen) durch Extrahieren von Wissen aus Ereignislogs heutiger (Informations-)systeme zu erkennen, zu überwachen und zu verbessern.*

Unterschieden werden die folgenden *Process Mining Typen:*

- *Discovery (Erkennung)* wird eingesetzt, um (bislang unbekannte) Prozesse zu entdecken. Hierzu werden Ereignisprotokolle ohne weitere Information ausgelesen und analysiert, um Prozessmodelle zu erstellen.
- *Conformance (Übereinstimmungsprüfung)* ist eine Beurteilung der Konformität bestehender, vorgegebener Prozessmodelle zu aktuellen Daten. Hierzu werden die aus der Planung vorgegebenen Prozessmodelle mit den zugehörigen Ereignisprotokollen verglichen. Damit wird das Modell mit der Realität verglichen und Abweichungen werden identifiziert.

$$OEE = \frac{Betriebsdauer}{geplanter\ Operationszeit} * \frac{Produzierte\ Menge}{Vorgegebener\ Menge} * \frac{Gutmenge}{Produzierter\ Menge}$$

$$= \quad Nutzungsfaktor \quad * \quad Effizienzfaktor \quad * \quad Qualitätsfaktor$$

Abb. 11.4 OEE – Overall Equipment Effectivness Kennzahl

- *Enhancement (Erweiterung)* geht über Erkennung und Übereinstimmungsprüfung hinaus. *Es erweitert bestehende Prozessmodelle anhand des Abgleichs mit den Ereignisprotokollen, um ein neues, verbessertes Prozessmodell zu erhalten.*

Beispiel aus dem Lean Production, hier zeigt sich der Beitrag von KI besonders:

Im Lean Production wird die Produktivität häufig anhand von einfach zu handhabenden Kennzahlen ermittelt und optimiert. Die Richtlinie VDMA 66412-40 schlägt für Prozessanalysen im Zusammenhang mit MES (siehe Abschn. 10.7) und Industrie 4.0 als geeignetes Messinstrument z. B. die Kennzahl OEE (Overall Equipment Effectiveness – alternative Bezeichnungen: Gesamtanlageneffektivität (GAE) bzw. auch Overall Asset Effectiveness (OAE), vgl. auch: VDMA- Einheitsblatt 66412 bzw. ISO 22400 Teil 2) vor.

Nach REFA berechnet sich die OEE wie in Abb. 11.4 angegeben (REFA 2020):

Die OEE-Kenngröße steht zunächst für die Wertschöpfung eines Produktionsprozesses und stammt ursprünglich aus dem TPM (Total Production Maintenance). Die OEE erscheint besonders geeignet, weil sie als eingeführter d gut handhabbarer Key Performance Indicator (KPI) im sehr komplexen Produktionsumfeld, die wichtigsten Parameter, Verfügbarkeit, Leistung und Qualität, brauchbar bündelt (nach Ehrich 2019).

Was die OEE selbst weniger gut erklärt, sind die Gründe für Abweichungen und Ausreißer. Hier kann Process Mining helfen, weil sie die zugrunde liegenden Daten aber auch darüber hinaus Informationen aus vielen Quellen, auch z. B. ERM, CRM, etc. nutzt. „Die Visualisierung und Analyse der tatsächlichen Abläufe in Ihrer Fertigung liefert zu den nackten Zahlen also den Inhalt und hilft so nicht nur bei deren Interpretation, sondern zeigt auch direkt diejenigen Prozess-Schritte oder -Abfolgen auf, die wahrscheinlich Probleme verursachen." (vgl. auch: Rosik 2019; Kohrs 2020).

11.3 Predictive Maintenance & Predictive Machines (PdM)

„Heutzutage können die Werke den Zustand ihrer Produktionsanlagen und Maschinen mittels IoT-Sensoren überwachen. Man spricht von vorausschauender Wartung" (Hoffmann 2020).

Die Instandhaltung (Wartung) von Produktionsanlagen ist ein sehr sensibles, weil kosten- und risikobeladenes Thema. Daher muss hier zunächst die Instandhaltungsproblematik diskutiert werden:

- Wenn Ausfälle kein Problem darstellen, ist die kostengünstigste Variante die *reaktive Instandhaltung,* z. B. beim Auftreten kleinerer Unregelmäßigkeiten. Reaktive Instandhaltung birgt aber immer das Risiko eines ungeplanten Stillstands.
- Das Risiko ungeplanter Stillstände vermindert *präventive Instandhaltung,* z. B. in festen Abständen nach Kalender, Betriebszeiten oder Nutzungskennzahlen. Dies ist kostenintensiv, weil eigentlich unnötig häufig gewartet wird (geplante Stillstände) und die Austauschteile ggf. verfrüht ausgetauscht werden (z. B. Zündkerzen bei Fahrzeugen).

Was angewendet ist auch abhängig von der Art, wie sich Ausfälle ankündigen:

- Degrationsausfall: allmählicher Ausfall, ggf. bis zum Totalausfall
- Katastrophenausfall: plötzlicher Ausfall (Sudden Death)

Mechanischen Systeme kündigten ihre Ausfälle zumeist allmählich an, z. B. durch Geräuschentwicklung oder Vibrationen. Elektronische Komponenten oder Software, die heutzutage in beinah jeder Steuerung auch von mechanischen Systemen vorhanden sind, versagen demgegenüber oft plötzlich, *Sudden Death* (plötzlicher Totalausfall) genannt.

Bei der Gefahr eines Katastrophenausfalls, in Verbindung mit einem hohen möglichen Schadenspotenzial (finanziell oder für Leib und Leben), gibt es daher klassisch nur eine Möglichkeit: Die Bauteile oder ganze Maschinen werden weit vor dem Ende der statistischen Lebensdauer ausgetauscht. So z. B. bei Flugzeugen, bei denen Motoren nach einer bestimmten Laufzeit ausgetauscht werden müssen, egal, wie gut sie noch aussehen. Das kostet allerdings Zeit und Geld.

Weiter können Ausfälle klassifiziert werden in (Auswahl, in Anlehnung an TGL 26096):

- Abhängigkeit: unabhängiger Ausfall, Folgeausfall
- Auftreten: Zufallsausfall (Grund), Systematischer Ausfall
- Zeitpunkt: Frühausfall, Zufallsausfall (Zeitpunkt), Spätausfall
- Änderungsverlauf: Driftausfall, Sprungausfall
- Ursache: konstruktionsbedingt, fertigungsbedingt, nutzungsbedingt
- Beanspruchung: nach zulässiger Belastung, bei Überlastung

Künstliche Intelligenz kann mittels maschinellen Lernens das Verhalten von Produktionsanlagen besser einschätzen. Dabei ist die Vorhersage von Ausfällen interessant. Wartung muss dann nicht reaktiv oder präventiv erfolgen, sondern kann vorausschauend nur dort, wo Ausfälle wahrscheinlich werden erfolgen. Dies erhöht die Planungssicherheit für Stillstände und vermindert, da nur das repariert wird, was notwendig ist, auch die Materialkosten.

Predictive Maintenance bzw. *Predictive Machine* erkennt Anomalien innerhalb der Prozesse anhand von Datenströme mittels Künstlicher Intelligenz (KI) und

Maschinellem Lernen (ML) und ermittelt anhand von Daten die Wahrscheinlichkeit für ein Versagen. Bei Maschinen und Produktionsanlagen können so kritische Situationen bereits vor Eintreten verhindert werden indem sie, unter Berücksichtigung aller Randbedingungen, zu einem optimalen Zeitpunkt gewartet werden.

- *Predictive Maintenance (Vorrausschauende Wartung – PdM) wartet Maschinen und Anlagen prädiktiv, d. h. vorausschauend, statt in festen Intervallen. Dies geschieht auf Basis intelligenter Analyse der Maschinen- und Prozessdaten sowie Rückmeldungen aus der Produktnutzung (z. B. Internet of Thing – IoT, IIoT).*
- *Predictive Machine ist als Begriff weniger verbreitet und bezieht sich eher auf die Maschinenebene, während Predictive Maintenance sich sowohl auf die Fertigung als auch auf Produkte bezieht. Anmerkung: Da Predictive Maintenance weiter verbreitet ist, wird es im Weiteren synonym für beide Begriffe genutzt.*

Weitere Wartungsstrategien sind:

- *Reactive Maintenance beschreibt die Wartung erst bei Ausfall der Maschine.*
- *Condition Based Maintenance: Zustandsbasierte Wartung (mit regelmäßigen Inspektionen, die den Zustand feststellen)*
- *Preventive Maintenance: routinemäßige, vorbeugende Wartung (Austausch nach kalendarischer Zeit, Lauf- bzw. Betriebszeit)*

Geplante Wartungsaktivitäten sind zumeist kostenintensiver als das Reactive Maintenance. Dies weil ggf. häufiger gewartet und unnötig Bauteile ausgetaucht werden. Reaktive Wartung birgt demgegenüber aber das größere Risiko, ist also weniger zuverlässig, z. B. gegen den Sudden Death (plötzlicher Totalausfall). Wenn man sich diesen leisten kann ist reaktive Wartung günstiger. Predictive Maintenance versucht die Vorteile beider Wartungsstrategien zu verbinden. Abb. 11.5 zeigt verschiedene Wartungsstrategien bezüglich Ausfallsicherheit und Kosten.

Predictive Maintenance dient der Reduzierung von Inspektionskosten bei gleichzeitiger Risikominimierung. Das wesentliche Ziel ist es, die Instandhaltung möglichst präzise zu planen und zu optimieren. Dadurch sollen Ausfallzeiten, vor allem die ungeplanten, reduziert und die Anlagenverfügbarkeit erhöht werden. Potenziell erhöht sich auch die Lebensdauer der Anlage.

Neben dem Wissen um den optimalen Zeitpunkt einer Wartung sind für die Planung der Instandhaltung Kenntnisse über Umfang, notwendige Werkzeuge sowie zu beschaffende Ersatzteile wichtig. Dies kann im Rahmen des IIoT (Industrial Internet of Things – vgl. Abschn. 10.5) autonom geschehen.

Abb. 11.6 zeigt ein schematisiertes Vorgehen bei Predictive Maintenance.

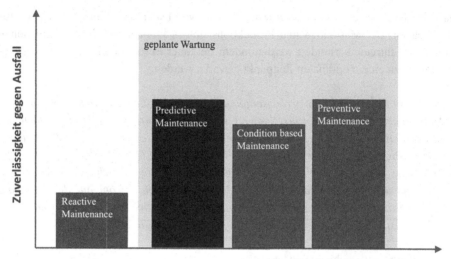

Abb. 11.5 Wartungsstrategien. (Ausfallsicherheit vs. Kosten)

Abb. 11.6 Predictive Maintenance

11.4 Collaborative Technologies (CM, CCM, SCC)

Die Idee hinter dem *Collaborative Technologies* ist, Daten aus regelmäßiger bzw. permanenter Messung und Analyse von Maschinen und Sensoren **über Unternehmens-schranken hinweg gemeinsam zu nutzen.** Von der kollaborativen Nutzung dieser großen Datenmengen (bis hin zu Big Data) können alle Beteiligten profitieren. (nach: Plattform Industrie 4.0 und BMWi 2020).

In der Industrie sind oft große Bestände an Produktions- und Logistikdaten vorhanden. Dabei handelt es sich um Maschinendaten. Zusätzlich können sie über das Internet of Things (IoT) verbundenen Geräten generiert und abgerufen werden. Aus Schutz von Betriebsgeheimnissen oder von personenbezogenen Daten werden diese Daten aber nur sehr eingeschränkt firmenfremden Nutzern zur Verfügung gestellt, was den sog. Collaborative Technologies entgegen. Dennoch kann es durchaus sinnvoll und gewinnbringend für alle Beteiligten sein sich zu öffnen. Voraussetzung ist natürlich, dass die Daten anonymisiert und frei von speziellem Firmen-Know-How zur Verfügung stellen. Interessant wären diese Daten z. B. bei der Entwicklung neuer Geräte durch den Hersteller, neuer Anwendungen durch die Endnutzer oder einfach, dass Fehler nicht mehrfach gemacht werden. Es gibt hierzu Ansätze von Verbänden, die Problematik ist aber auch kartellrechtlich brisant. Weitere Herausforderungen entstehen bei der Nutzung von ähnlichen Maschinen unterschiedlicher Hersteller.

- *Condition Monitoring (CM) (Zustandsüberwachung) sammelt Betriebsdaten bilateral (z. B. ausschließlich beim Maschinenlieferanten und dem Betreiber) und analysiert sie*
- *Collaborative Condition Monitoring (CCM) sammelt Daten multilateral vom Komponentenhersteller über das gesamte Wertschöpfungsnetzwerk bis zum industriellen Nutzer und stellt die Daten auf einer herstellerunabhängigen, digitalen Plattform bereit.*
- *Supply Chain Collaboration (SCC) erhöht die Transparenz innerhalb der Zulieferkette. Dabei geht es um Früherkennung von (Serien-) Fehlern und Rückverfolgbarkeit (Track and Trace) sowie um **Supply Chain Resilience** (Widerstandskraft) und **Supply Chain Contingency** (Eventualitätenvorsorge, Schwachstellenanalyse)*

Condition Monitoring (CM) überwacht den Maschinenzustand mittels regelmäßiger bzw. permanenter Messung und Analyse der Sensordaten. Ein Hersteller von Maschinen oder Komponenten hat seine Entwicklungsdaten, ggf. auch von größeren Testläufen bzw. Inbetriebnahmen. An die tatsächlichen Daten in der alltäglichen (Massen-)Produktion kommt er aus verständlichem Know-How-Schutz nicht, so der Mittelständler Sascha Kößler (siehe auch weiter unten). Der Maschinen- aber auch der Komponentenhersteller könnte aber daran interessiert sein, Zugang zu Betriebsdaten seines Produkts bzw. seiner Komponente, das in einer Maschine verbaut ist, zu erhalten, die wiederum bei einem dritten Unternehmen betrieben werden. Die permanente Erfassung des Maschinenzustands erlaubt ihm, die Sicherheit und Effizienz sowohl seiner Komponente als auch der gesamten Anlage zu optimieren (Jochem und BMWi 2020). *Collaborative Kondition Monitoring (CCM)* kann hier Lösungen bieten.

Während CCM quasi in den Rückspiegel schaut geht es beim *Supply Chain Collaboration (SCC)* um das „jetzt" in einer größeren Perspektive: Ziel von SCC ist die Steuerungsfähigkeit innerhalb der Supply Chain, durch gegenseitigen, automatisierten

Abgleich direkt von Produktionsmaschine zu Produktionsmaschine. Insbesondere angesichts der Globalisierung mit derzeit einer Reihe von Handelskonflikten und Krisen eine Herausforderung.

Der Vorteil liegt auf der Hand, wirft aber verschiedene Fragen rechtlicher Natur sowie zur Daten-Souveränität (Geheimhaltung, Know-How-Schutz, mögliche Patentierung) auf:

Zum einen muss noch rechtlich geklärt werden, wem überhaupt die Daten gehören, dem Komponentenhersteller, dem Hersteller der Maschine bzw. Anlage oder dem Nutzer? Diese Frage wurde bereits für das autonome Fahren diskutiert. Bereits jetzt produzieren moderne Autos eine Unmenge an Daten, tendenziell zunehmend, die z. T. direkt übertragen werden können oder bei der regelmäßigen Inspektion manuell eingelesen werden können. Auch Versicherungen überwachen die Fahrweise ihrer Kunden, falls diese das erlauben, sinkt deren Versicherungsprämie. Wer aber darf diese Daten für was nutzen und ggf. weitere Geschäfte damit machen? Der Bundesdatenschutzbeauftragte Ulrich Kelber zieht eine klare Grenzen für die kommerzielle Nutzung von Daten aus computergesteuerten Autos. Sehr viele entstehende Daten seien personenbezogen, also klar im entsprechenden Eigentum. Dies betreffe unveräußerliche Grundrechte. Allerdings scheinen diese Daten sogar bis nach China exportiert zu werden. (nach: dpa & heise online, Datenschützer sieht klare Grenzen für Nutzung von Autodaten 2019).

Zum anderen ist eine Daten-Öffnung bei gleichzeitiger Wahrung der Daten-Souveränität eine große Herausforderung: Collaborative Condition Monitoring setzt ein gewisses Vertrauen in die Datensicherheit voraus. Ohne dieses Vertrauen gibt es keine Akzeptanz, und genau hier hapert es derzeit, insbesondre beim Mittelstand. Im Sinne der Daten-Souveränität möchte niemand, dass sein spezifisches Know-How aus den Maschinendaten unbefugt abfließt. „Eine Maschine in China produziert mit den gleichen Maschineneinstellungen und -daten gleich gut wie hierzulande" war ein Einwand eines KMU-Geschäftsführers. Diese Daten geheimzuhalten, darauf fußt sein Geschäftskonzept.

Digitale Ökosysteme müssen daher selbstbestimmt gestaltbar sein: Die relevanten Daten dürfen nicht aggregiert (angesammelt) über viele Anwender allgemein zur Verfügung stehen und eine allgemeine *Skalierbarkeit,* d. h. die Fähigkeit eines Systems zur bedarfsgerechten Größenanpassung, über das gesamte Wertschöpfungsnetzwerk darf nur eingeschränkt und anonymisiert möglich sein.

Damit die Partner zusammenarbeiten können, brauchen sie darüber hinaus eine vertrauenswürdige, angriffssichere Infrastruktur für den Datenaustausch und gemeinsame Regeln der unternehmensübergreifenden Authentifizierung und Zugriffssteuerung. Des Weiteren muss die Daten-Monetarisierung geregelt sein, d. h. wie ein möglicher Profit aus den Daten ermittelt und unter den Akteuren aufgeteilt wird.

Auch sind kartellrechtliche Fragen zu klären. Interessant in diesem Zusammenhang ist, dass, vor allem in der Automobilindustrie, *Kostentransparenz* häufig von den Zulieferern gefordert wird. Die Offenlegung von Kalkulationsgrundlagen berührt aber bereits das Kartellrecht. Worüber bei Collaborative Technologies nachgedacht wird, geht in die richtung einer *Technologietransparenz,* was neben dem Kartellrecht auch Schutzfragen aufwirft (Patent, Urheberrecht etc.)

11.5   Fragen zum Kapitel

1. Was sind die Ziele der datengetriebenen Prozessanalyse und warum wäre es sinnvoll Daten auch über Unternehmensgrenzen hinweg auszutauschen. Warum macht man dies dann nicht?
2. Listen und erläutern Sie die vier Arten der Datenanalyse auf und finden Sie anwendungsorientierte Beispiele.
3. Unterscheiden und erläutern Sie Data Mining und Process Mining.
4. Was unterscheidet Data Mining vom Text Mining (siehe Abschn. 8.4)?
5. Bezüglich des Ausfallablaufs bzw. -geschehens sind mechanische System zumeist problemloser. Warum? Unterscheiden Sie dabei verschiedene Ausfallarten nach ihrer Brisanz.
6. Wann ist eine reaktive Wartung sinnvoll und wie gliedert sich Predictive Maintenance in die verschiedenen Wartungsstrategien ein?
7. Beschreiben Sie die Predictive Maintenance und Predictive Machine und geben Sie Beispiele, wo dies sinnvoll ist.
8. Was sind die Vorteile eines Collaborative Condition Monitoring, was könnte ein Unternehmen davon abhalten dies anzuwenden?

Literatur

Dagher, S. (07. März 2019). Eine Evolution? Vson Data Mining zu Process Mining. https://der-prozessmanager.de/aktuell/news/von-data-mining-zu-process-mining. Zugegriffen: 17. Juni 2020.

dpa, & heise online. (August 2019). Datenschützer sieht klare Grenzen für Nutzung von Autodaten. https://www.heise.de/newsticker/meldung/Datenschuetzer-sieht-klare-Grenzen-fuer-Nutzung-von-Autodaten-4490457.html. Zugegriffen: 15. April 2020.

Ehrich, J. (05. Dezember 2019). Process Mining: Analysefragen in der Produktion. https://der-prozessmanager.de/aktuell/news/process-mining-tools-im-einsatzgebiet-produktion. Zugegriffen: 17. Dez. 2020.

Hoffmann, T. (20. Februar 2020). The Agigity Effect (by Vinci Engineers): Wie die KI in Autofabriken Einzug hält. https://www.theagilityeffect.com/de/article/wie-die-ki-in-autofabriken-einzug-haelt/. Zugegriffen: 17. Mai 2020.

IEEE Task Force on Process Mining. (2011). Process mining manifest. https://www.win.tue.nl/ieeetfpm/lib/exe/fetch.php?media=shared:pmm-german-v1.pdf. Zugegriffen: 10. July 2020.

Jensen, K. (2015). BM SPSS modeler CRISP-DM guide. ftp://public.dhe.ibm.com/software/analytics/spss/documentation/modeler/18.0/en/ModelerCRISPDM.pdf. Zugegriffen: 30. Aug. 2020.

Jochem, M., & BMWi. (2020). Collaborative condition monitoring. https://www.bmwi.de/
    Redaktion/DE/Artikel/Digitale-Welt/GAIA-X-Use-Cases/collaborative-condition-monitoring.
    html. Zugegriffen: 30. Aug. 2020.
Kienzler, R. (05. Dezember 2018). Architectural thinking in the Wild West of data science. https://
    developer.ibm.com/articles/architectural-thinking-in-the-wild-west-of-data-science/?mhsrc=ib
    msearch_a&mhq=asum-dm#asum-dm. Zugegriffen: 11. Okt. 2020.
Kohrs, G. (21. April 2020). Was ist OEE und wie hilft Process Mining, es zu verbessern? https://
    www.sdggroup.com/de/webroom-events/insights/blog/was-ist-oee-und-wie-hilft-process-
    mining-es-zu-verbessern. Zugegriffen: 30. Sept. 2020.
Plattform Industrie 4.0, & BMWi. (12. Mai 2020). Collaborative condition monitoring. https://
    www.plattform-i40.de/PI40/Redaktion/DE/Newsletter/2020/Ausgabe23/2020-05-CCM.html.
    Zugegriffen: 21. Juni 2020.
Rösinger, A., & BMWi. (2020). IIoT Platform with out of the box MES applications. https://www.
    bmwi.de/Redaktion/DE/Artikel/Digitale-Welt/GAIA-X-Use-Cases/Ilot-platform-with-out-of-
    the-box-mes-applications.html. Zugegriffen: 1. Sept. 2020.
REFA. (2020). OEE – Overall Equipment Effectiveness. https://refa.de/service/refa-lexikon/oee-
    overall-equipment-effectiveness. Zugegriffen: 11. Okt. 2020.
Rosik, M. (04. April 2019). Using process mining to maximize OEE. https://www.minit.io/blog/
    using-process-mining-to-maximize-oee. Zugegriffen: 25. Juni 2020.
Wikimedia. (2012). Process diagram showing the relationship between the different phases of
    CRISP-DM. https://en.wikipedia.org/wiki/Cross-industry_standard_process_for_data_mining#/
    media/File:CRISP-DM_Process_Diagram.png. Zugegriffen: 30. Sept. 2020.

Qualitätsmanagement 4.0

12

12.1 Qualität 4.0 & Smart Quality

„Qualität lässt nach, wenn sie nicht verbessert wird." Georg-Wilhelm Exler
Digitalisierung, Industrie 4.0 und KI mit ihrer Vernetzung der Wertschöpfungskette
mittels digitaler Technologien beeinflusst auch das Qualitätsmanagement: Abläufe und
deren Änderungen beschleunigen sich. Echtzeitanalyse großer Datenmengen sind möglich, sowohl direkt aus dem Wertschöpfungsprozess als auch, das ist sehr neu, aus der
Nutzung der Produkte z. B. durch eingebettete Systeme (embedded Systems, vgl.
Abschn. 12.8).

So nutzt der Daimler-Konzern, u. a. in seiner Factory 56, ein digitales Ökosystem
namens MO360, auch zur Verbesserung des Qualitätsmanagements. Bestandteil dieses
digitalen Ökosystems ist „Quality Live", das in Echtzeit alle relevanten Qualitätsdaten
übermittelt und verarbeitet. „Das System informiert dabei die Qualitätsbeauftragten
wie auch die Werker proaktiv per Smartphone oder Handheld über den aktuellen
Qualitätsstatus in ihrem Bereich. Zudem unterstützt das System einen strukturierten
Problemlöseprozess sowie eine nachhaltige Prozessoptimierung, indem es – wenn notwendig – mit KI-Methoden Vorschläge für eine effiziente Nacharbeit macht." (Hill
2020; Daimler 2020).

Statt langer statistischer Auswertungen können über maschinelles Lernen bzw. Deep
Learning Trends schneller erkannt und entsprechende Maßnahmen getroffen werden.
Mechanismen des Internet of Things (IoT bzw. IIoT) erlaubt es auch Qualitätsdaten
unternehmensübergreifend abzugleichen und die resultierenden Handlungen automatisiert abzustimmen.

Bezogen auf die Fertigung wird der Begriff Smart Quality verwendet, er kann
synonym für Quality 4.0 genutzt werden, der aber umfassender über die gesamte Wertschöpfungskette verstanden wird:

A. Mockenhaupt, *Digitalisierung und Künstliche Intelligenz in der Produktion*,
https://doi.org/10.1007/978-3-658-32773-6_12

- **Smart Quality** *ist die Umsetzung des Qualitätsmanagements in der intelligenten Produktion (Smart Factory – siehe* Abschn. 10.3)

Der Begriff Qualität 4.0 steht in Verbindung mit Industrie 4.0.

> *Qualität 4.0 beschreibt die Digitalisierung der Qualitätssicherung und des Qualitäts-managements unter Nutzung der Technologien aus Industrie 4.0*

Analog zu Industrie 4.0 können vier Stufen der Entwicklung im Qualitätsmanagement differenziert werden (in loser Anlehnung an Radziwill 2018) zeitlich:

Qualität 1.0: Qualitätskontrolle (Radziwill: Quality as Inspection)
Diese war der Produktion nachgelagert und verursachte dadurch sehr viel Ausschuss. Im weiteren Verlauf halfen jedoch statistische Werkzeuge, zumindest den Prüfaufwand zu verringern. Vordenker: Walter A. Shewhart u. a. mit der Statistischen Prozesslenkung (Statisical Process Control – SPC)

Qualität 2.0: vorrausschauende Fehlervermeidung & kontinuierliche Verbesserung (Radziwill: Quality as Design)
Fehlervermeidung statt Fehlerkorrektur. Qualität wird in den Prozess mit hinein designt. Vordenker: Willam Edwards Deming u. a. mit dem Deming Kreis

Qualität 3.0: Einbindung in ein Managementsystem (Radziwill: Quality as empowerment)
Weg vom Fehler in einem Bauteil hin zur Verantwortung für Prozesse und der Verantwortlichkeit jedes Einzelnen. Vordenker: ISO 9000-Reihe

Qualität 4.0: Agiles Qualitätsmanagement (Radziwill: Quality as discovery)
Zum einen geht es um die Effizienz, mit denen wir Erkenntnisse über Produkte und Organisation entdecken und Handlungsoptionen daraus entwickeln können.
Zum anderen geht es um VUKA (Volatilität, Unsicherheit, Komplexität und Ambiguität), da es immer schwieriger wird, potenzielle Fehler und Fehlerursachen komplexer Produkte präventiv zu adressieren.

12.2   Qualitätssicherung & KI

„Mit einer KI-gestützten visuellen Prüfung konnten wir das Verhältnis von False Positives zu den bisherigen Systemen deutlich reduzieren", sagt Demetrio Aiello, Leiter des KI & Robotics Labs bei Continental dem Capgemini Research Institute (Capgemini, Automobilbranche noch zögerlich bei der Umsetzung von Künstlicher Intelligenz 2019). Abb. 12.1 zeigt eine visuelle Qualitätsprüfung bei der Mensch und KI kollaborativ zusammenarbeiten.

Bauteile melden ihren Werkzeugmaschinen, Produkte ihren Entwicklern Daten zur Funktionsfähigkeit. Produktionsanlagen sowie automatisierte Bestell- und Vertriebs-systeme können Ersatzteile bestellen und die entsprechende Logistik bereitstellen.

Abb. 12.1   Visuelle Qualitätsprüfung bei der Kößler Technologie GmbH

Die größte Veränderung kommt aber über bilderkennende Verfahren in der Qualitätssicherung. Dies auch, weil die notwendige Hard- und Software für die smarte Bildverarbeitung mittlerweile kostengünstig ist und in kurzer Zeit trainiert werden kann.

Typische Einsatzgebiete einer visuellen Qualitätskontrolle sind in allen Bereichen des Wertschöpfungsprozesses zu finden, insbesondere aber in der Montage und in der Automobilindustrie:

- Erkennen eines Bauteils (ohne zusätzliche Markierung, z. B. Barcode))
- Lesen von Kennzeichnungen in normaler Schreibweise
- Positions- & Lageerkennung
- Objekterkennung
- Vollständigkeitsprüfung
- Oberflächenprüfung (Farbe, Beschaffenheit, Fehler)
- Vermessung von Größe und Formen
- Erkennen von minimalen Veränderungen durch Musteranalyse

Auch bietet die Analyse vorhandener Daten nicht nur die Möglichkeit auf klassische Prozessoptimierung, sondern auch darauf, weitere qualitätsrelevante Informationen zu erhalten. Diese Daten müssen „nur" zusammengeführt werden:

- *Beim **Production Process Mining** wird verborgenes Prozesswissen, z. B. über Big Data und KI, visualisiert und entsprechende Leistungsfaktoren (Prozess-KPIs – Key Performance Indicator) beobachtet.*

Das vom BMWi geförderte Projekt PRO-OPT nimmt sich einer weiteren Chance, u. a. zur Qualitätsverbesserung, an, durch die Zusammenführung von Produktionsdaten (PRO_OPT, 2017): „Datenquellen liegen dabei verteilt bei verschiedenen, wirtschaftlich unabhängigen Teilnehmern des Ecosystems vor, insbesondere da in die Produktion meist nicht nur Teile aus eigener Fertigung eingehen. Übergreifende Analysen müssen unter Berücksichtigung von Zugriffsberechtigungen auf diese Quellen heruntergebrochen werden. Big Data Strategien sollen hier helfen, diese Analysen zu ermöglichen bzw. effizienter zu gestalten. Die Lösung wird in der Automobildomäne angesiedelt, da diese in Deutschland eine Schlüsselstellung besitzt und einen starken Leuchtturmeffekt für weitere Branchen hat."

Eine besondere KI-Anwendung der Qualitätssicherung in der Automobilindustrie ist im Bereich **Homologation** (aus dem altgriechischen: Übereinstimmung, bezeichnet auch eine gerichtliche Beglaubigung eines Schriftstücks). Die ECE-Homologation bezeichnet den Zulassungsprozess neuer Automodelle. Auf Basis relevanter Zulassungsvorschriften wird so überprüft, ob Fahrzeuge zulässig sind. Diese Vorschriften, z. B. Crashtests, Farbe der Blinker, Abgasvorschriften, sind länderspezifisch unterschiedlich. Vor allem die USA und China unterscheiden sich deutlich gegenüber Europa.

Besondere Probleme bereitete hier das Anbringen vorgesehener Sticker. Anfang 2019 steckten wegen falscher Kennzeichnung 1600 T Modell 3 im chinesischen Zoll fest (F.A.Z. 2019). Diese Herausforderung konnte mittels einer KI-basierten Bilderkennung gut gelöst werden (Invision-News 2019).

Die gängigen Qualitätsmanagementnormen fordern darüber hinaus, Kundenrückmeldungen zu berücksichtigen. Diese Feldbeobachtungen können im Rahmen von **Quality Feedback-Mechanismen (QFM)** z. B. durch IoT-Systeme erfolgen.

So fordert die DIN EN ISO 9001:2015 unter 8.5.5 eine Tätigkeit nach der Lieferung unter Berücksichtigung der Rückmeldung von Kunden. Die darauf aufbauenden Richtlinien IATF 16949:2016 (Automobilindustrie) sowie DIN EN 9100:2018 (Luftfahrtindustrie) ebenfalls unter 8.5.5 eine Sammlung und Analyse von Daten aus der Nutzung (z. B. Leistung, Zuverlässigkeit, Projekterfahrungen).

12.3   Qualitätsmanagement &KI (DIN EN ISO 9000f)

Das klassische Qualitätsmanagement ist gekennzeichnet durch ein stabiles Umfeld und längere Produktionszyklen. „Kontrollierte Prozesse" sind wesentlicher Bestandteil eines QM-Systems.

Dies ändert sich durch Digitalisierung und künstliche Intelligenz:

Die Kontrolle von Prozessen kann eingeschränkt sein: Die KI übernimmt autonom Entscheidungsprozesse, die nur bedingt transparent sind und deren Reaktion sich daher nicht immer eindeutig voraussagen lässt. Durch autonom selbstlernende Systeme kann sich das Prozessergebnis verändern. Gerade dies ist Sinn und Ziel von autonomen

Tab. 12.1 Vergleich der sieben Grundsätze des QM und des agilen QM (Sommerhoff und DGQ 2016)

Sieben Grundsätze der ISO 9000	Sieben Grundsätze des agilen QM
Kundenorientierung	Kundeninteraktion
Führung	Dienende Führung
Einbeziehung von Personen	Interdisziplinäre Vernetzung
Prozessorientierter Ansatz	Evolutionärer Ansatz
Verbesserung	Iteration
Faktengestützte Entscheidungsfindung	Knackpunktbasierte Lösungsfindung
Beziehungsmanagement	Menschenzentrierung

Systemen. Für die DIN EN ISO 9000-Reihe, mit ihrem starken Fokus auf kontrollierte Prozesse, stellt dies eine Herausforderung dar.

Im Sinne eines agilen Ansatzes muss sich das Qualitätsmanagement daher wandeln. Weg von starren Prozessen hin zu flexiblen, beweglichen Abläufen. Kontrolle und Verantwortlichkeit müssen daher bei autonomen Systemen neu definiert werden. Der Weg im Qualitätsmanagement geht weg von „Anweisung und Kontrolle" (Command and Control) hin zu „Absicht und übergeordneten Prinzipien" (Purpose and Principles).

Die Deutsche Gesellschaft für Qualität (DGQ) hat hier zusammen mit dem QM-Experten Benedikt Sommerhoff analog zu den sieben Grundsätzen der DIN EN ISO 9000 ein Manifest mit sieben neuen Grundsätzen für Agiles Qualitätsmanagement entwickelt, Tab. 12.1 zeigt einen Vergleich der QM-Grundsätze zwischen der ISO 9000 Reihe und einen agilen QM:

12.4 KI-Normung & Konformitätsbewertung

Der Trend allgemein bei Normung geht in Richtung weniger produktspezifischer und mehr systemspezifischer Normen (Managementnormen). Die Normung zur KI befindet sich noch im Aufbau. Aktuell werden vorrangig Normungs-Roadmaps und sog. SPEC-Normen erstellt.

DIN SPEC ist eine Art Vorstufe zur DIN-Norm, sie kann schneller erstellt werden, allerdings sind die Arbeitsgruppen kleiner und es besteht keine Konsenspflicht (Gesellschaft für Qualitätsprüfung mbH 2020).

Zukünftig wird es wichtig sein, auch KI-Applikationen von sachkundigen und neutralen Prüfern auf ihre Konformität, d. h. die Übereinstimmung mit Vorgaben, zu überprüfen. Dies gilt nicht nur für die bekannten Qualitäts- und Umweltmanagementnormen (DIN EN ISO 9001 und 14001), sondern auch für noch zu entwickelnde Standards bezüglich des vertrauenswürdigen Einsatzes von KI. Gefordert wird eine Zertifizierung für transparente, vertrauenswürdige bzw. erklärbare KIs (siehe Abschn. 3.12).

- *Zertifizierung* bestätigt, zeitlich begrenzt, die **Konformität** zu Vorgaben (Normen, Richtlinien, etc.). Sie wird durch hierfür zugelassene, akkreditierte, Organisationen vergeben.
- **Konformitätsbewertung** ist definiert in der DIN EN ISO 17000 als Darlegung, dass festgelegte Anforderungen bezogen auf ein Produkt, einen Prozess, ein System, eine Person oder eine Stelle erfüllt sind.

Tab. 12.2 zeigt eine Auswahl von Normen und Standards mit KI-Bezug:

12.5 KI-Zertifizierung

Eine Initiative der Kompetenzplattform KI.NRW hat Vorschläge erarbeitet, wie eine vertrauenswürdige KI sichergestellt und zertifiziert werden kann (Kompetenzplattform KI.NRW und Fraunhofer IAS 2019). Herausgekommen ist ein Whitepaper zum „Vertrauenswürdigen Einsatz von Künstlicher Intelligenz" (Fraunhofer IAIS 2019).

Die Initiative schlägt in dem Whitepaper eine sachkundige und neutrale Prüfung von KI-Systemen vor mit dem allgemeinen Zweck, Unrecht bzw. ethisch nicht gerechtfertigte Zustände von der Gesellschaft abzuwenden. Dies beträfe neben den Freiheitsrechten des Einzelnen und dem Gleichbehandlungsgrundsatz gerade auch allgemeine gesellschaftliche Interessen, wie etwa den Schutz und die Erhaltung der Umwelt sowie des demokratischen Rechtsstaats. Die vorgeschlagenen Handlungsfelder sind in Abb. 12.2 aufgelistet.

12.6 Umsetzung bei Qualität 4.0

Das Ulmer Unternehmen Carl Zeiss MES Solution (vorm. Guardus) sieht Qualität 4.0 zunächst so: „Egal wie mächtig Software im Rahmen von 4.0-Szenarien auch ist, sie ist trotz allem nur das Helferlein, das den Menschen unterstützt." (GUARDUS Solutions AG 2016).

Dabei wird auf fünf Bausteine innerhalb eines Funktionsnetzwerks Qualität 4.0 fokussiert, die gleichzeitig als Werkzeuge und als kritische Erfolgsfaktoren gesehen werden können:

- *Mobilität*
  zeit- und ortsungebundene Information zur Prozesssteuerung und Entscheidungsfindung
- *Prozesstransparenz*
  im Sinne umfassender Informationen zur automatisierten Steuerung und Überwachung von sich selbstorganisierenden und -optimierenden Produktionsflüssen (siehe hierzu auch MES – Abschn. 10.7)

Tab. 12.2 Auswahl von Normen und Standards mit KI-Bezug

Norm	Titel der Norm
DIN EN ISO/IEC 17000	Zertifizierung und Konformitätsbewertung (noch kein KI-Bezug)
DIN ISO/IEC 25000	Software-Engineering – Qualitätskriterien und Bewertung von Softwareprodukten (SQuaRE)
ISO/IEC 25010	Qualitätsmodell und Leitlinien
ISO/IEC 25012	Modell der Datenqualität
ISO/IEC 25020	Qualitätsmessung – Messungsreferenzmodell und Leitfaden
ISO/IEC 25021	Elemente zur Qualitätsmessung
DIN SPEC 5306 (DIN ISO/TS 15066)	Roboter und Robotikgeräte – Kollaborierenden Roboter
DIN SPEC 2343	Übertragung von sprachbasierten Daten zwischen Künstlichen Intelligenzen – Universal Namespace Protokoll – Festlegung von Parametern und Format
DIN SPEC 13266	Leitfaden für die Entwicklung von Deep-Learning-Bilderkennungssystemen
DIN SPEC 91406	Automatische Identifikation von physischen Objekten und Informationen zum physischen Objekt in IT-Systemen, insbesondere IoT-Systemen
DIN SPEC 91426	Qualitätsanforderungen für video-basierte Methoden der Personalauswahl
DIN SPEC 92000	Datenaustausch auf der Grundlage von Eigenschaftsausprägungsaussagen
DIN SPEC 92001-1	Künstliche Intelligenz – Life Cycle Prozesse und Qualitätsanforderungen – Teil 1: QualitätsMetaModell
DIN SPEC 92001-2	Künstliche Intelligenz – Life Cycle Prozesse und Qualitätsanforderungen – Teil 2: Robustness
ISO/IEC 2382	Information technology – Vocabulary Part 36: Learning, education and training
ISO 8373	Robots and robotic devices – Vocabulary
EN ISO 9241-10	Ergonomische Anforderungen für Bürotätigkeiten mit Bildschirmgeräten Teil 10: Grundsätze der Dialoggestaltung
ISO/IEC JTC 1/SC 38	Cloud Computing and Distributed Platforms
ISO/IEC 20.546	Information technology – Big data – Overview and vocabulary
ISO/IEC 20924	Information technology – Internet of Things (IoT) — Vocabulary
VDI/VDE/VDMA 2632 Blatt 2 Blatt 3 Blatt 3.1	Industrielle Bildverarbeitung – Leitfaden für die Erstellung eines Lastenhefts und eines Pflichtenhefts Industrielle Bildverarbeitung – Abnahme klassifizierter Bildverarbeitungssysteme Industrielle Bildverarbeitung – Abnahme klassifizierter Bildverarbeitungssysteme – Prüfung der Klassifizierungsleistung

(Fortsetzung)

Tab. 12.2 (Fortsetzung)

Norm	Titel der Norm
VDMA 66412-1 -3 -4 -10 (40)	Manufacturing Executions Systems (MES) MES – Ablaufbeschreibung zur Datenerfassung MES – Daten für Fertigungskennzahlen MES im Umfeld von Industrie 4.0
VDI 5600 (mehrere Blätter)	Fertigungsmanagementsysteme (Manufacturing Executions Systems – MES) – Wirtschaftlichkeit
ISO 22400 (mehrere Blätter)	Automatisierungssystem und Integration – Leistungskennzahlen (KPI) für das Fertigungsmanagement

Abb. 12.2 Handlungsfelder einer KI-Zertifizierung. (Quelle: © Vertrauenswürdiger Einsatz von Künstlicher Intelligenz, Hrsg. Fraunhofer IAIS 2019, S. 15)

- *Online-Informationen in Echtzeit*
  360-Grad-Blick auf die tagesaktuelle Produkt- und Prozessqualität
- *Kennzahlen & KVP*
  Sich selbstorganisierende Produktionsabläufe bedürfen neben einer aktiven Prozesssteuerung der kontinuierlichen Verbesserung.
- *Mitarbeiter-Qualifikation*
  Aufbau von Entscheidungskompetenzen innerhalb des 4.0-Umfelds

Aus dem Bereich des Business Intelligence Reporting (BI-Reporting) wurden vier Analysestufen in Qualität 4.0 übernommen (siehe Abb. 12.3):

1. Descriptive Analytics:
   Beschreibende, vergangenheitsbezogene Auswertung von Daten

Abb. 12.3   Das Analyse-Kontinuum. (Nach Ganter 2014)

2. Diagnostic Analytics:
   Analysierende, vergangenheitsbezogene Auswertung von Daten
3. Prescriptive Analytics
   Prognoseverfahren für Vorhersagen
4. Prescriptive Analytics
   Handlungsempfehlungen

Bei Predictive Quality werden große Mengen an Qualitätsdaten sowie Sensor-, Maschinen und Umweltdaten in Echtzeit erfasst und analysiert. Mithilfe von maschinellem Lernen werden Fehlermuster und mittels KI Risiken ermittelt sowie Handlungen initiiert.

- *Predictive Quality bezeichnet die Voraussage von qualitätsrelevanten Größen auf Grundlage von Daten, die während der Benutzung eines Produkts erhoben werden. Beispielsweise können in Kraftfahrzeugen erfasste Betriebsdaten Informationen über die Funktionsfähigkeit oder Restlebensdauer bestimmter Bauteile geben.*

Nach DIN SPEC 92001-2 sind die Schlüsselkriterien für Qualität bei KI-Systemen Funktionalität, Leistungsfähigkeit, Robustheit und Verständlichkeit („The key quality characteristics, the so-called quality pillars, that need to be taken into account throughout the whole life cycle of an AI module are functionality & performance, robustness and comprehensibility.").

12.7   Exkurs: Lernen durch Fehler

„Es ist ein großer Vorteil im Leben, die Fehler, aus denen man lernen kann, möglichst frühzeitig zu machen."
Sir Winston Churchill, Britischer Politiker, 1874 – 1965.

Fehlerfreiheit ist eines der obersten Ziele des Qualitätsmanagements. Menschliches
Lernen geschieht aber auch durch Negativerfahrungen, zumeist ausgelöst durch eigene
Fehler. Menschen lernen auch durch Fehler, müssen aber mit den Konsequenzen der
Fehler umgehen. Zum effektiven maschinellen Lernen muss dies auch einer KI ermög-
licht werden.

Das Problem, so Detlev Zühlke vom Deutschen Forschungszentrum für Künstliche
Intelligenz (DFKI):

„Einer Produktionsanlage, die selbstständig lernen und sich verbessern soll, müsste
gestattet werden, Fehler zu machen. Und das heißt gegebenenfalls auch Ausschuss zu
produzieren, denn Fehlentscheidungen gehören zu einem Lernprozess dazu. Das können
wir uns in einer realen Produktion aber meistens nicht leisten." (Zühlke und Spinnarke
2017).

Weiter Bernhardt Quendt (Siemens-CTO Digital Factory Division): „Dabei ist ein
‚Lernen durch Fehler' in der Industrie natürlich heikel bis indiskutabel und es müssen
andere Herangehensweisen gewählt werden. Üblicherweise beginnt man mit der KI erst
einmal in Simulationen oder lässt KI-Systeme im sogenannten 'überwachten Modus' im
Realbetrieb ‚mitlernen'." (Quendt und Spinnarke 2017).

Lösungen sind angedacht und gehen in die Richtung „überwachtes Lernen". Für
„unüberwachtes Lernen" oder „bestärkendes Lernen" (siehe Abschn. 6.2) müssen
neue Konzepte her. Diese funktionieren über Risikomanagement, eigentlich so, wie
bei Kindern: die müssen ihre Erfahrungen selbst machen, es darf nur nicht „allzuviel"
passieren. Die Problematik in der Produktion liegt dabei hauptsächlich in der Interpretation der Kosten: Es wird Ausschuss anfallen, sind dies Fehler- oder Lernkosten?

Das Testen von mechanischen Komponenten sowie integrierten Steuerungselementen
ist teuer und kann zeitaufwendig, sogar gefährlich sein. Daher wird versucht, diese
Systeme über Simulationen bereits im Entwurfsstadium zu validieren und somit den
Testzeitraum zu verkürzen und die Testabdeckung zu verbessern.

12.8   „In the Loop"-Simulationen

„… in the Loop"-Simulationen leisten einen wichtigen Beitrag zur Qualitätssicherung
bei zeitkritischen oder risikobehafteten Entwicklungsvorhaben. Sie werden verwendet,
um eingebettete Systeme (embedded System, siehe Abschn. 10.8) in einer frühen Ent-
wicklungsphase in einer Simulationsumgebung zu prüfen. Embedded Systems sind nach
Entwicklungsfertigstellung nur noch schwierig veränderbar, daher ist eine besonders
sorgfältige Prüfung notwendig.

Daher ist eine minuziöse Entwicklung erforderlich.

- **Model in the Loop (MIL)** ist die Simulation eines eingebetteten Systems. Eingesetzt wird MIL in der Entwicklung, um embedded Systems kostengünstig zu testen und, wegen der oben erwähnten eingeschränkten Updatemöglichkeit eingebetteter Systeme deren Funktion sicher zu stellen. Im Weiteren wird zwischen Software in the Loop (SIL), Prozessor in the Loop (PIL) und Hardware in the Loop (HIL) unterschieden. Es gibt aber eine Vielzahl weiterer in the Loop-Bezeichnungen, z. B. Driver in the Loop.
- **Hardware in the Loop (HIL)** sind Simulationstechniken, die aus der Automobilindustrie stammen. „Sie simulieren Fahrer, Fahrzeug und Umwelt (Driver-Vehicle-Environment, DVE), um die Funktion oder das Diagnoseverhalten von Steuergeräten im Labor zu testen. Dabei ermöglichen automatisierte Tests eine hohe Testabdeckung. Es lassen sich beliebige Situationen reproduzierbar und umfangreich testen – ohne dass eine Gefahr für Fahrer und Fahrzeug entsteht." (ETAS 2020)
- **Driver in the Loop (DIL)** bezieht in den Simulationsmodellen subjektive menschliche Erfahrung mit ein, noch bevor der reale Prototyp gefahren werden kann.

12.9   Fragen zum Kapitel

1. Erläutern Sie die grundlegenden Prinzipien von Quality 1.0 bis Quality 4.0. Alle Prinzipien werden in Betrieben noch angewendet, suchen sie nach Beispielen.
2. Was ist das Geheimnis des Product Process Mining?
3. Beschreiben Sie ein Quality-Feedback-System mittels des Internet of Thinges (IoT). Wo könnten hier Probleme auftauchen?
4. Die DIN EN ISO 9000 basiert auf „kontrollierten Prozessen". Wo liegt hier die Herausforderung beim Einsatz von KI-Systemen. Wie würden Sie dies einem QM-Auditor bei einer Zertifizierung erklären?
5. Nennen Sie Werkzeuge und kritische Erfolgsfaktoren bei Quality 4.0 und überlegen Sie Beispiele aus dem industriellen Umfeld.
6. Kinder lernen auch durch Fehler. Warum ist diese Konzept bei KI-Anwendungen schwierig umsetzbar.
7. Beschreiben sie das Konzept der In The Loop-Simulation. Warum ist diese bei Embedded System so wichtig (siehe Abschn. 10.8)?

Literatur

Capgemini. (26. März 2019). Automobilbranche noch zögerlich bei der Umsetzung von Künstlicher Intelligenz. https://www.capgemini.com/de-de/wp-content/uploads/sites/5/2019/03/PM_AI-in-Automotive_DE.pdf. Zugegriffen: 21. Juni 2020.

Daimler. (02. September 2020). Mercedes-Benz präsentiert mit der Factory 56 die Zukunft der Produktion. https://www.daimler.com/innovation/digitalisierung/industrie-4-0/eroeffnung-factory-56.html. Zugegriffen: 18. Okt. 2020.

ETAS. (2020). Test und Validierung (Hardware-in-the-Loop (HiL)-Systeme). https://www.etas.com/de/anwendungen/applications_testing_validation.php. Zugegriffen: 20. Mai 2020.

F.A.Z. (06. März 2019). Falsche Kennzeichnung: 1600 Teslas stecken in Chinas Zoll fest. https://www.faz.net/aktuell/wirtschaft/unternehmen/tesla-model-3-steckt-in-chinesischem-zoll-fest-16074296.html. Zugegriffen: 2. July 2020.

Fraunhofer IAIS, F.-I.-U. (2019). Whitepaper: Vertrauenswürdiger Einsatz von Künstlicher Intelligenz. https://www.iais.fraunhofer.de/content/dam/iais/KINRW/Whitepaper_KI-Zertifizierung.pdf. Zugegriffen: 11. Okt. 2020.

Ganter. (10. Juni 2014). The Analytics Continuum. https://www.slideshare.net/sucesuminas/business-analytics-from-basics-to-value. Zugegriffen: 9. Juni 2020.

Gesellschaft für Qualitätsprüfung mbH. (2020). DIN, DIN NORM, DIN SPEC – Was verbirgt sich hinter diesen Kürzeln? https://gesellschaft-fuer-qualitaetspruefung.de/din-din-norm-din-spec-was-verbirgt-sich-hinter-diesen-kuerzeln/. Zugegriffen: 11. Okt. 2020.

GUARDUS Solutions AG. (24. Februar 2016). Qualität 4.0 trifft Control 2016. https://www.guardus-mes.de/news/presse/news-singlesite/qualitaet-40-trifft-control-2016. Zugegriffen: 10. Juni 2020.

Hill, J. (04. Juni 2020). Factory 56: Wie Daimler Industrie 4.0 realisiert. https://www.computerwoche.de/a/wie-daimler-industrie-4-0-realisiert,3549692. Zugegriffen: 18. Okt. 2020.

Invision-News. (20. September 2019). KI-basierte Qualitätssicherung bei der Homologation von Autos. https://www.invision-news.de/allgemein/falsch-geklebt/. Zugegriffen: 2. July 2020.

Kompetenzplattform KI.NRW, & Fraunhofer IAS. (2019). KI-Zertifizierung. https://www.iais.fraunhofer.de/de/kompetenzplattform-ki-nrw/ki-zertifizierung.html. Zugegriffen: 16. Mai 2020.

PRO_OPT. (2017). Big Data Produktionsoptimierung in Smart Ecosystems. https://www.pro-opt.org/de/. Zugegriffen: 30. April 2020.

Quendt, B., & Spinnarke, S. (22. März 2017). Künstliche Intelligenz wird allmählich Ingenieur-tauglich. https://www.produktion.de/trends-innovationen/kuenstliche-intelligenz-wird-allmaehlich-ingenieur-tauglich-317.html. Zugegriffen: 20. Juni 2020.

Radziwill, N. (09. Oktober 2018). Quality 4.0: Let's Get Digital – The many ways the fourth industrial revolution is reshaping the way we think about quality. https://www.researchgate.net/publication/328380917_Quality_40_Let%27s_Get_Digital_-_The_many_ways_the_fourth_industrial_revolution_is_reshaping_the_way_we_think_about_quality. Zugegriffen: Juni 2020.

Sommerhoff, B., & DGQ, D. (11. Oktober 2016). Manifest für Agiles Qualitätsmanagement. https://blog.dgq.de/manifest-fuer-agiles-qualitaetsmanagement/. Zugegriffen: 10. Juni 2020.

Zühlke, D., & Spinnarke, S. (22. März 2017). Der Maschinenbau ist reif für Künstliche Intelligenz. https://www.produktion.de/technik/der-maschinenbau-ist-reif-fuer-kuenstliche-intelligenz-115.html. Zugegriffen: 26. Juni 2020.

Robotik

13

13.1 Robotik und KI

„Verzeihung, Sir, diese R2-Einheit ist im besten Zustand. Ein echtes Angebot!"
Roboter C-3PO zu Luke Skywalker in Film Star Wars, 1977

Die Robotik ist eine Schlüsselanwendung der Künstlichen Intelligenz, insbesondere für KI-basierte autonome Systeme. Sie sind die Aktoren der KI, die Hände, die in der realen Welt Manipulationen, also Bewegungen, durchführen können. Dabei wird bei KI-Anwendungen der Begriff Roboter zumeist weiter gefasst als üblich: Neben den klassischen Robotertypen, wie Industrieroboter oder humanoide Roboter, gelten auch Drohnen oder sich autonom bewegende Schöpfungen gemeinhin als Roboter.

In Bereich Robotertechnik ist Deutschland traditionell stark, sowohl in der Forschung als auch in der Anwendung. Insbesondere die Automobilproduktion ist der wohl am weitesten robotorisierte Industriezweig. Neben weiteren Anwendungen in der Produktion kommt auch die Medizintechnik als wichtiges Feld hinzu. Das Deutsche Patent- und Markenamt sieht die Robotik, neben dem autonomen Fahren und der Medizintechnik, als Haupttreiber der Künstlichen Intelligenz als Schlüsseltechnologie (DPMA, Künstliche Intelligenz: US-Unternehmen bei Patentanmeldungen für Deutschland weit vorne 2019).

Roboter nutzen dabei neben dem Maschinellen Lernen vor allem die Bildverarbeitung. Sie sind für die Anwendung der Digitalisierung und KI so wichtig, weil es sich um Aktoren handelt, d. h. sie übertragen digitale Berechnungsergebnisse in reale Handlungen.

Die meisten aktuellen KI-Anwendungen kreisen um die Datenverarbeitung und Informationsgewinnung im weiteren Sinne und bleiben letztlich in einer virtuellen Welt. Demgegenüber ermöglicht die Robotik, Dinge in der realen Welt tatsächlich zu bewegen.

A. Mockenhaupt, *Digitalisierung und Künstliche Intelligenz in der Produktion*,
https://doi.org/10.1007/978-3-658-32773-6_13

Dies ist in industriellen Anwendungen, wie der Produktion aber auch in der Medizin-technik von essenzieller Bedeutung. Die Umsetzung in der realen Welt gestaltet sich aber schwieriger als in der virtuellen Welt.

Dies liegt an zweierlei:

Zum einen ist Forschung in realer Umgebung kostspieliger und zeitintensiver als die Simulation des Vorgangs auf einem Rechner. Roboter sind teurer als Computer, mit dem gleichen Geld kann man in der Informatik mehr fördern als im Maschinenbau. Auch werden für die digitale Revolution andere Roboter gebraucht, als es der klassische Industrieroboter ist, wie es Abb. 13.1 zeigt.

Der andere Grund, warum sich die Umsetzung der IR-Idee KI in der realen Welt schwierig gestaltet, ist das Moravecs Paradox (siehe Abschn. 13.3).

Die Plattform Industrie 4.0 hat in Zusammenarbeit mit dem BMWi innerhalb einer Studie ein Szenariomodell zu den Auswirkungen von KI und Robotik in der Zukunft

**The many faces
of the robot revolution**

	Humanoid Robots	Stationary Robots	Aerial and Underwater Robots	Non-humanoid Land Robots
Adoption among companies by 2022	23%	37%	19%	33%
First movers	(35%) Financial Services and Investors	(53%) Automotive, Aerospace, Suppy Chain	(52%) Oil and Gas	(42%) Automotive, Aerospace, Supply Chain

Source: Future of Jobs Report 2018, World Economic Forum

Abb. 13.1 Neue Arten von Robotern für die Digitale Revolution (World Economic Forum 2018)

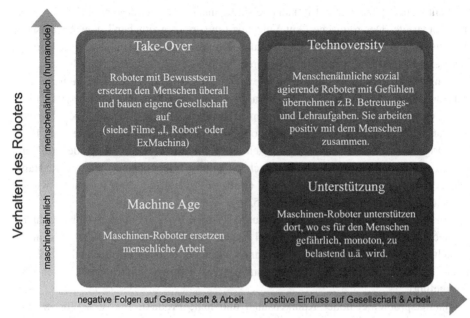

Abb. 13.2 Auswirkungen von KI und Robotik – Szenarien in Anlehnung an. (AG 5, Plattform Industrie 4.0, & BMWi 2019)

entwickelt (AG 5, Plattform Industrie 4.0, & BMWi 2019). Abb. 13.2 zeigt ein Portfolio in Anlehnung an dieses Modell. Dabei wird unterschieden, ob der Roboter letztlich eine Maschine bleibt oder sich in Richtung Humanoide (menschenähnlich, menschen-gestaltig) entwickelt. Weiter wird unterteilt, ob die Auswirkungen auf Gesellschaft und Arbeitswelt eher positiv oder negativ sind. Im Bereich der Wertschöpfung sind Ansätze des Machine-Age bzw. der Unterstützungstechnologien bereits im Einsatz, im Pflege-bereich gibt es Ansätze der sog. Technoversity. Insofern sind, mit Ausnahme des Take-Over-Szenario, die Szenarien bereits mittelfristig realisierbar. Letzteres ist (und bleibt hoffentlich) Science-Fiction, beflügelt aber leider auch einige Verschwörungstheorien.

13.2   Historie und aktuelle Situation der Robotik

„Wenn jedes Werkzeug auf Geheiß, oder auch vorausahnend, dass ihm zukommende Werk verrichten könnte, ... so bedürfte es weder für den Werkmeister den Gehilfen noch für die Herren den Sklaven."
Aristoteles 320 v. Chr.

Die Idee eines künstlichen Menschen ist sehr alt: So stammt aus der griechischen Mythologie der Bodyguard von Hephaistos namens „Talos", eine Riese aus Bronze, den ein nicht weiter spezifizierter Blutkanal lebendig machte. Talos verbrannte Feinde, indem er sie umarmte. Der römische Gott Vulcanos (entspricht weitgehend dem griechischen Hephaistos) soll sich weibliche Sklaven aus Gold geschmiedet haben. Auch Leonardo da Vinci experimentierte (zeichnete) Riesenroboter, was auch moderne Künstler inspiriert (Lindinger 2007; Rosheim 2006). Auch experimentierte er mit Getrieben, die heute vielfach eingesetzt werden, z. B. in Robotern aber auch in Automobilen (siehe Abb. 13.3). Der NASA-Ingenieur Mark E. Rosenheim experimentierte 2002 mit da Vincis Skizzen, es gelang ihm einen Roboter-Ritter (Robot Knight) zu rekonstruieren (siehe Abb. 13.4). Das Original war vom Universalgelehrten 1495 für ein Fest am Mailänder Hof entwickelt worden und konnte automatisch Schultern, Ellenbogen, Arme und Handgelenke bewegt sowie das Visier öffnen (Habeck 2012; Klein 2009). Genutzt wurden Zeichnungen aus dem Codex Atlanticus (579r).

Der moderne Begriff „Roboter" wurde erstmalig 1917 in der Kurzgeschichte „Opilec" des tschechischen Autors Karel Čapek verwandt („Robota" beschreibt in der tschechischen Sprache Fronarbeit). Bekannt wurden die Roboter als mechanische Wesen durch Capeks Schauspiel „R.U.R. (Rossums Universal Robots)", 1920/1921 in den USA uraufgeführt.

Qualitätsprobleme, hoher Krankenstand und hohe Produktionskosten führten 1964 beim norwegischen Schubkarrenhersteller Nils Underhaus zu der Überlegung, ein automatisch arbeitendes Lackiersystem zu entwickeln. Die Entwicklung dieses ersten Lackierroboters dauerte bis 1967, er wurde hydraulisch angetrieben und im „Playback-Verfahren" (Point-to-Point-Anlernen) programmiert: Der Lackierer bewegt den Roboterarm entsprechend der Aufgabe, der Roboter fährt dann diese Bewegung nach.

Abb. 13.3 Leonardo da Vinci Getriebe, Auto. (Quelle: Wikimedia Commons)

Abb. 13.4 Leonardo da
Vinci – Roboter Ritter
Rekonstruktion. (Quelle:
Wikimedia Commons)

Der deutsche Wannenhersteller Kaldewei zeigte sich von dieser Idee so begeistert, dass
er 1970 zehn dieser Roboter bestellte. 1973 wurden die ersten Lackierroboter bei BMW
und Daimler Benz installiert (Mockenhaupt 1994). Weitere Highlights der Roboterentwicklung zeigt Abb. 13.5.

Laut World Robotics Report 2020 der International Federation of Robotics (IFR)
sind etwa 2,7 Mio. Roboter im Einsatz. 2019 wurde noch eine weltweiten Steigerungs-
rate von 6 %. für Europa verzeichnet, was sich aber 2020 abflachte. Knapp dreiviertel

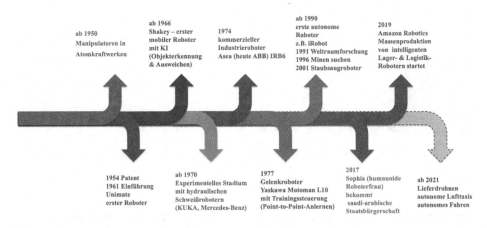

Abb. 13.5 Highlights der Roboterentwicklung

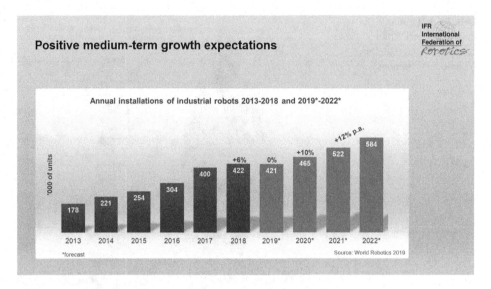

Abb. 13.6 Wachstumserwartung für Industrieroboter. (Quelle: World Robotic 2019 – IFR 2019)

aller Roboterinstallationen teilen sich die fünf Industrienationen China, Japan, USA, Südkorea und Deutschland. Abb. 13.6 zeigt die jährlichen Wachstumserwartungen bei Industrierobotern (noch vor der Corona-Krise), Abb. 13.7 zeigt die weltweite Verteilung von Roboterinstallationen für 2019. (IFR 2019, 2020; Kutzbach und Müller 2020).

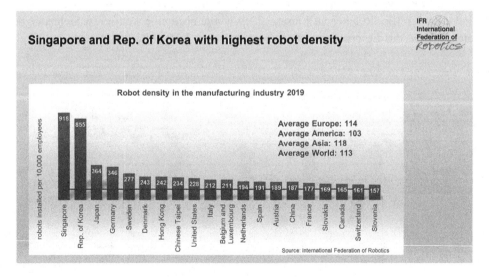

Abb. 13.7 Industrieroboter-Dichte nach Ländern. (Quelle: World Robotic 2020 – IFR 2020)

13.3   Moravecs Paradox & ‚Griff in die Kiste' (Bin Picking)

Bereits in den 1970iger Jahren erkannte der Roboterpionier Hans Peter Moravec, dass für Computer kognitive Fähigkeiten, z. B. das Schachspielen, einfacher sind als einfache manuelle Manipulationen (Bewegungen) in der Umwelt. Der „Griff in die Schrauben-kiste" ist schwieriger technisch zu realisieren, als das Lösen eines mathematischen Geo-metrieproblems, dass der Bewegung vielleicht zugrunde liegt.

Diese Problematik ist als das *Moravecs Paradox* bekannt. Selbst schreibt er dazu (Moravec 1988): „Es ist vergleichsweise einfach, Computer dazu zu bringen, Leistungen auf Erwachsenenniveau bei Intelligenztests oder beim Dame spielen zu erbringen, und schwierig oder unmöglich, ihnen die Fähigkeiten eines Einjährigen in Bezug auf Wahr-nehmung und Mobilität zu vermitteln."

Bereits in den 1990iger Jahren wurden hier Versuche mit mechanischen Nadel-Greifern angestellt (Sehrt und Mockenhaupt 1994; Wolf und Steinmann 2004).

Am Griff in die Schüttgut-Kiste durch Roboter (engl. „bin picking"), fachlich „Ver-einzelung chaotisch bereitgestellter Objekte" genannt, arbeitet man bereits seit Ende der 1980iger Jahre. Der Lösung komplexer Aufgabenstellung ist man nähergekommen, wenngleich der Stand der Technik noch weit von den menschlichen Fähigkeiten entfernt ist. Sie gilt nach wie vor als noch nicht vollständig gelöst. (in Anlehnung an: Siciliano und Khatib 2008; Nördinger 2018) (Abb. 13.8).

Etwas zuversichtlicher sieht es Roland Berger, der den „Griff in die Kiste" kurz vor dem Durchbruch sieht (Langefeldt und Roland Berger 2019): „Durch die Kombination von optischen Scan-Systemen und Robotern können inzwischen Teile in beliebiger Lage aus Kisten entnommen werden und in Kombination mit Automated Guided Vehicles (AGVs) in der Fabrik frei bewegt werden." Dies bedeute einen Sprung von Level 2 auf

Abb. 13.8 Robotergreifer bei der Aufnahme einer frei positionierten Büroklammer

Abb. 13.9 Griff in die Kiste
mit KUKA-Robotern. (Quelle:
KUKA)

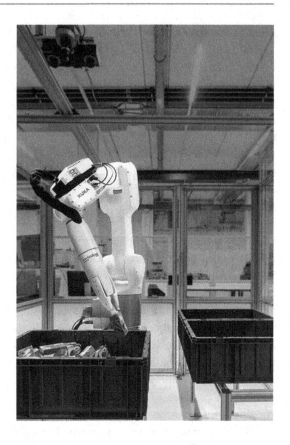

drei in der Automation (Level: vgl. Abschn. 3.7 Autonomiestufen). KUKA hat bereits
eine Lösung wie in (Abb. 13.9).

Eine wichtige Fähigkeit ist demnach die Orts- und Umgebungserkennung. Orts-
erkennung funktioniert über Lokalisierung und Abgleich mit einer Karte. Umgebungserkennung dann über die Bildverarbeitung. Der Roboter muss also wissen, wo genau
eine bestimmte Kiste steht und dann, innerhalb der Kiste, nach einem bestimmten Teil
suchen. Danach kommt die mechanische Herausforderung, das nicht-ausgerichtete
Teil so zu greifen, dass es danach ausgerichtet weiter genutzt werden kann. Beispiel
Schraubenkiste: Kiste finden, bestimmte Schraube fixieren, greifen und so in der Hand
drehen, dass es in die vorgesehene Bohrung passt.

Hierbei kommt eine Technik zum Tragen, die *Simultaneous Localization and
Mapping (Simultane Positionsbestimmung und Kartenerstellung – SLAM)* genannt wird.

13.4   Soft Robotics

Ein ähnliches Problem wie beim „Griff in die Kiste" ist eine Flexibilität und
Anpassungsfähigkeit in wenig spezifizierter Umgebung. Dies können holprige Straßen
sein, seitlich unebene Wege oder herumliegende Gegenstände.

Eine starre Konstruktion von Roboterarmen und -greifern bzw. Bewegungs-elementen erfordert eine genaue Positionierung. Daher sind die Positioniergenauigkeit und die Wiederholungsgenauigkeit bei mehrfachem Anfahren einer Position wichtige Kenngrößen bei der Auslegung üblicher Robotersysteme.

Soft Robotik geht einen anderen Weg, der von der Natur inspiriert ist: Die Roboterkinematik wird „weich", d. h. nachgiebig. Damit kann Soft Robotics auch beim Moravec'sche Paradox helfen. Viele bisherige Lösungsansätze funktionierten elektronisch oder softwaregetrieben, etwa über bessere Bildverarbeitung oder positioniergenauere elektronische Motoren. Soft Robotics nutzt die Mechanik in Form von Flexibilität und Weichheit. Abb. 13.10 und 13.11 zeigt zwei BionicSoftHands der Firma Festo.

Dies hat Vorteile, wie ein Beispiel aus einem anderen Gebiet, der Fahrrad-Ketten-schaltung zeigt: Früher waren die Umwerfer sehr starr konstruiert. Um zu Schalten musste der Umwerfer erst etwas zu weit bewegt werden, damit die Kette das nächste Ritzel packte. War die Kette dann auf dem neuen Ritzel aufgesprungen, musste der Umwerfer in eine bezüglich Kettenverbiegung und Reibung günstige Position gebracht werden. Das erforderte viel Justierarbeit und Aufmerksam-keit, eine gerastete Schaltung war nicht möglich. Heutzutage wird der Umwerfer weicher bzw. flexibler gebaut, was auch die Fertigung günstiger macht. Die Kette findet so beim Schalten von selbst das entsprechende nächste Ritzel und sucht sich dann, rein mechanisch, die energieärmste (reibungsärmste) Position. Dadurch ist erst die heute übliche, gerastete Schaltweise möglich geworden.

Abb. 13.10 BionicSoftHand. (Quelle: ©Festo SE & Co. KG, alle Rechte vorbehalten)

Abb. 13.11 BionicSoftHand. (Quelle: ©Festo SE & Co. KG, alle Rechte vorbehalten)

Bei Soft Robotik wird diese Weichheit aber nicht nur durch Werkstoffe oder mechanisches Spiel erreicht, sondern auch durch die Art des Antriebes.

Hierbei gibt es verschiedene Prinzipien: Am Tokio Institute of Technology wird der 1948 in Deutschland erfundene pneumatischen McKibben-Muskel auf seine Anwendbarkeit hin untersucht. Das im Prinzip: Das aus einer Gummiblase bestehende System verkürzt sich beim Aufblasen in der Länge, damit zieht es den Muskel zusammen (Marsiske 2019). Forscher an der University of Bristol versuchen es, inspiriert vom menschlichen Blutkreislauf, mit Salzwasser, das über Elektroden gesteuert wird, (Garrad et al. 2019).

13.5　Wahrnehmung bei Robotern & autonomen Systemen

Intelligente Roboter, außerhalb des klassischen Industrieroboterbereichs, sollen die Umgebung wahrnehmen können, flexibel auf Veränderungen reagieren und daraus lernen können. Bei Bedarf soll der Roboter mit dem Menschen kommunizieren bzw. kooperieren. Ähnliches gilt für jede Art von autonomen Systemen, z. B. beim autonomen Fahren, die im weiteren Sinne auch ja auch ein Roboter sind.

Hierzu bedarf es spezieller Sensorik und Echtzeit-Datenverarbeitung, darüber hinaus entsprechende Aktoren:

Wie beim „Griff in die Kiste" (siehe Abschn. 13.3) diskutiert, treten manche Informationen erst beim Manipulieren mit den Gegenständen hervor. So erschließt sich der Sinn mancher Gegenstände erst dadurch, dass wir ihn in den Fingern drehen und mal hier, mal dort ausprobieren.

Bei der Sensorik ist der Stand der Technik mittlerweile recht weit fortgeschritten. Insbesondere die Miniaturisierung und eingebettete Systeme (embedded Systems) haben ihren Beitrag dazu geleistet, letztlich aber auch die Verbilligung der Technik.

Die Herausforderungen bei der Wahrnehmung liegen eher in der Verarbeitung der Sensordaten. So kann ein Dreijähriger schon recht sicher feststellen, ob es sich bei einem Osterei um ein hartgekochtes Ei handelt, hier kann er kräftig zulangen, oder um die hohle, ausgeblasene Variante, hier würde zu festes Zudrücken zur Zerstörung führen. Auch macht er diese Feststellung praktisch in Nullzeit, ohne Vorinformationen und (hoffentlich) ohne Fehlversuche.

Ein Robotergreifer würde diese Aufgabe zu komplex, mit dem Anspruch an Fehlerfreiheit angehen, was dauert: Reibungswert ermitteln, maximale, durch Reibung übertragbare Kräfte errechnen, daraus maximale Zudrückkraft des Greifers ermitteln, diese mit Bruchkräften von Eiern aus Datenbanken vergleichen und letztlich die notwendigen maschinellen Befehle errechnen.

Unter anderem innerhalb des Projekts Google Brain arbeitet ein Forscherteam an der Lösung solcher Aufgaben durch maschinelles Lernen. Ihnen ist es gelungen, nach ca. 800.000 Greifversuchen zu demonstrieren, wie Roboterarme die Hand-Auge-Koordination lernen und ihre Erfahrungen bündeln können, um sich schneller selbst zu unterrichten (Sergey et al. 2016).

Bei komplexen Aufgaben ist eine Echtzeit-Datenverarbeitung und der Abgleich robotereigener Wahrnehmung mit externen Datenbanken von Wichtigkeit. Dies wird beispielsweise benötigt beim Abgleich von Orts- und Navigationsdaten mit situations- und kontextabhängigen Informationen (etwa Öffnungszeiten) oder bei der Personenerkennung. Hierbei gibt es aber ein Problem: Die Lichtgeschwindigkeit ist ein limitierender Faktor.

Beispiel autonomes Fahren und das 5G-Netz: „Bisherige Mobilfunknetze sind zentralistisch aufgebaut. Die zentrale Vermittlungs- und Speichertechnik steht in den Rechenzentren der Anbieterzentralen – beispielsweise in Bonn (Telekom), Düsseldorf (Vodafone) oder München (O2). Innerhalb einer Millisekunde legt ein Lichtsignal auf einem Glasfaserkabel maximal 300 km zurück." (Rügheimer 2019). Für schnelle Entscheidungen und Reaktionen, u. U. mit mehrfachem Hin und Her der Daten, kann diese Zeit zu lange dauern.

Daher wird im Sinne von robusten Systemen (vgl. Abschn. 10.2.3) überlegt, gewisse, für die Verarbeitung der Wahrnehmung erforderliche Intelligenz, dezentral in eingebettete Systeme (embedded Systems) zu verlagern. Alternativ kann die Cloud mit lokalen Computern näher zusammengebracht werden oder die Zusammenarbeit wird in anderer Form organisiert (Stichwort: Edge-Computing, Edge-Clouds – z. B. GAIA-X BMWi (GAIA-X) 2020).

Es gibt aber einen wesentlichen Unterschied zwischen der menschlichen Sinnes- und Denkleistung und dem derzeitigen Stand der Wahrnehmungs- und Verarbeitungstechnik: Der Mensch ist in der Lage, die Komplexität einer Aufgabe sehr effizient zu reduzieren.

- *Die **Komplexitätsreduzierung** ist eine menschliche Fähigkeit, um eine Handlungs-fähigkeit in unübersichtlichen Situationen aufrecht zu erhalten (siehe auch Abschn. 2.6 und 8.5)*

Dies funktioniert beim Menschen über eine situative, zumeist unbewusste Einordnung, für das Schubladendenken gibt es eine eigene Hirnregion. Dies ist z. T. evolutionär geprägt und kann in der modernen Welt auch zu Fehlreaktionen führen. So reagieren wir beispielsweise hefig auf ein leises Rascheln hinter uns (es könnte ja ein Raubtier sein), unterschätzen aber die Geschwindigkeit eines auf uns zurasenden Autos (solch hohe Geschwindigkeiten gab es in der Steinzeit nicht). Insofern ist die Übertragung der menschlichen Komplexitätsreduzierung auf KI-Systeme noch schwierig.

13.6   Simultane Lokalisierung und Kartenerstellung (SLAM)

Mobile Roboter müssen ihre genaue Position kennen, dabei sind nicht alle Gegeben-heiten kartographiert. Innerhalb von Gebäuden gibt es i.A. keine allgemeinverfügbaren Informationen aber auch außerhalb. So muss sich ein Mähroboter zunächst im Garten zurechtfinden, bevor er richtig anfangen kann zu mähen.

- *Mit der Simultanen **Positionsbestimmung und Kartenerstellung (Simultaneous Localization and Mapping – SLAM)** kann ein mobiler Roboter gleichzeitig eine Karte seiner Umgebung erstellen sowie seine Pose innerhalb dieser Karte bestimmen.*

Schwierig daran ist, dass das SLAM-Verfahren einer Henne-Ei-Problem folgt: Eine Roboterlokalisierung bei gegebener Karte bzw. die Erstellung einer Karte aus Sensor-daten bei bekannter Position sind relativ einfach, aber ohne Karte keine Positionsbe-stimmung und ohne Wissen um die eigenen Position keine Kartenerstellung. Beide Probleme gleichzeitig zu lösen ist schwierig und kann nur über Wahrscheinlichkeiten abgeschätzt werden.

Hierzu wurden verschiedene SLAM-Algorithmen entwickelt, den EKF SLAM, den Graph SLAM und einige mehr (auf die hier nicht näher eingegangen wird, da es sich um ein IT-Thema handelt, kein typisches Produktionsthema). Die aktuell eingesetzten SLAM-Algorithmen sind jedenfalls probabilistisch (Wahrscheinlichkeitsaussagen), die Unsicherheiten beinhalten und modellieren.

Die Schlüsseltechnologien bei SLAM sind neben einer speziellen Sensorik, z. B. maschinelles Sehen, zumeist als Embedded Systems, sowie Laserpositionierungen und agentenbasierte Leitsysteme für flexible Wegplanung, Stauvermeidung und proaktives Ausweichen im Vorfeld. Deep Learning leistet hier einen großen Beitrag.

Einsätze im industriellen Umfeld sind vor allem FTF (fahrerlose Transportfahrzeuge) und flexible Materialflusssysteme. Gerade größere Unternehmen haben eine Vielzahl unterschiedlicher Beteiligten am Materialfluss, hier wird an einer Multi-Supplier-Lösung (offenen FTS-Systemen) zur Integration in einen Werksverkehr gearbeitet. Weitere wichtige Anwendungen sind kollaborative Roboter, Drohnen und unbemannte Luftfahrzeuge (UVA), Augmented Reality sowie das autonome Fahren.

13.7 Kollaborative Robotik (Cobots)

Kollaborierende Roboter (Cobots) stellen ein Bindeglied zwischen rein manuellen Arbeitsplätzen und Vollautomation dar. Während in der Vergangenheit Roboter aus Sicherheitsgründen mit trennenden Schutzeinrichtungen vom Menschen abgesondert waren, erfordert gerade Industrie 4.0, mit der Tendenz zu immer kleineren Losgrößen, immer häufiger, dass Roboter und Mensch direkt zusammenarbeiten. Kollaborierende Roboter helfen Menschen beispielsweise dort, wo sie aus physischen Gründen überlastet sind, und umgekehrt helfen Menschen den Robotern, wo Automatisierung technisch oder ökonomisch nicht sinnvoll ist oder dort, wo menschliche Kreativität gefragt ist.

Kollaborierende Roboter werden i.W. im industriellen Umfeld eingesetzt. Dabei sind sie zu unterscheiden von den (mobilen) Servicerobotern, die verstärkt außerhalb der Produktion eingesetzt werden (siehe Abschn. 13.9). Kollaborierende Roboter werden in der DIN ISO/TS 15066 (DIN SPEC 5306) behandelt.

In einer Studie der International Federation of Robotics (IFR) wurden 2019 erstmalig kollaborative Roboter mit aufgeführt. Demnach führen diese mit 3,24 % Marktanteil noch ein Nischendasein, mit 24 % ist die Wachstumsrate allerdings bei Weitem überdurchschnittlich, 2020 dann mit deutlichem Wachstumspotenzial, wie in Abb. 13.12 zu

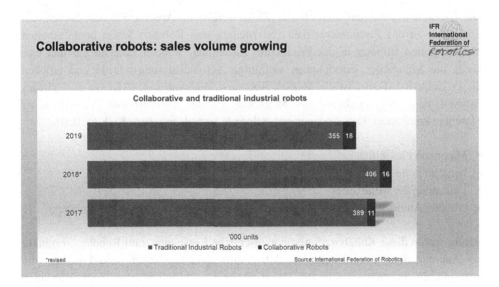

Abb. 13.12 Kollaborative Roboter sind eine wachsende Nische. (Quelle: World Robotic 2020 – IFR 2020)

Abb. 13.13 Mensch-Roboter-Kollaboration (MRK) – HRC Cobots. (Quelle: KUKA)

sehen (IFR 2019, 2020). Abb. 13.13 zeigt die Mensch-Roboter-Kollaboration (MRK) mittels eines KUKA HRC Cobots.

13.8 Mensch-Roboter-Kollaboration (MRK) & Human Robot Interaction (HRI)

Die Interaktion zwischen Mensch und KI ist bereits im Abschn. 3.9 beschrieben, ein Spezialfall ist das Zusammenwirken von Mensch und Roboter. Schon heute arbeiten Menschen und Roboter in der Produktion zusammen. Roboter unterstützen und entlasten die Mitarbeiter, ermöglichen vielfältige Automatisierungsschritte und erhöhen die Produktivität. Dabei ist die Mensch-Roboter-Kollaboration (MRK) ein zusätzliches Element, dass die Fähigkeiten des Menschen mit der Effizienz und Präzision einer Maschine kombiniert. Dabei können sich folgende Vorteile ergeben (KUKA 2020):

- Maximale Flexibilität
- konstant hohe Qualität
- Entlastung der Mitarbeiter
- erhöhter Automatisierungsgrad (Menschliche Fähigkeiten ergänzen den Roboter)

Häufig wurde diese Kollaboration, die menschliche Ergänzung zum Roboter, vorrangig bei Automatisierungslücken angewendet. Automatisierungslücken sind Prozesse, die sich schlecht automatisieren lassen. Dabei gibt es zwei Möglichkeiten: Zum einen, man versucht doch irgendwie zu automatisieren, was zumeist kostenintensiv und störungsanfällig ist. Zum anderen, man lässt den Menschen dort im Prozess, wo es sinnvoll ist.

Früher entstanden hieraus ergonomisch sehr ungeeignete Arbeitsplätze, wo Menschen monoton im Takt der Maschine eben diese Lücke schließen mussten. Aus diesen Fehlern ist gelernt worden, heute wird eine andere Philosophie verfolgt, die insbesondere mit KI-gesteuerten Robotern Anwendung findet:

- *Die **Mensch-Roboter-Kollaboration (MRK)**, alternativ **Human Robot Interaction (HRI)** ist ein zusätzlicher Bestandteil der Produktion, dass die Fähigkeiten des Menschen mit der Kraft, Ausdauer und Präzision eines Roboters verknüpft. Ziel ist den Menschen zu entlasten, bei gleichzeitiger Erhöhung der Effizienz.*

KUKA sieht MRK dann auch als die Symbiose aus modernster Robotertechnik und dem klassischen Teamwork. Hierbei kommt es auf die Art der Trennung zwischen Mensch und Roboter an, diese kann räumlich und/oder zeitlich sein (siehe Abb. 13.14), sowie auf den ***Charakter der Zusammenarbeit:*** (Abb. 13.15)

- **Koexistenz:** Mensch und Roboter arbeiten räumlich getrennt und unabhängig voneinander an getrennten Arbeitsaufgaben. Der sonst übliche Schutzzaun zur Trennung der Arbeitsbereiche entfällt aber.
- **Kooperation:** Mensch und Roboter arbeiten im gleichen Arbeitsraum an einer aufeinander aufbauenden Arbeitsaufgabe.

Abb. 13.14 Zeitliche und räumliche Trennung von Mensch und Roboter

Abb. 13.15 MRK bei Skoda mit Roboter von KUKA. (Quelle: KUKA)

- **Kollaboration:** Mensch und Roboter interagieren miteinander an einer gemeinsamen Arbeitsaufgabe, wie, wenn zwei Menschen zusammenarbeiten.

Bei der Kollaboration kommt u. a. Soft-Robotics zum Einsatz (siehe Abschn. 13.4). Die Anwendungsfelder liegen im Bereich der industriellen Produktion z. B. in der Montage oder beim Teilehandling (Werkstückzufuhr, Entnahme), aber auch für ergonomische Verbesserungen. Auch in der Medizintechnik gibt es ein weites Einsatzgebiet für MRK. Durch den Einsatz von KI und maschinellem Lernen kann die intuitive Assistenz solcher Mensch-Roboter-Systeme stark verbessert werden. Die Vision des Roboters als **gleichwertigen** Assistenten in einer industriellen Produktion oder während einer Operation ist aber derzeit noch nicht greifbar.

13.9   Serviceroboter & Cobots

„Klassische Industrieroboter haben zumeist ein engbegrenztes Aufgabenfeld. Hierfür benötigen sie wenige Sensoren und sie können auch vom Menschen aus Sicherheitsgründen durch Käfig oder Lichtschranken abgegrenzt werden. Mit dem Begriff Industrielle Servicerobotik werden robotische Systeme bezeichnet, die nicht wie bei der Industrierobotik nahezu ausschließlich in der Fertigung von Massenprodukten eingesetzt werden, sondern als Folge ihrer erweiterten Fähigkeiten in vielen Anwendungsfeldern innovative Prozesse und Dienstleistungen ermöglichen." (BMWi, Industrielle Servicerobotik 2013).

Service-Roboter werden aber vornehmlich außerhalb der Produktion eingesetzt, dort, wo Menschen Unterstützung benötigen. Die ISO 8373 bzw. die International Federation of Robotics (IFR) definieren weitgehend gleich (Original nur in englischer Sprache):

- **Serviceroboter** *sind Roboter, die nützliche Aufgaben für Menschen oder Geräte ausführen, ausgenommen industrielle Automatisierungsanwendungen"* (IFR 2020) (*ISO, ISO 8373:2012*, 2012)

Der Übergang ist aber fließend, so titelte der Spiegel: „Ära des Cobots: Die Pandemie beschleunigt den Vormarsch der Roboter. Sie desinfizieren Kliniken, räumen Regale ein und helfen sogar bei der Wohnungsbesichtigung" (Jung 2020). Wenngleich alles Anwendungen außerhalb des klassischen Wertschöpfungsprozesses, so sind die Aufgaben ähnlich. Klassische Roboterhersteller wie Kuka, ABB, Universal Robots investieren „massiv in Entwicklung und Fertigungskapazitäten". Daher wird in anderen Definitionen der Industriebereich mit eingerechnet:

- *Ein **Serviceroboter** ist eine frei programmierbare Bewegungseinrichtung, die teil- oder vollautomatisch Dienstleistungen verrichtet (z. B. Inspektionsroboter in Rohrleitungen, Serviceroboter im Pflegebereich, Rasenmähroboter, Industrieroboter)* (Cernavin und Lemme, Technologische Dimension der 4.0-Prozesse 2018)

Weiter wird in der ISO 8373 unterteilt:

- **Personal Service Roboter**
  (nur für nicht-kommerzielle Aufgaben verwendet, üblicherweise von Nicht-Fachleuten)
- **Professional Service Robots**
  (für kommerzielle Anwendungen durch einen speziell geschulten Bediener)
- **Assistenzroboter**
  a) unterstützen den Menschen im Alltag z. B. als Pflegeroboter (auch: Sozialroboter)
  b) Robotische Co-Worker speziell für die Zusammenarbeit mit dem Menschen, lernfähig, kommunikationsfähig – Kennzeichnend ist die den Menschen (Arbeiter) in unterschiedlichem Arbeitskontext unterstützende Funktion. Die Anwendungsbereiche können sehr breit gestreut sein. (BMWi, Industrielle Servicerobotik 2013)

Insgesamt entwickelt sich hier interessanten Markt, insbesondere für Start-Ups (Abb. 13.16).

Ein Spezialfall des Assistenzroboters ist der Sozialroboter, eingesetzt allerdings außerhalb industrieller Anwendungen, sondern eher im Bereich Senioren- bzw. Behindertenhilfe. Die Übergänge zu industriellen Anwendungen sind allerdings fließend, häufig wird derzeit unterschieden:

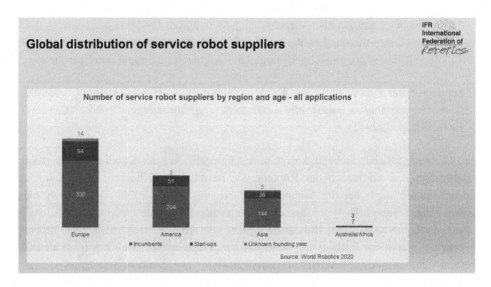

Abb. 13.16 Service Robotik, interessanter Markt auch für Start-Ups. (Quelle: World Robotic 2020 – IFR 2020)

- *Assistenzroboter (im Sozialbereich)*
  Robotersysteme z. B. als Haushaltshilfe, die insbesondere behinderten und älteren Menschen bei alltäglichen Tätigkeiten helfen soll.
- *Serviceroboter (im Sozialbereich)*
  sollen als direkte Interaktions- und Kommunikationspartner unterstützen. Dazu müssen sie in ein alltägliches Umfeld integriert sein und mit verschiedenen Fähigkeiten versehen sein, wie: Kommunikation in natürlicher gesprochener Sprache (NLP), Erkennung von Identitäten sowie von Gestik, Mimik und Stimmung des menschlichen Gegenübers. Darüber hinaus können sie mit verschiedenen Manipulatoren (Aktoren) agieren. Sozialroboter haben oft eine humanoide (menschenähnliche) Gestalt, um eine gewisse Empathie bzw. Sympathie zu erzeugen.
- *Humanoide Roboter (Abb. 13.17) sind Maschinen, die einer menschlichen Gestalt nachempfunden sind. Dabei sind Aussehen, Positionen der Gelenke sowie Bewegungsabläufe vom menschlichen Aussehen bzw. Bewegungsapparat inspiriert.*

Neben den genannten Anwendungen in der Pflege werden Assistenz- und Serviceroboter auch in öffentlichen Einrichtungen, wie Museen, Hospitälern u. ä. als Helfer oder Informationsgeber eingesetzt. Hier wären Anwendungen in der Produktion denkbar.

In einer Studie an einer chilenischen Schule wurde ein solcher humanoider Roboter namens Bender versuchsweise als Lehrkraft eingesetzt. Er hielt dort einen Vortrag vor Kindern im Alter von 10–13 Jahren in verschiedenen Klassen (Ruiz-del-Solar et al. 2010). Die Resonanz war recht positiv, über 90 % der Kinder könnten sich weitere

Abb. 13.17 Humanoider Serviceroboter. (Quelle: Hochschule-Albstadt-Sigmaringen)

Roboter-Vorträge denken. Allerdings war das Ergebnis der anschließenden Wissens-
fragen weniger gut, nur etwas über 50 % der Kinder erinnerten sich richtig. Letztlich
könne dies an mangelnder Motivationsmöglichkeit des Roboters bzw. schlechter Inter-
aktivität mit der Maschine liegen. Für industrielle Anwendungen, z. B. beim Training
von Mitarbeitern, kann daran gearbeitet werden.

Wichtig für die Akzeptanz von humanoiden Robotern ist, dass der Mensch diesen
als menschenähnlich wahrnimmt und eine Vertrautheit aufbaut. Bereits 1970 erkannte
dabei der japanische Roboter-Forscher Masahiro Mori die Problematik, dass bereits
sehr menschenähnliche humanoide Roboter krankhaft bzw. zombiehaft wirken können
(Zombie: Untoter, wird in Horrorfilmen verwendet). Er nannte diesen Bereich das
unheimliche Tal (siehe Abb. 13.18; MacDorman 2005).

13.10 Schwarmrobotik (Swarm Robots)

Schwarmroboter werden für Überwachungs-, Erkundungs- und Reinigungsaufgaben
eingesetzt. Denkbar sind auch Ernteroboter. Die Einzelroboter organisieren sich dabei
autonom untereinander und ohne an einen Zentralrechner angeschlossen zu sein. Neben
den üblichen Kommunikationsverfahren, wie RFID, NFC, etc., nutzen einige Schwarm-
Roboter auch Infrarot.

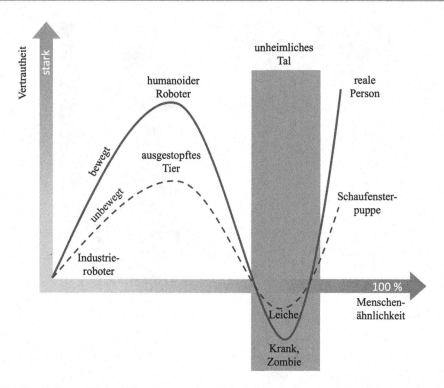

Abb. 13.18 Menschliche Wahrnehmung eines humanoiden Roboters. (In Anlehnung an Mori & MacDorman)

- *Bei **Schwarm-Robotern (Schwarmrobotik)** handelt es sich um ein dezentrales, selbstorganisierendes Mehrrobotersystem. Damit lösen Schwarm-Roboter Probleme, die für Einzelroboter zu komplex sind.*

Alternativ wird auch der Name *„Kilobot"* für Schwarmroboter verwendet, den Wissenschaftler an der Harvard-Universität entwickelt haben. Der irreführende Name stammt von einer Aussage, es benötige viele dreibeinige Schwarmroboter, um ein Kilogramm vollzubekommen. Ein Schweizer Unternehmen hat die Lizenz erhalten, die Roboter in Serie zu fertigen (Pluta 2011; Rubenstein et al. 2012).

Wie bei Schwärmen aus Lebewesen, müssen sich Roboterschwärme mit ganz normalen gruppendynamischen Prozessen auseinandersetzen, hier KI-gesteuert. Beispielsweise bedarf es ggf. einer zeitweisen Führung. Dabei muss sich in einem hierarchielosen Verbund ein *primus inter pares* herausbilden (lateinisch: „Erster unter Gleichen", weiblich Form: prima inter pares). Weiter kann es sein, dass einzelne Roboter ausreißen. Sie können durch äußere Einflüsse gezwungen werden, sich von der Gruppe trennen oder sie bewegen sich unterschiedlich schnell innerhalb des Schwarms. Auch kann es zu zufälligen bzw. versehentlichen Effekten kommen (Wind, Strömung, Kommunikationsprobleme).

Es kann vorkommen, dass mehrere Schwärme aufeinandertreffen, die einzelnen Roboter müssen sich dann zusätzlich zur internen Kommunikation mit dem anderen Schwarm koordinieren, u. a. zur Kollisionsvermeidung. Dies ist für dezentrale Systeme eine Herausforderung, da jeder einzelne Schwarm ja keine übergeordnete Steuerung besitzt. Es muss also so etwas, wie das menschliche Teambuilding stattfinden, das andere „Teams" unterscheiden kann. Auch hier bedarf es ggf. eines KI-gesteuerten primus inter pares Roboters.

Derzeit in der Experimentierphase befinden sich industrielle Anwendungen in der Logistik (Punkt-zu-Punkt-Lieferungen) sowie für Feldüberwachungsaufgaben, im Bereich der Predictive Technologien (insbesondere Predictive Maintenance) oder der Umweltüberwachung.

Ein essenzieller Vorteil der Schwarmtechnologien ist eine vergleichsweise geringe Komplexität sowie die hohe Redundanz beim Ausfall von Einzelsystemen, was zu einer höheren Robustheit (siehe Abschn. 10.2.3) des Gesamtsystems führt. Darüber hinaus sind einzelne schwarmfähige Roboter recht kostengünstig, was den Einsatz in Hochrisiko-Zonen mit „Verlusten" ermöglicht. Daher gibt es Schwarmroboter für den Katastropheneinsatz und für ungünstige Umweltbedingungen (z. B. bei Radioaktivität). Auch ist eine militärische Nutzung angedacht.

Ein interessantes Experiment der Schwarmrobotik ist das Roboterfußball. Entstanden ist es aus der Erkenntnis, dass Künstliche Intelligenz bei (Gesellschafts-)Spielen, z. B. Schach oder Go, nicht alle Aspekte der KI umfasst. „Beim Mannschaftssport verhält sich dies anders. Situationen lassen sich nicht immer planen. Der Roboter muss viele verschiedene Aspekte berücksichtigen. Dazu zählen laut Wikipedia Planen, Lernen, Sensorik, Motorik, reaktives Verhalten, Schwarmkoordination, Selbstlokalisierung und Pfadplanung. Nicht nur die Gegenspieler, sondern auch die eigenen Mitspieler können eine Situation verkomplizieren. Wo läuft mein Mitspieler hin? Wohin sollte ich den Ball spielen? Wie positionieren sich die Spieler des anderen Teams? All das sind Probleme, deren Lösung sehr viel anspruchsvoller ist als ein ruhig verlaufendes Schachspiel, bei dem sowohl der menschliche als auch der technologische Spieler genug Zeit hat, um seinen nächsten Zug zu planen." (Roboterfussball.at 2020) Mittlerweile finden sogar Roboterfußball-Weltmeisterschaften statt, Austräger ist die Federation of International Robot-Soccer Association (FIRA 2020).

13.11 Myorobotics & Exoskelette

Im Rahmen des EU-Forschungsprojektes MYOROBOTICS entwickelt das Fraunhofer IPA 2013 ein modulares Hardwaresystem, mit dem nachgiebige, seilbasierte Leichtbaurobotersysteme realisierbar sind. Ziel war es, Forschern, industriellen Anwendern und Endanwendern eine kostengünstige Möglichkeit zu schaffen, für Exterminierzwecke eigene nachgiebige Roboter entwerfen und bauen zu können. Zielgruppe sind auch Nicht-Experten.

Die Vorsilbe Myo steht für „Make your own", ist hier aber auch als Wortspiel zusammen mit der griechischen Bedeutung „Muskel" zu verstehen. Es geht dabei um ein Baukastensystem für Roboter zur Herstellung speziell zugeschnittener Robotersysteme.

Das *Myorobotics* Toolkit besteht aus verschiedenen einfachen Hardware-komponenten, „design primitives" genannt. Die Funktion dieser wesentliche Grundbau-stein ist an menschliche Knochen angelehnt, mit Seilzügen als Muskeln. Das gesamte weitere muskuloskelettale Design ist von der Mechanik des menschlichen Körpers inspiriert. Der MYO-Muscle ist mit einem Feder-Dämpfer-Mechanismus und einer Sensorik ausgestattet, die das Messen von Zugkräften ermöglicht.

Damit kann der Roboter sich beispielsweise in einer unstrukturierten Umgebung – Treppen, Schlaglöcher u. ä. – bewegen. Gängige Versuchsobjekte sind „Robotertiere", die sich mit Beinen laufend über unwegiges Terrain bewegen können.

Ein Vorteil ist, dass sich diese Roboter in „normalem" Gelände zusammen mit dem Menschen bewegen und zusammenarbeiten können. So sind Anwendungen im Lager oder in der Logistik angedacht.

Gerade beim Heben schwerer Lasten hätten diese Systeme Vorteile, die Umsetzung ist aber noch zu kostenintensiv und wenig flexibel. Ein anderer Weg ist daher, die „Intelligenz" beim Menschen zu belassen und nur die Kräfte maschinell zu unterstützen bzw. zu ersetzen. Sogenannte *Exoskelette,* eine über der Kleidung getragene, kabel-betriebener Mechanik, unterstützt den Arbeiter beim Heben schwerer Lasten. Damit ist das Exoskelett dem Myoroboter recht ähnlich, jedoch ohne künstliche Intelligenz. Exo-skelette werden außer in der Produktion bzw. Logistik auch in der Rehabilitation und beim Militär eingesetzt.

13.12 Medizintechnik

Gerade in der Medizintechnik haben Roboter ein großes Anwendungsfeld gefunden. So sind in der aktuellen Corona-Covid-19-Behandlung an der Charité Berlin (Level-1-Klinik) aktuell 25 Visitenroboter im Einsatz (kma-online 2020).

Roboter in der Medizintechnik sind i.W. unterstützend tätig. Im o. g. Fall kann der Roboter ohne Ansteckungsgefahr näher an den Patienten, als es Pfleger und Ärzte sicher vermögen. Auch kraftanstrengende Arbeiten, z. B. beim Wenden eines Patienten, sowie hohe Präzision, z. B. beim Operieren mit Skalpell, assistieren Roboter. Die Ent-scheidungshoheit und die Verantwortung bleiben aber beim Menschen.

Erste Ansätze, Roboter in der Medizintechnik einzusetzen, gab es bereits Anfang der 1990iger Jahre. Z. B. übernahmen Roboter, die eigentlich für industrielle Montage-aufgaben konzipiert waren, die Dosierung von Krebsmedikamenten, siehe Abb. 13.19 (Mockenhaupt 1994). heutzutage in Diese Zytostatika sind selbst krebserregend und somit für das Behandlungspersonal gefährlich. Durch den Einsatz eines Industrie-roboters, konnte die Dosierung automatisiert ablaufen, was die Arbeitssicherheit erhöhte und für den Patienten schnellere und genauere Dosierungen mit sich brachte (DLF 1994;

Abb. 13.19 Anfänge der Roboternutzung in der Medizintechnik: Robotersystem zur Dosierung von Krebsmedikamenten (1994) (Mockenhaupt 1994)

WDR3-TV 1994). Zum Vergleich eine ähnliche Anwendung von KUKA in Abb. 13.20 dargestellt.

Weitere Anwendungen von Robotern mit KI-Unterstützung sind Operationsroboter und Biopsieroboter (siehe Abb. 13.21). Diese Anwendungen der KI haben bereits viel früher begonnen als Anwendungen in der Industrie. Vorteil ist, dass hier die Erfahrung und Können eines Chirurgen mit der Präzision eines Roboters kombiniert wird (Müllges 1999): Anders als ein herkömmlicher Bohrer, Fräser oder eine Säge, sei ein Roboter

Abb. 13.20 Blutprobenhandling heutzutage. (Quelle: KUKA)

Abb. 13.21 Roboter im Operationssaal mit MRK-Fähigkeit. (Quelle: KUKA)

intelligent. Bestehe die Gefahr, dass der Chirurg beispielsweise zu tiefbohrt oder zu nah an eine Gefahrenstelle herankommt, beendet das System die Arbeit.

Seither hat sich einiges getan: Insbesondere können Roboter sich leichter Zugang verschaffen, was minimalinvasive Eingriffe ermöglicht. Direkte Sicht ist nicht notwendig. Ein Roboter kann sich über alle Formen bildgebender Verfahren und externer Koordinatensystem im Raum in Echtzeit im 1/10 Millimeterbereich orientieren und auch dann ausgleichen, wenn der Patient sich plötzlich bewegt. Das kann ein menschlicher Operateur nicht.

Die Frage der Autonomie ist hier aber eindeutig geklärt: Der Mensch beleibt Entscheider, der Roboter und die KI assistieren. „Trotz aller technologischen Sprünge wird ein autonomes System nicht in den nächsten 50 Jahren zu erwarten sein", sagt der Arzt Skander Bouassida, der mit dem Robotersystem Da Vinci am Berliner Vivantes Humboldt-Klinikum operiert (Piazena 2019).

Dennoch, in absehbare Zeit wird sich dadurch die Arbeit von Chirurgen stärker ändern, als in anderen von KI betroffenen Bereichen: Das optimale Operationsverfahren selbst wird von einem KI-Algorithmus bestimmt, unter Berücksichtigung aller weltweit aktuell zur Verfügung stehenden Wissens. Das Fingerspitzengefühl wird durch die viel genauere Robotermechanik ersetzt, die Intuition durch zeitgleiches operieren und Abgleich der Sensorik mit dem, was im Patientenkörper geschieht.

13.13 Fragen zum Kapitel

1. Warum gehört Robotik und KI zusammen (Robotik Schlüsselanwendung der KI)?
2. Warum ist der „Griff in die Kiste" für Roboter so schwierig? Erklären sie dabei das Moravec'sche Paradox.
3. Kann Soft-Robotics beim Griff in die Kiste bzw. dem Moravec'sche Paradox helfen. Wie unterscheidet sich der Ansatz von bisherigen Überlegungen?
4. Erklären sie das Henne-Ei-Problem bei der Simultanen Lokalisierung und Kartendarstellung (SLAM) am Beispiel eines industriellen Flurförderfahrzeugs.
5. Denken Sie sich Einsatzmöglichkeiten für Assistenz-, Service und humanoide Roboter in der Produktion aus.
6. Suchen Sie industrielle Beispiele für eine Mensch-Roboter-Kollaboration (MRK) innerhabe der drei Charakteren der Zusammenarbeit.
7. Was ist bei humanoiden Robotern das „unheimliche Tal"?
8. Was ist das Henne-Ei-Problem bei SLAM?
9. Was ist Komplexitätsreduzierung und warum ist sie besonders bei humanoiden Robotern wichtig?
10. Warum ist die Lichtgeschwindigkeit ein limitierender Faktor bei der Wahrnehmung und Reaktionsfähigkeit eines Roboters. Wie begegnen Sie dieser Herausforderung (möglichst, ohne gegen Naturgesetze zu verstoßen)?
11. Erläutern Sie die Vorteile der Swarm-Robotic und beschreiben Sie dabei den Zusammenhang zwischen Selbstorganisation und Chaostheorie (siehe auch Abschn. 7.8)
12. Wägen Sie die Vor- und Nachteil ab, zwischen einem menschlichen Operateur und einem KI-gesteuerten Operationsroboter.

Literatur

AG 5, A.-u., Plattform Industrie 4.0, & BMWi, B. (06. September 2019). KI und Robotik im Dienste der Menschen. https://www.plattform-i40.de/PI40/Redaktion/DE/Downloads/Publikation/BMWi%20 KI%20und%20Robotik.html. Zugegriffen: 11. Okt. 2020.

BMWi. (Januar 2013). Industrielle Servicerobotik. https://www.bmwi.de/Redaktion/DE/Publikationen/ Digitale-Welt/autonomik-band-4.pdf?__blob=publicationFile&v=3. Zugegriffen: 28. Mai 2020.

BMWi (GAIA-X). (04. Juni 2020). Broschüre: GAIA-X – das europäische Projekt startet in die nächste Phase. https://www.bmwi.de/Redaktion/DE/Publikationen/Digitale-Welt/gaia-x-das-europaeische-projekt-startet-in-die-naechste-phase.html. Zugegriffen: 5. Juni 2020.

Cernavin, O., & Lemme, G. (2018). Technologische Dimension der 4.0-Prozesse. (Stowasser, Herausgeber). Zugegriffen: 28. Mai 2020

DLF, D. (03. Februar 1994). Aus Forschung und Technik.

DPMA. (11. April 2019). Künstliche Intelligenz: US-Unternehmen bei Patentanmeldungen für Deutschland weit vorne. https://www.dpma.de/service/presse/pressemitteilungen/20190411. html. Zugegriffen: 11. Okt. 2020.

FIRA, F. o.-S. (2020). FIRA robot competitions. https://www.firaworldcup.org/VisitorPages/default.aspx?itemid=3. Zugegriffen: 30. Sept. 2020.

Garrad, M., Soter, G., Conn, A., Hausser, H., & Rotisser, J. (21. August 2019). A soft matter computer for soft robots. https://robotics.sciencemag.org/content/4/33/eaaw6060. Zugegriffen: 28. Mai 2020.

Habeck, R. (2012). *Wesen die es nicht geben dürfte – Unheimliche Begegnungen mit Geschöpfen der Anderswelt.* Berlin: Carl Ueberreuter.

IFR, I. (September 2019). Industrial Robots: Robot Investment Reaches Record 16.5 billion USD. https://ifr.org/ifr-press-releases/news/robot-investment-reaches-record-16.5-billion-usd. Zugegriffen: 29. Mai 2020.

IFR, I. (2020). Von https://ifr.org/.

IFR, I. (2020). World robotics 2019 industrial robots. (09 2019). https://ifr.org/downloads/press2018/Executive%20Summary%20WR%202019%20Industrial%20Robots.pdf. Zugegriffen: 29. Mai.

IFR, I. (24. September 2020). IFR presents world robotics report 2020. https://ifr.org/ifr-press-releases/news/record-2.7-million-robots-work-in-factories-around-the-globe. Zugegriffen: 30. Sept. 2020.

ISO. (2012). *ISO 8373:2012.* Berlin: Beuth.

Jung, A. (16. Juni 2020). SPIEGEL(25/2020), S. 70 f.

Klein, S. (2009). *Da Vincis Vermächtnis.* Frankfurt a. M.: Fischer.

kma-online. (11. Mai 2020). https://www.kma-online.de/aktuelles/it-digital-health/detail/telemedizinische-versorgung-von-covid-19-patienten-per-roboter-a-43248?wt_zmc=nl.int.zonaudev.zeit_online_chancen_w3.m_18.05.2020.nl_ref.zeitde.bildtext.link.20200518&utm_medium=nl&utm_campaign=. Zugegriffen: 18. Mai 2020.

KUKA. (2020). Mensch-Roboter-Kollaboration. https://www.kuka.com/de-de/future-production/mensch-roboter-kollaboration. Zugegriffen: 21. Juni 2020.

Kutzbach, N., & Müller, C. (2020). *World robotics 2020 – Industrial robots.* Frankfurt: IFR Statistical Department.

Langefeldt, B., & Roland Berger. (08. Mai 2019). Trendthema „smarte" Fabrik: Bislang hat kein Unternehmen die höchste Autonomie-Stufe erreicht. https://www.rolandberger.com/de/Point-of-View/Autonome-Produktion-Neue-Chancen-durch-K%C3%BCnstliche-Intelligenz.html#Subscribe. Zugegriffen: 24. Juni 2020.

Lindinger, M. (03. Januar 2007). Da Vincis Konstruktionen: Wie Leonardos Roboter laufen lernen. https://www.faz.net/aktuell/wissen/da-vincis-konstruktionen-wie-leonardos-roboter-laufen-lernen-1407234.html. Zugegriffen: 10. July 2020.

MacDorman, K. (Januar 2005). Androids as an experimental apparatus: Why is there an uncanny valley and can we exploit it? https://www.researchgate.net/publication/245406914_Androids_as_an_Experimental_Apparatus_Why_Is_There_an_Uncanny_Valley_and_Can_We_Exploit_It. Zugegriffen: 28. Mai 2020.

Marsiske, H.-A. (Juni 2019). Robotik-Konferenz RSS: Weiche Roboter sind keine Softies. https://www.heise.de/newsticker/meldung/Robotik-Konferenz-RSS-Weiche-Roboter-sind-keine-Softies-4455441.html. Zugegriffen: 28. Mai 2020.

Mockenhaupt, A. (1994). *Beitrag zur Planung von Automationsvorhaben unter technischen, ergonomischen und sicherheitstechnischen Aspekten am Beispiel der Dosierung von Zytostatika mit Robotern.* Düsseldorf: VDI.

Moravec, H. (1988). *Mind children: The future of robot and human intelligence.* Cambridge: Harvard University Press (HUP).

Müllges, K. (1999). Künstliche Intelligenz: Roboter für die Gesichtschirurgie. https://www. aerzteblatt.de/archiv/17178/Kuenstliche-Intelligenz-Roboter-fuer-die-Gesichtschirurgie. Zugegriffen: 30. Mai 2020.

Nördinger, S. (17. July 2018). BMW macht's vor – So lohnt sich der ,Griff in die Kiste'. https:// www.produktion.de/trends-innovationen/so-lohnt-sich-der-griff-in-die-kiste-111.html. Zugegriffen: 29. Mai 2020.

Piazena, F. (10. August 2019). Operationsroboter in der Medizin. https://www.tagesspiegel. de/berlin/operationsroboter-in-der-medizin-ein-ganz-besonderer-assistent/24890878.html. Zugegriffen: 30. Aug. 2020.

Pluta, W. (28. November 2011). Chwarmroboter: Kilobots gehen in die Serienfertigung. https:// www.golem.de/1111/88055.html. Zugegriffen: 16. July 2020.

Roboterfussball.at. (2020). Roboterfußball – Fußballballspielen mit Robotern. https://www. roboterfussball.at/. Zugegriffen: 30. Sept. 2020.

Rosheim, M. (2006). *Leonardo's lost robots*. Berlin: Springer.

Rubenstein, M., Ahler, C., & Nagpal, R. (2012). Kilobot: A low cost scalable robot system for collective behaviors. https://nrs.harvard.edu/urn-3:HUL.InstRepos:9367001. Zugegriffen: 11. Okt.

Rügheimer, H. (20. März 2019). 5G: Das neue Mobilfunknetz und autonomes Fahren. https:// aiomag.de/5g-so-wichtig-ist-das-schnelle-netz-fuer-autonomes-fahren-6681. Zugegriffen: 6. July 2020.

Ruiz-del-Solar, J., Mascaró, M., Correa, M., Bernuy, F., Riquelme, R., & Verschae, R. (Februar 2010). Analyzing the human-robot interaction abilities of a general-purpose social robot in different naturalistic environments. https://www.researchgate.net/publication/226792005_ Analyzing_the_Human-Robot_Interaction_Abilities_of_a_General-Purpose_Social_Robot_in_ Different_Naturalistic_Environments. Zugegriffen: 28. April 2020.

Sehrt, F., & Mockenhaupt, A. (1994). Universal-Stiftegreifer greift alle Gegenstände. www.uni-duisburg-essen.de/fet/mesb/mesb94/sehrt.htm. Zugegriffen: 30. Aug. 2018.

Sergey, L., Pastor, P., Krizhevsky, A., & Quillen, D. (28. August 2016). Learning hand-eye coordination for robotic grasping with deep learningand large-scale data collection. https:// arxiv.org/pdf/1603.02199.pdf. Zugegriffen: 28. Mai 2020.

Siciliano, B., & Khatib, O. (Hrsg.). (2008). *Springer handbook of robotics*. Berling: Springer.

WDR3-TV. (24. November 1994). Aktuelle Stunde – Roboter hilft beim dosieren in der Medizin.

Wolf, A., & Steinmann, R. (2004). *Greifer in Bewegung: Faszination der Automatisierung von Handhabungsaufgaben*. München: Hanser.

World Economic Forum. (2018). The jobs landscape. https://www.weforum.org/agenda/2018/09/ future-of-jobs-2018-things-to-know/.

Erfolgsfaktoren

14

14.1 Gestaltungsfelder

„KI ist nur sinnvoll, wenn sie zu hohen potentiellen Leistungsgewinnen in der Fertigung und einem akzeptablen Return on Investment führt" (Hoffmann 2020).

So sinnvoll wie „Spielwiesen" in der Innovation und für die Zukunft eines Unternehmens sind, so müssen diese doch im Heute finanziert werden. Das eine geht nicht ohne das andere. Unternehmen, insbesondere der Mittelstand, benötigt daher eine sehr direkte Ertragswirkung. Erfolgreich im wirtschaftlichen Sinne ist die Digitalisierung und Künstliche Intelligenz dann, wenn man sich auf das realistisch Machbare konzentriert und sich hier an die Spitze des Stands der Technik positioniert.

„Vor Industrie 4.0 kommt noch Industrie 3.0", dabei gilt es „die Produktion auf den Stand von Industrie 3.x zu bringen, indem eine IT-Durchdringung geschaffen und der Automatisierungsgrad erhöht wird." (Plass 2015) (siehe auch Abschn. 2.4.2).

In erster Linie benötigen KI-Projekte mehr Freiraum aber eine erhöhte Aufmerksamkeit: „Scheitern können diese KI-Projekte, wenn KI-Themen mit zu viel Druck erzeugt werden müssen. Diese Projekte benötigen aktuell noch mehr Trainings-/Kontrollschleifen, bevor sie stabil laufen. Wenn dies nicht sorgfältig zu Ende geführt wird, bleiben die Daten-Produkte in der Entwicklung hängen und erreichen keine Akzeptanz der anderen Geschäftsbereiche (zu viel Black-Box). Darin weichen diese Projekte von normalen Datenprojekten ab." (2019).

Gerade zu viel Erfolgsdruck ist kontraproduktiv, Chancen und Risiken liegen nämlich eng beieinander. Dies zeigt sich beispielsweise gut aus den Lehren, die aus den Abstürzen der Boeing 737 Max 2018 und 2019 gezogen wurden, (Jastram 2020):

A. Mockenhaupt, *Digitalisierung und Künstliche Intelligenz in der Produktion*, https://doi.org/10.1007/978-3-658-32773-6_14

„Komplexe Systeme können nicht mal eben angepasst werden. Selbstorganisierende, nicht-lineare Feedbacksysteme sind inhärent unvorhersagbar und schwer zu steuern. Bis auf triviale Änderungen können wir nicht an einer Schraube drehen und erwarten, dass sich sonst nichts ändert. Und erst recht nicht, dass es besser wird. ... Der Mensch muss Teil des Systems bleiben, ... [diese] haben Kreativität und sind in der Lage, mit Situationen umzugehen, bei denen autonome Systeme überfordert sind."

Es ist also evident wichtig, neben den Chancen die Grenzen und Gefahren zu erkennen, was erfolgreiche Unternehmen auch tun, hier aus der Automobilproduktion: „[Es] gibt zwei Haupthindernisse für eine schnellere Implementierung von KI-Lösungen: Der Reifegrad dieser neuen Technologien ist noch nicht optimal für einen großflächigen industriellen Einsatz, und gerade diese Industriebranche ist aufgrund ihrer Kultur extrem anspruchsvoll, was die Leistungsfähigkeit und Sicherheit des Endprodukts anbelangt." (Hoffmann 2020).

Damit sind aber die wesentlichen Gestaltungsfelder genannt, um durch KI-Systeme die Technik besser, sicherer und nachhaltiger zu gestalten:

1. Optimierung des Zusammenspiels Mensch-Maschine im Entscheidungsprozess
2. Überführung der KI-Anwendungen vom Pilotstadium zu ausgereiften Einsatz-lösungen
3. Neue Wege zum Nachweis (Konformität, Zertifizierung) von Leistungsfähigkeit und Sicherheit suchen

Etwas ausführlicher beschreibt dies der Nationale IT-Gipfel in Form von Handlungs-empfehlungen bezüglich Smart Data (Nationaler IT-Gipfel 2014):

- Ausbildung und Qualifizierung von Fachkräften
- Weiterbildung des Führungspersonals
- Qualifikation im sicheren Umgang mit Daten
- Schaffung und Berücksichtigung rechtlicher und ethischer Rahmenbedingungen
- Standardisierung
- Ausbau der Cyber-Abwehr
- Infrastruktur zu Unterstützung von Smart-Data-Services

Der US-Konzern 3M sieht die Chancen und Herausforderungen von Künstlicher Intelligenz wie in Abb. 14.1 dargestellt. Mit großen Erfolgsaussichten werden dabei intelligentere Produkte, effizientere Prozess und neue Geschäftsmodelle gesehen, was letztlich zu einer verbesserten Wettbewerbsfähigkeit führt. Im Auge halten sollte man nach 3M allerdings die Verbesserung der IT-Infrastruktur, Verbindung zu Cloud-Dienst-leistungen, Datensicherheit sowie, wie bereits häufig erwähnt, die Absicherung der Datenhoheit. Die Anwerbung von geeigneten IT-Personal ist ebenfalls ein Thema.

Great Opportunities
- Smarter products
- More efficient processes
- New business models
- Increased competitiveness

Challenges
- Improving IT infrastructure
- Hiring of data scientists
- Connecting to cloud services
- Data security/ ownership

Abb. 14.1   Chancen & Herausforderungen von KI bei 3M. (Quelle: 3M Deutschland)

14.2   Wie kann man mit Digitalisierung & KI Geld verdienen?

„Was wird uns KI in der Automatisierung bringen? Wir werden alles automatisieren können, was wir beschreiben können. Das Problem ist, es ist nicht klar, was wir beschreiben können"
Stephen Wolfram, Wolfram Alpha

Ein zentraler Erfolgsfaktor für den Einsatz von Digitalisierung, Industrie 4.0-Technologien und künstlicher Intelligenz ist das Alignement, d. h. das Passen zum individuellen technologischen und marktmäßigen Know-how und die Übereinstimmung mit der Ausrichtung eines Unternehmens. Die meisten Unternehmen sehen aber die neuen Technologien nur als Werkzeuge zur Kostensenkung, die wenigsten haben erfasst, dass sich neue Geschäftsfelder und Märkte parallel entwickeln. Neue Geschäftsmodelle sollten Priorität haben.

Wichtig dabei ist die Erkenntnis, dass die digitale Transformation technologiegetrieben, also Technology Push, ist. Diese Technologie passt nicht unbedingt und direkt in die vorhandene Technologie bzw. den entsprechenden Markt. Deloitte definiert Manufacturing 4.0 Performancetreiber über die Digitale Strategie und Struktur sowie über den Einsatz von Smart Operation (Deloitte 2016). Hinzu tritt eine Datenstrategie. Abb. 14.2 zeigt diese erweiterten Performancetreiber.

Um mit Digitalisierung und KI Geld zu verdienen, bedarf es zunächst einmal eines generellen Verständnisses für Möglichkeiten und Zusammenhänge. Diese gehen über das klassische Dreieck der Produktionskennzahlen (Kosten, Qualität, Zeit) hinaus. Der Wert von Flexibilisierung und Komplexitätsmanagement muss erfasst werden, eine neue Priorisierung der Aufgaben und Ziele ist notwendig. Hierzu macht die o. g. Deloitte-Untersuchung folgenden Vorschlag zur Priorisierung (siehe Abb. 14.3):

Daher sind Investitionen notwendig, digitale Fähigkeiten zu erlangen. Hierzu gehören die Daten, es sollte in die Datengrundlage und die Datenanalyse investiert werden. Das Sammeln und geeignet zugänglich machen von Daten ist eine wesentliche Voraussetzung

Abb. 14.2 Manufacturing 4.0 Performancetreiber

Abb. 14.3 Priorisierter Nutzen durch I4.0-Anwendungen. (Quelle: Deloitte 2016)

für den Erfolg (z. B. beim autonomen Fahren: Ohne sehr genaue Karten- und Verkehrsdaten würde es nicht funktionieren). Darüber hinaus muss dies dann in die Unternehmensstrategie eingeordnet werden.

Es muss darüber hinaus ein spezifisches Verständnis für den entsprechenden Bereich erarbeitet werden, insbesondere dafür, wo der eigene und wo der Kundenmehrwert liegen soll. Hilfreich ist zunächst die Frage, was überhaupt das Ziel, der mögliche Einsatz sein soll. Effizienzsteigerungen lassen sich beispielsweise aus der Analyse von Maschinendaten, Nutzungsdaten sowie unstrukturiert vorliegenden Daten erzielen. Hierfür gibt es bereits ausgereifte Werkzeuge für die (Big-) Datenanalyse bzw. vorausschauende Analysetools. Sollen Systeme dem Menschen bei Entscheidungen oder bei

Abb. 14.4 Stichworte für den Einsatz von KI & Digitalisierung

Bearbeitungen assistieren, oder ist das Ziel ein vollautonomes System? Bei Assistenz-systemen ist die Medizintechnik aber auch die Fahrzeugtechnik bereits weiter fort-geschritten, eine Übertragung in die industrielle Massenfertigung folgt gerade. Vollautonome System im mechanischen Bereich, im Gegensatz zu rein elektronischen Produkten, sind noch in der Entwicklung bzw. Pilotphase (z. B. autonomes Fahren). Abb. 14.4 gibt einige Stichworte, die für Digitalisierungs- und KI-Projekte bedacht werden sollten.

Ist das Ziel klar, sollte geprüft werden, welche Technologie hilfreich ist und inwiefern diese bereits für den Einsatzzweck ausgereift ist. Leider gibt es auf dem derzeitigen Markt sehr viele Systeme, die sich letztlich eher in einer Experimentier- bzw. Pilotphase befinden als denn ausgereifte Produkte darstellen.

Wie kann aber eine aktuelle Strategie aussehen, um sich mit dem Einsatz von KI, hier mit Fokus auf den Wertschöpfungsprozess, einen Markt zu schaffen? Hierzu einige Ansätze für Überlegungen:

Vorausschauende Analysen (Predictive-Technology)
Viele „vorausschauende" Ansätze basieren auf Nutzungsdaten. Diese können zusammen mit dem maschinellen Lernen bzw. Deep Learning zur Optimierung in der Anwendungs-phase genutzt werden, sei es durch optimierte Wartung, durch Konzepte für die Logistik von Ersatz- bzw. Verbrauchteilen oder durch Hinweise für einen effizienteren Betrieb. Diese Technologien können für den Eigenbedarf entwickelt bzw. eingesetzt werden, aber auch als neues Produkt für den Kunden angeboten werden.

Aus Daten Mehrwert schaffen
Daten gibt es mittlerweile überreichlich, denn jeder betriebliche Ablauf hinterlässt seine Datenspur – sei es als Sensor- oder Maschinendaten oder in MES, ERP … Systemen, usw.

Aufgabe der IT ist es, diese einheitlich verarbeitbar zu machen, um beispielsweise Data-Mining zu ermöglichen. Aber auch Algorithmen, Analysetools, Mustererkennung u. ä. helfen wenig, wenn nicht definiert wird, was das Ziel ist. Mangels Mehrwerts kam es bei so manchem rein IT-getragenen Projekt zu der Aussage: „Data Mining is (almost) dead" (meetup.com 2020).

Es geht darum, fachliche Fragestellungen klar zu formulieren, zuerst kommt der Anwendungsfall, dann erst die Daten und Methoden. (Thamm 2019).

Daten als Produkt anbieten (Daten-Monetarisierung)
Besonders der Mittelstand hat mit seiner tiefgehen Ausrichtung auf sehr spezielle Ingenieur-Problematiken, die Hidden Champions, besondere Chancen. Bezüglich ihrer Produkte besitzen sie quasi monopolistisch Entwicklungs-, Fertigungs- und Einsatzdaten. Zumeist besteht darüber hinaus zumeist eine besondere Beziehung mit den Kunden. Dies eröffnet Möglichkeiten, auch entsprechende Datenprodukte für diese Kunden anzubieten.

Darüber hinaus fallen Daten bei vielen Prozessen, im Betrieb und bei der Nutzung der Produkte quasi als Abfallprodukt an. Unter Beachtung des Datenschutzes können hier Datenprodukte für spezifische Anwendungen entwickelt werden, beispielsweise als Trainingsdaten für KIs etc.

Automatisierung interner Abläufe
Das (Industrial) Internet of Things (IoT bzw. IIoT) bietet vielfältige Möglichkeiten, interne Abläufe zu automatisieren. Maschinen kommunizieren untereinander, mit Kundenmaschinen und mit den Produkten während der Nutzung. Damit kann nicht nur eine bessere interne Planbarkeit vom Einkauf über die Produktion und Instandhaltung bis zur Logistik geschaffen werden (siehe vorausschauende Analysen), sondern auch automatisiert die Entwicklung angestoßen oder Änderungen direkt durchgeführt werden (Stichwort: Generative Design).

Collaborative Technologies
Der unternehmensübergreifende Austausch von (Maschinen-)Daten, vom Komponenten- über den Maschinenentwickler, der gesamten Supply-Chain bis hin zum Hersteller der eigentlichen Endprodukte kann große Vorteile bringen. Insbesondere, wenn dies als CMM auch direkte Wettbewerber, mit einschließen. Dies scheitert bislang am verständlichen und notwendigen Know-How-Schutz der einzelnen Unternehmen. Darüber hinaus sind, sobald es um Kosten und Preise geht, kartellrechtliche Fragen noch offen. Im Medizintechnik- sowie in der Luftfahrt gibt es aber, hier aus Sicherheitsgründen, Ansätze. Unternehmervertreter und Interessenverbände könnten jedoch ausloten inwiefern hier unter Einhaltung Daten-Souveränität Chancen genutzt werden können.

Kritische Faktoren sollten allerdings nicht außer Acht gelassen werden. Diese ergeben sich aus dem zumeist disruptiven Charakter der digitalen Transformation und haben auch mit Akzeptanz zu tun:

„Ohne die Akzeptanz und das Einbeziehen der Erfahrungen der Mitarbeiter geht gar nichts. Auch dort wo es um zwischenmenschliche Kommunikation geht, hat es die KI schwer.", so Sascha Kößler. Was hilft es, den perfekten humanoiden Roboter zu bauen, wenn der Zulieferer oder der Kunde lieber mit richtigen Menschen interagiert. So wurde viel in KI-Sprachcomputer für Kundenhotlines investiert, viele Unternehmen gehen aber mangels Akzeptanz wieder einen Schritt zurück. Neue Werbebotschaften sind: Sprechen sie direkt mit einem Mitarbeiter – ohne Wartezeit und Sprachcomputer (so z. B. 1&1 2020).

Wie eingangs bereits ausgeführt, eröffnet die Digitalisierung und die KI große Chancen. Wichtig im Zusammenhang mit Produktion ist aber, sich auf das Machbare zu konzentrieren, um dies weiterzuentwickeln. Der klassische Produktionsbereich wird sich stark verändern, aber eher evolutionär, weniger revolutionär. Während Analysten davon ausgehen, dass Europa bzw. Deutschland bei dem, was die Amerikaner „Technology" Nachholbedarf haben, ist es gerade die industrielle Produktion, bei der wir hierzulande, ganz im Gegensatz zu den USA und China, stark aufgestellt sind.

Selbst der sonst so KI-kritische Philosoph Richard David Precht (Buchtitel wie: Künstliche Intelligenz und der Sinn des Lebens – Ein Essay) räumt im Spiegel-Interview ein (Precht & Thelen, SPIEGEL Streitgespräch R.D. Precht vs. Frank Thelen 2020): „Zugleich gibt es Bereiche, wo wir stark sind: Umwelttechnik, KI-basierte Industrievernetzung oder Energiekonzepte, das sind wichtige Fragen für unsere ökologische Zukunft". Das ist eine Richtung, in der es weiter gehen kann und sollte.

Literatur

1&1. (2020). Die 1&1 Service Card. https://hilfe-center.1und1.de/vertrag-und-lieferung-c85327/rund-um-ihren-vertrag-c82718/die-1und1-service-card-a798066.html. Zugegriffen: 11. Okt. 2020.

Deloitte. (Dezember 2016). Manufacturing 4.0: Meilenstein, Must-Have oder Millionengrab? Warum bei M4.0 die Integration den entscheidenden Unterschied macht. https://www2.deloitte.com/content/dam/Deloitte/de/Documents/operations/DELO-2267_Manufacturing-4.0-Studie_s.pdf. Zugegriffen: 14. Juni 2020.

Hoffmann, T. (20. Februar 2020). The agigity effect (by Vinci Engineers): Wie die KI in Autofabriken Einzug hält. https://www.theagilityeffect.com/de/article/wie-die-ki-in-autofabriken-einzug-haelt/. Zugegriffen: 17. Mai 2020.

Jastram, M. (23. April 2020). 6 Lehren aus dem Boeing 737 MAX Desaster für Systems Engineers. https://se-trends.de/boeing-737-max/. Zugegriffen: 20. Mai 2020.

meetup.com. (2020). 3 reasons why data mining is (almost) dead. https://www.meetup.com/de-DE/Data-Science-Business-Analytics/pages/5502152/3_Reasons_Why_Data_Mining_is_(almost)_Dead/. Zugegriffen: 10. Okt.

Nationaler IT-Gipfel, A. (20. Oktober 2014). Smart Data – Potenziale und Herausforderungen. https://div-konferenz.de/app/uploads/2015/12/150114_AG2_Strategiepapier_PG_SmartData_zurAnsicht.pdf. Zugegriffen: 10. Okt. 2020.

Plass, C. (15. Oktober 2015). Internet und Produktion: Vor Industrie 4.0 kommt noch Industrie 3.0.
    https://www.com-magazin.de/praxis/business-it/industrie-4.0-kommt-industrie-3.0-1013483.
    html. Zugegriffen: 16. Juni 2020.
Precht, R., & Thelen, F. (29. August 2020). SPIEGEL Streitgespräch R.D. Precht vs. Frank Thelen.
    Spiegel, 36, 60.
Thamm, A. (28. Mai 2019). Erfolgsfaktoren für KI-Projekte: Strategie & Realismus. https://www.
    speicherguide.de/datacenter/erfolgsfaktoren-fuer-ki-projekte-strategie-realismus-24356.aspx.
    Zugegriffen: 11. Okt. 2020.

Nachwort

15

„Man muss die Dinge so einfach wie möglich machen. Aber nicht einfacher."
Albert Einstein

Die digitale Disruption wird dazu führen, dass viele als sicher und unumstößlich geltende Gewissheiten ins Wanken geraten. Auch im kreativen Sektor gibt es bereits Auswirkungen. So kann eine Künstliche Intelligenz angeblich bereits besser malen als Rembrandt, was zu der Frage führt, ob Programmieren auch eine Kunstform sei (Plawner 2019).

Die Zeitschrift Forschung und Lehre wirft die Frage auf, inwiefern sich KI-gestützte Übersetzungslösungen mit bestehenden Rewriting-Tools geschickt kombinieren lassen, um vermeidlich neue Texte zu generieren – und ob bzw. wie gängige Plagiatserkennungs-Software dabei überlistbar ist (Weißels 2020). Auch der Hochschullehrerbund (hlb) sinniert unter dem Titel „Fakten, Fakes und Fiktion" darüber, was passiert, wenn KIs so ausgereift sind, dass sie per Knopfdruck wissenschaftliche Arbeiten zu erzeugen. Abgesehen von urheberrechtlichen Fragen: Seminar- und Abschlussarbeiten würden, so wie heutzutage konzipiert, keine adäquate Form der Kompetenzüberprüfung mehr darstellen. (Weßels et al. 2020).

Dieses Buch ist jedenfalls von einem menschlichen Autor geschrieben.

Bei den ersten Überlegungen zu Künstlicher Intelligenz und algorithmischen Entscheidungsprozessen erinnerte ich mich an einen kürzlich gelesenes Interview mit dem Sprachwissenschaftler Dietz Bering, es ging dabei um die Benennung eines Platzes in Köln sowie einem Ringen zwischen preußischem Staatsrigorismus und kölschfranzösischem Liberalismus (Bering 2020).

Ich fragte mich, ob die eine Künstliche Intelligenz überhaupt verstehen würde, um was es bei Freiheit gegen Regeln geht. Dabei sind Werte und Moral, wie in diesem Buch aufgezeigt, kulturell bedingt und damit schwierig handhabbar für mathematisch orientierte Algorithmen. Vermutlich wäre es der KI egal, die Post muss halt wissen, wohin sie ausliefern soll.

A. Mockenhaupt, *Digitalisierung und Künstliche Intelligenz in der Produktion*, https://doi.org/10.1007/978-3-658-32773-6_15

Bering jedenfalls kam zu einem ganz KI-untypischen Schluss: „Es herrscht ein Gleichgewicht zwischen preußischer Orientiertheit und kölschen Heiligen". Ein Spagat an dem sich ein Rheinländer in seiner schwäbisch-preußischen Wahlheimat Sigmaringen täglich versucht.

Vermutlich ist das alles ein akademischer Diskurs, denn was heutzutage wirklich wichtig ist, ist Handlungswissen. Und da wird eine KI im Wertschöpfungsprozess, das war das Thema dieses Buches, einen Menschen auf absehbare Zeit nicht ersetzen können. Denn hierfür ist mehr gefragt als Daten sammeln, diese verdichteten und daraus lernen. Eine kritische oder emotionale Situation löst man vielleicht weniger durch die Aufzählung von Fakten. Manchmal reicht eine witzige Bemerkung, um die Situation zu retten. Aber KIs können das nicht, Situationskomik ist nicht mathematisch erfassbar. Handlungswissen ist kreativ, besonders in neuen und unbekannten Situationen mit unsicherer Datenbasis. Ohne Daten ist eine KI aber, wie ein Käfer auf dem Rücken.

Daten gibt es allerdings im industriellen Umfeld genügend, der Schatz muss nur gehoben werden. Innerhalb der Produktion und Wertschöpfung gibt daher es offenkundig große Potenziale für den Einsatz von Digitalisierung und zunächst schwacher KI. Diese gilt es auszuschöpfen, weil, wie Jürgen Rüttgers eingangs sagte, das Wirtschaftswachstum der EU im Wesentlichen auf Produktivitätssteigerungen beruht. Dazu benötigen wir smarte, nachhaltige und inklusive Lösungen.

Harmonie bedeutet nicht »Gleichklang«, sondern »Zusammenklang«. Letzteres funktioniert nur bei »Gegenstimmen« Harmonie ist also der kluge Umgang mit Gegenstimmen. (Sprenger, Magie des Konfliks 2020) Eine Herausforderung ist, dass in autoritären Ländern, die nicht unser Verständnis von Freiheit und Demokratie teilen, es einfacher erscheint, den Daten zu erheben und zu verarbeiten. Bei-spielsweise läuft die Corona-App in solchen Ländern erfolgreicher, z. B. China mit der Health-Code-App (Sinoskop 2020) (Borst & Xifan 2020). Bezüglich Produktionsdaten sitzt China auf einem Datenschatz (Dürmuth 2019), dessen einfachere Nutzung durchaus wirtschaftliche Vorteile verschaffen kann. Es muss den westlich geprägten Demokratien gelingen, dies gleich zu tun, ohne aber auf die sehr schützenswerten demokratischen Freiheits-Werte der Aufklärung zu verzichten. Wir sollten uns dabei auf unsere Stärken berufen und nicht den Technology-Konzernen in Amerika oder Fernost nacheifern. Unsere Stärken in der Digitalisierung und KI sind, wie es ausgerechnet ein Philosoph, der KI-kritische R. D. Precht feststellte, die KI-basierte Industrievernetzung. Auch bezüglich der „vertrauenswürdigen" bzw. „erklärbaren" KI haben wir die Nase vorn.

Dennoch erscheinen insbesondere amerikanische Konzerne schneller zu sein. Bundeswirtschaftsminister Peter Altmaier hat dies in seiner Rede zur Verleihung des zweite Deutschen KI-Preises im Oktober 2020 zum Thema gemacht: Weniger Regulierung, mehr Experimente sollten möglich sein. Geschehen kann dies, indem man eine neue Regel anwendet: Das neue Verfahren solle nicht universal sicher sein, nur nachweislich sicherer, als das bisher eingesetzte.

Zu den Chancen der hiesigen Wirtschaft hinzufügen würde ich noch den Aspekt der Tradition von anwendungsorientierter Bildung und Forschung: Genau diese Anwendungsorientierung ist wichtig, um Handlungswissen zu erzeugen.

Abb. 15.1 Deutscher KI-Innovationspreis 2020, Bernhard Schölkopf, Max-Planck-Institut für Intelligente Systeme. (Quelle: Die WELT 2020)

Besonders Deutschland hat hier eine gute Kombination aus Forschung und Industrie zu bieten, wie der o.g. zweite Deutsche KI-Preis zeigt: Der KI-Innovationspreis an einen Wissenschaftler ging, Professor Dr. Bernhard Schölkopf, Direktor der Abteilung für Empirische Inferenz am Max-Planck-Institut für Intelligente Systeme (siehe Abb. 15.1) (Die WELT 2020). Der KI-Anwendungspreis ging an die Westphalia DataLab (WDL), einer gelungen Unternehmensgründung der FIEGE-Gruppe in Zusammenarbeit mit der Fachhochschule Münster, Spezialgebiet: Datenanalyse as a Service für Unternehmen (Fiege 2020). Der Sonderpreis ging an Merantix, ebenfalls ein Start-Up mit Spezialgebiet KI-Diagnose von Röntgenbildern, die wiederum einen KI-Campus in Berlin gründen (Stüber 2020).

Letztlich sollte aber auch der Mittelständler S. Kößler gehört werden mit der Aussage, der Mensch soll und wird im Produktionsprozess von zentraler Bedeutung bleiben. Dies nicht aus Konservativismus (*conservare (lat.)*: bewahren, erhalten) sondern, weil er weiter unabkömmlich bleiben wird.

Literatur

Bering, D. (06. August 2020). Es gibt keine aseptische Vergangenheit. https://www.ksta. de/kultur/problematische-strassen-benennungen--das-ist-kein-name--sondern-nur-noch-reklame--37144248. Zugegriffen: 7. Aug. 2020.

Borst, M., & Xifan, Y. (11. November 2020). Corona-App: Virenschutz statt Datenschutz? (aus ZEIT 47/2015). https://www.zeit.de/2020/47/corona-app-virenschutz-datenschutz-deutschland-suedkorea-taiwan/komplettansicht. Zugegriffen: 15. Dez. 2020.

Die WELT. (02. Oktober 2020). Zweiter „Deutscher KI-Preis": WELT zeichnet Top-Leistungen bei Künstlicher Intelligenz aus. https://www.axelspringer.com/de/presseinformationen/zweiter-deutscher-ki-preis-welt-zeichnet-top-leistungen-bei-kuenstlicher-intelligenz-aus. Zugegriffen: 2. Okt. 2020.

Dürmuth, S. (09. März 2019). Chinas Staat und Wirtschaft sitzen auf einem Datenschatz. https://www.swp.de/wirtschaft/news/chinas-staat-und-wirtschaft-sitzen-auf-einem-daten-schatz-30251099.html. Zugegriffen:15. Dez. 2020.

Fiege. (02. Oktober 2020). Deutescher KI-Preis. https://www.fiege.com/de/deutscher-ki-preis-westphalia-datalab-mit-dem-ersten-platz-in-der-kategorie-ki-die-zukunftstechnik-fuer-deutschlands-schluesselindustrie-praemiert/. Zugegriffen: 2. Okt. 2020.

Plawner, S. (09. Dezember 2019). Kultur im digitalen Wandel – Kann KI kreativ sein? https://www.journal-frankfurt.de/journal_news/Gesellschaft-2/Kultur-im-digitalen-Wandel-Kann-KI-kreativ-sein-35057.html. Zugegriffen: 30. Sept. 2020.

Sinoskop. (14. April 2020). Corona-App – „Health Code" in China. https://www.sinoskop.de/blog/china-health-code-corona-app/. Zugegriffen: 15. Dez. 2020.

Sprenger, R. (2020). *Magie des Konfliks*. München: Deutsche Verlagsanstalt (DVA).

Stüber, J. (05. Oktober 2020). Merantix-Gründer eröffnen KI-Campus in Berlin. https://www.gruenderszene.de/business/merantix-gruender-ki-campus-berlin. Zugegriffen: 10. Okt. 2020.

Weißels, D. (05. Mai 2020). Zwischen Original und Plagiat. https://www.forschung-und-lehre.de/management/zwischen-original-und-plagiat-2754/. Zugegriffen: 21. Juni 2020.

Weßels, D., Wiebusch, A., & Pollmeier, I. (2020). Fakten, Fakes und Fiktion: Die wahre Herausforderung nach Corona. *Die neue Hochschule (DNH), 04*, 16.

Anhang

Literatur

DIN Roadmap & KI. (2020). Deutsche Normungsroadmap Künstliche Intelligenz (Autor war Mitglied im Expertenausschuss), DIN, Berlin und DKE, Frankfurt. https://www.din.de/resource/blob/772438/ecb20518d982843c3f8b0cd106f13881/normungsroadmap-ki-data.pdf Zugegriffen: 5. Apr. 2021.

Fawzi, A., Fawzi, O., & Frossard, P. (2020). Analysis of classifiers' robustness to adversarial perturbations. (02 2015). https://www.researchgate.net/publication/272195158_Analysis_of_classifiers%27_robustness_to_adversarial_perturbations. Zugegriffen: 8. Juni.

Heuer, M. (31. Mai 2019). https://www.computerwoche.de/a/in-vier-schritten-zur-cyber-resilienz,3547096, https://www.computerwoche.de/a/in-vier-schritten-zur-cyber-resilienz,3547096. Zugegriffen: 7. Juni 2020.

Hochschulgesetz NRW. (30. July 2020). § 22 Senat. https://recht.nrw.de/lmi/owa/br_bes_detail?sg=0&menu=1&bes_id=28364&anw_nr=2&aufgehoben=N&det_id=450649.

Hutschenreuther, T. (2020). IMMS – Institut für mikroelektronik und Mechatronik-Systeme. https://www.imms.de/wissenschaft/forschungsthemen/cps.html. Zugegriffen: 27. Mai 2020.

KFW. (August 2016). Von KMU-Definition. https://www.kfw.de/Download-Center/F%C3%B6rderprogramme-(Inlandsf%C3%B6rderung)/PDF-Dokumente/6000000196-KMU-Definition.pdf.

LHG BW. (30. März 2018). S16 un & 19. https://www.landesrecht-bw.de/jportal/?quelle=jlink&query=HSchulG%20BW%20%C2%A7%2019&psml=bsbawueprod.psml&max=true.

Neugebauer, R. (2018). *Digitalisierung.* Wiesbaden: Springer.

Porsche. (2015). Porsche über den Wolken. https://newsroom.porsche.com/de/historie/porsche-luftfahrt-ueber-den-wolken-12012.html#. Zugegriffen: 30. Aug. 2020.

Steinbrück, P. (26. Januar 2009). https://www.focus.de/politik/deutschland/profile-sprueche-der-woche_aid_364816.html. Zugegriffen: 7. Juni 2020.

Wikimedia. (kein Datum). The Turk – Wikimedia. https://en.wikipedia.org/wiki/The_Turk#/media/File:Racknitz_-_The_Turk_3.jpg. Zugegriffen: 7. Juni 2020.

Zühlke, D. (22. März 2017). Maschinenbau ist reif für die Künstliche Intelligenz. https://www.produktion.de/technik/der-maschinenbau-ist-reif-fuer-kuenstliche-intelligenz-115.html. Zugegriffen: 18. Mai 2020.

Stichwortverzeichnis

A

Adversarial
  Attacks, 222
  Reprogramming, 223
  Robustness (AR), 239
Agent
  autonomer, 211
  glaubwürdiger, 212
  intelligenter, 123
  kollaborativer, 212
  mobiler, 212
Agentenarten, 212
Agilität, 42
Aktivierungsfunktion, 157
Algorithm Decision Making (ADM), 24, 192
Algorithmus, 147
  evolutionärer (EA), 143
  genetischer (GA), 143
Ambiguität, 43, 205
Analyse
  deskriptive, 272
  diagnostische, 272
  prädikative, 272
  preskriptive, 272
Angriffssicherheit, 217
Angst
  vor Entscheidung, 168
  vor Nicht-Entscheidung, 168
Anomaly Detection, 275
Anonymisierung, 126
Arbeit 4.0, 19
Artificial General Intelligence (AGI), 53
Artificial Intelligence, 61
  Explainable (XAI), 78
  Made in Germany, 70
Artificial Morality (AM), 104
Asimov'sches Gesetz, 105
Assistenzroboter, 313
  im Sozialbereich, 314
Assoziationsanalyse, 275
ASUM-DM, 275
Augmented Reality (AR), 263
Ausfallsicherheit, 236, 237
Ausführbarkeit, 147
Automated Decision Making (AuDM), 192
Automated Public Sphere, 18
Automatisierung, 32
Automatisierungsgrade, 58
Automatisierungslücken, 310
Automatisierungspyramide, 246
AutoML, 153
Autonomiestufen, 58
Avatar, 211

B

Backdoor Attacks, 223
Bayes-Klassifikation, 149, 275
Bedeutungserkennung, 205
Beweisbarkeit, 75
Bewerber 4.0, 26
Bewusstsein, 48, 54
Bias, 24, 79
  emergenter, 80
  prä-existierender, 80
  technischer, 80
Bifurkation, 176
Big Data, 124

Black-Box-Attacks, 223
Black-Box-Problematik, 73
Black-Box-Test (BB-Test), 74
Black Swan, 189
Bot, 67
Butterfly Effect, 183

C
Chaostheorie, 183
Chatbot, 67
Chicken-Game, 178
Clusteranalyse, 274
Cobots, 309
Codex von Hammurabi, 99
Collaborative Condition Monitoring (CCM),
    245, 281
Computional Thinking, 24
Condition-Based Maintenance, 279
Condition Monitoring (CM), 251, 281
Confirmation Bias, 80
Connected Shopfloor, 265
Connectivity, 249
Continuous Leaning (CLS), 142
Corruption robustness, 239
CRISP-DM, 275
CV-Database Search, 26
Cyber-Physical Systems, 255
Cyberresilienz, 220

D
da Vinci, Leonardo, 300
Data Mining, 274
    Methoden, 274
Daten, 116
    Monetarisierung, 282, 330
    Souveränität, 282
    synthetische, 138
    systemisch erstellte, 123
Datenbereitstellungspflicht, 123
Datenerfassung, 118
Datenerhebung, 118
Datenintegrität, 120
Datenqualität, 120, 129
Datensammlung, chaotische, 118
Datenschutz
    Datenminimierung, 122
    Vorratsdatenspeicherung, 122

    Zweckbindung, 122
Datenziele, 120
Decision Support Systems (DSS), 192, 196
Deep Fake, 223
Deep Learning (DL), 154
Denken
    exaktes, 86
    kritisches, 86
    verrücktes, 86
Descriptive Analysis, 272
Determiniertheit, 147
Determinismus, 147
Diagnostic Analysis, 272
Diffusion der Verantwortung, 56, 66
Digital Thread, 261
Digital Twin, 260
Digitalisierung, 33
    in der Produktion, 35
Dilemma
    Folgenminimierung, 99
    industrielles, 98
    Kompensation, 98
    moralisches, 96
    Vermeidung, 98
DIN EN ISO 9, 289
Diskriminierungsfreiheit, 78
Disruption, 9
Doppeldeutigkeit, optische, 209
Doppelverwendung (Dual Use), 102
Drei-Körper-Problem, 183
Drift, 150
Dual Use, 102
Dualismus, 171

E
Eager Learning, 142
Eindeutigkeit, 147
Embedded-Industrieplattform-Systeme, 253
Embedded System (EBS), 252
Emergenz, 181, 256
Entscheidung, 165, 176
    bei Unsicherheit, 54
    evidenzbasierte, 190
    operative, 166
    strategische, 166
    taktische, 166
    unter Risiko, 189
    unter Ungewissheit, 189

Entscheidungsanomalie, 44, 174
Entscheidungsheuristik, 180
Entscheidungstypen, 165
Entzauberung der Welt, 176
e-Person, 100
eSIM, 250
Ethik, 94
Evidenz, 190
Evidenzlevel, 190
Exoskelett, 318
Explainable AI (XAI), 78
Explainable Intelligent System (EIS), 78
Explosion, kombinatorische, 143

F
Fabrik der Industrie 4.0, 242
Factory 56, 227, 242, 285
Fahren
    automatisiertes, 81
    autonomes, 58, 307, 329
Fail-safe, 237
Fawkes, 222
Finitheit, 147
Fließbandarbeit, 40
Fragen, kartellrechtliche, 282

G
GAIA-X, 115, 245, 307
Gamification, 200
Gedankensteuerung, 203
Geisterschicht, 244
Generative Design, 264
Gesetz der Großen Zahlen (GGZ), 189
Gesundheitsbranche, 19
Google
    Brain, 155, 307
    NIMA, 155
Grammatikerkennung, 205
Griff in die Schraubenkiste, 303
Ground Truth, 139
Grundwissen, 139

H
Haftung, 99
Haptik, 201
    Kinästhetik, 201

taktile, 201
Hardware, neuromorphe, 158, 210
Harvesting, 26
Herdentrieb, 182
Homologation, 288
Human Robot Interaction (HRI), 311

I
Image Cloaking, 222
Immersion, 262
Immersive Learning, 262
Industrial Internet of Things (IIoT), 248
Industrie
    4.0, 33, 35, 40
    x.0, 40
Inferenz, 149
Influencer, 25
Information, 116
Informationsagent, 212
Informationstechnologie (IT), 34
Initialdaten, 137
Innovation
    inkrementelle, 11
    radikale, 11
Intelligenz, 47
    künstliche s. Künstliche Intelligenz
Interaktion, intuitive, 200
Internet der Dinge, 248
Interoperabilität, 121, 249
In-the-Loop-Simulationen, 294
Intrusion-Detection, 224
Intuition, 200
Irrationalität, 177

K
Kartellrecht, 330
Kartenerstellung, 308
Kausalität, 127
Kilobot, 316
Klassifizierung, 275
k-nearest-Neighbor, 149
Knowledge Discovery in Databases (KDD), 275
Koinzidenz, 127
Kombinatorik, 142
Komplexität, 43
Komplexitätsreduzierung, 43, 209, 308

Komplizenschaft, 67
Kondratieff-Zyklus, 16
Konformität, 290
Konnektivität, 249
Konstruktivismus, 169
Kontext, 205
Kontingenz, 174
Kontingenzkoeffizienz, 174
Konzept-Drift, 150
Korrelation, 127
    Scheinkorrelation, 127
Kostentransparenz, 282
Kreativität, 47, 85, 142, 201
    explorative, 85
    kombinatorische, 85
    transformative, 85
Künstliche Intelligenz, 35
    erklärbare, 78, 186
    hybride, 55
    on Edge, 245
    on Premises, 245
    schwache, 52, 54
    starke, 52
    subsymbolische, 57
    symbolische, 56
    transparente, 75
    vertrauenswürdige, 70, 186
    zielgerichtete, 78
Künstliches Neuronales Netz (KNN), 156

L
Laufzeitanalyse, 147
Lazy Learning, 142
Leitlinien, 190
    evidenzbasierte, 190
Leitplanken, ethische, 105
Lernen
    bestärkendes, 141
    durch Fehler, 294
    eifriges, 142
    kontinuierliches, 142
    träges, 142
    überwachtes, 139
    unüberwachtes, 141
Lügen-Paradox, 171

M
Machine
    as a Service (MaaS), 250
    Learning (ML), 134
Machine-to-Machine (M2M), 199
Maintainability, 254
Manipulationssicherheit, 217
Manufacturing
    4.0, 327
    Execution Systems (MES), 251
Market-Pull, 10, 12
Maschine als Service, 250
Maschinendaten, 32, 123, 126, 230, 281, 282,
    328, 329
    personenbezogene, 123
Maschinenethik, 104
Maschinenmoral, 104
Maschine-zu-Maschine-Kommunikation
    (M2M), 35, 37
Massendaten, 124
Medizintechnik, 81, 101, 210, 297, 318
Mehrdeutigkeit, 205
Mensch-Maschine-Interface (MMI), 200
Mensch-Roboter-Kollaboration (MRK), 311
Metadaten, 119
Meta-Learning, 152
Mixed Reality, 263
Mobile Recruiting, 25
Modell-Drift, 150
Modellierung, 209
Moral, 94
Moravecs Paradox, 303
Mulitagent, 212
Mustererkennung, 142
Myorobotics, 318
Myside Bias, 80

N
Nachhaltigkeit, 103
Nachvollziehbarkeit, 121
Nash-Gleichgewicht, 179
Natural Language Processing (NLP), 54, 204
Nichtdiskriminierung, 71
n-Körper-Problem, 158, 183
Non-Recuring Engineering Cost (NRE), 253

O

Objekterkennung, 159
Ökosystem, digitales, 282
OPC UA, 121, 199, 257
Operational Technology (OT), 34, 217
Overall Equipment Effectivness (OEE), 277
Overfitting, 140

P

Patentanmeldung, 81
Personal Service Roboter, 313
Personalmanagement, 24
Perspektivenwechsel, 207
Pervasive Computing, 258
Plausibilität, 241
Pohoiki Beach, 159, 210
Point
    of Control (PoC), 74
    of Observation (PoO), 74
Porsche Produktion 4.0, 242
Positionsbestimmung, simultane, 308
Predictive
    Analysis, 273
    Machine (PdM), 279
    Maintenance, 279
    Quality, 293
Prescriptive Analysis, 273
Preventive Maintenance, 279
Principle Component Analysis, 149
Prinzip der Doppelwirkung (PDW), 101
Probabilistic Computing, 158
Process Mining, 275
Production
    Level 4, 241, 244
    Process Mining, 287
Professional Service Robots, 313
Profile Mining, 26
Prozess, kreativer, 84
Prozessfähigkeitsindex, 58
Pseudonymisierung, 126

Q

Qualität 4.0, 286
Qualitätsmanagement, 288
Quality-Feedback-Mechanismen, 288
Quantifizierbarkeit, 96

R

Reactive Maintenance, 279
Rechenschaftspflicht, 72
Rechtkonformität, 101
Rechtsdurchsetzung, 101
Rechtskonformität, 108
Recruiting 4.0, 24, 25, 28
Regression
    lineare, 148
    logische, 148
Regressionsanalyse, 275
Reinforced Learning, 141
Reproduzierbarkeit, 121
Resilienz, 236
Richtigkeit, 125
Richtlinien, 190
Risikoentscheidung, 54
Robo-Recruiting, 25
Roboter
    humanoider, 314
    Koexistenz, 311
    Kollaboration, 312
    Kooperation, 311
Roboterethik, 105
Roboterin Sophia, 48, 54, 101
Robotic Process Automation (RPA), 213
Robustheit, 70, 122, 238
Rubikon-Effekt, 176

S

Safe-to-fail, 237
Safety, 217
Schlachthöfe von Chicago, 40
Schmetterlingseffekt, 183
Schwarmintelligenz, 181
Schwarmrobotik, 316
Schwarmverhalten, 181
Security, 217
Segmentierung, 205
Selbstbewusstsein (maschinell), 105
Selbsterkenntnis, 54
Selbstoptimierung, 54
Selbstorganisation, 181
Selbststeuerung, 34
Semantik, 205
Serviceroboter, 313
    im Sozialbereich, 314

Simultaneous Localization and Mapping
    (SLAM), 304, 308
Single Purpose Processor, 253
Skalierbarkeit, 125, 235, 265, 282
Smart
    Data, 128
    Factory, 242
    Industry, 242
    Manufacturing, 242
    Operation, 243, 327
    Products, 243
    Quality, 286
    Services, 243
Social Media, 25
Social Recruiting, 24
Soft Robotik, 305
Softbots, 211
Software as a Service (SaaS), 26
Sozial Bot, 67
Spieltheorie, 178
Spracherfassung, 205
Spracherkennung, 205
Stabilitäts-Plastizitäts-Dilemma, 150
Steuerung, speicherprogrammierbare (SPS), 39
Störfaktor, 127
Stresstest, 138
Sudden Death, 278
Supervised Learning, 139
Supply Chain
    Collaboration (SCC), 281
    Contingency, 281
    Resilenz, 281
Support Vector Machine, 148
System
    eingebettetes, 252
    of Systems (SoS), 256
    selbstorganisierendes, 156

T
Tal, unheimliches, 315
Talent Mining, 25, 26
Talent-Relation-Management, 25
Täuschung, optische, 209
Taylorismus, 40
Technologie, semantische, 207
Technologiebruch, 8
Technologiefolgeabschätzung (TA), 103

Technologietransparenz, 283
Technology Push, 10, 12, 327
Teilhaberrelevanz, 24, 192
Terminiertheit, 147
Testdaten, 137
Text Data Mining, 206
Theory of Mind (ToM), 49
Trainingsdaten, 137
Transaktionsanalyse (TA), 95
Transformation
    digitale, 1
    disruptive, 27
    evolutionäre, 27
Transparenz, 70, 75, 121, 125
Trolley-Car-Problem, 96
Trusted AI, 70
Turing-Test, 68

U
Überanpassung, 140
Überregulierung, 181, 184, 185
Ubiquitous Computing, 17, 62, 257
Umwelt, chaotische, 184
Unsicherheiten, 43, 50, 53, 54, 57, 64, 158
Unsupervised Learning, 141
UN-Sustainable Development Goals, 103
Unterlassung, 96
Ursache und Wirkung, 127

V
Validierungsdaten, 137
VCIO-Modell, 108, 111
Verdichtungsfunktion, 129
Verfügbarkeit, technische, 121
Verhalten, emergentes, 257
Verregelung, 184
Versagen, schadloses, 237
Versagenssicherheit, 237
Virtual Reality (VR), 262
Volatilität, 43
Von-Neumann-Architektur (VNA), 155

W
Wahl, 176
Wandel, digitaler, 1

War of Talents, 26
Webcrawler, 67
Werte, 95, 103
White-Box-Attacks, 223
White-Box-Test (WB-Test), 74
Wissen, 117

Z
Zerstörung, schöpferische, 8
Zertifizierung, 290
Zufall, 189
Zweckbindung, 123, 126
Zwilling, digitaler, 260

Printed in the United States
by Baker & Taylor Publisher Services